编委会名单 EDITORIAL COMMITTEE LIST

U0881091

工业和信息化部“十二五”规划教材

“信息化与信息社会”系列丛书之
高等学校信息管理与信息系统专业系列教材

商务智能原理与方法
（第 2 版）

陈国青　卫强　张瑾　编著

電子工業出版社
Publishing House of Electronics Industry
北京 · BEIJING

内 容 简 介

商务智能通过数据挖掘技术从海量数据中发现潜在、新颖和有用的知识，体现了信息技术融合背景下进行精益化管理和科学化决策的能力。

本书从商务角度入手，以基础篇、方法篇、专题篇三大板块的形式，较全面地涵盖了商务智能领域的基础知识、基本原理和技术方法等内容；融入了若干前沿成果和最新应用；同时结合经济和管理实例，说明如何通过商务智能方法进行大数据分析，利用企业内外部数据资源优化企业经营，从而提升企业竞争优势。

本书既可以作为高等学校信息管理与信息系统、管理科学与工程以及工商管理、计算机应用相关学科高年级本科生和研究生的教材，也可以作为企事业单位信息化的培训教材，以及相关工程与管理决策人员的参考书。

图书在版编目（CIP）数据

商务智能原理与方法/陈国青，卫强，张瑾编著. --2版. —北京：电子工业出版社，2014.8
（“信息化与信息社会”系列丛书）
高等学校信息管理与信息系统专业系列教材
ISBN 978-7-121- 23979-3

Ⅰ. ①商… Ⅱ. ①陈… ②卫… ③张… Ⅲ. ①电子商务－高等学校－教材 Ⅳ. ①F713.36

中国版本图书馆 CIP 数据核字(2014) 第 177642 号

策划编辑：刘宪兰
责任编辑：徐蕾薇　　　特约编辑：刘宪兰
印　　刷：北京虎彩文化传播有限公司
装　　订：北京虎彩文化传播有限公司
出版发行：电子工业出版社
　　　　　北京市海淀区万寿路 173 信箱　邮编 100036
开　　本：787×1 092　1/16　印张：24.75　字数：634 千字
版　　次：2009 年 9 月第 1 版
　　　　　2014 年 8 月第 2 版
印　　次：2021 年 7 月第 8 次印刷
定　　价：78.00 元

凡所购买电子工业出版社图书有缺损问题，请向购买书店调换。若书店售缺，请与本社发行部联系，联系及邮购电话：(010)88254888。

质量投诉请发邮件至 zlts@phei.com.cn，盗版侵权举报请发邮件至 dbqq@phei.com.cn。

服务热线：(010)88258888。

作者简介

陈国青　清华大学经济管理学院讲席教授、学术委员会主任。2005 年获聘教育部长江学者特聘教授。担任国家信息化专家咨询委员会成员，教育部管理科学与工程类专业教学指导委员会主任委员。国际信息系统协会中国分会（CNAIS）创始主席（2005—2013）。2009 年度国际模糊系统协会授予他 IFSA Fellow，2007 年度获得复旦管理学杰出贡献奖，1999 年度获得国家杰出青年科学基金。主持国家自然科学基金委重大项目，以及多个国际合作和企业信息化项目。主要教学与研究领域包括信息战略与管理、商务智能与电子商务、软计算与数据建模等。

卫强　清华大学经济管理学院副教授。2003 年获清华大学博士学位，并获清华大学优秀博士毕业生称号；是 2007 年美国麻省理工学院斯隆管理学院访问学者，以及 2012 年教育部优秀人才支持计划获得者。目前担任管理科学与工程学会副秘书长、中国系统工程学会青年委员会委员、中国模糊数学与模糊系统学会理事、中国信息经济学会理事等。在国内外重要学术期刊与国际会议上发表学术论文五十余篇。主持和参与多项国家自然科学基金委项目和重大项目。主要教学与研究领域包括商务智能与电子商务、管理信息系统、不确定性信息处理和管理系统模拟等。

张瑾　中国人民大学商学院讲师。2013 年获清华大学博士学位，并获教育部博士研究生学术新人奖、北京市优秀博士毕业生等称号，还获得清华大学优秀博士论文奖。在国内外学术期刊与国际会议上发表学术论文十余篇，如 *IEEE Transactions on Neural Networks and Learning Systems*、*Information Sciences*、*Knowledge-Based Systems*、*Science in China Series F: Information Sciences* 等。主要教学与研究领域包括信息管理与信息检索、商务智能与电子商务、社会网络与社会商务等。

第 2 版总序

信息化是世界经济和社会发展的必然趋势。近年来，在党中央、国务院的高度重视和正确领导下，我国信息化建设取得了积极进展，信息技术对提升工业技术水平、创新产业形态、推动经济社会发展发挥了重要作用。信息技术已成为经济增长的“倍增器”、发展方式的“转换器”、产业升级的“助推器”。

作为国家信息化领导小组的决策咨询机构，国家信息化专家咨询委员会按照党中央、国务院领导同志的要求，就我国信息化发展中的前瞻性、全局性和战略性的问题进行调查研究，提出政策建议和咨询意见。信息化所具有的知识密集的特点，决定了人力资本将成为国家在信息时代的核心竞争力。大量培养符合中国信息化发展需要的人才是国家信息化发展的一个紧迫需求，也是我国推动经济发展方式转变，提高在信息时代参与国际竞争比较优势的关键。2006 年 5 月，我国公布《2006—2010 年国家信息化发展战略》，提出“提高国民信息技术应用能力，造就信息化人才队伍”是国家信息化推进的重点任务之一，并要求构建以学校教育为基础的信息化人才培养体系。

为了促进上述目标的实现，国家信息化专家咨询委员会致力于通过讲座、论坛、出版等各种方式推动信息化知识的宣传、教育和培训工作。2007 年，国家信息化专家咨询委员会联合教育部、原国务院信息化工作办公室成立了“信息化与信息社会”系列丛书编委会，共同推动“信息化与信息社会”系列丛书的组织编写工作。编写该系列丛书的目的是，力图结合我国信息化发展的实际和需求，针对国家信息化人才教育和培养工作，有效梳理信息化的基本概念和知识体系，通过高校教师、信息化专家、学者与政府官员之间的相互交流和借鉴，充实我国信息化实践中的成功案例，进一步完善我国信息化教学的框架体系，提高我国信息化图书的理论和实践水平。毫无疑问，从国家信息化长远发展的角度来看，这是一项带有全局性、前瞻性和基础性的工作，是贯彻落实国家信息化发展战略的一个重要举措，对于推动国家的信息化人才教育和培养工作，加强我国信息化人才队伍的建设具有重要意义。

考虑到当时国家信息化人才培养的需求，各个专业和不同教育层次（博士生、硕士生、本科生）的需要，以及教材开发的难度和编写进度时间等问题，“信息化与信息社会”系列丛书编委会采取了集中全国优秀学者和教师，分期分批出版高质量的信息化教育丛书的方式，结合高校专业课程设置情况，在“十一五”期间，先后组织出版了“信息管理与信息系统”、“电子商务”、“信息安全”三套本科专业高等学校系列教材，受到高校相关专业师生的热烈欢迎，并得到业内专家与教师的一致好评和高度评价。

但是，随着时间的推移和信息技术的快速发展，上述专业的教育面临着持续更新、不断完善的迫切要求，日新月异的技术发展及应用变迁也不断对新时期的建设和人才培养提出新要求。为此，“信息管理与信息系统”、“电子商务”、“信息安全”三个专业教育需以综合的视角和发展的眼光不断对自身进行调整和丰富，已出版的教材内容也需及时进行更新和调整，以满足需求。

这次，高等学校“信息管理与信息系统”、“电子商务”、“信息安全”三套系列教材的修订是在涵盖第 1 版主题内容的基础上，进行的更新和调整。我们希望在内容构成上，既保持原第 1 版教材基础的经典内容，又要介绍主流的知识、方法和工具，以及最新的发展趋势，同时增加部分案例或实例，使每一本教材都有明确的定位，分别体现“信息管理与信息系统”、“电子商务”、“信息安全”三个专业领域的特征，并在结合我国信息化发展实际特点的同时，选择性地吸收国际上相关教材的成熟内容。

对于这次三套系列教材（以下简称系列教材）的修订，我们仍提出了基本要求，包括信息化的基本概念一定要准确、清晰，既要符合中国国情，又要与国际接轨；教材内容既要符合本科生课程设置的要求，又要紧跟技术发展的前沿，及时地把新技术、新趋势、新成果反映在教材中；教材还必须体现理论与实践的结合，要注意选取具有中国特色的成功案例和信息技术产品的应用实例，突出案例教学，力求生动活泼，达到帮助学生学以致用的目的，等等。

为力争修订教材达到我们一贯秉承的精品要求，“信息化与信息社会”系列丛书编委会采用了多种手段和措施保证系列教材的质量。首先，在确定每本教材的第一作者的过程中引入了竞争机制，通过广泛征集、自我推荐和网上公示等形式，吸收优秀教师、企业人才和知名专家参与写作；其次，将国家信息化专家咨询委员会有关专家纳入各个专业编委会中，通过召开研讨会和广泛征求意见等多种方式，吸纳国家信息化一线专家、工作者的意见和建议；最后，要求各专业编委会对教材大纲、内容等进行严格审核，并对每本教材配有一至两位审稿专家。

我们衷心期望，系列教材的修订能对我国信息化相应专业领域的教育发展和教学水平的提高有所裨益，对推动我国信息化的人才培养有所贡献。同时，我们也借系列教材修订出版的机会，向所有为系列教材的组织、构思、写作、审核、编辑和出版等做出贡献的专家学者、教师和工作人员表达我们最真诚的谢意！

应该看到，组织高校教师、专家学者、政府官员及出版部门共同合作，编写尚处于发展动态之中的新兴学科的高等学校教材，有待继续尝试和不断总结经验，也难免会出现这样那样的缺点和问题。我们衷心希望使用该系列教材的教师和学生能够不吝赐教，帮助我们不断地提高系列教材的质量。

曲维枝

2013 年 11 月 1 日

第 1 版总序

信息化是世界经济和社会发展的必然趋势。近年来，在党中央、国务院的高度重视和正确领导下，我国信息化建设取得了积极进展，信息技术对提升工业技术水平、创新产业形态、推动经济社会发展发挥了重要作用。信息技术已成为经济增长的“倍增器”、发展方式的“转换器”、产业升级的“助推器”。

作为国家信息化领导小组的决策咨询机构，国家信息化专家咨询委员会一直在按照党中央、国务院领导同志的要求就信息化前瞻性、全局性和战略性的问题进行调查研究，提出政策建议和咨询意见。在做这些工作的过程中，我们愈发认识到，信息技术和信息化所具有的知识密集的特点，决定了人力资本将成为国家在信息时代的核心竞争力，大量培养符合中国信息化发展需要的人才已成为国家信息化发展的一个紧迫需求，成为我国应对当前严峻经济形势，推动经济发展方式转变，提高在信息时代参与国际竞争比较优势的关键。2006 年 5 月，我国公布《2006—2010 年国家信息化发展战略》，提出“提高国民信息技术应用能力，造就信息化人才队伍”是国家信息化推进的重点任务之一，并要求构建以学校教育为基础的信息化人才培养体系。

为了促进上述目标的实现，国家信息化专家咨询委员会一直致力于通过讲座、论坛、出版等各种方式推动信息化知识的宣传、教育和培训工作。2007 年，国家信息化专家咨询委员会联合教育部、原国务院信息化工作办公室成立了“信息化与信息社会”系列丛书编委会，共同推动“信息化与信息社会”系列丛书的组织编写工作。编写该系列丛书的目的，是力图结合我国信息化发展的实际和需求，针对国家信息化人才教育和培养工作，有效梳理信息化的基本概念和知识体系，通过高校教师、信息化专家、学者与政府官员之间的相互交流和借鉴，充实我国信息化实践中的成功案例，进一步完善我国信息化教学的框架体系，提高我国信息化图书的理论和实践水平。毫无疑问，从国家信息化长远发展的角度来看，这是一项带有全局性、前瞻性和基础性的工作，是贯彻落实国家信息化发展战略的一个重要举措，对于推动国家的信息化人才教育和培养工作，加强我国信息化人才队伍的建设具有重要意义。

考虑当前国家信息化人才培养的需求、各个专业和不同教育层次（博士生、硕士生、本科生）的需要，以及教材开发的难度和编写进度时间等问题，“信息化与信息社会”系列丛书编委会采取了集中全国优秀学者和教师、分期分批出版高质量的信息化教育丛书的方式，根据当前高校专业课程设置情况，先开发“信息管理与信息系统”、“电子商务”、“信息安全”三个本科专业高等学校系列教材，随后再根据我国信息化和高等学校相关专业发展的情况陆续开发其他专业和类别的图书。

对于新编的三套系列教材（以下简称系列教材），我们寄予了很大希望，也提出了基本要求，包括信息化的基本概念一定要准确、清晰，既要符合中国国情，又要与国际接轨；教材内容既要符合本科生课程设置的要求，又要紧跟技术发展的前沿，及时地把新技术、新趋势、新成果反映在教材中；教材还必须体现理论与实践的结合，要注意选取具有中国特色的成功案例和信息技术产品的应用实例，突出案例教学，力求生动活泼，达到帮助学生学以致用的目的，等等。

为力争出版一批精品教材，“信息化与信息社会”系列丛书编委会采用了多种手段和措施保证系列教材的质量。首先，在确定每本教材的第一作者的过程中引入了竞争机制，通过广泛征集、自我推荐和网上公示等形式，吸收优秀教师、企业人才和知名专家参与写作；其次，将国家信息化专家咨询委员会有关专家纳入各个专业编委会中，通过召开研讨会和广泛征求意见等多种方式，吸纳国家信息化一线专家、工作者的意见和建议；最后，要求各专业编委会对教材大纲、内容等进行严格审核，并对每一本教材配有一至两位审稿专家。

如今，我们很高兴地看到，在教育部和原国务院信息化工作办公室的支持下，通过许多高校教师、专家学者及电子工业出版社的辛勤努力和付出，“信息化与信息社会”系列丛书中的三套系列教材即将陆续和读者见面。

我们衷心期望，系列教材的出版和使用能对我国信息化相应专业领域的教育发展和教学水平的提高有所裨益，对推动我国信息化的人才培养有所贡献。同时，我们也借系列教材开始陆续出版的机会，向所有为系列教材的组织、构思、写作、审核、编辑、出版等做出贡献的专家学者、教师和工作人员表达我们最真诚的谢意！

应该看到，组织高校教师、专家学者、政府官员及出版部门共同合作，编写尚处于发展动态之中的新兴学科的高等学校教材，还是一个初步的尝试。其中，固然有许多的经验可以总结，也难免会出现这样那样的缺点和问题。我们衷心地希望使用系列教材的教师和学生能够不吝赐教，帮助我们不断地提高系列教材的质量。

曲维枝
2008 年 12 月 15 日

第 2 版序言

在移动计算、物联网、云计算等一系列新兴技术的支撑下，网络生活、社交媒体、协同创造、虚拟服务等新型应用模式持续拓展着人类创造和利用信息的范围与形式。这些日新月异的新兴技术与应用模式的涌现，使得全球数据量呈现前所未有的爆发式增长态势。同时，数据复杂性也急剧增加，其多样性（多源、异构、多模态和富媒体等）、低价值密度（信息不相关性和高“提纯”难度等）、实时性（流信息和连续商务等）特征日益显著。可以说我们已经进入“大数据”时代。数据已经渗透到每一个行业和领域，成为国家宏观调控和治理，社会各行各业管理和技术应用的基础和要素。

大数据时代的管理喻意可以从两个方面来概括，即“三个融合”和“三新”。“三个融合”指 IT 融合（信息技术与社会生活及企业业务的密不可分性）、内外融合（企业外部数据与内部数据整合的重要性）和价值融合（企业“造”与“用”价值创造的模式创新性）。这三个融合意味着：①越来越多的传统管理和决策成为基于数据分析的管理和决策（如数字化生存、数据运营、深度业务分析（Business Analytics，BA）核心能力等）；②用户/公众创造内容（UGC/PGC）（如评论、口碑、商誉、舆情和社会网络等）成为企业活动的重要关注点；③企业的价值创造过程日益体现出“无形围绕有形”的互动（如“服务围绕产品”的业务拓展方式等）。而“三新”则指大数据时代催生的新模式、新业态和新人群。这意味着：①现有企业需要升级转型（如数据驱动的精益管理和模式创新等）；②新兴业态在诞生和发展（如赛博空间生活和众包等）；③信息社会中“移民”和“原住民”的多样化生存（如新型客户关系、新式企业文化和新颖行为特点等）。大数据时代管理喻意的上述两个方面反映了大数据时代管理理论和实践的变化特征，其中前者主要体现管理领域和视角上的变化，后者则主要体现管理主体和方式上的变化。

在我国信息化与工业化、城镇化和农业现代化同步发展的背景下，展望我国信息化发展的未来，信息技术的应用将持续呈现在物联网和智慧城市建设、云平台和大数据分析、新兴电子商务应用、企业信息化新拓展、绿色信息化路径等领域的主流现象和发展趋势，也为高等学校“信息管理与信息系统”专业建设和人才培养在新形势下带来新的挑战和机遇。

“信息管理与信息系统”作为一个快速更迭、动态演进的学科专业，必须以综合的视角和发展的眼光不断对自身进行调整和丰富，以适应新时代前进的步伐。高等学校信息管理与信息系统专业系列教材的第2版修订，就是希望通过更为系统化的逻辑体系和更具前瞻性的内容组织，帮助信息管理与信息系统专业相关领域的学生及实践者更好地理解现代信息系统在“造”（技术）和“用”（管理）维度上的分野和统一，掌握相关的基础知识和基本技能[特别是企业进行数据运营、利用深度业务分析（BA）构建核心竞争能力方面的基础知识和技能]。

本次对高等学校信息管理与信息系统专业系列教材的修订，在基本保留第1版主要内容的框架基础上，仍然强调把握领域知识的“基础、主流与发展”的关系，并体现“管理与技术并重”的领域特征。同时，在整个系列和相关教材内容中，从领域发展与知识点的角度，以不同程度和形式反映新技术时代的特点（如云计算和大数据这一新型计算模式）、IT应用特征（如移动性、虚拟性、个性化、社会性和极端数据）、信息化拓展（如两化深度融合和企业外部数据分析）、新兴电子商务应用（如移动商务、社会化商务和O2O）、搜索方法与服务（如关键词搜索与营销、信息检索与匹配）、IT战略与管理（如服务管理、伙伴管理、业务安全管理和连续商务管理）等。我们希望通过系列教材专业编委会的共同努力，第2版系列教材能够成为高等学校信息管理与信息系统专业及相关专业学生循序渐进了解和掌握专业知识的系统性学习材料，成为大数据环境下从业人员及管理者的有益参考资料。

本系列教材的编写和修订得到了多方面的帮助与支持。在此，我们感谢国家信息化专家咨询委员会及高等学校信息管理与信息系统系列教材编委会专家们对教材体系设计的指导和建议，感谢教材编写者在时间和精力上的大量投入及所在单位给予的大力支持，感谢参与本系列教材研讨和编审的各位专家、学者的真知灼见！同时，我们对电子工业出版社在本系列教材整个出版过程中所做的努力深表谢意！

由于时间和水平有限，第2版系列教材在内容上肯定存在不足和不尽如人意之处，恳请广大读者批评指正。

高等学校信息管理与信息系统
专业系列教材编委会
2013年12月于北京

第 1 版序言

日新月异的技术发展及应用变迁不断给信息系统的建设者与管理者带来新的机遇和挑战。例如，以 Web 2.0 为代表的社会性网络应用的发展深层次地改变了人们的社会交往行为及协作式知识创造的形式，进而被引入企业经营活动中，创造出内部 Wiki（Internal Wiki）、预测市场（Prediction Market）等被称为“Enterprise 2.0”的新型应用，为企业知识管理和决策分析提供了更为丰富而强大的手段；以“云计算”（Cloud Computing）为代表的软件和平台服务技术，将 IT 外包潮流推向了一个新的阶段，像电力资源一样便捷易用的 IT 基础设施和计算能力已成为可能；以数据挖掘为代表的商务智能技术，使得信息资源的开发与利用在战略决策、运作管理、精准营销、个性化服务等各个领域发挥出难以想象的巨大威力。对于不断推陈出新的信息技术与信息系统应用的把握和驾驭能力，已成为现代企业及其他社会组织生存发展的关键要素。

2008 年中国互联网络信息中心（CNNIC）发布的《第 23 次中国互联网络发展状况统计报告》显示，我国的互联网用户数量已超过 2.98 亿人，互联网普及率达到 22.6%，网民规模全球第一。与 2000 年相比，我国互联网用户的数量增长了 12 倍。换句话说，在过去的 8 年间，有 2.7 亿中国人开始使用互联网。可以说，这样的增长速度是世界上任何其他国家所无法比拟的，并且可以预期，在今后的数年中，这种令人瞠目的增长速度仍将持续，甚至进一步加快。伴随着改革开放的不断深入，互联网的快速渗透推动着中国经济、社会环境大步迈向信息时代。从而，我国“信息化”进程的重心，也从企业生产活动的自动化，转向了全球化、个性化、虚拟化、智能化、社会化环境下的业务创新与管理提升。

长期以来，信息化建设一直是我国国家战略的重要组成部分，也是国家创新体系的重要平台。近年来，国家在中长期发展规划及一系列与发展战略相关的文件中充分强调了信息化、网络文化和电子商务的重要性，指出信息化是当今世界发展的大趋势，是推动经济社会发展和变革的重要力量。《2006—2020 年国家信息化发展战略》提出要能“适应转变经济增长方式、全面建设小康社会的需要，更新发展理念，破解发展难题，创新发展模式”，这充分体现出信息化在我国经济、社会转型过程中的深远影响，同时也是对新时期信息化建设和人才培养的新要求。

在这样的形势下，信息管理与信息系统领域的专业人才，只有依靠开阔的视野和前瞻性的思维，才有可能在这迅猛的发展历程中紧跟时代的脚步，并抓住机遇做出开拓性的贡献。另一方面，信息时代的经营、管理人才及知识经济环境下各行各业的专业人才，也需要拥有对信息技术发展及其影响力的全面认识和充分的领悟，才能在各自的领域之中把握先机。

因此，信息管理与信息系统的专业教育也面临着持续更新、不断完善的迫切要求。我国信息系统相关专业的教育已经历了较长时间的发展，形成了较为完善的体系，其成效也已初步显现，为我国信息化建设培养了一大批骨干人才。但我们仍然应该清醒地意识到，作为一个快速更迭、动态演进的学科，信息管理与信息系统专业教育必须以综合的视角和发展的眼光不断对自身进行调整和丰富。本系列教材的编撰，就是希望能够通过更为系统化的逻辑体系和更具前瞻性的内容组织，帮助信息管理与信息系统相关领域的学生及实践者更好地掌握现代信息系统建设与应用的基础知识和基本技能，同时了解技术发展的前沿和行业的最新动态，形成对新现象、新机遇、新挑战的敏锐洞察力。

本系列教材旨在于体系设计上较全面地覆盖新时期信息管理与信息系统专业教育的各个知识层面，既包括宏观视角上对信息化相关知识的综合介绍，也包括对信息技术及信息系统应用发展前沿的深入剖析，同时还提供了对信息管理与信息系统建设各项核心任务的系统讲解。此外，对一些重要的信息系统应用形式也进行了重点讨论。本系列教材主题涵盖信息化概论、信息与知识管理、信息资源开发与管理、管理信息系统、商务智能原理与方法、决策支持系统、信息系统分析与设计、信息组织与检索、电子政务、电子商务、管理系统模拟、信息系统项目管理、信息系统运行与维护、信息系统安全等内容。在编写中注意把握领域知识上的“基础、主流与发展”的关系，体现“管理与技术并重”的领域特征。我们希望，这套系列教材能够成为相关专业学生循序渐进了解和掌握信息管理与信息系统专业知识的系统性学习材料，同时也成为知识经济环境下从业人员及管理者的有益参考资料。

作为普通高等教育“十一五”国家级规划教材，本系列教材的编写得到了多方面的帮助和支持。在此，我们感谢国家信息化专家咨询委员会及高等学校信息管理与信息系统系列教材编委会专家们对教材体系设计的指导和建议；感谢教材编写者的大量投入及所在各单位的大力支持；感谢参与本系列教材研讨和编审的各位专家、学者的真知灼见。同时，我们对电子工业出版社在本系列教材编辑和出版过程中所做的各项工作深表谢意。

由于时间和水平有限，本系列教材难免存在不足之处，恳请广大读者批评指正。

高等学校信息管理与信息系统
专业系列教材编委会
2009 年 1 月

第 2 版前言

以物联网、云计算和大数据为代表的应用给新技术的时代沿革带来了一波大的冲击，产生了计算范式（Paradigm of Computing）的变化。这种变化总括起来，有下列两个方面值得我们关注。

（1）外部性。物联网、云计算和大数据分别强调与物体、虚拟资源和外部数据的互联，扩展了信息技术应用和信息化的传统视野在人际间、现实资源和内部数据上的疆界。这种外部性使得人—物信息交换、虚拟资源配置、内外部数据融合成为新的应用视野和计算范式特征。

（2）集中式。无处不在的探测感应装置、计算机网络、移动终端、云服务、社会化媒体、数字化生活使得数字世界和计算能力处于物理上高度分散和分布式状态。另一方面，物联网、云计算和大数据应用又强调信息整合、数据平台和全局视图。所以，与传统集中式计算范式不同，此时呈现出一种新型集中式计算范式，具有物理上分散、逻辑上集中的特征。

作为一个新兴领域，商务智能（BI, Business Intelligence）在过去二十余年间得到了长足发展。首先，商务智能是新的理论、方法、技术发展的产物，是信息科学、管理学、决策科学等学科的交叉领域。其次，商务智能通过数据挖掘技术从海量数据中发现潜在、新颖和有用的知识，旨在支持组织的管理与决策。它是内在技术的，但却是面向管理决策问题的。而且，商务智能包括一系列高级信息分析方法，具有广阔的应用前景。再者，Business Analytics （BA）是近年来在业界和学界常用的一个概念。我们把它称作深度商务分析（或深度业务分析）。一般说来，深度商务分析是现阶段（如大数据背景下）商务智能的概念，所以经常互用。特别值得一提的是，商务智能的应用既可以建立在组织中的全面信息化实施框架基础之上，也可以仅针对具体业务问题在局部业务单元和环节上展开。

由于商务智能的许多基本原理和方法已经形成了比较成熟的知识体系，同时也具有相当广泛的应用实践和动态的发展空间，并且与信息技术的创新与需求保持联动，所以开展商务智能知识教育和人才培养是我国信息社会中信息化进程的需要，也是我国高等教育信息管理与信息系统等专业学科建设的重要内容。

《商务智能原理与方法》（第 2 版）仍然采用与第 1 版（《商务智能原理与方法》，电子工业出版社，2009）一致的主体构架，包括基础篇、方法篇、专题篇三大知识板块。整体上沿着商务智能应用、方法和发展的总脉络，试图较全面地涵盖商务智能领域的基础和主流内容，同时融入若干前沿成果以体现新兴特征与前瞻性，如云计算、大数据、企业外部数据以及社会网络应用等新内容。基础篇着重介绍商务智能的概念和用途、应用领域和环境，以及对于组织管理决策的影响。新增加的部分包括大数据特征、用户生成内容（UGC, User Generated Content）等概念、移动商务和社会商务应用、企业外部大数据分析、云数据平台等。方法篇详细讨论商务智能领域和业务管理决策中关联、分类、聚类和概化等主要知识形式和挖掘方法。此外，新增加了信息搜索服务、社会网络分析等方法和应用内容。专题篇重点关注商务智能领域的若干课题，探讨时态模式、关联分类和不确定性，以及复杂类型数据挖掘/知识发现的方法，包括领域前景展望。新增加的部分包括信息提取与推荐、大数据与新兴电子商务、社会化商务智能等内容。

本书既可以作为高等学校信息管理与信息系统、电子商务、管理工程、计算机应用等专业的高年级本科生或研究生的专业课教材，也可以作为财经或其他工程类专业学生的专业课/选修课教材。在教学中，对于本书知识板块的内容可以单独或组合性使用。此外，本书内容也可以供社会各领域信息化培训和相关管理决策人员进行参考。

《商务智能原理与方法》（第 2 版）的内容反映了我们多年在相关教学实践和素材上的积累，也部分反映了我们相关研究团队的若干成果。我们衷心感谢清华大学经济管理学院以及清华大学现代管理研究中心对于相关研究和本书编写提供的工作条件，衷心感谢国家自然科学基金项目（71110107027/71372044）和教育部人文社科重点研究基地基金资助（12JJD630001）。本书从立意、写作到完稿以及修编的全过程都得到了许多专家学者的关注和支持，包括国家信息化专家咨询委员会和丛书编委会的曲维枝主任、周宏仁副主任等及大连理工大学的王众托院士、哈尔滨工业大学的李一军教授等专家学者的意见和建议，对此我们深表谢意。我们特别感谢清华大学研究团队部分成员在相关领域的学术贡献以及本书第 1 版编写团队的高水平工作。本书第 2 版编著团队除陈国青、卫强、张瑾负责整体框架和知识模块设计、各章修编和统纂外，还包括若干其他成员参与相关工作并付出了大量辛勤劳动。其中，清华大学教授郭迅华、张楠参与了第 18 章的编写和部分统纂修编工作；北京邮电大学教师马宝君参与了第 13 章的编写工作，清华大学博士生张明月、乔丹丹等参与了第 2～5 章的素材整理及部分章节的初编工作。同时，我们由衷地感谢电子工业出版社及刘宪兰编辑在本书策划、协调和出版发行中所做出的大量出色努力。

由于时间和水平有限，本书难免存在不足之处，恳请广大读者批评指正。

陈国青、卫强、张瑾

2014 年 4 月于北京

第 1 版前言

信息技术与人们经济活动和日常生活的融合演进，将整个社会带入了一个循环往复的刺激—响应螺旋。一方面，信息技术的创新刺激了人们对信息的需求响应；另一方面，人们对信息的需求也刺激了信息技术的创新响应。当前，信息技术融合形成了一个大的环境背景，表现在技术对于组织业务而言越来越高度地透明，即技术不再是简单的附加，而是业务自身的有机组成部分；同时，技术对于组织业务而言也越来越深度地渗透，即技术在组织中变得不可或缺，并常常具有战略重要性。在这样的背景下，信息技术的创新和需求达到了一个前所未有的螺旋高度，不但丰富了基于现有技术的信息化的内涵和外延，也催生了基于新技术的许多新型应用形式和发展机会。人们愈发认识到，许多传统的组织业务决策在今天已经变成或正在变成信息决策，许多惯常的组织管理活动在今天已经变成或正在变成信息管理活动。

现代信息系统作为一个携载组织业务模式的人-机计算平台，其主流领域呈现出典型的技术与管理并重的特征。在技术视角层面上，信息系统的研究和应用关注信息是如何表达和处理的，系统是如何开发和构建的；在管理视角层面上，信息系统的研究和应用关注系统是如何被采纳和使用的，组织是如何被影响和变化的。如同产品开发和产品使用一样，从信息系统的技术与管理视角反映出“造”和“用”的某种分野，但信息系统却又是“造”和“用”的统一体，反映出技术与管理的密切内在联系。

作为一个新兴领域，商务智能在过去二十余年间得到了长足发展。首先，商务智能是新的理论、方法、技术发展的产物，是信息科学、管理学、决策科学等学科的交叉领域。其次，商务智能通过数据挖掘技术从海量数据中发现潜在、新颖和有用的知识，旨在支持组织的管理与决策。它是内在技术的，但却是面向管理决策问题的。再者，商务智能包括一系列高级信息分析方法，具有广阔的应用前景。特别值得一提的是，商务智能的应用既可以建立在组织中的全面信息化实施框架基础之上，也可以仅针对具体业务问题在局部业务单元和环节上展开。

由于商务智能的许多基本原理和方法已经形成了比较成熟的知识体系，同时也具有相当广泛的应用实践和动态的发展空间，并且与信息技术的创新与需求保持联动，所以开展商务智能知识教育和人才培养是我国信息社会中信息化进程的需要，也是我国高等教育信息管理与信息系统等专业学科建设的重要内容。

《商务智能原理与方法》一书以基础篇、方法篇、专题篇三大知识板块的形式为构架，整体上沿着商务智能应用、方法和发展的总脉络，试图较全面地涵盖商务智能领域的基础和主流内容，同时融入若干前沿成果以体现新兴特征与前瞻性。基础篇着重介绍商务智能的概念和用途、应用领域和环境，以及对于组织管理决策的影响。方法篇详细讨论商务智能领域和业务管理决策中关联、分类、聚类和概化等主要知识形式和挖掘方法。专题篇重点关注商务智能领域的若干课题，探讨时态模式、关联分类、不确定性，以及复杂类型数据挖掘/知识发现的方法，包括领域前景展望。本书既可以作为高等学校信息管理与信息系统、电子商务、管理工程、计算机应用等专业的高年级本科生或研究生的专业课教材，也可以作为财经或其他工程类专业学生的专业课/选修课教材。在教学中对于本书知识板块的内容可以单独或组合性使用。此外，本书内容也可以供社会各领域信息化培训和相关管理决策人员进行参考。

《商务智能原理与方法》一书的内容反映了我们多年在相关教学实践和素材上的积累，也部分反映了我们相关研究团队的若干成果。我们衷心感谢清华大学经济管理学院对于本书编写提供的工作条件，衷心感谢国家自然科学基金委员会（70890083/70621061）和教育部人文社科重点研究基地基金资助（07JJD630005）和清华大学现代管理研究中心对于相关研究提供的支持。本书从立意、写作到完稿的全过程都得到了许多专家学者的关注和支持，包括国家信息化专家咨询委员会和丛书编委会的曲维枝主任、周宏仁副主任等及大连理工大学的王众托院士、哈尔滨工业大学的李一军教授等专家学者的意见和建议，对此我们深表谢意。我们特别感谢清华大学研究团队部分成员刘红岩、阎鹏、于岚、张丽、张星、唐晓辉等在相关领域的学术贡献，以及清华大学编写团队成员郭迅华、任明、张楠、陈佐亮、马宝君、王昊等在本书编写中的辛勤劳动和出色工作。同时，我们由衷感谢电子工业出版社及刘宪兰编辑在本书策划、协调和出版发行中所做出的大量努力。

由于时间和水平有限，本书难免存在不足之处，恳请广大读者批评指正。

陈国青、卫强
2009 年 3 月于清华园

目　录

基础篇

方　法　篇

专　题　篇

基　础　篇

摘　要

商务智能是现代信息社会中进行信息技术应用和业务管理的一个重要领域。本篇由五章组成，重点介绍商务智能的概念、应用、过程、环境等内容，包括企业内部和外部大数据分析的重要性。第 1 章将引入商务智能的基本概念，并简要阐述商务智能与信息社会、业务管理、数据挖掘及其社会影响的关系。第 2 章从实践的视角，概括介绍商务智能在若干行业和管理决策中的应用实例及商务智能系统与产品。第 3 章将围绕商务智能过程，描述事务处理、分析处理、知识发现的脉络和特征。第 4 章从数据处理技术的演进角度出发，着重讨论数据仓库这一支撑商务智能应用的基础数据系统，以及云数据平台特点。第 5 章将探讨与构建商务智能应用环境密切相关的一些基本条件和要素。

第 1 章

引　言

回眸漫漫的历史长河，人类习惯用最具代表性的生产工具来描述文明划过的轨迹：从石器时代到青铜器时代，再到铁器时代和蒸汽时代。用这种思维模式来看待过去的一百年，我们会说，人类已从电气时代步入了信息时代。世界上第一台电子计算机 ENIAC 的神奇并未因第二次世界大战炮声的远去而消退。没有硝烟的商业战场为信息通信技术的蓬勃发展和广泛应用提供了靓丽的舞台；Apple 计算机的出现、Microsoft 软件的盛行、Google 搜索的普及、智能手机的风靡、淘宝平台的繁荣、微信的流行等，不仅彻底改变了商务活动的形式与内容，更潜移默化地影响着人类日常生活中更广阔的领域。信息量、信息传播速度几何级数般的增长也对信息处理能力及应用手段不断提出新的需求。当获取信息越发容易时，有效分析数据并支撑管理决策的能力逐渐成为企业逐鹿商场的核心竞争力，使之成为“智慧”的企业。这就是本书将讨论的商务智能。

本章学习重点

- 商务智能与信息社会；
- 商务智能与企业管理；
- 商务智能与数据挖掘；
- 商务智能与新技术融合。

随着现代信息技术（IT，Information Technology）的飞速发展，计算机系统、互联网（Internet）和移动终端（如智能手机、平板电脑等）的广泛应用使得社会活动、组织运作和个人生活日趋数字化。一方面，企业作为日常经济活动的主体，收集和储存了大量数据，如市场情况、客户资料、订单、库存状态、生产过程、交易账目、通信记录等。这些数据反映了企业的内部机制和运作管理状态的重要内容，称为企业内部数据。另一方面，企业的运作管理又受到企业外部活动的影响，而且这种影响在社会化媒体和用户广泛参与的背景下日趋强烈，如评论、口碑、流言、商誉和舆情等，构成了企业外部数据。只有对这些企业内/外部数据进行充分、及时的分析和利用，才能增进对企业业务、用户行为、发展潜力、社会形象的理解，提高管理决策水平，还有助于发现新的市场机会和创新模式，以赢得可持续的生存和竞争优势。这种对海量数据进行分析和利用的迫切需求，促成了商务智能（BI，Business Intelligence）的应运而生，并且成为二十多年来学界和业界研究和应用的热门课题之一。纵观信息技术创新和应用的发展趋势，结合信息化进程中移动性、虚拟性、个性化、社会性、极端数据等主流特征，以及物联网、云计算、大数据为标志的新兴计算范式变革，可以看到商务智能的研究和应用将具有更加广阔的前景，并将在企业决策和发展中发挥更加重要的作用。

1.1　商务智能简介

在经济管理活动中，数据代表着对现实世界及业务活动的事实性记录；信息可以被理解为以数据的形式存在的、对现实世界语义的反映；知识代表着被组织起来用于解决问题的信息；智能则意味着利用知识以获取效益的能力。图1.1显示了从数据到智能的层次性联系。

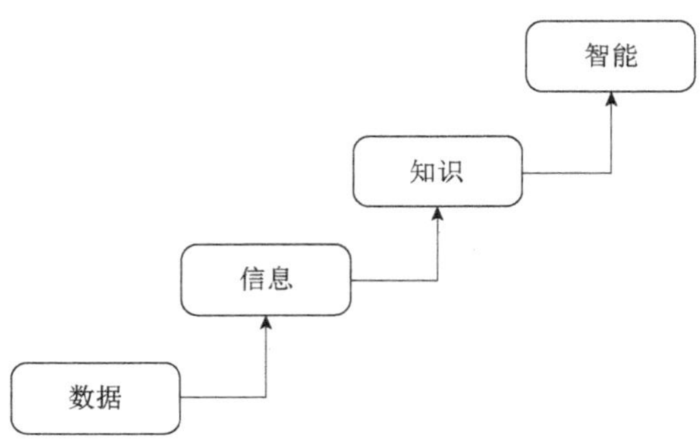

图1.1　从数据到智能的层次性联系

企业中存储、流动、转换、展示的内部数据以及与运作管理相关的外部数据构成了企业的信息资源。对数据的有效管理与利用是信息资源管理的基础性任务[1]。随着信息技术创新和应用的发展及信息化进程的深入，信息资源日益成为企业的战略性资源。对信息资源的开发与利用已经成为企业在竞争中生存并获取优势的必要途径[2]。

信息资源的开发与利用包含着两个层面的含义：首先，数据应当得到有效的获取、管理和组织，才能通过系统化的应用服务于组织的管理和决策；其次，对信息资源的利用存在着一个由浅入深、由单一到综合的提升过程[1]。如图 1.2 所示，从企业对信息应用的角度，也就是企业对于所得到的数字化信息进行利用以支持决策的程度来对信息系统进行划分，基本上可以分为在线事务处理（OLTP，Online Transaction Processing）、在线分析处理（OLAP，Online Analytical Processing）和知识发现（KDD，Knowledge Discovery in Databases）三个层次。

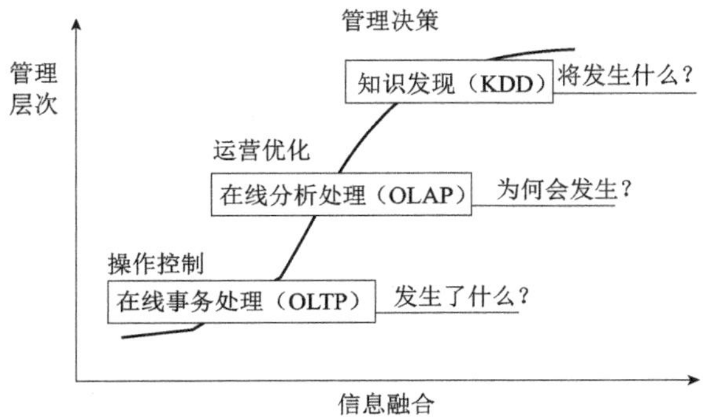

图 1.2 信息融合与管理支持层次

在这里，事务处理指的是围绕企业的基本业务和生产过程的自动化，对数据和信息进行加工和处理。在管理中，它能够回答“发生了什么”的问题。分析处理指的是围绕企业的分析和控制功能，对数据和信息进行回溯、分维、切片和 what-if 分析，从而回答“为何会发生”的问题。知识发现则是围绕企业的经营策略和竞争优势，对数据和信息进行挖掘和整理以求获得支持决策的知识，从而回答“将发生什么”的问题。

这三个应用层次的逐级提升，是围绕着对信息资源的开发、管理和利用展开的。在事务处理的层次上，要求实现数据的电子化采集、交换和处理；在分析处理的层次上，要求对数据进行多维度的综合整理；在知识发现的层次上，则要求对数据进行深入的、智能化的挖掘分析，以寻找潜在的未知知识。换句话说，知识发现是信息资源利用从数据和信息层次上升到知识和智能层次的关键纽带。当代信息技术所具有的强大的计算能力使得人们能够对数据进行多层次和多角度的处理以获取新颖的、具有潜在有用性的知识。由于这些知识是事先未知的，而且也不是能通过已有的规则或模式推断得到的，因此，如果它反映了业务运作中潜在的某种规律性并被及时利用和把握，将对企业竞争优势的获取产生不容忽视的作用[3]。

上述信息资源利用的三个层次在很大程度上代表着现代企业竞争力水平的三个台阶。当信息技术与信息系统应用推动着企业的信息融合水平从基本的事务处理发展到智能化分析的层次时，企业的管理者才能真正站在信息资源的瞭望塔上获得全局性视野，全面性的企业绩效管理与竞争决策才成为可能。正如耶鲁大学伊恩·艾尔斯（Ian Ayres）所说的那样：“在当今时代，顶尖级别的组织机构每天都在以闪电般的速度分析大量的数据，以获取对人类行为的深层认知……这种新一代的决策者正在成为当今社会的掌舵者。”[4]

当前，企业信息化的发展呈现出集成化和智能化两大趋势。在集成化方面，从传统的物料需求计划系统（MRP）、制造资源计划系统（MRP II）中发展出了企业资源计划系统（ERP），将采购、生产、销售、财务和人力资源等信息系统基本功能连为一体，形成了整个组织范围内的集成化信息系统。同时，电子数据交换技术和电子商务的发展也不断推动着企业间信息系统的集成，其典型代表包括供应链管理系统、客户关系管理系统及电子商务交易平台系统等。而智能化方向的发展，则使得信息系统应用在全面集成的同时，逐步将其支撑力融合在企业的核心竞争目标——绩效的提升——上。因此商务智能可以视为企业信息化达到一定高度的产物。

在这样的大背景下，企业信息系统市场与商务智能市场出现了大规模的整合趋势。近些年来，全球三大商务智能厂商 Business Objects、Cognos 和 Hyperion 分别被 SAP、IBM 和 Oracle 所收购。这也从一个侧面反映出：在企业集成化信息系统的基础上融合具有绩效管理和决策支持能力的商务智能应用，正在成为提升企业竞争力水平的一个新的突破点。

由于商务智能是一个涉及信息科学、管理学、决策科学等多学科知识的交叉领域，又具有很强的与应用背景密切融合的特征，人们往往从理论与实践、方法与技术等不同的角度给出对商务智能概念的不同解读。

1989 年，Gartner Group 的 Howard Dresner 在提出商务智能时，认为它是通过应用基于事实的支持系统进行商业决策支持的一系列概念和方法 [5]。IBM 认为商务智能是基于数据仓库、数据挖掘和决策支持中的先进技术等，收集相关的信息并加以分析，以发现商业机会和针对客户需求制定相应战略 [6]。按照 Oracle 的观点，商务智能就是在合适的时间提供合适的数据访问以制定正确的决策 [7]。*DM Review* 杂志①则将商务智能理解为一个过程，一个依赖人、过程、数据、工具和方法论来制定更好的决策的过程 [8]。根据数据仓库与商务智能专家 Larissa Moss 的观点，商务智能不是产品也不是系统，而是一个体系，是一系列集成的应用，提供商业数据的查询，进行决策支持 [9]。而 Brian Larson 认为，商务智能是一种行为，即在一定的时间内向决策人员提供准确、有用的信息以有效地支持决策活动 [10]。

概括说来，商务智能是一个从大规模（海量）数据中发现潜在的、新颖的、有用的知识的过程，旨在支持组织的业务运作和管理决策。数据挖掘（DM，Data Mining）是商务智能的核心技术，以一系列商务智能的理论和方法为基础。

商务智能概念中有如下四种要素。

（1）大规模数据。商务智能是从海量数据中发现知识，因此数据挖掘的效率是一个重要考量标准。许多传统的数据分析和信息查询方法面对海量数据时往往捉襟见肘，因而对方法的扩展及对方法的创新就成为必然。

（2）数据驱动（Data-driven）。由于数据规模的缘故，传统的建模假设很难人工

① 美国著名的《商业智能和数据仓库》杂志。

穷举数据变量和属性组合，而商务智能方法通常自动地考虑数据变量和属性之间的组合关系，以获得相应的知识模式。

（3）潜在新颖性。商务智能通过数据挖掘所获得的知识是非显见的，而且是新颖的。这就使得这些知识用于决策时往往能够帮助企业获得竞争对手不曾掌握的信息和手段，进而取得竞争优势。从此意义上讲，数据挖掘技术也称为优势提升技术。

（4）知识有用性。通过商务智能得到的知识是用于业务运作和管理决策的。这就决定了商务智能的应用是对背景依赖（Context-dependent）的，也就是说，所发现的知识的有用性通常与应用环境（包括应用问题、环境条件、决策者等）密切相关。

特别值得指出的是，商务智能自20世纪80年代末提出以来，“商务智能”和“商业智能”成为中国业界和学界惯常的用法，也是多个国际主流 BI 系统在中国市场上的叫法。这其中的一个可能的原因是早期的一些经典 BI 应用发生在商务/商业领域，如超市购物关联问题、银行信用分类问题等。在此，我们将沿用商务智能的叫法，但其应用则不仅限于商务/商业领域，而是广义地面向组织（如企事业单位等）活动的业务领域。再者，Business Analytics（BA）是近年来在业界和学界常用的一个概念。我们把它称作深度商务分析（或深度业务分析）。一般说来，深度商务分析是现阶段（如云计算/大数据背景下）商务智能的概念，所以经常互用。具体说来（参照图1.2），商务智能的大量应用正在从前期的“OLAP 为主—KDD 为辅”模式转向“OLAP—KDD 并重”模式。这也是“深度商务分析”中“深度”的含义所在。

此外，为方便起见，在下面的讨论中将习惯性地使用“企业”作为“组织”的广义用法。当然，在必要的时候，将区分说明企业与其他组织形式在相关问题上的差别。

1.2 商务智能与信息社会

信息技术的飞速发展和深入应用不断推进社会的进化。我们处在信息社会的一个重要的标志性特征就是技术融合（或称做 IT 融合）。也就是说，当前所处的信息社会与以往的工业社会、农业社会相比，处于一个前所未有的技术大融合的阶段。这体现在两个方面：技术透明性和技术渗透性。技术透明性是指，由于技术水平的提高和广泛的业务应用，在越来越多的产品和服务中，顾客甚至都感觉不到（也无须过多了解）内在的技术细节。例如，手机用户并不需要了解无线通信基站的工作方式和信号发送指标；Internet 用户也无须了解网络通信的7层协议结构。对于最终用户而言，他们只需了解技术所呈现出的效用即可，因此技术对于用户来说具有透明性。这种技术透明性在信息社会中尤为明显。技术渗透性是指技术对人类社会和生活的方方面面的影响深度。在工业社会早期（18世纪），虽然在工厂中大量的蒸汽机及机器设备得到了许多应用，而在一般人们的生活中，仍然在很大程度上保持着传统的生活方式，如交通还是靠人力或畜力。到了19世纪，蒸汽火车等交通工具才得到发明，但也并不是所有的普通民众可以轻易享用的。这个技术渗透的过程经过了约100年。而在信息社会，新技术从发明到获得普通民众使用的速度大大加快，而且对民众生活方方面面的影响也更深入。例如，从第一封 E-mail 发出到 E-mail 技术在全球范围内得到普及并成为人们日常生活中最常用的信息技术之一，也就经过了约20年时间。另一个例子是录音机技术与互联网技术的比较。录音机从出现到获得5千万受众用了38年时间，而互联网获得同样规模的受众仅用了4年[356]。

近年来，全球数据量正呈现出前所未有的爆发式增长态势[11]。国际数据公司（IDC）的数字宇宙研究报告称：2011年全球被创建和被复制的数据总量超过1.8ZB，且增长趋势遵循新摩尔定律（全球数据量每两年翻一番），预计2020年将达到35ZB。与此同时，数据复杂性也急剧增长，其多样性（多源、异构和富媒体等）、低价值密度（大量不相关信息和知识“提纯”难度高）、实时性（流数据，需实时生成、存储和分析）等复杂特征日益显著。“大数据”（即以超规模、多样性、低价值密度和实时性为显著特征的数据）成为重要话题，并在业界和学界引起广泛关注[12~16]。

由信息技术进步和广泛应用驱动的技术融合的不断深化，对于人们的社会生活和经济活动产生着日益深远的影响。一方面，企业中许多传统的业务决策问题逐渐变成了基于信息分析的决策问题。例如，通过产品浏览日志和评论内容分析以获得网络购物用户的行为偏好，通过社会传播和关系强度分析以辨识舆论领袖和群体联系，通过对搜索引擎日志和广告内容的分析和匹配来推荐适合的关键字广告，通过对股票交易数据的深度模式挖掘来设计程序化高频交易策略，通过特征提取和相似关系构建目标人群和业务策略等。另一方面，信息产品（如软件和IT服务等）及其应用（如虚拟体验、个性推荐、社会网络和网络搜索等）随着技术创新呈现出越来越丰富的形态和特征，催生出新模式[如线上线下互动的O2O（Online-to-Offline或Offline-to-Online）运作模式]、新业态[如众包（Crowdsourcing）生产和创新组织]、新人群[如生活在赛博空间（Cyberspace）中的人群及其行为和需求]等。在这两方面，商务智能之数据挖掘技术均扮演着重要角色。

1.2.1 商务智能是信息社会的产物

信息社会的技术融合使技术透明性和渗透性非常高。这也为商务智能的产生和发展提供了肥沃的土壤。正是有了信息技术的高度透明和快速渗透，才使得企业和广大用户可以利用强大的信息工具和智能分析方法来从业务运作和数字化生活中提取信息和知识，并进一步为企业决策和生活需求提供有效支持，使得企业获得可持续竞争能力、广大用户获得丰富的服务体验。

具体说来，信息社会中技术融合的深化使企业和个人面临着数据激增的问题。特别是，相对于数据海洋的浩瀚数字流量，与个体企业或个人相关的价值信息却显得相对微小，这就是所谓的大数据时代的低价值密度特征。而传统分析工具的功能有限，传统的业务报告和面向用户的浏览和提取服务无论在内容上还是时效性上都难以满足需要。

1. 数据充足而知识相对匮乏

现代信息技术的发展产生了以知识经济和信息技术为代表的信息经济和信息社会。在这一新型的经济和社会形态中，企业活动所面临的日新月异的市场环境和挑战，使得信息成为关乎企业兴衰成败的战略性资源；人们在社会生活中对于数字内容的依赖和参与感，使得信息成为关乎现代生活质量的基础性资源。企业中和社会上普遍存在的数据充足而知识相对匮乏的矛盾，迫切需要将大量数据转化为有价值知识的技术和能力。这种对能够处理和控制信息的新技术的强烈需求，不断催生着商务智能技术与应用。

2. 传统分析工具的整合能力有限

在过去的几十年里，许多组织已经耗费大量财力和人力建立起联机事务处理（OLTP）系统和企业资源规划（ERP）系统等，这些系统在极大地改善数据自动处理能力的同时，也存在着获取和连接与企业（或部门）活动密切相关的外部数据的局限性，包括与客户和供应商数据的连接、与社会网络和企业舆情数据的连接、与电子商务生态圈数据的连接等。这给从全局的角度观察和分析企业运作、价值链管理和竞争态势带来了很大困难。用户被限定在有限的数据对象中，无法连接不同的信息源，更无法进行整合和进一步的分析，大大降低了解决方案的实用性和灵活性。

3. 传统报告不能满足用户需要

由于传统报告以业务支持为导向，而不是以分析为导向，因此传统报告的弊端之一在于数据细节水平与实际需求的不匹配，即决策者不能得到所需要的有关现状、异常情况或未来趋势的有价值的信息；之二反映在传统报告格式固定、时效性差、流动性差，处理这样的业务数据时，在时间和资金上都会造成极大的浪费；之三，传统报告对问题的分析和解答不够全面和透彻，尤其是在涉及多部门、多角度的深层次的问题时，传统报告都显得束手无策。

商务智能在有效解决上述问题方面可以发挥重要作用。商务智能是分等级的，可以提供高层次的汇总，也可根据需要挖掘细节；商务智能是多维的，给人们提供了从不同角度分析数据的能力。

4. 信息技术及应用的推动

基于 Internet 的企业运作模式、电子商务、电子支付、移动和位置服务、社会化媒体等概念和应用的发展普及，为商务智能实践提供了基本环境。另外，信息技术的进步和创新，如物联网技术、移动通信技术、大容量存储技术、数据仓库管理工具、数据挖掘算法、社会网络分析、云计算平台、大数据分析等的发展，使得商务智能在理论和方法上不断丰富和发展。Internet 技术促进了供应商、分销商、合作伙伴、零售商与生产者之间的数据访问和共享；同时，物联网和云计算平台进一步支撑了人们数字化生活的需求和服务整合。特别是在以超规模、多样性、低价值密度、实时性等特征的大数据背景下，商务智能理论与方法面临新的挑战，也具有广阔的发展前景。

1.2.2 商务智能是信息社会繁荣的推动力

商务智能为企业提供有效的决策支持技术和工具。从最初的基本报表到多维分析和知识发现，帮助企业改善内部的经营，使企业能够创造更大的社会价值；同时，商务智能技术赋予企业强大的创新动力，这些又成为推动信息经济和信息社会繁荣的重要动力。

尽管商务智能最初是在企业中开始得到应用的，但它的应用领域并不局限于企业。只要一个组织有大量的数据存储，或面对着大量相关的外部数据，就意味着具有进行智能分析的需求和必要性，商务智能就有用武之地。实际上，商务智能正在渗透到各行各业及各种职能中去。

近年来，商务智能也渐渐进入政府机构，扮演起日趋重要的角色。传统的政府机构管理中同样存在着数据孤岛、信息整合能力有限等问题，政府机关由于各种原因无法及时掌握下级机关的财务、绩效等情况，给政府机关实现科学化、精细化的管理和决策造成了障碍。商务智能将来自于业务支撑系统的财务、医疗、人事等结构化数据与协同办公、档案管理等行政办公系统中的报表、公文、档案等非结构化数据信息组织起来；同时结合社会舆情和民生热点进行信息分析，形成整个政府业务和公共管理的全局视图。在此基础上加以科学的分析将其转化为辅助管理者决策的知识，及时解决政策执行中存在的各种问题。同时，商务智能软件提供的可信和及时的分析结果，可以帮助政府部门加快决策进程，缩短办事周期，提高整个机构的透明度，促使政府部门改进公共服务水平，这对于转型中的公共服务机构具有积极的意义。

此外，商务智能的信息提取和分析手段，将大大帮助社会公众和用户有效获取生活资讯和相应支持（例如，关键词查询搜索、购物产品推荐、精准广告推送、评论概述提取、出行路径优化、好友和关系辨识等），并支持大量社会公众和用户参与生成的数据和信息[即公众生成内容（PGC, Public Generated Content）或用户生成内容（UGC, User Generated Content），如博文、评论、意见、消息、情绪和创意等]的获取、分析和共享。

1.3　商务智能与企业管理

商务智能在企业管理中扮演着越来越重要的角色，本节以其在企业管理中的作用、方式及商业价值三个方面进行说明。

1.3.1　商务智能在企业管理中的作用

商务智能对战略决策的支持表现在对公司战略、业务战略和职能战略的支持等方面。在公司战略决策支持上，商务智能可以根据公司各战略业务单元的经营业绩和经营定位来选择合理的投资组合战略。在业务战略决策支持上，商务智能可以进行企业外部因素分析，如外部环境分析、行业状况分析、竞争对手分析、企业舆情分析等，以帮助各战略业务单元制定竞争策略。在职能战略决策支持上，商务智能可以在分析企业内部因素（如技术实力、资源能力、资本实力、投资方案、竞争实力和优劣势等）的基础上为职能战略的决策提供科学的依据。

商务智能可以在企业各个层面和职能中发挥作用，如营销管理、销售管理、客户关系管理、财务分析、供应链管理、人力资源管理等都能够利用商务智能来提高决策水平和改善业务绩效，并进一步增强企业核心能力。

（1）在营销领域，商务智能可以使用分类和预测等技术，分析长短期需求、市场机会和企业利益增长点，分析和预测市场容量、占有率、细分情况和风险程度，策划和评价市场营销策略等，据此调整和优化其市场营销策略，以获得最大的成功。

（2）在销售管理方面，商务智能的作用可以体现在产品销售情况分析和服务信息反馈、新产品开发预算和销售预测等方面，基于销售、库存、财务和人事等多种基础数据进行多角度分析，给出销售情况分析和趋势预测等辅助决策信息。

（3）在客户关系管理方面，商务智能可以根据消费记录及客户档案资料进行客户群分析，以及对他们的消费能力、消费习惯、消费周期、忠诚度、赢利能力、客户促销分析等进行分析，从而为企业更准确地理解客户的行为和趋势、挖掘潜在客户、制定相应的促销和服务策略、争取和保持客户等提供支持。

（4）在财务分析上，商务智能可以基于数据仓库技术满足企业管理者对费用支出情况的查询、应收账款和应付账款的分析等多方面的财务分析，有助于提高在现金流量、资产负债和资金回收率等方面的决策科学化水平。此外，根据公众/用户生成内容（PGC/UGC）数据（如关键词搜索轨迹、事件评论热度和话题内容演化走向等）可以进行财务状况关联分析和股价走势预测，为管理决策提供支持。

（5）在供应链管理上，商务智能可以进行流程分析、供应商评价、分销商管理和物流成本分析等，既可以满足对物流、供应和销售相关情况的基本层次的查询，也可以辅助对深层次的问题的决策，如进行库存调整及优化，以保证有效、合理周转等。

（6）在人力资源管理方面，商务智能可以基于翔实的数据进行多视角的人力资源统计分析，并基于现有人力资源使用情况分析超时和工作量，预测劳动满员和紧缺，计算某段时间内的劳动收益率等。商务智能的人力规划分析也可以实现不同角度的员工工资查询和分析，结合完成的工作量，提高员工利益分配的科学性。

归纳起来，商务智能的作用至少有以下四个方面。

（1）理解业务。商务智能可以用来对各项业务进行准确的评估，帮助理解业务的驱动因素，识别对业务产生影响的关键因素，积极推动业务发展，培养良好发展态势，规避潜在的风险。具有前瞻性的商务智能将帮助企业有效地解决所面临的各种问题和挑战。

（2）衡量绩效。商务智能能够从企业各种应用系统中提取各种基础绩效指标与关键绩效指标（KPI），对员工的工作绩效进行追踪、衡量和评价，也可以进行其他各种绩效（财务的和非财务的、前台的和后台的、企业内的和供应链内的、组织的和个人的）的跟踪和管理，充分分析现有系统的执行力从而完成业务流程的调整和优化。以商务智能为基础的企业绩效管理已成为欧美企业目前最热门的管理和信息技术课题之一。

（3）改善关系。商务智能可以提供有关业务状况的有用信息、提高企业知名度、改善整个信息链的效率。商务智能也有助于加强客户忠诚度，一个参与其中并掌握充分信息的顾客更有可能购买你的产品或服务。商务智能有利于企业维持各种良好的关系，在问题转化成危机之前及时采取措施。

（4）创造商业机会。掌握各种商务数据和信息的企业可以出售这些信息从而获得利润。但是，企业需要发现信息的买主并找到合适的传递方式。通过构建基于信息分析的能力是当前许多企业成功进行转型升级的关键，也是新企业寻找机遇、创新发展的关键。

总之，商务智能可以帮助企业从大量内/外部数据中得到结论性的、基于事实的和具有可实施性的信息，使企业能够更快、更容易地做出高水平的决策，使企业管理者和决策者更清晰地了解业务状况，建立良好的关系，从而提高工作效率、增加利润并迅速发现商业机会。

1.3.2 商务智能协助企业管理的方式

商务智能是一种定量数据分析管理的技术，为决策者提供可以用于决策的量化信息和知识，以提高决策水平和决策效率。商务智能主要通过以下五种方式协助企业管理。

（1）基于目标的管理。一个企业或组织可能有众多的绩效目标。在横跨整个企业的信息系统上，结合外部的数据和信息，商务智能能够计算跨组织的绩效目标，与同行业或工业标准相比较，便于企业明确自身的竞争优势。

（2）基于异常的管理。商务智能具备即时计算各种绩效目标的能力，从而可以检测实际指标与计划目标之间的偏差。当偏差过大时，系统将迅速通知相关管理人员，便于及时采取措施。而将例外管理与工作流技术相结合，可以使整个例外管理更加自动化。

（3）基于事实的管理。企业的 ERP 系统在日常交易和处理中积累了大量的事实和数据。商务智能将企业目标与事实结合，使管理人员能够进一步分析原因或趋势，查询并探测相关信息。

（4）基于外部数据的管理。在大数据背景下，企业外部数据（如社会网络数据、PGC/UGC 数据等）在企业运作和价值创造过程中发挥着越来越重要的作用。商务智能能通过获取、关联和分析企业外部数据，获得企业状态、竞争环境、社会关系和品牌形象等重要信息，便于管理人员进行及时响应和科学决策。

（5）基于智能协同的管理。商务智能可实现企业外部资源与内部资源的协同集成，使管理人员不仅可以充分协同调度企业内部资源，还可以与客户、供应商及业务环境协同同步，改进商务协作及决策方式，有效地解决和避免目前信息系统应用中存在的诸多资源管理失调问题。

需要说明的是，商务智能不只是一套软件与工具，同时也是建立在灵活性、响应速度和软/硬件基础上的一套业务运作的方法，这也是现代商务智能的核心理念。商务智能的良好应用往往不仅是技术问题，更包括与业务融合的问题。换句话说，商务智能需要发展成为运营手段，并成为系统与组织间业务集成的有机组成部分，只有这样，才能有效、充分地发挥其作用。

1.3.3 商务智能的商业价值

信息技术给企业带来的回报可以总结为三个层次。第一层，信息技术可以提高效率，即加速现有流程、节省大笔开支；第二层，信息技术可以提高生产率，即以较少的人力、物力完成较多的工作；第三层是指利用信息技术可以改变或完善企业的经营模式，从而取得竞争优势。

据市场调研机构 IDC 对欧洲和北美 62 家采用商务智能的企业的调查分析[17]显示，这些企业的三年平均投资回报率为 401%，其中 25%的企业的投资回报率超过 600%。调查结果还显示，一个企业要想在复杂的环境中获得成功，高层管理者必须能够控制极其复杂的商业结构，若没有翔实的事实和数据支持，是很难办到的。那些在商务智能领域投资并已得到回报的公司是最好的例子。日本最大的 CD 和视频零售商 Tsutaya，运用客户关系管理系统、数据仓库，通过其下属的 Tsutaya 在线（TOL）为客户提供服务。TOL 在当时日本经济状况不佳的情况下，使 Tsutaya 利润增长 48%。

需要说明的是，商务智能作为对信息的提炼和知识的积累，是企业的一项重要的隐性资产，不能只用传统的指标来衡量。麻省理工学院（MIT）的信息管理研究机构首席研究员 Eric Brynjolfsson 花了近 10 年的时间研究信息技术成本和收益，他的研究表明，信息技术投资中高达 90%的成本和收益都是隐性的[18]。企业在进行信息技术投资评估的时候，必须公正地分析显性和隐性两个方面，从而获得适当的平衡。商务智能作为一项信息技术投资，其总体价值也包括显性和隐性两方面，因而也需要在评估的时候做好平衡。

市场研究集团 Gartner 建立了 VOI（Value on Investment）投资价值的理论框架，用来衡量隐性资产投资所创造的价值和财富，特别适合用于衡量企业从商务智能中获得的总体价值[19]。由美国商务智能专家莫斯和阿特瑞提出的分析框架列举了收入增加、利润增加、客户满意度提高、节省和市场份额增加五个收益类别，该模型所包括的大多数都是商务智能的显性收益，但也包括了像客户满意度这样的隐性价值。此外，BASE 咨询公司、Nucleus 研究公司都提出了商务智能的成本和投资回报的计算方法[55]。

当前，大数据技术和服务市场呈现快速增长态势。以麦肯锡评估西方产业数据为例，大数据将能使欧洲发达国家政府节省至少 1000 亿欧元（约 1490 亿美元）的运作成本；使美国医疗保健行业降低 8%的成本（约每年 3000 多亿美元）；并使得大多数零售商的营业利润率提高 60%以上[12]。据 IDC 预测，大数据技术与服务市场将从 2010 年的 32 亿美元攀升到 2015 年的 169 亿美元，实现 40%的年增长率（IT 与通信产业增长率的 7 倍）[21]。这里，大数据市场价值的重要成分是通过大数据分析应用实现的，其中商务智能扮演着主要角色。

1.4 商务智能与数据挖掘

商务智能的关键是要通过深度数据分析获取知识以支持决策。其中数据挖掘是商务智能的核心技术。本节将对数据挖掘进行简要介绍。

1.4.1 数据挖掘的概念

数据挖掘也可以称为数据库中的知识发现。而现在随着大数据时代的到来，数据已经不仅仅局限于传统数据库的框架中，相应的数据挖掘和知识发现技术所能处理和分析的数据范围也不断扩大，不仅仅是结构化的数据库数据，也可以处理和分析各种非结构化的大规模数据。简而言之，数据挖掘主要基于人工智能、数据库、统计学等技术，高度自动化地分析大规模数据，做出归纳性的推理，从中挖掘出潜在的模式，预测客户的行为，帮助企业决策者调整经营策略，减小风险，做出正确的决策。

从认识层次来看，数据挖掘的基本目标是预测（Prediction）和描述（Description）。所谓预测就是利用数据中已知的变量和字段来确定一些感兴趣的未知或未来的值。而描述则集中于寻找一种人类能够解释的模式来对数据进行刻画。

一般来说，可以根据知识类型将数据挖掘划分为以下六类。

（1）概念描述（归纳或简约），包括概念的识别和比较。它通过将数据进行一般化、汇总或将可能矛盾的数据特征进行说明，来寻求对一个数据子集的简约描述。例如，将“湿”和“干”的概念进行数据上的说明。

（2）聚类，将一组个体按照某种标准进行汇总，形成新的类。它的目的是使属于同一类别的个体之间的差异尽可能地小，而属于不同类别的个体间的差异尽可能地大。例如，将房屋进行聚类分析以寻找房屋分布模式。从机器学习的角度来看，这是一种非监督学习方式。

（3）关联规则，发现数据之间的关联性、相关性和因果关系。例如，发现形如“在购买面包和黄油的顾客中，有 90%的人同时也买了牛奶”的关联模式。关联规则发现的思路还可以用于序列模式发现，即不同对象在时间或序列上的规律。

（4）分类和预测，一方面包括按不同的属性值将数据进行分类，挖掘出关于每一类数据的描述或模型，如按气候特点将国家进行分类；另一方面包括根据已有的信息和模式来预测未来的或未知的属性值。从机器学习的角度来看，这是一种监督学习方式。

（5）时序数据分析，这是统计方法的直接应用。它主要包括趋势和偏差分析、用户定义的模式匹配分析及周期数据分析。

（6）其他的一些模式识别和统计分析方法，如回归分析、相关分析。

值得说明的是，上述这些方法多为基础性方法，可以直接应用于商务智能任务，也可以与其他方法一起组合应用，面向各种商务智能任务。诸如关键词广告推荐、网上购物推荐、代表性信息提取、模式关联分析等都是组合应用的例子。

一个典型的数据挖掘系统一般会具有如图 1.3 所示的体系结构。

（1）数据库、数据仓库和其他数据文件。数据挖掘的对象不仅仅是前面所提到的数据仓库，还可以是数据库或其他格式的数据文件。数据挖掘技术可以用于分析各种类型的数据，如结构化数据、半结构化数据及非结构化数据、静态的历史数据和动态数据流数据等。

（2）知识库。数据挖掘中常常会用到领域知识，它们被存储到知识库中，并用于引导挖掘，或者评价挖掘结果的兴趣性。这种知识可能包括用于在不同层次上组织属性的概念层次（Concept Hierarchies）知识，可以用于评价挖掘到的模式是否具有新奇性的用户信念知识，以及其他知识，如约束、阈值、元数据等。

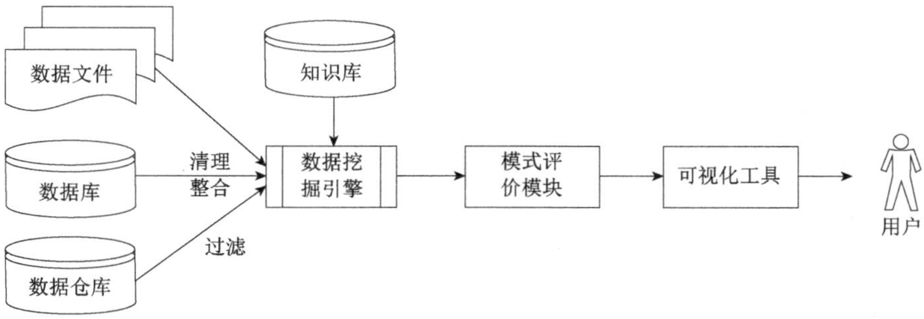

图 1.3　数据挖掘系统的体系结构

（3）数据挖掘引擎。这是数据挖掘系统的关键部分，它包括一系列功能模块，如特征提取模块、关联规则分析模块、分类模块等。每个模块还可能有多种备选算法。

（4）模式评价模块。这个部件通常是通过应用兴趣度标准来精练、聚焦发现的模式。它还会评价存储在知识库中的阈值。模式评价模块有时也集成到数据挖掘模块中。

（5）可视化工具。这是数据挖掘系统与用户的通信接口。用户通过它制定数据挖掘的计划，提供挖掘所需的信息，浏览数据挖掘的结果，评价挖掘到的模式。

1.4.2　数据挖掘的特点

虽然数据挖掘与其他决策分析工具一样，也具有对数据进行归纳和分析的功能，但是除此之外它还有一些传统的决策分析工具所不具有的特点，正是其独特的优点使得数据挖掘成为商务智能的核心技术，能够得到传统分析工具无法得到的新颖的、潜在有用的管理知识和业务规则。

企业管理决策人员通常会有许多信息需求，如图 1.2 所示。首先他需要了解业务过程中发生了什么？接下来要了解它为什么发生？顾客和市场的行为是怎样的？最后还要了解将会发生什么及可以采取什么样的行动？当给出的分析结果是可以采取行动的建议时，管理决策人员所获得分析结果的价值就会高。在传统决策分析技术中，都先由决策人员事先给出逻辑假设，然后在数据中进行检验。但是，在大规模的数据中，如果仅根据某个或是某几个逻辑假设来进行验证，就可能会丧失对一些潜在的而事先未知的模式进行检验的机会，这样就不会得到新颖的模式。

数据挖掘是数据驱动的，它并不始于一个有待证明的具体逻辑模式，而始于纷繁复杂的海量数据，利用强大的数据分析工具和特定的知识提取方法，从数据出发，对各种模式进行匹配，经过筛选，获得潜在的、新颖的和有用的知识。

图 1.4 对传统的决策分析工具和数据挖掘的不同驱动方式进行了归纳。

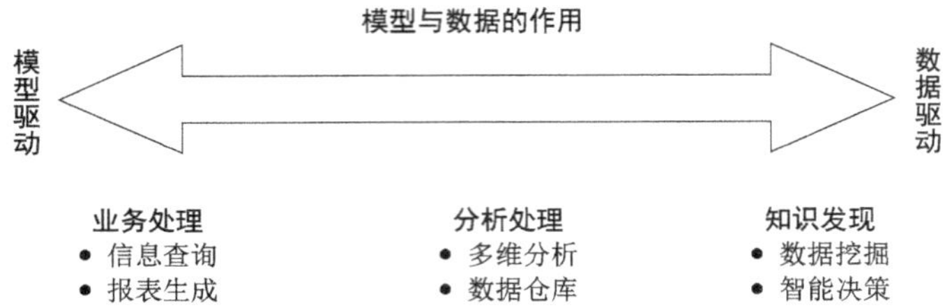

图 1.4　模型驱动与数据驱动

数据挖掘与传统数据分析的本质区别在于数据挖掘是在没有明确假设的前提下去挖掘信息和发现知识。数据挖掘所得到的知识具有先前未知、潜在有效和可实用等特征。

1.5　商务智能与新技术融合

自从个人计算机出现以来，信息技术就一直处于持续而迅猛的发展之中。各种新兴技术层出不穷，推动着人类社会、经济、生活中一波又一波的变革浪潮。20 世纪末期以来，互联网得到了广泛而深入的普及，从而触发了以社会性、虚拟性、移动性、个性化和极端数据为典型特征的新一代信息技术应用形式。新兴技术与新兴应用的不断涌现，创造了一个动态变化的商务环境。在这样的形势下，商务智能领域的创新也不断加速，并越来越紧密地与企业系统、电子商务系统、知识管理系统、Web 2.0 等各种类型的技术及应用融合在一起，日益显示出其强大的生命力和巨大的商业价值。

例如，在市场营销领域，客户信息分析技术的不断提升使得“精准营销”（Targeted Marketing）成为可能。与传统的“大众营销”（Mass Marketing）相比，精准营销建立在对与客户、产品、环境相关的海量数据进行智能化分析的基础上，实现对市场、客户的深入细分，甚至是在完全个性化的基础上展开营销，即针对不同客户的不同特点，以最有效的方式和渠道去推介最适合的产品。精准营销与个性化推荐也有着紧密的联系。像 Amazon（www.amazon.com）这样的网上零售商，其强大的数据挖掘管理，使其往往能在客户进入网站的时刻就向他们展示出最有吸引力的商品。

数据挖掘技术也为以 Google（www.google.com）、百度（www.baidu.com）为代表的现代搜索引擎提供了支撑。搜索引擎所提供的强大信息获取能力使得人们得以从海量的互联网数据中迅速地找到自己所需要的信息，从而成为各行各业的人们生活、工作中不可缺少的一部分。可以说，“搜索”已经成为信息时代典型的文化特征。智能化的搜索能力不但大大提升了人们对互联网的掌控能力，同时也蕴含着大量的商机。Google 等搜索企业在搜索能力的基础上建立起了高度智能化的广告投放系统，将互联网作为一种新兴媒体所具有的巨大商业价值发挥得淋漓尽致。在文本挖掘、多媒体数据挖掘等新一代技术的支持下，基于内文分析、多媒体检索的新型智能广告机制也已经开始出现。与此同时，社交网络（如 Facebook）、Blog（如博客）、视频共享（如 YouTube）、音乐社区（如 last.fm）、知识协同（如 Wiki）等 Web 2.0 应用形式也开始与商务智能技术相互融合。建立在 Web 2.0 应用数据基础上的智能化社会网络分析也日益呈现出其在新产品营销、个性化服务方面难以估量的潜在价值。此外，实时商务智能（Real Time BI）、移动商务智能（Mobile BI）的出现也给商务智能应用的发展注入了新的活力。

以物联网、云计算和大数据为代表的应用给新技术的时代沿革带来了一波大的冲击，产生了计算范式（Paradigm of Computing）的变化。这种变化总括起来讲，有下列两个方面值得我们关注。

（1）外部性。物联网、云计算和大数据分别强调与物体、虚拟资源和外部数据的互联，扩展了信息技术应用和信息化的传统视野在人际间、现实资源和内部数据上的疆界。这种外部性使得人—物信息交换、虚拟资源配置、内/外部数据融合成为新的应用范围视野和计算范式特征。

（2）集中式。无处不在的探测感应装置、计算机网络、移动终端、云服务、社会化媒体和数字化生活使得数字世界和计算能力处于物理上高度分散和分布式状态。另外，物联网、云计算和大数据应用又强调信息整合、数据平台和全局视图。所以，与传统集中式计算范式不同，此时呈现出一种新型集中式计算范式，具有物理上分散、逻辑上集中的特征。

最后需要指出的是，信息技术融合的趋势和商务智能应用的深化，在给企业运作管理带来更多机遇和竞争力、给人们生活带来更多信息体验和便利性的同时，也对企业文化和商业模式、人们的生活习惯和思维方式产生着冲击，进而，引发了隐私保护、信息安全、知识产权、群体行为和生活方式等一系列新的问题。这些问题都还有待进一步的重视、探讨和解决。

1.6 小结

（1）在经济管理活动中，数据代表着对现实世界及业务活动的事实性记录，信息可以被理解为以数据的形式存在的、对现实世界语义的反映，知识代表着被组织起来用于解决问题的信息，智能则意味着利用知识来获取效益的能力。

（2）商务智能是随着 Internet 的高速发展和企业信息化的不断深化而产生的，是信息社会高度发展的产物；同时，商务智能的出现和发展也极大地推动了信息经济的发展和信息社会的进步。

（3）商务智能是从大量数据中提取出未知的、潜在有用的和新颖的知识的过程，旨在支持组织的业务运作和管理决策。数据挖掘是商务智能的核心技术。常见的商务智能及数据挖掘的基本方法有概念描述、聚类、关联规则、分类和预测、时序数据分析和其他一些模式识别和统计分析方法。

（4）商务智能应用已经对商务环境及现代企业的经营、管理活动产生了深刻的影响。近年来，商务智能领域的创新不断加速，并越来越紧密地与企业系统、电子商务系统、知识管理系统、Web 2.0 等各种类型的技术及应用融合在一起，日益显示出其强大的生命力和巨大的商业价值。

（5）以物联网、云计算和大数据为标志的计算范式变化具有外部性和集中式的特征。在大数据背景下，企业外部数据（包括公众/用户生成内容（PGC/UGC）等）和社会化媒体将受到更多关注。在此，商务智能应用将扮演着越来越重要的角色，其理论和方法创新也面临着新的机遇和挑战。

思考练习题

1.1　**什么是商务智能？商务智能概念中的要素有哪些？**

1.2　**技术融合的主要含义是什么？请举例说明。**

1.3　**试举例说明商务智能在企业管理各领域中的作用。**

1.4　**试举例说明为什么有必要利用商务智能方法对用户生成内容（UGC）进行分析？**

1.5　**数据挖掘与商务智能的关系是什么？如何根据知识类型划分数据挖掘的任务？**

1.6　**简述数据挖掘系统的主要结构要件。**

1.7　**试描述模型驱动与数据驱动的特点和区别。**

1.8　**试说明商务智能在与新技术融合中的若干应用领域和实例。**

第 2 章

商务智能应用

经典的演出既依赖艺术家深厚的功底与出众的表演，也离不开能够承载这些表演的优秀舞台。舞台灯光、音响、布景，乃至具有较高欣赏水平的观众恰到好处的掌声都是经典演出不可分割的组成部分，甚至是将演出推向高潮与升华的关键助推器。对于商务智能这门面向商务应用的数据艺术而言，制造、金融、电信、生物医药和零售……谁是能够成就她经典演出的大舞台？而移动网络、社交媒体的兴起又为商务智能提供了怎样的“实验剧场”？本章将从各个业务领域展开，初窥商务智能的经典剧目于我们正在经历的时代大背景下如何上演，如何影响和改变我们的生活。

本章学习重点

- 各领域的商务智能应用；
- 商务智能系统产品。

自 20 世纪 80 年代末以来，随着计算机性能的提高、网络技术的进步、移动终端的广泛使用和海量数据分析能力的加强，大量的商务智能方法、系统和应用不断涌现。在 21 世纪，商务智能已经被业界和学界广为关注，成为信息系统领域和企业信息化部署的重点。

总的来说，商务智能的应用水平直接与信息技术基础和信息系统成熟程度相关。由于中国经济发展水平在区域、行业和阶段性方面存在着较大的不平衡，信息化水平及信息系统成熟程度在平均意义上讲还比较低。这在商务智能应用方面表现得更为突出。有的企业已将部署商务智能视为提升企业可持续竞争力的关键战略，有的企业仍处于商务智能应用的引入和宣传阶段，有的企业的信息化进程还没有涉及商务智能应用问题。即使对于已经开展了商务智能应用的企业，其应用水平在理想状态和实际情况之间还存在较大的差异，如 Gartner 集团所描述的“成熟性沟壑”现象（参见图 2.1）[3, 22]。

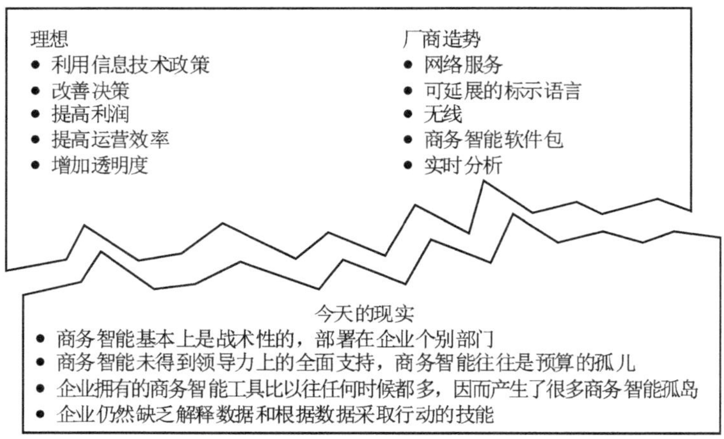

资料来源：加特纳公司。

图 2.1　商务智能应用“成熟性沟壑”[23]

目前国内外商务智能的一些成熟应用领域包括生产制造、金融、电信、生物与医学和市场营销等。此外，随着智能手机的普及和社交网络、在线社区、知识协同等 Web 2.0 应用的广泛推广，移动终端与社交媒体也开始与商务智能技术相互融合，出现了移动商务智能、社会化商务智能等新的应用形式。

2.1　制造领域应用

近几十年来，生产制造领域是信息技术得到最先应用的领域之一。制造业中存在着大量的业务数据，如汽车、机械和飞机制造等大型制造业企业。特别是 ERP（企业资源计划）系统的逐步推广，使得制造业企业所生成的业务数据量更庞大、数据的整合程度更高。而商务智能方法与数据挖掘技术的采用，则为充分利用这些数据并为进一步的流程优化和经营决策提供了更大的支撑。

一般来说，制造过程所生成的数据源包括调度数据、生产量和生产效率数据、故障数据、库存数据、生产计划数据、运行成本数据等。这些数据通过 ERP 系统（或相应的信息系统）得到汇总，并整合在集成的 ERP 数据库/数据仓库中，如图 2.2 所示[24]。

通过 ERP 系统所整合的数据中存在大量反映制造流程、业务运作的信息，采用商务智能方法可以从中提取有用的知识用于支持管理者的决策。

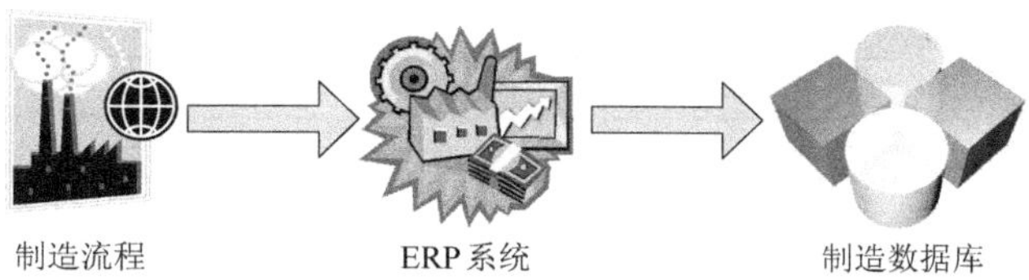

图 2.2　制造业中通过 ERP 系统生成的数据

在制造业的商务智能应用中，除了多维分析等常规的数据仓库方法应用之外，还包括一些专门的商务智能应用。例如，在质量控制方面，采用决策树和关联规则分析等方法从制造过程中找出影响产品质量最重要的因素，以期提高作业流程的效率；在制造流程优化方面，可以采用聚类等方法将类似或雷同的流程进行整合，以提高生产流程的效率并减少不必要的损耗，甚至可以据此对生产车间进行必要的重新规划。

1．质量控制与故障检测

对于制造业而言，如何有效控制产品质量始终是一个核心问题。而随着生产规模的不断增大、生产流程的不断复杂，所需调度和使用的原材料、设备等也不断增加，这些都会对如何有效控制产品质量提出挑战，而且由于环节过多，造成故障的可能性也会增加。如何在繁复的生产制造过程中，将影响产品质量的关键因素提炼出来，并对可能造成故障的关键参数进行控制，就成为每一家制造企业必须面对的问题。

商务智能方法在此领域中逐渐得到关注和重视，并不断被集成在相应的生产控制系统中。例如，采用分类分析方法，对造成合格品/残次品的因素进行分析，找到影响质量的关键因素。采用关联规则分析方法，可以对各个因素之间的关联关系进行分析，提炼因素之间的因果关系，并可以针对性地进行调整和控制。

2．生产流程优化与选择

对于大型制造业企业，如飞机、汽车和机械等，所需生产的零件成千上万，每个零件的加工流程都各不相同。由于大量零件都是在长期的生产运作过程中逐渐添加的（如根据客户需求设计新零件），因此，随着企业的不断运作，企业内经常会存在生产流程冗余或冲突的现象。针对这种情况，企业都希望能够通过优化技术来提高生产效率，同时降低运作成本。但是由于零件量很大，而且各个零件的特征、工艺、流程及对设备的要求各不相同，因此难以采用传统的方法进行处理。而商务智能的方法可以基于整合的 ERP 系统，对其进行分析，如采用聚类分析的方法来进行优化。

例如，对于一个制造业企业来说，生产的零件种类有 N 种，经过归纳和分析，所有的零件可以通过 M 个特征来进行描述，如体积、重量、质量和功能等。同样，根据每个零件的工艺流程，可以将所有零件的工艺流程归纳为在不同设备上根据不同的设置确定的序列（设最多 K 个工序）。经过汇总，可以得到如表 2.1 所示的表格[25]。

表 2.1　零件生产流程描述表

零件	零件特征				生产流程序列							
	颜色	重量	…	形状	工序 1		工序 2		…		工序 K	
					设备 1	设置 1	设备 2	设置 2	…	…	设备 K	设置 K
1	无色	100	…	圆	M_1	S_{11}	M_3	S_{31}	…	…	M_9	S_{19}
2	黑色	50	…	方	M_2	S_{22}	M_1	S_{21}	…	…	M_4	S_{24}
…	…	…	…	…	…	…	…	…	…	…	…	…
N	无色	100	…	三角	M_2	S_{N2}	M_4	S_{N4}	…	…	M_7	S_{N7}

基于表 2.1，可以进一步采用聚类方法进行归类，根据聚类结果及评估后提供的决策支持知识，在专家分析的基础上，决策者可以将类似零件的加工流程进行必要的合并，从而可以有效地优化流程，并降低生产成本。在此基础上，一旦有新的零件，就可以将此零件与所有合并的类型进行相似性比较，并为合理制定此零件的加工流程提供支持。然后将此新零件的信息纳入描述表中，并对描述表进行更新，以此类推。通过这种操作，可以在很大程度上对制造流程进行优化。

2.2　金融领域应用

银行和金融系统是应用信息系统最早也是最成熟的领域之一，在互联网时代，也是最早网络化的领域之一。由于银行和金融系统对数据质量的要求很高，因此经过长时间的运作，银行和金融机构中通常都拥有大量的且相对比较完整、可靠和高质量的数据。这就大大方便了系统化的数据挖掘和商务智能的分析。一些主要的应用包括：利用分类分析方法对贷款偿还情况进行预测，利用时间序列挖掘方法对收益率进行预测，利用聚类和分类方法对目标市场客户进行分析和归类，利用关联规则分析方法对金融欺诈问题进行分析等[26, 27]。

1．客户信用分析与预测

客户信用分析是相当重要的银行业务。由于银行的贷款面很广，而且很大程度上都依靠贷款服务人员来进行判断，这样不利于风险控制。因为影响客户贷款偿还和信用的因素非常多，而且很复杂，有许多因素会对贷款偿还能力和客户信用等级造成不同程度的影响，而且很多因素都是敏感因素。而采用商务智能的方法，如特征选择和属性相关性计算，有助于识别重要因素，剔除非相关因素。例如，与贷款偿还风险相关的因素包括贷款率、贷款期限、负债率、偿还与收入比率、客户收入水平、受教育水平、居住地区、信用历史等 [26, 28]。若通过分析确定影响当前所在地区的用户贷款偿还的关键因素是收入水平和负债率，而其他因素的影响相对不那么显著，则可以将重点放在这两个因素上，特别是在审批新的贷款客户时着重考察这两个因素。

例如，某银行通过对信用卡客户数据进行分析，建立分类预测和回归模型。利用这些模型，开办了非常成功的自动转账系统，在一定程度上改变了信用卡行业的传统工作方式。进一步，该银行利用数据挖掘技术对客户的还贷能力进行预测并应用于信用卡发行上，从而使得该银行在本行业中取得了当期最低的贷款损失率。目前，数据挖掘技术已经成为信用卡发行机构市场策略的核心内容。

分类和聚类的方法可以用于银行用户群体的识别和目标市场分析。例如，通过多维聚类分析，可以将具有相似储蓄和贷款偿还行为的客户分为一组。有效的分类技术，可以根据客户历史数据对客户行为进行划分，在有新客户时直接将其分类到相应客户群，并采取定制化的营销和销售措施。此外，时态模式挖掘方法可以用于金融证券的分析与决策，如股票间价格变化的关联模式、证券购买行为甄别、板块间联动和异动关系等。

2. 防治金融欺诈和金融犯罪

金融欺诈是影响金融系统健康的主要风险之一。金融欺诈一般包括恶意拖欠、身份盗用、洗黑钱和非法账户转账等。从传统上来看，金融欺诈一般都是不同于常规业务模式的异常模式，但是由于金融交易量太大，自动化程度高，且其隐藏在数据中，因而难以发现。因此，商务智能和数据挖掘的方法就非常有利于进行金融欺诈的分析。

要侦破金融欺诈和其他金融犯罪行为，重要的一点是要把多个数据库的信息（如银行交易数据库、国家恐怖分子和罪犯档案库等）集成起来。然后可以采用多种数据分析工具找出异常模式。例如，在某段时间内，某一账户发生了大量现金流量等。有的工具可以采用可视化方法、链接分析方法、分类方法、聚类分析方法、孤立点分析方法和序列模式分析方法等，来甄别不同于一般业务模式的异常模式。这些工具可以识别出一些重要的活动关系和模式，有助于调查人员聚焦可能线索，做进一步的处理。

由于商务智能系统在金融行业中的应用逐渐成熟且计算机系统的处理效率很高，现在许多银行系统中已可利用上述商务智能分析系统对业务数据进行实时分析，如当天对交易数据进行分析，一旦发现异常模式，立刻提示报告，从而可以更加有效地防止金融欺诈和金融犯罪。

此外，移动商务的发展促使更多的用户使用智能终端设备随时随地进行在线交易，形成移动金融（如移动银行、移动小额支付业务、移动资金转移业务、移动证券和移动保险等），给生活和工作带来了更高的效率，但同时移动设备的易受攻击性也给移动金融的安全问题提出了新的技术挑战。在智能终端使用在线金融服务经常遇到的威胁包括手机病毒或木马的侵袭、针对在线银行的虚假 App、钓鱼攻击和截获用户通过键盘输入的数据的恶意攻击等，因此利用商务智能技术来保证移动金融的交易安全显得尤为重要。主要机制包括：利用高级恶意软件检测技术拦截虚假在线银行应用信息，反钓鱼模块用以检测和拦截电子支付页面中的钓鱼链接，通过对会话内容高强度加密以确保数据传输的安全性等。

3. 开放数据下的金融市场预测

金融市场价格的波动具有不稳定性和混沌性，因此预测金融市场走势一直是学界和业界关注的焦点。近年来，随着社交媒体数据、智能传感数据、用户生成内容等新数据源的兴起，数据分析技术的着眼点日益关注外部的实时数据流，依据 PGC/UGC 数据（如关键词搜索轨迹、事件评论热度、话题内容演化走向等）进行关联分析和股价走势预测，为管理决策提供支持，帮助企业在竞争中获得先动优势。例如，利用延迟时态模式挖掘的方法，基于互联网搜索数据对股票市场进行预测并获得超额收益[29, 30]；对历史交易记录和实时外部数据进行联合挖掘创新，以创造和改进数量化交易模型；分析社交网络中的舆情变化，更好地理解金融市场的非理性行为[31, 32]。

2.3　电信领域应用

电信业是继互联网后又一高速发展的新经济产业。电信业已经从单纯地提供语音通话服务演变为提供综合电信服务，如语音、传真、寻呼、移动电话、图像、音频（彩铃）、电子邮件和 Web 数据传输等。电信业的发展，使得有线网络和无线网络逐渐融合为一体，从而释放出更大的能量。电信系统以其高水平的数据加工和高速的数据传输的特点，成为海量数据存储和加工量最大的领域之一，也为商务智能应用的开展提供了良好的基础。随着电信业的迅速扩张和激烈竞争，利用商务智能分析手段来更好地理解商业行为、确定优势模式、资源优化配置、助力升级转型变得越来越有必要和迫切。一些主要的应用包括：利用聚类分析方法对盗用和异常模式进行分析和识别，利用序列分析方法对通信模式进行分析，利用关联规则方法对客户行为模式进行分析等 [26]。

1．盗用模式分析和异常模式识别

盗用行为每年对电信行业造成的收入损失非常巨大，而中国作为全球规模最大的电信市场，这个问题更值得关注。其他造成收入损失的异常模式还包括恶意拖欠话费等。这些模式的发现不但可以有效地避免损失，而且可以更好地保护用户的利益。例如，由于全球通的用户都是先使用后付费的，如果某个用户每个月的花费一般都在 200～400 元，但突然某个月达到 5000 元。这时集成在业务数据库上的孤立点分析方法就会自动提示移动公司的客户服务部门关注，需要防止恶意盗用等情况。

另外，由于电信的数据量非常大，因此盗用行为相对而言只占了极小的比例，如 0.02% [33]。在这种情况下，某些通用的商务智能系统可能会将此视为噪声而无法有效识别。因此，对于电信行业而言，需要有针对性地设计商务智能系统予以分析。

具体来看，对于盗用和欺诈行为，除了可以采用孤立点分析的方法予以甄别外，还可以采用时间序列模式分析的手段进行趋势分析，以判断盗用行为的发展态势。此外，还可以采用关联分析的方法，结合号码用户的特征，来提炼可能会引起盗用的显著因素。

2．通信模式分析

由于电信服务在人们生活和工作中的重要性不断提高，所以通过各种通信方式进行沟通的行为十分频繁。而且更为重要的是，由于大量的号码是与用户身份绑定的，因此电信数据系统中保存着大量以客户为个体单位的通信数据序列。例如，A 客户每天上午用手机打电话，中午发数个短信，晚上用手机查看新闻……这些数据都可以用来分析顾客的通信习惯。例如，可以采用序列分析的技术来进行模式挖掘 [33]。这也有助于电信企业对自己所提供的服务进行进一步优化。

3. 客户行为模式分析和移动业务推荐

电信服务特别是移动通信业务已经不仅仅局限于提供通话服务了。通过手机可以进行通话、传真、视频传输、音频下载、图像处理和传输、网页浏览、邮件查看和传输等。随着移动通信设备的功能多样化，手机逐渐变成了一个微型的计算机。另外，移动增值服务的不断丰富，使得基于移动网络的电子商务活动越来越多。因此，基于手机的消费购买活动也越来越多。所以，一些原来用在互联网上的产品推荐和业务分析系统，也逐渐转移到了移动网络上。由于移动商务的实时性和移动性，也使得商务智能的方法和应用不但有着更广阔的发展空间，也面临着更大的挑战。

近些年来，随着通信服务规模的大幅提升，移动渗透率和覆盖率趋于饱和，电信运营商面临着单位效益下降的压力。同时，网络流量呈现指数级增长，基于互联网的语音、短信、视频通话等服务也抢占了传统电信行业市场的半壁江山。如何避免沦为数字时代的单纯通道，是电信运营商普遍面临的挑战。作为数据密集型行业，运营商拥有海量用户数据这一得天独厚的优势，为商务智能应用提供了价值挖掘的空间。一方面，基于“流量经营”的理念，运营商通过对用户行为、数据业务和行业态势的深度分析，实现由粗放管理到精益管理的业务升级，如通过网络虚拟化技术模拟和评估数据流量、业务及不同移动终端的分配情况，进行离网率分析，从而制定用户保留策略；对市场现有数据进行标杆分析，帮助运营商了解定价水平、行业趋势和流量分布，调整定价策略。另一方面，移动互联时代的到来，也给作为移动网络接入口的电信行业带来了新的机遇，运营商开始向内容和媒体服务转型创新。例如，通过对客户使用行为数据的聚合分析，更精准地刻画消费个体的偏好，以个性化、精准型的创新业务内容不断增强客户黏性；通过移动终端传感器收集的信息，提供基于地理位置的实时搜索服务；充分发挥数据存储的优势，提供云平台服务等。

2.4 生物与医药领域应用

在过去二十多年里，生物医学研究有了迅猛的发展，从新药物的开发和癌症治疗的突破，到通过大规模序列模式和基因功能的发现进行人类基因的识别和研究。目前生物医学的一个研究焦点是 DNA 数据分析，这是因为原来各种各样的症状和原因千差万别的疾病，从基因的角度来看，其本质的基础存在许多的相似性。相关研究发现，大量的病症都可以从基因的序列和组成的构造中得到解释。而基因测序工作的顺利进展也为此提供了良好的基础。这样，对疾病的诊断、预防和新药物的开发，有许多都基于对 DNA 数据的分析，而 DNA 数据的结构模式是固定的，但数据量是巨大的。这正是数据挖掘方法可以大展身手的地方。

DNA 序列是构成所有活动生物体的基本代码的基础。所有的 DNA 序列都由四个基本的核苷构成：腺嘌呤（A）、胞核嘧啶（C）、鸟嘌呤（G）和胸腺嘧啶（T）。人类有约 100 000 个基因[26, 34, 35]。一个基因通常由核苷按一定次序组合而成。核苷按不同次序和序列可以形成不同的基因，这样的组合几乎没有穷尽。具有挑战性的问题就是从中找出各种疾病的特定基因序列模式。由于数据挖掘已经有许多成熟的序列模式分析和相似检索技术，因此数据挖掘技术成了 DNA 分析中的重要工具。

1. DNA 序列中的相似搜索和比较

在基因分析中，一个最重要的搜索问题是 DNA 序列中的相似搜索和比较。对于分别来自带病组织和健康组织的基因序列，进行比较以识别两类基因间的主要差异。一旦发现在带病样本中出现频度超过健康样本的序列，便可作为有可能导致该疾病的基因因素的备选；而在健康样本中出现频度超过带病样本的序列，可作为有可能是抗病的基因因素的备选。这里虽然用到模糊搜索技术，但是需要根据基因数据的特点进行改进[26]。

2. 对同时出现的基因序列的关联分析

在基因研究中，一个重要的方向是关注一个基因与另一个基因的关系。许多疾病并不是由单一的基因造成的，可能是多个基因共同作用的结果，因此非常有必要对各种基因之间的关联关系进行分析。这样得到的结果更加丰富，而且为疾病的治疗和新药物的开发提供了更有效的支持[36]。

3. 通过路径分析发现在疾病不同阶段的致病基因

由于引起一种疾病的基因可能不止一个，且不同基因可能是在疾病的不同时间起作用的，所以还需要找到疾病发展不同阶段的遗传因素序列，并据此开发针对疾病不同阶段的治疗药物，从而得到更为有效的治疗结果。路径分析目前是基因研究中的一个热点[26,36]。

2.5 零售与营销领域应用

零售业是商务智能得到快速应用和发展的领域，这是因为一方面零售业企业内部积累了大量的销售数据，如顾客购买历史记录、货物进出记录、消费和服务记录等；另一方面，用户广泛参与社会化媒体的生成了许多企业外部数据，如在线评论、搜索日志、博文、口碑和舆情等。特别是在电子商务时代，网上购物活动使得数据可以得到自动加载和更新。因此，利用这些营销数据进行商务智能分析，并为进一步的营销提供决策支持，就成为提升企业竞争力的关键要素。同时，营销领域中的商务智能应用是客户关系管理的核心内容。一些主要的应用包括：利用聚类和分类分析方法识别顾客购买行为，利用关联规则分析发现顾客购买模式，利用序列分析发现顾客购买趋势，利用分类分析方法对顾客忠诚进行分析等。通过这些方法可以进一步提高服务质量，并可以进一步提升零售推荐服务的价值。

随着全球竞争日趋激烈，广大客户拥有更多的选择机会，这些都迫使企业从“以产品为中心”转变到 “以客户为中心”的经营理念上[37]。这种转变也使得企业希望能通过对客户的历史数据进行分析来充分了解客户的需求和特征，即顾客调察，从而可以更好地吸引客户并实现利益最大化。

总的来说，在市场营销领域中采用商务智能可以有助于识别顾客购买行为，发现顾客购买模式和趋势，改进服务质量，取得更好的顾客忠诚度和满意程度，提高货品销量比率，设计更好的货物运输与分销策略，降低企业成本。

1．交叉销售分析

交叉销售是指企业向原有客户销售新的产品或服务的过程。因此首先需要对原有客户的数据进行分析，进一步结合新产品和服务的信息进行预测。相对而言，交叉销售由于可以充分了解原有客户的信息，数据也较充分，因此成功率较高。此外，对于老客户而言，无须进行重新推销和企业品牌介绍，因此降低了产品推销成本。

所以，采用商务智能的方法来进行交叉销售分析，从而进一步挖掘原有客户的潜力，是目前得到成熟应用的分析方法。例如，可以采用关联规则分析方法，分析出“啤酒⇒尿布”这个广为人知的例子，就是一个典型的交叉销售分析的案例。通过挖掘得到的关联规则，在进行货架摆放或商品促销时有意识地将两者进行捆绑，则可以有效提高后者的销售量。

2．市场定位分析

在构建了数据仓库之后，针对营销问题，一般需要分析产品所占据的市场的特点是什么。这种情况一般需要对已有的产品销售数据、顾客特征数据等进行分析。例如，通过分类方法可以分析得到如“购买剃须刀的顾客一般是年轻女性顾客”等结果，这样就可以分析是否与产品的营销定位一致，并进一步进行决策。在顾客匹配中，可以通过聚类的方法对顾客的关键特征（如年龄、性别和收入等）进行归类[38]。

市场营销是一个企业开拓市场的重要手段，其中很重要的一个方面就是寻找潜在客户。对于大多数交易而言，地球上超过 70 亿的人口中只有很小一部分会是潜在客户，如提供家庭抵押贷款的银行只会针对授权区域内的住户进行促销邮件投放；生产机床的企业也只会对中型机械产业进行直邮促销等。

市场定位分析的目的是进一步改进定向市场的营销活动。如果不掌握市场定位信息，则在进行广告过程中就要针对更大的顾客群进行推广，从而使得营销成本过高，而如果通过数据挖掘掌握了市场细分的定位结果，就可以有针对性地进行营销。一般来说，可以通过所掌握的顾客信息，如收入、性别、年龄、收入、住房及是否有孩子等，进一步通过分类方法对群体进行划分，从而了解“哪些顾客更可能购买哪类产品”这类知识。

对于许多企业来说，一旦形成一定的销售规模，进一步寻找潜在客户就是一个挑战，边际成本也会大幅上升，而商务智能则有助于有效地寻找潜在客户，并进一步为接近潜在客户选择沟通渠道，而且可以针对不同的潜在客户群选择合适的信息。

寻找潜在客户的主要方法是寻找与现有客户类似的人。例如，经过已有的销售数据分析发现一种新型电器的购买者中有 60%都受过大学以上教育、40%的顾客的家庭收入在 50 000 元以上、80%的顾客是男性。这种信息通常称为用户特征数据。针对这样的分析知识，在进一步的营销过程中，可以有针对性地采取措施。例如，更多地在男性杂志上投放广告；电视广告的诉求可以更高档；如果采取直邮的方式进行促销，可以给用户数据库中的相应客户邮寄，而不必对所有的客户都投放邮件，这样可以有效控制营销成本。

3．顾客忠诚度分析

大量的研究表明，对“回头客”的销售量占据了企业销售的显著比例，特别是在一些特定的行业，如电器、酒店和餐饮等，这种特征更为明显。因此，如何提高“回头客”的比例（即提升顾客的忠诚度）是企业营销的重中之重 [39]。现在企业销售时，更多地会通过会员卡等方式来记录顾客的基本信息并跟踪顾客的购买行为和购买序列。此外，随着微博、在线社区和社交网络为代表的 Web 2.0 应用的深入传播和渗透，大量的用户生成内容（UGC）可以被用来支持企业决策，比如电子商务网站中的用户评论可以从个体层面反映顾客的特征。因此，可以通过这样的顾客特征和购买序列对顾客的忠诚度进行分析。

在顾客忠诚度分析中，一种常用的方法是通过分类方法对已经建立关系的顾客进行划分。首先将已有的每个顾客标识为“忠诚”和“其他”的类别，然后进行分类分析，进而对分类为忠诚的顾客群体进行进一步的数据挖掘分析，如通过关联规则分析可以得到忠诚的顾客的购买关联特征，通过序列模式分析可以分析出忠诚的顾客的购买模式，通过特征提取技术可以从用户评论中得到顾客对产品不同属性的关注程度。进一步，还可以通过顾客信息的归纳和回归分析来提炼忠诚顾客的关键特征。通过上述的分析，可以对忠诚顾客的潜在特征进行把握，这样，在进行市场推广的时候就能够有针对性地对潜在的忠诚顾客进行营销 [38]。

此外，也可以应用上述方法对“其他”顾客进行分析。其他顾客并不一定是不忠诚的，如果不忠诚，也可以分析出其背后的原因并进行相应的调整和改变。特别是对于流失的顾客，要进行仔细的分析，提炼其特征因素，并进行必要的销售和服务方式的调整。总之，通过数据挖掘的方法可以更深刻地理解顾客的特征，为进一步的营销业务提供更有利的决策信息。

4．客户关系管理

客户关系管理（CRM，Customer Relationship Management）将重心放在客户上。客户信息是商务智能应用的最丰富的来源。客户数据中反映了客户的个性化行为：客户的付款习惯、信用等级，最近一个月的购买行为和购买商品的序列、消费的金额数，客户投诉情况，客户是否多次惠顾等。这些信息都是非常重要的商业知识的来源，通过商务智能系统的分析和转化，这些信息可以直接成为企业发展和赢利的源泉。

一般来说，基于商务智能的客户关系管理涉及许多应用形式，包括上述零售和营销领域的应用内容。概括来讲，客户关系管理的功能有：对客户需求进行管理和分析，对客户群体进行划分和分析，对顾客信用和忠诚度进行管理和分析，对客户价值进行测定及提供交叉销售和销售推荐建议等 [38]。

基于 Web 2.0 的社会化客户关系管理强调顾客的参与和互动，使得 CRM 演变成对话工具，能有效帮助用户和企业更好地交流和沟通。这种新型 CRM 可以帮助企业在博客、社交网络、在线社区中挖掘丰富的客户关系数据和信息，其应用形式包括通过舆情分析进行趋势预测，利用社群发现进行客户细分，即时互动以维持顾客忠诚度等。

5．网上产品/服务推荐

如前所述，通过市场定位分析，可以对顾客的行为模式和消费特征有所掌握，并进一步开展有针对性的营销推广活动。随着电子商务的推广，这种有针对性的营销活动变得更为突出，成为目前商务智能应用的一个重点，即网上产品/服务推荐 [40]。

网上产品/服务推荐有多种实现方式，如通过从以往的销售记录中挖掘关联、分类等信息，可以发现如购买某一品牌香水的顾客可能购买其他一些商品这样的模式；利用协同过滤的思想，可以根据消费者的历史购物数据找到其相似用户，从而依据相似用户的购物模式来预测该消费者未来对商品的偏好，并直接进行推荐或进行必要的货架摆放，从而可以更加有效地推动产品销售。产品/服务推荐并不只是在电子商务中才有，但是只有在网络电子商务的环境下，购买推荐才充分显现出自动化、智能化和定制化的特点。所谓自动化，是因为只有在完全数字化的环境下，所有的购买行为才都能直接转化成数字化信息存储到数据库中，可以自动通过商务智能系统所得到的推荐规则库进行匹配，并自动形成网页提交给用户浏览。所谓智能化，是因为通过电子商务后台的商务智能系统，可以自动对数据进行分析，并通过数据挖掘技术的集成得到有价值的新颖推荐知识，这种知识是具有智能性的。所谓定制化，是因为在电子商务环境下，所有的规则匹配和页面生成都是针对不同用户而定制的。

正是由于网络电子商务的这些特点，才使得产品/服务推荐在网络环境中具有广阔的应用空间。例如，通过关联规则分析，得到“购买了《数据库原理》一书的顾客中有 40%还购买了《商务智能》一书”这样的显著规则，则可以向购买了《数据库原理》但还未购买《商务智能》一书的顾客推荐购买；通过协同过滤分析，发现与目标消费者历史购物模式最相似的 N 个其他用户都购买了《管理信息系统》一书且评分很高，则可以预测该消费者未来可能会购买《管理信息系统》并向其推荐。事实证明，这种推荐的成功率相对于其他方法而言高得多，会有效提高销售量。这种产品/服务推荐技术大大增加了网络业务赢得更大利润的机会。

2.6　移动商务应用

近年来，Web 2.0、移动互联网、云计算、物联网等一系列新技术与应用的出现，进一步驱动了电子商务的模式创新，为电子商务注入了新活力。智能终端的普及，打通了离线媒体与线上媒体、实体店与线上商店的界限，使得移动商务成为可能，并为顾客提供新的商务体验和增值服务[41]。

移动终端的多个传感器源源不断地产生数据流，一方面为商家分析和预测客户行为提供了新的契机；另一方面，低密度价值的数据也对商务智能分析技术提出了新的挑战。典型的应用包括：通过模式识别来发现移动金融中的欺诈行为；提供基于地理位置的服务（如搜索、推荐和即时信息推送等），通过流量分析挖掘用户使用行为从而发现相似用户 [42]，利用定位技术追踪产品并进行移动库存管理[43]等。

1．移动库存管理

从企业的角度出发，移动库存管理是整个移动零售领域的重要一环，其中“位置追踪”、“滚动库存”作为支撑移动库存管理的两个重要概念，分别对应移动商务中的 B2C 和 B2B 应用。随着 GPS、RFID、无线/微波传感器等定位技术的发展和普及，对产品和服务的“位置追踪”成为可能。通过获取产品的地理位置信息、追踪其物流过程，一方面可以帮助商家决定何时给顾客发货；另一方面当库存不足时，可以定位距离最近的流动库存进行及时（Just-In-Time）补货，即用“滚动库存”（Rolling Inventory）的概念，帮助供销商减少库存和节约成本。此外，移动库存管理还包括通过移动手持设备，如手持式扫描器，实现移动性库存交易的自动化和实时性，有助于提高库存数据的准确性和劳动生产率。

2. 基于地理位置的服务

地理位置因素一直被认为电子商务和移动商务的根本区别之一，整合地理位置信息为用户提供的增值服务被称为基于地理位置的服务（LBS，Location-based services），分为位置感知（Location-aware）服务和位置追踪（Location-tracking）服务[44, 45]。两者的区别在于位置追踪服务只是收集用户所处位置的坐标信息，并不提供给用户其他方面的服务，如社交网络中的“签到”功能、地图定位功能。相比之下，位置感知服务向用户提供除个人位置信息外的增值服务，比如汽车导航、基于地理位置的广告等。随着商务智能技术在 LBS 中的应用逐渐成熟，互联网平台的数据和移动终端数据被整合在一起，为用户提供实时、准确的信息服务。下面介绍两个具体的应用。

（1）移动广告。移动的地理位置数据能够直接反映用户的实际消费活动，通过对这些数据的深度挖掘，不仅可以发现用户的消费需求，还能知道需求在何时、何地发生，从而实现精准营销。例如，移动广告公司 Sense Networks 推出的产品 AdMatch，利用机器学习模型，通过时间、位置信息以及用户行为特征提取用户属性，预测用户需求并针对性的投放广告。

（2）移动搜索。当越来越多的信息处理和决策过程都被移植到移动平台上时，对移动搜索的需求也越来越大。移动终端受限于屏幕大小，不如用普通电脑终端浏览大量的信息时灵活，但同时由于移动设备的位置感知特点，使得基于位置的精准搜索成为可能，因此移动搜索领域同时面临挑战与机遇。例如，为提高移动搜索的决策效率和质量，利用代表性信息提取的方法在移动终端的首页上就呈现出最能反映用户搜索用户意图的一小部分信息集合[46]，基于地理位置的周边服务（如餐饮、娱乐等）的搜索，基于用户签到数据（如 foursquare.com）的实时搜索和深度挖掘等。

2.7 社会化商务应用

作为电子商务的一种衍生模式，社会化商务在社交媒体普及和用户广泛参与的推动下受到越来越多的关注。其特点是借助在线的社交互动来进行商务活动，辅助商品的推广和销售行为，根据其依托平台主要可以分为三种类型：①基于电子商务平台形成的社会化商务，仍然以“商务”为主，通过在电子商务平台上搭建在线社区，增加“分享”、“喜欢”、“信任”等社交元素来增强用户间的互动，提升电商平台的销售，如淘宝的淘江湖、凡客的凡客达人、京东的京东乐享等；②基于社交媒体平台形成的社会化商务——社区平台，如 Facebook、Twitter 和新浪微博等，以其庞大的用户群体和便捷的信息传递分享机制，使企业对它们青睐有加，通过对用户生成内容的深层次分析来挖掘用户价值，成为社会化商务的最主要模式；③独立社会化电子商务平台，该平台的运营方式在于将用户引导至商家平台进行消费，以获得销售佣金收入来源。

在社会化媒体的海量数据背景下，商务智能技术的应用显得尤为重要，通过对 UGC（如评论、微博、搜索日志等）以及社交网络结构的获取和分析，将大大帮助商家改善营销策略并支持用户的购买决策。其主要应用包括：通过社会传播和关系强度分析以辨识舆论领袖，进行病毒营销；通过评论内容分析和信任关系挖掘以获取用户的行为偏好，进行社会化推荐等。

1. 病毒营销

随着社交网络成为影响产品和服务采纳的重要信息来源，利用用户口碑传播原理的病毒营销受到商家热捧[47]。病毒营销是随着 Web 2.0 和社会网络发展起来的一种新型社会化网络营销模式，通过使用类似于病理病毒或计算机病毒自我复制和传播病毒过程的机理来增加品牌意识或提高销量。这种“口碑”（Word-of-mouth）传播的方式通过借助社交媒体这个强大的信息共享平台，使得病毒营销不仅高效迅速，更重要的是，由于用户之间的信息分享和传播是自发进行的，因此产品推广过程几乎没有任何营销成本。

作为一种以人际传播为基础的营销方式，病毒营销的关键在于种子用户的选择。通过社会网络分析（SNA，Social Network Analysis）和关系强度分析以辨识舆论领袖，将其作为种子用户，利用这些用户的社会影响力达到营销效果。同时还应该考虑信息在不同结构和规模的网络中传播规律的不同，依靠用户网络对信息的正反馈机制实现营销目的。

2. 社会化推荐

将社交网络引入产品/服务推荐中有两个思路，一是从社会化媒体数据中获取用户的偏好和行为模式，整合多源数据，以期望提高预测的准确率；二是利用社交网络分析的方法，挖掘和预测用户之间的在线社会关系（信任关系、朋友关系和关注关系等），利用社会媒体特有的社交关系信号扩展推荐技术，如扩展传统的协同过滤方法中对相似用户的定义，替换成为社交网络中的好友和信任关系。这种社会化推荐通过好友的信息传递和共享，增加了用户对推荐结果的信任度。

从广义上来说，社会化推荐的信息来源不仅包括在线社交关系，还包括社会化标签、用户间交互、用户点击行为等。由于用户的决策很大程度上会受到其社交网络中好友的影响，因此将社交媒体数据引入推荐领域，可以产生许多积极作用。例如，为建立链接关系后的用户建模与挖掘，使得推荐结果与传统的推荐技术得到的结果不同，可以提高推荐的多样性，发现意外兴趣，挖掘潜在商机；多源数据的整合可以减少冷启动用户数量，缓解稀疏性问题对推荐的影响等。

2.8 商务智能系统与产品

目前的商务智能系统和数据挖掘工具一般分为如下三类[3]。

（1）通用单任务类。这类工具已开发出许多，主要采用了决策树、神经网络、基于实例和基于规则的方法。在具体应用中，主要用于知识发现的数据挖掘步骤，而且需要大量的预处理和后处理工作。这种系统的功能一般比较单一，更多的是针对专业用户来完成特定的任务。所以这种类型的系统更多的是一种专门工具，而不能称为企业解决方案。

（2）通用多任务类。这类系统可以执行多个领域的知识发现和数据挖掘任务。一般集成了归类、可视化、类聚和概念描述（简约）等多种知识发现策略，如 SAS、SAP 和 Oracle 等主流厂商都提供了相应系统化解决方案。而且由于这种系统集成了相应的软/硬件，并由专业的系统集成公司提供全面的服务和规划，因此通常的企业解决方案中比较多地应用这种系统。

（3）面向专门领域类。这类系统用于专门领域的知识发现和数据挖掘，其工具包括用来产生反映市场零售额变化情况分析报告的 Opportunity Explore 和分析篮球比赛统计数字寻求最佳阵容的 IBM Advanced Scout 等。一般来说，这种系统针对性较强，对于某个商业领域或某种类型的企业具有很强的决策支持作用，但应用领域比较窄，不能应用于其他方面或其他领域。所以这种系统经常是特定企业根据自身的情况进行定制的，不具有通用性。

在市场上，一般应用比较多的是第二种类型，这也是企业应用的主流。这种类型的商务智能系统解决方案的特征比较突出，也比较全面。一个良好的商务智能系统有助于企业组织获得竞争优势。

2.8.1　商务智能解决方案的系统结构

在市场上，不同供应商所提供的商务智能解决方案各有侧重，其系统结构各具异同。例如，图 2.3 为 SAS Intelligence Platform 商务智能解决方案的系统结构示意图 [48]。在数据源中主要是将业务数据库/源中的数据进行提取和初步集成；在 SAS 服务器中主要是实现数据集成、数据仓库、OLAP 功能及必要的支持架构；在中间件与商务智能应用中则集成了一系列数据存储、加工和分析及数据管控的功能模块；在客户端则集成了桌面操作控制模块及数据挖掘和分析功能，并通过基于浏览器的形式提供交互界面。下面将进一步对商务智能解决方案系统结构的主要功能模块和构件进行简要说明 [49]。

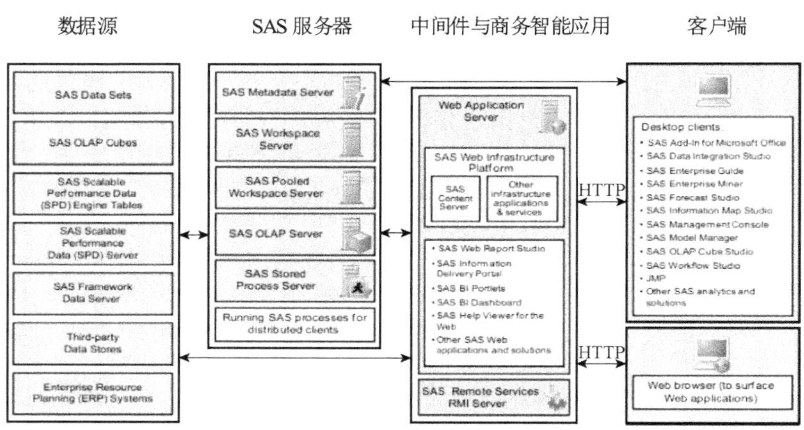

图 2.3　SAS Intelligence Platform 商务智能解决方案的系统结构示意图

1．数据源

商务智能应用是典型的数据驱动的应用。数据源的质量直接关系着商务智能知识发现的质量。因此在业务部门层面，需要有较为成熟的事务处理系统。这一系统不仅对日常业务运营提供必要的支持，也为有效的商务智能应用提供必要、全面、高质量的数据源保障。此外，ERP 作为企业内部集成的信息系统、CRM 作为企业客户关系管理信息系统等，也都是商务智能系统应用的主要数据来源。

需要说明的是，商务智能应用可以是企业信息系统全面的改造提升，也可以根据具体的需要，针对一个部门或具体的问题仅采纳部分商务智能模块（如可以只采用关联规则分析对销售记录进行分析）。在这种情况下，或在现阶段商务智能应用的需求下，可以根据业务发展的需要，部署商务智能系统或相关功能的实施。但是，必要的业务数据事务处理功能仍然是保障分析质量的关键。

2. 数据集成

基于商务智能的所有数据要求，由数据集成层提取、清理和转换数据并将之导入数据仓库中。这一层将交易业务层的运营数据进行必要的转换。通常，这一层的操作是基于关系数据库的，并采用文件提取方法通过源数据系统中进行操作。在这个层面上，需要高质量的运营数据、可重复使用的结构体系及业务人员和技术人员的处理。由于这个层面是在关系数据库进行操作的，因此可采用信息整合、冗余和冲突处理等手段来提高数据质量。

需要说明的是，由于商务智能系统与运营系统的要求非常不同，因此对数据的要求也不尽相同。简单来说，运营系统的目的是支撑日常的运作，而商务智能系统的目的是支持长期的战略决策；运营系统中的数据内容一般是当前的数据，而商务智能系统中的数据则是历史业务数据；运营系统的数据是高度结构化的，而商务智能系统的数据可能是非结构化的，而且是用于后续分析的；运营系统的数据的响应时间通常以秒计，而商务智能数据的响应时间则可以以天甚至更长时间来计。

有效的数据集成是构建一个强大的商务智能解决方案的关键。通常，在这一层需要对不同时间维度、不同表源和不同属性上的数据进行集成。因此，需要在数据集成层面集成一系列数据处理和加工工具。此外，一旦有异常事件发生，系统应该可以自动提示。

事实上，数据集成功能是一个专门的信息技术研究和应用领域，一般称为 ETL（Extraction/Transformation/Load）。一个成熟的商务智能工具中应该集成必要的 ETL 功能模块。图 2.4 是 SAS Intelligence Platform 商务智能解决方案中的 Data Integration Studio 功能模块，它由传统的 ETL Studio 演变而来。该模块能够集成不同格式的数据源，支持不同平台环境数据的连通、获取、存储和读/写功能，如用户可以同时管理来自企业的 ERP 系统、关系数据库系统（RDBMS）、平面文件系统、XML 文档等多种环境的数据，帮助用户完成定制、抽取、合并、冗余和冲突解决等一系列必要的数据集成功能，创建统一的数据视图[50]。具体来说，就是用户可以对多个不同数据源，如图 2.4 中所示的大型商业客户、零售客户、电子商务客户三种不同渠道的客户关系数据，根据需要设计出相应的数据集成流程，如装载、分割、复制、属性名归一化和 SQL 表连接等。然后 Data Integration Studio 可以根据设计好的数据集成流程自动进行处理，得到所需新数据表，并可以导入数据仓库中，用于后续的 OLAP 分析和商务智能应用。

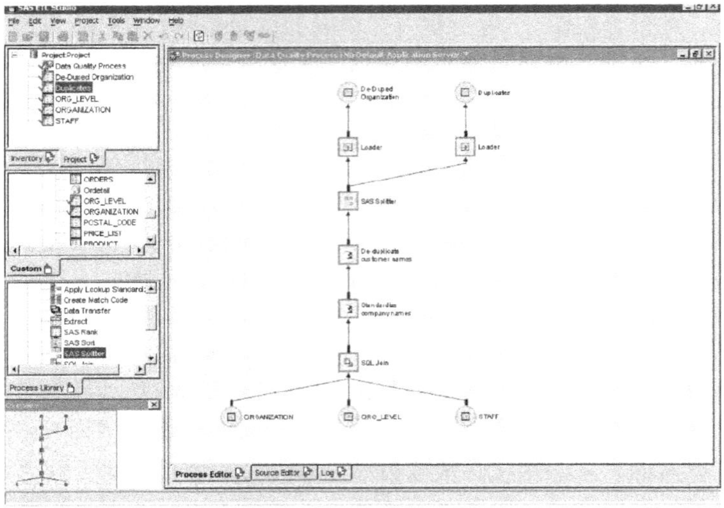

图 2.4　SAS Intelligence Platform 商务智能解决方案中的 Data Integration Studio 功能模块

另外，对于只是准备采用商务智能方法来解决个别问题的情况，数据集成过程可以酌情进行调整。但一般来说，这个过程是不可缺少的。

3．数据仓库

数据仓库层是通过数据集成操作后形成的由关系数据或 OLAP 数据立方体组成的数据中心，可支持企业用户获得相应维度和角度的基本分析结果。在数据仓库层上，需要建立的数据库通常包括整个企业的不同部门的数据和变量，因此需要确保数据的完整性和准确性。数据仓库通常是随着时间不断增长的，包含了企业的关键变量和企业结构的关键维度，可以用于回答一般性的企业分析问题。例如，一个常见的应用是构建数据仓库来对企业近 90 天的数据进行保存和分析。

为了能正确构建数据仓库，需要准确定义企业的需求和关键问题。因此，在定义数据仓库需求时应该考虑企业主要功能部门的需求。对于大规模商务智能应用而言，一个自动化的、完备的数据仓库管理系统不仅是商务智能应用的基础，而且也是商务智能分析过程的有益补充。对于一些相对简单的企业分析问题而言，由 OLAP 分析就可以有效回答，如该企业本季度在东南与西南地区的销售额的同比分析。图 2.5 给出了一个经过初步 OLAP 分析后所得到的地区—年份销售额表和销售额图。通过该图，用户就可以对销售情况在各个主要维度上有基本的认识，而且通常可以得到一些有意义的结果。

	REGION	SOUTHEAST		SOUTHWEST	
		Number of Sales	Cost of Sales	Number of Sales	Cost of Sales
YEAR	Catalog				
2000	Collectibles	5	$117.00	11	$251.00
	Gardening	37	$1,114.00	21	$612.00
	Pets	72	$471.00	35	$198.00
	Software	30	$3,229.65	21	$1,831.09
	Sports	88	$5,995.00	84	$4,255.00
	Toys	60	$1,517.37	51	$1,241.24

图 2.5　OLAP 分析示例

同样，对于一些采用商务智能方法只是一次性解决个别问题的情况，针对具体情况，也可以酌情调整数据仓库构建和管理的过程，甚至可以忽略。但是从企业长期的商务智能应用和信息化进程来看，一个规范的数据仓库仍然是必要的。

4. 商务智能应用

商务智能应用是整个商务智能体系结构的可见部分，通常是用户和管理决策人员比较关心的部分。这部分的功能会包括多个模块，对应于不同的数据挖掘任务（如分类、聚类、关联和概念描述等）。此外，这部分应用还应该包括必要的报表生成和发布功能，满足特定调查的查询和分析能力以及可进行趋势分析的可视化功能等。通过这一层的应用，用户和管理人员可以通过与信息和数据的交互来获取对挖掘得到业务规则的更深入的了解，并进一步来支持管理决策。

同样，对于小规模个别应用来说，不必完全实现所有的商务智能应用模块，只需根据自己的需要开发和实现相应的数据挖掘功能即可。

在 SAS Intelligence Platform 商务智能解决方案中，Enterprise Miner 是一款专业的数据挖掘功能模块。SAS Enterprise Miner 功能模块中的关联规则挖掘应用实例——交叉销售分析[51]如图 2.6 所示。通过数据挖掘发现的规则不但能够以表格（右侧）的形式表示出来，还能够以可视化连接图（左侧）的形式表达出来，从而大大方便用户对问题的理解和分析。

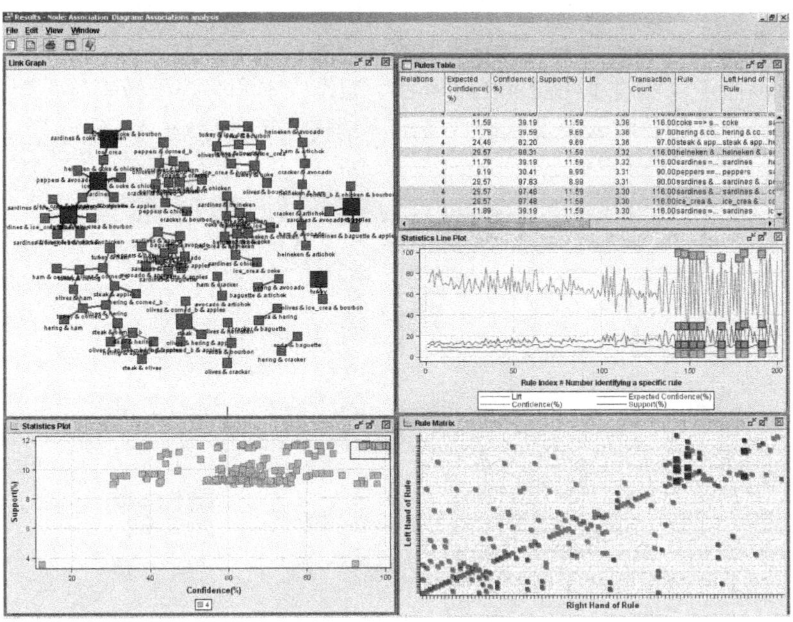

图 2.6　SAS Enterprise Miner 功能模块中的关联规则挖掘实例图

图 2.7 是一个应用 SAS Enterprise Miner 进行决策树分析的例子。右上侧是挖掘得到的局部决策树的示意图，其他的几个窗口中是决策树的其他表达形式（条形图和规则表等）及相关的统计量[51]。

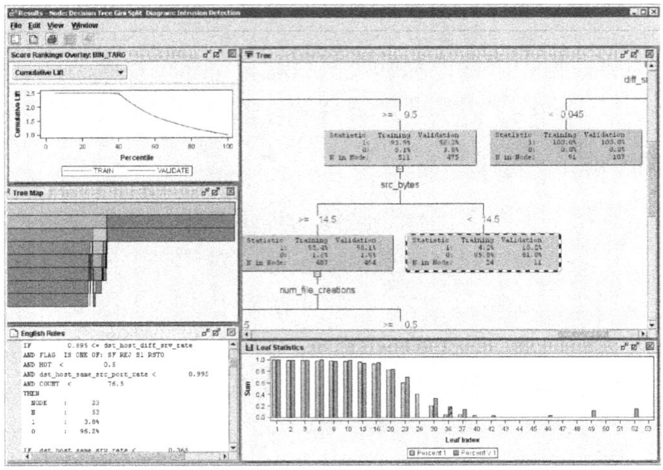

图 2.7　SAS Enterprise Miner 中的决策树挖掘示例图

通常，市场上主流的商务智能解决方案都集成了主要的数据挖掘功能模块，并采用可视化界面来与用户进行交互。

5．交互界面

为了能与用户进行必要的交互，系统中应该包括一个强大的可视化交互界面。在很多情况下，交互界面不仅要能够对商务智能知识发现的结果进行有效展示，还要能够为用户提供一个用来控制、管理、调整商务智能应用的功能和界面。例如，图 2.8 给出的就是 SAS Intelligence Platform 商务智能解决方案中的交互界面 Dashboard 的示意图。从该界面上不但可以实时了解企业的净利润、运作成本和客户周转率等重要信息，而且还可以对各种产品销售收入及美国国内各地区销售额等进行 OLAP 分析 [48]。

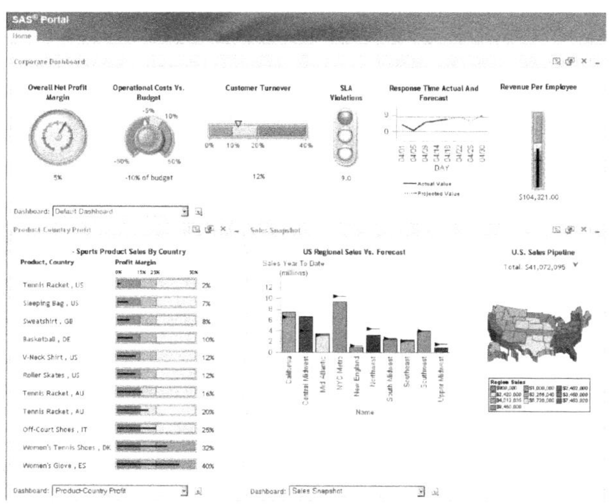

图 2.8　SAS Intelligence Dashboard 的示意图

对于成熟和大规模的商务智能系统产品而言，一般要提供通过 HTML 网页方式将商务智能结果及时展现出来的功能。这个交互标准具有十分重要的意义，因为随着网络的发展，基于网页的交互界面已经是一种访问企业信息的普遍的单一界面。所有的主流商务智能厂商都提供了可以设计和构建门户网页的组件。一个设计良好的门户网页可以降低整个体系结构的成本，并能提供强大的自主服务功能和信息访问功能。

此外，为了能更好地评估商务智能体系结构的有效性，还需要设定必要的目标评价体系。通常来说，这些目标包括商务智能的使用率、业务人员的使用率、服务提供率指标、业务影响指标和效率改进指标等。

2.8.2　商务智能系统产品

近十几年来，随着基于大规模数据分析的决策需求的快速增加及商务智能研究和应用的发展，市场上出现了许多商用商务智能系统软件和工具。下面简要介绍若干主流商务智能产品。

1. IBM Cognos 商务智能解决方案（www.ibm.com）

IBM 是世界上第一个生产和制造商用计算机的公司，多年以来，一直都是计算机软/硬件行业中的翘楚，也是商务系统开发、集成和服务的主流供应商。2003 年，IBM 将 PC 业务部门卖给了联想（Lenovo），从此将着重于信息系统服务业务。IBM 也是商务智能系统领域最早的开拓者之一。所提供的 Intelligent Miner 系统解决方案是市场上最先提供的全面商务智能解决方案之一。

2007 年，IBM 收购了 Cognos 这一专业从事商务智能解决方法的提供商，大大增强了自身在商务智能软件领域中的竞争力。Cognos 的商务智能系统特别将平衡计分卡这一在管理中得到广泛应用的功能集成在系统中，旨在实现与业务流程的无缝衔接。2010 年，IBM 又推出了商务智能平台的新版本 Cognos 10，首次将移动办公方式与社交网络协作技术结合嵌入新产品中，支持多种智能终端，以互动性更高的设计与更全面的分析和洞察取代了传统的报告加图表的分析形式，实现了实时商务智能。

2. Oracle 商务智能解决方案（www.oracle.com）

Oracle（甲骨文）是全球最大的数据库系统软件和服务提供商，也是世界上最大的软件公司之一。这几年来，Oracle 收购了 PeopleSoft、Hyperion（Hyperion 收购了 Brio）等商务智能系统服务提供商，把交易、商务智能及财务绩效管理解决方案有机地结合起来，成为这一市场上最大的商务智能系统服务提供商之一。

Oracle 商务智能解决方案是 Oracle 专门为企业提供的、以实现商务智能应用的一系列技术和管理的软件组合，它提供了一个端到端的集成企业绩效管理系统，其中包括绩效管理软件、商务智能管理软件、商务智能基础和工具及数据仓库。通过与 Oracle 数据库的无缝连接，以及提升其对非结构化社交媒体数据分析的支持，Oracle 成为商务智能市场上一支重要的力量。

2013 年，Oracle 开始向移动商务智能领域进军，宣布推出其最新的移动商务智能软件（Oracle BI Mobile App Designer），在保证安全性的同时，使企业数据能够得到及时、方便的利用以更好地体现其价值，方便洞见市场症结，驱动企业创新并形成竞争优势。

3. SAP BO 商务智能解决方案（www.sap.com）

作为全球最大的企业级软件公司之一，SAP 目前是市场上协作企业业务解决方案（特别是 ERP 系统）的主要提供商之一。SAP ERP 系统是市场上得到广泛采纳和应用的主流 ERP 系统，全球 500 强中的大部分企业都安装了 SAP ERP 系统。

此外，基于强大的企业商用软件系统开发和服务，SAP 也是市场上最早开始提供商务智能系统解决方案的企业之一，并在其 ERP 系统中植入了专门的商务智能模块。但是鉴于商务智能应用的市场需求愈来愈强烈，也为了更好地参与竞争，SAP 于 2007 年收购了著名的商务智能解决方案供应商 Business Objects（BO），从而大大加强了自身在商务智能服务方面的实力。紧随其后，SAP 融合大数据、云、协作、移动、社交和可视化等领域的全新创新，于 2012 年发布了 BO 4.0 版本，增加了对企业外非结构化数据的支持和对移动终端的支持，并实现了千兆级数据的高效分析。SAP 基于自身强大的 ERP 系统开发和业务数据管理的能力，通过 BO 大大增加其商务智能系统前端的展现能力，同时提高数据整合与集成的质量和能力。

4. SAS Intelligence Platform（www.sas.com）

SAS Intelligence Platform 是 SAS 公司的商务智能和数据挖掘产品，该产品不但提供了一个完整的商务智能环境，而且提供包含多种数据挖掘算法（包括回归、分类和统计分析包）的 Enterprise Miner 模块。它的特色是秉承 SAS 公司强大的统计分析软件开发能力，集成了多种统计分析工具。目前在市场上的表现也相当不错。相对于前几个商业解决方案而言，SAS Enterprise Miner 更多地利用其在统计分析软件开发上的传统优势，着重于数据挖掘方法设计和统计分析功能。

5. MicroStrategy 商务智能解决方案（www.microstrategy.com）

MicroStrategy 公司在全球商务智能软件市场上是一个领先者，它提供的企业级商务智能平台产品是一个完全集成的环境，可以在这个环境中集成地开发、部署、维护多个平台上的多个应用。MicroStrategy 公司于 2013 年发布了最新版本的商务智能软件平台 MicroStrategy 9.3.1，通过优化数据源连接来处理日渐增加的数据量、数据种类和应对提升的数据速度，实现对整个企业数据生态系统的无缝式优化访问。此外，对于方兴未艾的移动智能和社交智能领域，MicroStrategy 在 2010 年发布了移动智能产品 MicroStrategy Mobile，它可以全面支持移动设备上的传感器设备，实现快速获取数据并对海量数据进行精确查询的功能，引领了商务智能行业的技术与产品创新。MicroStrategy 社交智能产品线包括 Alert（基于对社交网络数据分析的互联网营销和广告投放系统）、EMMA（利用社交网络产生的聚集效应和信任优势，实现安全交易）、Wisdom（利用社交媒体 Facebook 的数据对用户的群体行为和兴趣爱好等进行市场分析）等。

总的来说，上述商务智能系统解决方案具有规模大、功能全面、业务系统紧密衔接等特点。基于各自的技术和应用特点，所提供的商务智能方法和集成手段也均较为成熟。

2.9　小结

（1）商务智能具有广阔的应用领域，诸如制造领域、金融领域、电信领域、生物与医药领域、零售与营销领域等。特别是随着智能手机的普及和社交媒体的广泛流行，出现了移动商务智能、社会化商务智能等新的应用形式，包括基于地理位置的服务、移动库存管理、病毒营销和社会化推荐等。

（2）商务智能解决方案系统结构的主要功能模块和构件包含数据源、数据集成、数据仓库、商务智能应用、交互界面等。在实际应用中，可以根据企业业务发展和信息化进程的需要，部署全面、整合的商务智能解决方案，或者仅实施相关的功能模块。

（3）若干市场上的主流商用商务智能系统产品包括 IBM 公司的 Intelligent Miner 和 Cognos、Oracle 公司的 Hyperion、SAP 公司的 Business Objects、SAS 公司的 Enterprise Miner 及 MicroStrategy 公司的 MicroStrategy Mobile 等。

思考练习题

2.1　试围绕每一个商务智能的应用领域，分别举出一个分类、聚类和关联规则的例子。

2.2　在下列实际应用中，都涉及哪些数据挖掘问题？

（1）股票 A 的变化情况与股票 B 的变化情况相似吗？

□分类　　□聚类　　□关联规则　　□其他

（2）在大量的散户中，年轻的白领是重要的客户群吗？

□分类　　□聚类　　□关联规则　　□其他

（3）VIP 客户通常购买基金类产品还是股票类产品？

□分类　　□聚类　　□关联规则　　□其他

（4）如何给客户定级：普通、银卡、金卡、白金、钻石？按业务额或信用记录？

□分类　　□聚类　　□关联规则　　□其他

（5）由于近年来发行的信用卡数量激增，不时出现恶意透支或超常规消费和提现情况。如何进行判断以便及时预警？

□分类　　□聚类　　□关联规则　　□其他

2.3　商务智能解决方案包括的主要功能模块和构件有哪些？试简要说明。

2.4　试通过互联网络搜索，汇总归纳一个商用商务智能产品的信息。

第 3 章

商务智能过程

商场瞬息万变，机会稍纵即逝，对形势的准确预判往往是运筹帷幄、决胜千里的关键。因此，对未来的分析和预测能力自然是企业家最希望借助商务智能增加的实力。当然，商务智能无法使我们未卜先知，预测和判断实际上是在对大量历史数据和现状信息进行深入分析的基础上得出的。“罗马城不是一日建成的” 。商务智能的实现也需要循序渐进的过程，总的来说，需要依次解决“有什么”、“为什么”和“会怎样”三个层面的问题，这也分别对应着数据描述、数据分析和决策支持三个过程。本章将简要介绍在整个商务智能过程所涉及的技术和要点。

本章学习重点

- 数据库与事务处理；
- 数据仓库与在线分析处理；
- 知识发现与可持续竞争优势。

根据组织管理和决策支持的层次，企业中信息资源的开发与利用一般分为事务处理、分析处理和知识发现三个层次[52, 53]。应用的层次越高，对数据管理和综合性的要求也就越高。事务处理能够回答“发生了什么”的问题，分析处理回答“为何会发生”的问题，而知识发现回答的是“将会发生什么”的问题（见图 3.1）。可以看出，这三个应用层次的逐级提升是围绕着对信息资源的开发、管理和利用展开的。在事务处理的层次上，要求实现数据的电子化采集、交换和处理；在分析处理的层次上，要求对数据进行多维度的综合整理；在知识发现的层次上，则要求对数据进行深入的、智能化的挖掘分析，以寻找潜在的未知知识。本章将介绍这三个层次的信息资源开发利用与决策支持。

商务智能过程如图 3.1 所示。

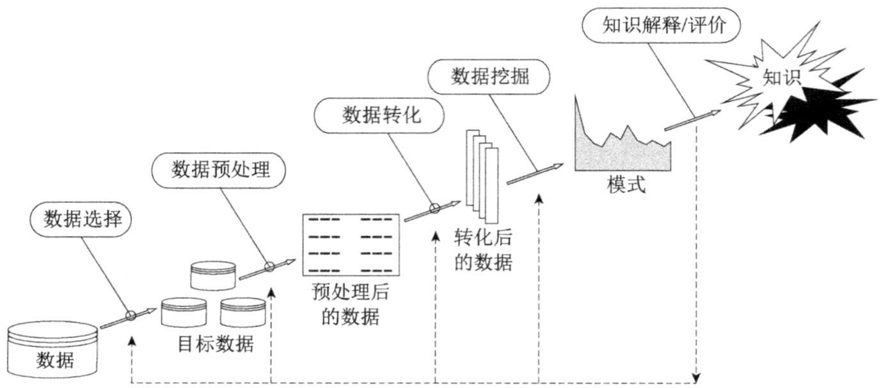

图 3.1 商务智能过程 [54]

整个商务智能过程是一个多步骤的处理过程，一般分为如下六个步骤。

（1）问题定义：了解相关领域的有关情况，熟悉背景知识，理清用户要求。

（2）数据选择：根据要求从数据库中选择与提取相关的数据。

（3）数据预处理：主要对前一阶段产生的数据进行再加工，检查数据的完整性及数据的一致性，对其中的噪声数据进行处理，对丢失的数据进行填补。

（4）数据转化：针对所需的研究问题和将要采用的数据挖掘方法，对预处理的数据进行相应的转化。

（5）数据挖掘：运用选定的知识发现算法，从数据中提取出用户所需要的知识，这些知识可以用一种特定的方式表示或使用一些常用的表示方式。

（6）知识解释/评估：将发现的知识以用户能了解的方式呈现和解释，根据需要对知识发现过程中的某些处理阶段进行评估和优化，直到满足要求。

在这个过程中，一开始是在基本业务数据库层面进行数据处理，用于对日常运作的信息处理和汇总。进一步，在业务数据库的基础上，通过数据抽取、汇总和转换形成数据仓库，并可以进一步进行分析。在数据仓库的基础上，可以采用数据挖掘技术进行知识发现。因此，整个商务智能过程是对三个分析阶段的整合。但是从具体应用来看，商务智能也可以跨越阶段直接基于一个目标数据库展开分析。

3.1　数据库与事务处理①

企业中的事务处理主要是基于数据库来运行的。本节将对数据库、数据库管理系统以及在线事务处理进行介绍。

3.1.1　数据库与数据库管理系统

早期的信息系统是以程序代码为核心，数据依附于程序代码，因而也不存在专门的数据管理，数据以零散、自由的方式进行维护。随着应用的发展，数据在信息系统中的基础性地位逐渐体现出来，人们开始采用各种手段对数据进行系统性的组织和管理。大体而言，数据的管理经过了自由管理、文件管理和数据库（DB，Database）管理三个阶段。自由管理和文件管理方式在数据存储结构上的标准化程度很低，不足以支撑数据的综合性管理和应用，而数据库是以一定的组织方式存储在一起的相关数据的集合。

数据库的两个主要目标是减少数据冗余和获得数据独立性。数据冗余指的是数据的重复，即同样的数据存储在多个文件中，冗余数据意味着相同事实的重复，如果对这些相同的事实在进行多处修改时发生错误，使它们的值不相等，则很难确定哪一个值是正确的。当值不匹配时，这种情况称为数据的不一致性，这是数据冗余代价最大的一个方面。数据独立性通常涉及两个方面，即数据与数据间的独立性及数据与处理间的独立性。数据与数据间的独立性是指对于某些数据的更新（增删改）不影响与其“不相关”的其他数据；数据与处理间的独立性是指在对数据进行更新时，不影响处理该数据的应用程序。一个保持数据与处理间独立性的办法是通过把数据说明放入与应用程序物理上分离的表和数据字典中来实现的。数据字典（Data Dictionary）是数据库中的一个重要概念，指的是通过特定的数据管理系统存储数据的定义和语义信息。数据项名称、数据类型（如文本型、数字型或日期型）、数据的有效值及其他特征保存在数据字典里。

数据库管理系统（DBMS，Database Management System）指的是专门用来建立和管理数据库的软件，允许独立应用程序通过它来访问数据库中的数据。数据库管理方式如图 3.2 所示，应用程序通过 DBMS 来访问并维护数据，而 DBMS 则以特定的结构化方式来管理和保存数据。

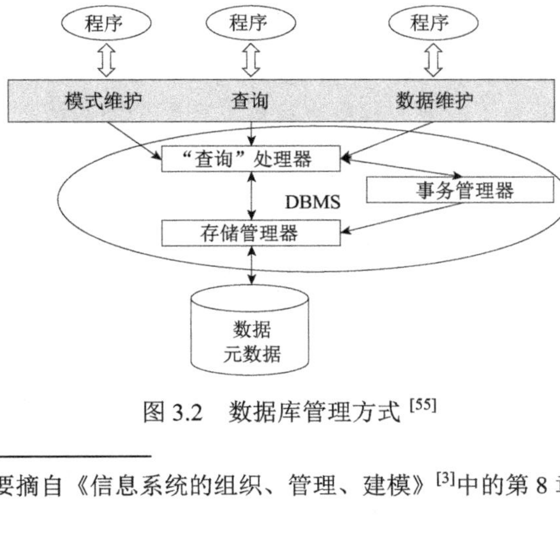

图 3.2　数据库管理方式 [55]

① 此章节内容主要摘自《信息系统的组织、管理、建模》[3]中的第 8 章，并进行部分改编。

使用数据库环境来管理数据，具有多方面的优势：

（1）集中管理数据、存取、利用和安全，降低组织的信息系统环境的复杂性；

（2）剔除所有包含重复数据的孤立文件，减少数据的冗余和不一致；

（3）利用数据建立和定义的集中控制来剔除数据的混乱；

（4）将数据的逻辑视图与物理视图分开，降低程序与数据之间的相互依赖性；

（5）由于允许在大量信息中进行快速、低廉的定制查询，因而大大增强了信息系统的适应性；

（6）大幅度提升了信息存取和利用的可能性。

正是由于这些原因，数据库和数据库管理系统在现代信息系统中居于核心地位 [56]。

数据库模型（Database Model）用来组织记录及确定记录间关系的主要方法也可以叫做数据库的结构。层次数据库和网状数据库曾经在历史上产生过很大的影响，但由于其结构上的复杂性，以及在数据组织灵活性方面的欠缺，自 20 世纪 80 年代中后期开始已经被关系数据库全面取代。关系数据库是过去三十多年中占据主导地位的数据库结构形式，目前仍然具有极为旺盛的生命力。面向对象的数据库是在面向对象的分析、设计、编程方法取得长足进步的背景下产生的，其结构有利于与通过面向对象手段建立起来的应用系统实现无缝的联系。然而，面向对象的数据存储方式具有访问效率较低的弱点。许多面向对象的数据库只是提供面向对象的逻辑访问接口，其实际存储机制仍然是关系数据库结构。

3.1.2　在线事务处理

20 世纪 50 年代，当计算机系统开始得以应用于商业企业中时，计算机的功能十分有限，效率也很低，它既不能提供及时的人-机交互，也没有良好的用户界面，因此计算机只是取代大量低级人力计算的工具。当时比较多的是采用一种称为批处理（Batch Processing）的形式来应用计算机的计算功能，也就是将大量的任务累积起来，定期地一次性提交给计算机进行处理。这种情况的造成主要是因为计算机的处理能力还很低，而且总体来说，计算机资源还比较有限，所以采用批处理的方式可以更加有效地利用计算机的资源。

很明显，批处理的方式对于商务处理有着很大的缺陷，最主要的问题就是一旦开始运行，就不能改变计算机的操作。这样的缺陷限制了事务处理的效率，将整个商务流程割裂了，即计算机系统在很大程度上被孤立在整个商务流程之外。除非有大量的简单重复的工作需要计算机来完成之外，其他的商务业务对计算机的依赖程度很低。

而到了 20 世纪 80 年代以后，基于关系数据库管理系统（RDBMS）的事务处理逐渐成为商业界 IT 应用的主流。随着计算机硬件技术按照摩尔定律的速度不断高速发展，特别是个人计算机的出现，使得信息系统不仅仅是个别企业的竞争法宝，而且成为任何企业的必备工具。但总体来看，在这个阶段，企业的 IT 应用主要还是着重于业务职能的自动化及信息的储存、汇总、统计和查询等方面，而分析能力比较弱。因此，这样的信息处理模式称为事务处理。进而，在网络应用和实时交互处理功能日益强大和普遍的今天，基于在线计算的事务处理被称为在线事务处理（OLTP，Online Transactional Processing）。OLTP 是事务处理从单机到网络环境发展的新阶段。

OLTP 的特点在于事务处理量大，但事务处理内容比较简单且重复率高。大量的数据操作主要涉及的是增加、删除、修改和查询等操作。每次操作的数据量不大且多为当前的数据。OLTP 处理的数据高度结构化，涉及的事务比较简单，数据访问路径已知，至少是固定的。事务处理应用程序可以直接使用具体的数据结构，如表和索引等。此外，OLTP 面对的是事务处理操作人员和底层管理人员。

OLTP 系统发展的目标就是能够处理大量的数据，单位时间能处理的事务量更大，能支持更多的并发用户，且有更好的系统健壮性（Robustness）。大型的系统，如机票在线预订系统，每秒能够处理的事务成千上万；股票自动交易系统一天要处理上百万的交易量。OLTP 在查找业务数据时是非常有效的，但在为决策者提供决策分析时显得力不从心。

3.2　数据仓库与在线分析处理①

事务处理及 OLTP 系统主要解决业务自动化和信息查询的基本需求，是基于业务数据库而实现的。然而在数据资源开发与利用的分析处理层次上，人们要求信息系统具有对多方面数据进行综合性分析的能力，这就要求建立一个面向分析的、集成保存大量历史数据的新型数据管理机制，这一机制就是数据仓库（DW，Data Warehouse）[57]。数据仓库为分析处理提供了数据基础，而分析处理利用多种运算手段，对数据仓库所提供的数据进行面向管理决策的统计、展示和预测。

3.2.1　从事务处理到分析处理

一般而言，信息处理的任务包括：信息获取（Information Capture）、信息传递（Information Conveyance）、信息创造（Information Creation）、信息存储（Information Cradle）和信息通信（Information Communication）[58]。信息获取就是从企业内部和外部获得最基本的信息。而信息传递在一定程度上可以视为是信息获取的反过程，就是将企业中的信息以最有效的方式提交给其他实体，如用户。信息存储将有用的（如以后会使用到的）信息存储起来。随着存储技术的发展，如何有效、合理地存储信息成为一个重要的问题。同时，大量积累的数据也给信息的处理带来了困难。所谓信息通信就是通过媒体将信息传送给他人或传到另一个地点。目前互联网及基于互联网的应用的发展的一个核心问题就是确保信息通信的有效性和安全性。

信息创造和其他四个信息处理任务的不同之处在于：信息获取、信息传递、信息存储和信息通信基本上不涉及对信息的加工。信息创造就是对已有的信息进行处理以获得新的信息。而这个工作是许多企业业务和管理决策的核心内容。例如，银行对每一笔存款都需要根据额度和时间及利率来计算利息，商品零售公司根据以前的业务数据来预测本季度的可能销售额等。

事务处理和分析处理都是信息创造的过程。如前所述，事务处理侧重于对组织的业务职能的自动化，典型的处理形式是统计报表和数据查询。而分析处理则侧重于对信息的分析，通常涉及对信息的切分、多维化、前推和回溯，以及回答 what-if 问题。很明显，分析处理相对于事务处理来说，与中高管理层的业务范围更相关，并更集中

① 此章节内容主要摘自《信息系统的组织、管理、建模》[3]中的第 8 章，并进行部分改编。

于对企业管理决策的支持。常见的分析处理应用如多维视图、预测、敏感性分析和成本控制等。同时，分析处理往往需要较强大的软/硬件及复杂的分析方法和工具的支持。由于网络应用和在线计算已经成为分析处理支撑技术的基本成分，分析处理一般被称为在线分析处理（OLAP，Online Analytical Processing）。OLTP 与 OLAP 的关系如图 3.3 所示。

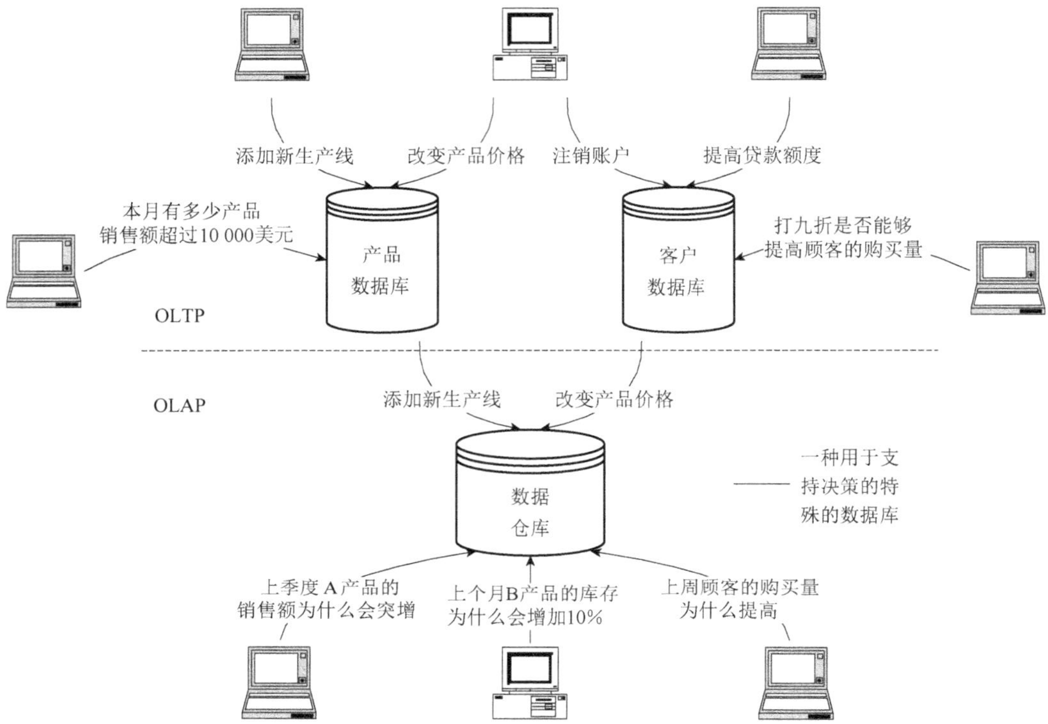

图 3.3 OLTP 与 OLAP 的关系

3.2.2 数据仓库

事实上，OLAP 能够高速发展也得益于数据仓库技术的出现和完善。由于这两者结合得相当紧密，以至于在实际应用中，OLAP 应用和数据仓库应用经常指同一个概念。所谓数据仓库，就是把一个组织中的历史数据收集到一个中央仓库中以便于处理，它是支持决策过程的、面向主题的、集成的、随时间而变的、持久的数据集合，是当今信息管理中的主流趋势之一。数据仓库是 OLAP 应用的环境和基础。从最基本的功能来看，它与数据库一样也是用来存储结构化的数据的，但是它与数据库有许多不同之处。

数据仓库的创始人 Bill Inmon 指出，与传统的数据库相比，数据仓库具有面向主题、集成的、相对稳定的、反映历史变化这四个最重要的特征[57]。

（1）面向主题。操作型数据库面向事务处理任务组织数据，而数据仓库根据主题域（即用户进行决策时所关注的方面）来组织和提供数据。一般来说，按业务应用程序易于检索和更新的目标来组织数据，分析人员就可利用图形化的查询工具来分析业务问题。但是实际情况并非如此，特别是由于决策者所需要的信息的形式可能是多种多样的，不可能简单地归纳成为标准化的面向业务的形式，而数据仓库作为新型的数据存储方式，更加侧重于从决策支持的最终用户（即决策者）的角度来组织和提供数据。也就是说，它由商业用户存取而不是程序员存取。

（2）集成的。面向事务处理的操作型数据库面向事务处理任务，以提高应用程序访问数据的效率，却造成各个业务系统之间相互独立，并且往往是异构的；而数据仓库中的数据是在对原有分散的数据库进行数据抽取、清理的基础上经过系统加工、汇总和整理后实现的数据集成，必须消除源数据中的不一致性，以保证数据仓库内的信息是关于整个企业的一致的全局信息。

（3）相对稳定的。操作型数据库中的数据通常实时更新，数据根据需要及时发生变化；数据仓库中的数据主要供企业决策分析之用，所涉及的数据操作主要是数据查询，一旦某个数据进入数据仓库，一般情况下将被长期保留，也就是数据仓库中一般有大量的查询操作，但修改和删除操作很少，通常只需要定期加载和刷新。

（4）反映历史变化。操作型数据库主要关心当前某一个时间段内的数据，数据仓库中的数据通常包含历史信息。数据仓库的目标就是应用大量的历史数据，并通过对历史数据的分析来确认一些模式和预测趋势，从而达到决策支持的目的。因此系统记录了企业从过去某一时点（如开始应用数据仓库的时点）到目前的各个阶段的信息，容量远远大于一般的数据库，通过这些大量的信息，可以对企业的发展历程和未来趋势做出定量分析和预测。

此外，数据仓库还具有其他一些特点，如数据仓库中的数据不再像数据库中的数据一样具有严格规范化的特点。这是由数据仓库的应用需求决定的，数据仓库为了保证系统的响应速度，可以在一定程度上牺牲数据的规范化，增加数据的冗余度，即用空间换时间。

再如，数据仓库系统在硬件的利用模式上与数据库系统有很大的区别。在数据库环境下，由于不断地有事务需要处理，硬件资源利用率总是保持在一个相对稳定的状态；而在数据仓库环境下，系统的硬件资源利用率水平并不稳定。数据分析的工作会在特定时段进行，在系统进行数据分析应用时，硬件资源的利用率很高，而系统空闲时硬件资源的利用率就很低了。

数据仓库中的数据有多种来源，包括业务数据库、财务数据库、文档资料和外部数据等。一般而言，其中的大部分数据来自数据库。从这些来源获得的数据需要经过提取、转换和装载的过程，才能纳入数据仓库之中。这种提取、转换和装载过程通常由 ETL（Extraction/Transformation/Loading）模块完成。ETL 模块的主要功能是提取来自于数据库的数据，对其进行整理、转换及数据规范检查等工作，并与外部数据进行一些必要的整合、清理和重构，把清理后的数据装载入数据仓库中，保证数据符合数据仓库的要求。同时，该模块还具有定期进行提取、转换和转载数据的功能。

ETL 模块是数据仓库系统的一个重要组成部分，它提取和清理数据的能力在很大程度上决定了数据仓库所能够获得的数据质量。在各种主流的数据仓库和 OLAP 产品（如 Oracle Express Server、Oracle Discoverer、Sybase Adaptive Server IQ 和 Essbase/DB2 OLAP Server 等）中，均配套提供了强有力的 ETL 工具。本书第 4 章将对 ETL 的概念和技术进一步予以介绍。

将 OLAP 应用构建于数据仓库，而不是数据库之上，主要是由于以下三个技术方面的原因。首先，计算机处理速度的阶跃式增长及单位字节的存储成本和处理成本大幅度降低，是保证数据仓库能够有效运行的物理基础；其次，决策分析理论的完善和应用使得数据仓库中的分析技术能够有效实现，使得决策人员可以直接从系统中获得需要的决策支持信息；最后，传统的信息处理方式是根据用户的需要，通过系统能够接受的任务形式得到目标结果。而在数据仓库系统中，数据用于支持各种分析任务，并生成多角度、多层次和不同粒度上的分析结果，人们通常无法提前预测或控制决策数据的存取路径。数据仓库技术的这些特点为 OLAP 的应用提供了坚实的基础。

在日常管理中，企业管理人员除了要解决基本的信息处理的问题，还需要解决复杂的问题。这时他可能就要利用 OLAP 功能了。例如，可能会有以下的问题。

（1）中西部及山地区域的商店在 11 月份售出的滑雪橇中有多少是由 A 公司制造的。与去年和前年相比，销售额有何不同？与实际计划相比又有何不同？本月的销售额度应该是多少？

（2）公司在本季度末应该保存多少辆蓝色小型运货车的库存？这些货车应该具有 CD 唱机、3 个座位、标价小于 87 000 元。这就需要对过去 5 年内每一季度的存货进行统计，与实际的计划相比，并比较季度前后的季度存货。

以上两个例子中的问题就需要通过在 OLAP 来解决。例如，在为 A 公司制定销售计划时，就需要通过近几年、几个季度和几个月的销售情况来确定销售的模式，然后根据该模式来预测本月的销售额度，从而制定销售计划。

上述的例子说明了商业数据事实上是一种多维数据，也就是说，对于同样的数据，从不同角度来看它就具有不同性质。但是这些性质之间是相互联系的，而且通常具有一定的关系，如销售数据、库存数据和预算数据之间就存在相互联系和相互依赖的特点。而且在分析销售模式时，要分别对年、季度、月这些不同层次上的数据分别进行处理。由于目前的企业活动是在全球经济环境下展开的全球性竞争，因此需要寻找可使其产品和服务具有明显竞争力且与众不同的市场。寻找新的市场机会、细分微观市场并得到定位市场计划是最基本的要求。为了能够满足这些要求，必须采用多维分析。OLAP 也可以说是多维数据分析工具的集合。

在多维分析中，数据是按维度来表示的，如产品、地域和顾客。维通常按层次组织，如城市、省、国家、洲。时间是另一种标准维度，它具有自己的层次，如天、周、月、季度和年。不同的管理者可以从不同的维度（即视角）去考察这些数据。如图 3.4 所示，对于一套销售额数据，财务经理、区域经理、产品经理及其他管理人员可以分别从自己所关心的侧面去加以审视。

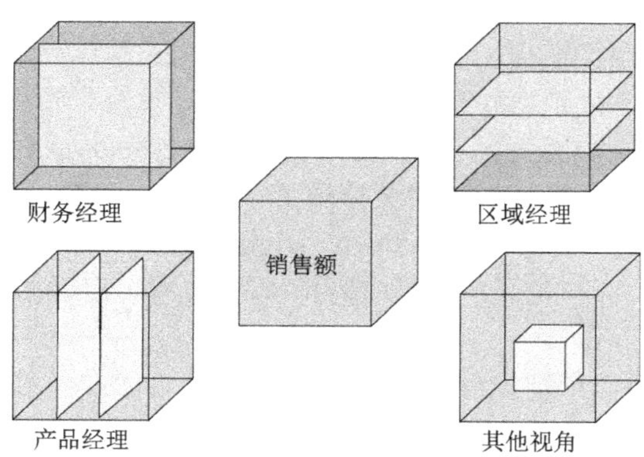

图 3.4　多维视角

这种在多个不同维度上对数据进行综合考察的手段就是通常所说的数据仓库的多维查询方式，主要包括如下五项。

（1）切片（slice），在某一个维度上选取特定的值，在该维度值保持不变的情况下，根据其他的维度对数据进行展现。这就好像从数据的多维立方体中“切”出一个截面来一样。

（2）切块（dice），限定一个或多个维度的取值范围而得到的数据展现结果，就好像从多维立方体中“切”出一个立方数据块来一样。

（3）旋转（pivot），变换维的方向，即在表格中重新安排维的放置（如行列互换），以获得所需的分析视角。

（4）下钻（drill-down），选定特定数据范围之后，进一步查询细节数据。从另一种意义上说来，钻取就是针对多维展现的数据，进一步探求其内部组成和来源。只要维度具有层级结构，下钻处理就是可行的。

（5）上卷（roll-up），选定特定的数据范围之后，对之进行汇总统计以获得更高层面的信息。上卷操作同样要求维度具有层级结构。

作为示例，图 3.5 显示了一个按照时间、城市和促销类型三个维度组织的销售数据和盈利数据的多维分析表。

Quarter									
Resulting Sales	Profit	Campaign							
		Coupon		Direct Mail		Local Ads		Radio Spot	
Month Name	City	Resulting ...	Profit	Resulting ...	Profit	Resulting ...	Profit	Resulting ...	Profit
⊟ April	Atlanta	35,581	23,581	2,023	-7,477			35,581	23,581
	Columbus	35,581	23,581	2,023	-7,477	2,023	-7,477	41,055	33,055
	New York	30,345	21,545	41,055	33,055	30,345	21,545	41,055	33,055
April Total		101,507	68,707	45,101	18,101	32,368	14,068	117,691	89,691
⊟ January	Atlanta			9,282	-12,718				
	Columbus	12,495	-8,805	9,282	-12,718			6,664	-10,836
	New York					22,372	12,872	6,664	-10,836
January Total		12,495	-8,805	18,564	-25,436	22,372	12,872	13,328	-21,672
⊟ July	Atlanta	32,844	29,544			32,844	29,544		
	Columbus	21,539	8,039	11,900	4,900	11,900	4,900	11,067	1,567
	New York	10,472	6,472	34,272	21,772	32,844	29,544	44,744	28,244
July Total		64,855	44,055	46,172	26,672	77,588	63,988	55,811	29,811
⊟ October	Atlanta			61,404	40,104				
	Columbus	43,197	22,697						
	New York			54,145	45,345	47,005	23,505	57,596	39,296
October Total		43,197	22,697	115,549	85,449	47,005	23,505	57,596	39,296
Grand Total		222,054	126,654	225,386	104,786	179,333	114,433	244,426	137,126

图 3.5　销售数据多维分析表

总的来说，OLAP 主要实现以下一些功能：

（1）展示数据仓库中数据的多维逻辑视图。

（2）通常包含交互式查询和对数据的分析。交互式通常有多种方法，包括细分较低级别的详细数据或统揽较高级别的概括性和聚集数据。

（3）提供分析的建模功能。基于数据，根据已有的决策分析模型确定合适的变量和比率等计算引擎或多维的数字数据。

（4）生成概括数据和聚集、层次，以及在每一维的交叉点上对聚集和概括级别的审计。

（5）支持功能模型以进行预测、趋势分析和统计分析。

（6）检索并显示二维或三维表格、图表和图形化的数据，并且应该能够容易地变换基准轴，这一点相当重要，因为对于商业用户，他们需要从不同的角度来分析数据；并且在分析某一个侧面的数据时所产生的问题可能需要在另一个侧面中来检验。

（7）迅速响应查询。这样才能保证与商业活动同步，从而才有实际应用价值。

（8）具有多维数据存储引擎，按阵列存储数据，这些阵列是商业维的逻辑表示。

目前，各厂商已经推出了为数众多的数据仓库和 OLAP 产品，其中较为著名的包括 Oracle Express Server、Oracle Discoverer 和 Sybase Adaptive Server IQ 等，这些产品已经得到了较为广泛的应用。一些专门针对某些业务领域的 OLAP 应用产品（如面向销售分析的 Oracle Sales Analyzer 等）也具有比较大的影响。另外，OLAP 传统产品也包括 Business Objects、Hyperion[59]和 Cognos[60]等，它们后来分别被 SAP、Oracle 和 IBM 收购。近年发展中，在这些产品的高版本产品线中逐步加入了更多的 KDD 内容。

随着数据仓库和 OLAP 技术的不断成熟，它在企业中的应用前景也变得逐渐广阔。但是需要指出的是，基于 OLAP 技术所得到的分析结果通常是运用已有的知识（如业务规则和商务规律）来建立决策分析模型，并通过数据仓库的支持进行多维视角的预测和回溯分析。

3.3 知识发现与可持续竞争优势

随着企业的发展，其对信息系统决策支持的要求越来越高，需要更多的知识来有效支持决策，以获得竞争优势。同时，信息技术的创新和应用产生了海量的企业外部数据，其中不乏与企业息息相关的商务情报，但往往呈现大规模、高通量、低价值密度的特征，这样就会对数据分析和利用能力提出更高的要求。

面向管理决策的知识发现处于信息资源开发和利用的较高层次上，也是商务智能的主旨，其核心技术是数据挖掘。通过数据挖掘，从海量数据中发现的潜在、新颖以及有助于管理决策的模式和知识，很可能如同“知识金矿资源”，能够帮助企业在市场竞争中获取战略性的优势。

3.3.1 OLAP 与知识发现

OLAP 是通过带层次的维度和跨维度进行多维数据分析的。通过商业活动变化的查询发现问题，经过追踪查询找出问题出现的原因，达到辅助决策的作用。而数据挖掘是以变量和记录为基础进行分析的，这也是数据挖掘能够发现大量数据背后隐藏的知识的原因。数据挖掘任务如聚类、分类和预测等，是带有探索性的建模功能，它并不是始于一个有待证明的具体逻辑模式，而是始于纷繁复杂的海量数据，利用强大的数据分析工具和特定的知识提取方法，获得相关的知识，进行决策支持。

更重要的，知识发现在于寻找潜在的、新颖的和有用的知识，用以支持组织的管理决策。在有些情况下，数据挖掘人员并不是精确地知道什么是必须分析的，有些数据挖掘任务可能一无所获。但是，有时数据挖掘的结果却是意外的、稀缺的信息“金矿”。例如，若能确定一个高价值客户或可能流失的客户的特征，就可以及时采取措施以保持这些客户。如图 3.6 所示的例子可说明 OLAP 与知识发现的区别。

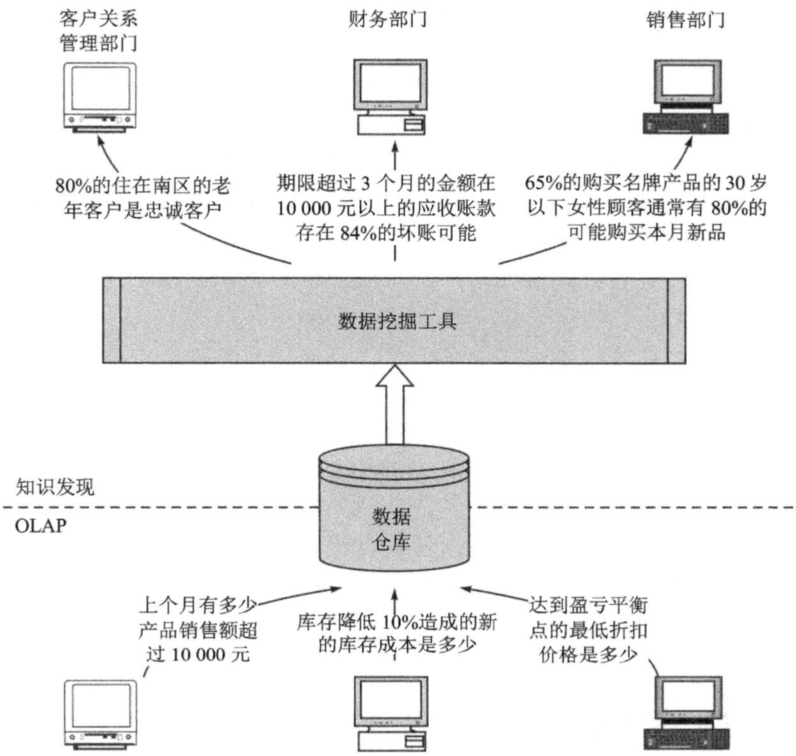

图 3.6　OLAP 与知识发现的区别

3.3.2　企业外部大数据分析

随着社交媒体数据、智能传感数据、用户生成内容（UGC）等新数据源的兴起，传统的商务智能应用得到进一步开展，不再局限于生产交易等企业内部业务数据，更需要将分析的触角延伸至互联网中产生的企业外部大数据。Web 2.0 环境下，消费者在接收数据的同时也可能是数据的创造者，业务交易不再是企业的数据全部。消费者在互联网中创作了许多和企业相关的信息，如购买前的搜索，购买时的比对，购买后的评论等，这些信息隐藏了大量的客户信息以及企业情报。深入挖掘企业外大数据蕴含的市场价值，才能在瞬息万变的大数据环境中捷足先登。

归纳看来，企业外部大数据包括用户行为数据挖掘、UGC 信息和用户关系数据。

（1）用户行为数据包括用户的点击习惯、搜索记录和用户的业务流量等，这些数据具有实时更新的特点，形象地描摹了用户行为模式，如搜索引擎的使用已经成为互联网生活必不可少的部分，搜索日志实时记录了用户潜在的搜索意图。但是用户搜索量之大、更新速度之快、搜索形式之多样化远非传统的数据处理技术所能企及，有效处理企业外部的实时数据流是帮助企业在竞争中获得先动优势的关键举措[61, 62]。

（2）UGC 信息指用户在诸如 Twitter、微博和微信等社交平台上发表的言辞评论、互动交流和购物网站中的评论信息等，以及用户注册过程中产生的资料数据（如年龄、职业、兴趣爱好等特征）。这些数据来源不一，具有碎片化、富媒体（可能是视频、图像等多种类型）等特征，所以数据收集以及如何将多源异质化数据转化为面向业务的可利用数据是进行企业外部大数据分析的一个重要挑战。一些自然语言处理技术，如词频分析、语义分析、情感分析和趋势分析等，在某种程度上可以帮助挖掘与企业相关的产品变动信息、客户偏好信息和市场份额信息等，辅助企业不断创新产品与拓宽市场发展，如追踪用户微博中与某一产品相关的话题迁移，可以分析用户对产品的需求变化，帮助企业改善产品体验以提高客户满意度。

（3）用户关系数据是指用户在互联网上构成一个庞大的社交网络，粉丝好友等彼此之间的关系蕴含了颇为丰厚的网络信息，但却呈现多规模节点、结构稀疏性特征。如何通过传统的聚类分类、关联发现和网络结构分析等，处理这些网络结构数据，挖掘兴趣社群、帮助搜寻企业的潜在客户，从而实现病毒营销和个性化推荐等具有重要的管理价值[63, 64]。

企业外部大数据蕴含了重要的商务价值，是现代商务智能应用的重点，但它们多呈现非封闭、动态、富媒体等特性，与传统的数据库、数据仓库数据有着很大区别。当前，Hadoop、Nosql 等大数据相关技术逐渐发挥着重要作用。例如，甲骨文和 SAP 等均提供了各种数据连接器，以支持对 Hadoop 数据进行分析。这些技术在扩充数据外延的同时也扩大了数据库的应用空间。企业外部大数据分析的重要性催生了商务智能技术的一系列创新，如信息采集的来源丰富化和采集持续性，数据存储的可扩展性和实时更新等，数据处理的结构多异性、跨平台性，以及数据应用的个性化等， 这些创新旨在促进企业内/外部数据交叉融合、相辅相成，形成一个全面、完整的数据价值发展平台，为企业的商务智能应用注入新的活力[65]。

3.3.3　使用数据挖掘增强企业竞争优势

企业决策者要在激烈的竞争环境中获得并保持竞争优势，就应该及时地了解自己的客户，了解竞争对手，了解自己的现状，了解发展的机会，特别是企业外部大数据中蕴含的客户信息、市场信息和商业情报等，正是企业制定和实施经营战略与决策所需的知识。

虽然数据挖掘与其他决策分析工具一样也具有对数据进行归纳和分析的功能，但是除此之外它还有一些传统的决策分析工具所不具有的特点。正是这些独特的特点使得数据挖掘技术成为商务智能的核心技术，能够得到传统分析工具所得不到的新颖的、潜在和有用的管理知识和业务规则。这些是隐藏在数据与模式中的“金矿”，对于企业的运营和市场竞争而言，可能会对企业在竞争中获取战略优势具有重要的边际效用。

数据挖掘不但有助于进行准确的目标市场营销，当分析工具及技术成熟时，在有关客户数据的技术上，还可以进行针对客户的个性化定制，准确地进行一对一的精准营销，在适当的时间和地点给客户提供适当的产品和服务。只有企业对客户有充分的了解，才能有效地建立客户关系、有效地进行营销，创造商机。企业一旦提高了对客户的了解程度，针对目标市场行销的准确度就能大幅提高，这将直接影响成交的比例。在目前竞争激烈的市场上，能够了解客户的需求，可以帮助企业有效地过滤无效的原始数据，减少以往目标不明晰的行销策略，对制定的营销策略的效果进行预测，从而较其他竞争者优先获得商机。

著名的购物篮分析的例子“啤酒与尿布”是人们最耳熟能详的例子，通常大家不认为啤酒与尿布之间竟有如此大的关联！对于英国 Safeway 超市的老板而言，将啤酒与尿布的货架放在一起，可以促进销售、增加利润。同样，可以推行其他策略，如将配啤酒的花生、薯片等零食陈列在啤酒附近的货架上。

当前，网络服务正在悄然兴起，同时许多网站推出了帮助消费者搜索新网站、唱片或新朋友的推荐功能。亚马逊（www.amazon.com）很早就意识到了优秀的推荐系统的价值，赢得了独特的竞争优势，直到现在依然是同类网站效仿的对象。亚马逊通过数据挖掘算法和比较机制将用户的消费偏好与其他用户进行对比，借以预测用户可能感兴趣的商品。例如，根据历史数据进行关联规则挖掘分析得知，购买《商务智能》一书的客户经常购买《客户关系管理》和《数据仓库》这样的相关书籍——称为交叉销售分析。对于查询《商务智能》一书的客户，则会在推荐栏中列出这些书籍以增大销售。事实表明，这样的交叉销售分析能有效增加销售量。这样的基于数据挖掘技术的推荐系统建立在对商品深入了解的基础之上。看看亚马逊网络书店上的书籍和影音制品，即便是再冷门的品种，他们也被管理员赋予了多种类型和关键词，而且用户还可以为它贴上自己中意的标签。这样的工具和技术不仅仅是营销手段的改变，甚至影响到整个商业社会的运作模式。

再如，大众点评网（www.dianping.com）是中国一家 Web 2.0 式的本地搜索门户，提供餐馆美食、购物、休闲娱乐、生活服务、活动优惠和打折信息。日复一日，消费者都会在互联网上以数字化的形态留下自己的心得体验，如对北京某餐厅的打分是：口味 26、环境 13、服务 12，并对菜式等做出评论。通过将大量这样的数据进行汇总和数据挖掘分析，这些企业比传统店铺里的导购人员更了解客户的需求，甚至可能比客户自己还更了解自己属于哪类客户人群，以此判定其最可能会在现有的产品选项中买什么。对于那些可以获得、储存并且分析这些信息的公司而言，蕴含的商机大得惊人，而数据挖掘正是将这些关键信息转化为竞争优势的有力工具。

此外，搜索引擎的使用已经成为互联网生活必不可少的部分，用户通过搜索获得交易类信息、导航类信息和知识类信息[66]等，搜索日志实时记录了其潜在的搜索意图，映射了用户的需求。一方面，这些搜索关键词提供了关键词营销的市场目标，企业通过购买和自身业务发展相关的关键词，当用户的查询语句出现相应的关键词时，企业即可展示相应的产品或业务广告，达到比较好的营销效果。另一方面，大量的搜索语句中包含了产品信息，不同品牌的产品很可能与相同的关键词同时出现在用户的查询语句中，这些关联搜索刻画了哪些产品具有相似的功能用途，反映了用户心中认知的品牌竞争状况（即那些可以满足相同或相似需求的产品），企业若能实时挖掘搜索日志中记录的这些竞争情报，识别出具有相同用户市场的潜在竞争对手并加以跟踪分析，则可获得竞争性优势，受益匪浅。

3.4　小结

（1）企业中的数据资源的开发与利用一般分为事务处理、分析处理和知识发现三个层次。事务处理能够回答“发生了什么”的问题，分析处理回答“为何会发生”的问题，而知识发现回答的是“将会发生什么”的问题。

（2）商务智能过程是一个多步骤的处理过程，一般分为：问题定义、数据选择、数据预处理、数据转化、数据挖掘和知识评估。一般说来，商务智能过程是事务处理、分析处理和知识发现三个阶段的整合。但是从具体应用来看，商务智能也可以跨越阶段直接针对特定的目标数据进行知识发现。

（3）事务处理的特点在于事务处理量大，但事务处理内容比较简单且重复率高。数据源经过提取、转换和装载后纳入数据仓库之中，被整合和组织成面向主题的数据。

分析处理则可以利用多种运算手段，对数据仓库中所提供的数据进行面向管理决策的统计、展示和预测。数据挖掘在信息资源高度综合集成的基础上，利用新型的海量数据分析方法，发现潜在的、新颖的、有助于管理决策的规律和知识。

（4）通过商务智能过程帮助企业决策者及时地分析企业内/外部数据，挖掘其中蕴含的商务信息，帮助企业了解自己的客户、了解竞争对手、了解自己的现状、了解发展的机会（这些正是企业制定和实施经营战略与决策的知识），以在激烈的竞争环境中获得并保持竞争优势。

思考练习题

3.1　请简述商务智能的过程。

3.2　试论数据库在信息系统中的作用，并概述数据库存储和查询的主要概念。列举 2～3 个商用数据库管理系统的产品。

3.3　事务处理、分析处理和知识发现的主要内涵、联系和差别是什么？

3.4　试论如何利用知识发现技术帮助企业保持和获取竞争优势。

3.5　如果商务智能作为企业信息化实施的内容之一，商务智能过程与信息化实施过程有什么关系？

3.6　试举 1～2 个企业外部大数据应用的例子，阐释可运用的数据和技术，以及可解决的商务问题。

第 4 章

数据仓库

“我家大门常打开，开放怀抱等你……”《北京欢迎你》的歌词体现了奥运会期间北京海纳百川的情怀。这句歌词也同样适用于数据仓库，与现实生活中大门紧锁的物资仓库不同，信息时代日益频繁的数据交换使数据仓库也必须具有包罗万象、兼收并蓄的特质。当然，兼收并蓄并非放任自流，如果无法有效管理和控制海量数据信息，对它们的储存也将变得没有意义；如果不能支持频繁的数据交换，数据仓库就如同一潭死水；如果无法保障数据信息的安全，其造成事故的后果必将是灾难性的。本章将介绍当好“仓库管理员”所必备的一些基本知识。

本章学习重点

- 数据仓库的技术演进与体系结构；
- 数据集成、提取与交换模式；
- 数据仓库的开发、管理与安全；
- 云数据平台。

随着数据库技术的不断发展及数据库管理系统的广泛应用，数据库的数据量和规模也在急剧增长。单纯的数据查询和基本分析已经远不能满足企业的管理人员和决策者的需求，他们需要的是反映市场的瞬息变化、反映业务的历史及趋势的更深层次的信息，以更有效地支持管理决策。数据仓库与数据挖掘的出现，无疑为此注入了新的活力。而数据仓库是整个商务智能过程的一个组成部分。完善的数据仓库的构建为有效的商务智能知识发现提供了良好的支持。而近年来 Web 2.0、社会化媒体和移动终端等的广泛应用促进了数据的爆发式增长，且这些数据多呈现超规模、富媒体、实时化和低价值密度等特性，使得传统的数据库与数据仓库技术手段在面向这些新兴数据源的分析需求时常常显得捉襟见肘。此外，云计算作为一种新兴计算范式，为大数据的存储和分析提供了可能性，扩充了商务智能的数据外延和应用空间。

4.1 数据处理技术演进

随着计算机硬件和软件的飞速发展，尤其是数据库技术与应用的日益普及，Web 2.0 以及终端应用的丰富发展，人们面临着快速扩张的数据海洋，如何有效利用这一丰富数据海洋的宝藏为人类服务，以及企业如何挖掘外部大数据中蕴含的商务价值，已成为广大信息技术工作者所重点关注的焦点之一。与日趋成熟的数据管理技术和软件工具相比，人们所依赖的传统数据分析功能却无法有效地为决策者提供其决策支持所需要的相关知识，因为无论是查询、统计还是报表，其处理方式都是对指定的数据进行简单的数字处理，而难以对这些数据所包含的内在信息进行提取，缺乏发现数据中存在的关系、规则和模式的能力，无法根据现有数据预测未来的发展趋势，从而形成了数据丰富而知识贫乏的现象。

随着信息管理系统的广泛应用和数据量激增，人们愈发希望能够提供更高层次的数据分析功能，从而更好地为决策或科研工作提供支持。为了满足这种要求，从大量数据中提取出隐藏在其中的有用信息，将机器学习和人工智能方法应用于大型数据库的数据挖掘技术得到了长足的发展。

数据挖掘实际上是信息处理技术逐渐发展和演进到一定程度而涌现出的新技术和方法。在电子数据处理的初期，人们就试图通过某些方法来实现自动决策支持，当时机器学习是关注的焦点。机器学习的过程就是将一些已知的并已被成功解决的问题作为范例输入计算机，通过预设的推理机制，机器可以学习这些范例，总结并生成相应的规则，这些规则具有一定的通用性，用其可以解决某一类问题。随后，随着神经网络技术的形成和发展，人们的注意力转向知识工程。知识工程不同于机器学习，它直接为计算机输入已被代码化的规则，计算机通过使用这些规则来解决问题。专家系统就是使用这种方法所得到的成果，但存在投资大和效果不甚理想等不足。

同时，海量数据搜集、多处理器计算机基础技术发展成熟及智能化的决策支持技术的发展，也推动着数据挖掘方法发展成为成熟、稳定且易于理解和操作的技术，使得数据挖掘技术的商业实践成为可能。数据挖掘的核心智能决策技术历经数十年的发展，其中包括数理统计、人工智能和机器学习等。今天，这些成熟的技术，加上高性能的关系数据库引擎及广泛的数据集成，使得数据挖掘技术在当前数据仓库环境中进入了实用阶段。云计算的出现进一步助推了数据挖掘技术的发展，高效能、高弹性的计算能力方便了对企业内/外部海量数据的商务知识提取，加强了数据挖掘技术与实际商务应用的密切融合。

数据挖掘可以视为数据管理与分析技术的自然进化产物。纵观历史，数据分析与处理技术的发展经历了数据收集与数据库创建、数据管理（包括数据存储和数据检索、数据库事务处理）、数据分析和理解（包括数据仓库和数据挖掘）三个不同的发展阶段。

从 20 世纪 50～60 年代数据库技术崭露头角开始，原始的文件存储系统开始向强大的数据库系统演变。70 年代以来，随着关系型数据库系统的出现，OLTP 在关系型数据库技术的发展历程中发挥了重要作用。80 年代中期以后，对更新和更高级的数据库系统的研究和应用也如火如荼，包括扩展关系型数据库、面向对象式数据库、产生式数据库和一些面向应用的数据库，如空间数据库、时态数据库、多媒体数据库、主动式数据库、科研数据库和知识库等。在 80 年代末期有了数据仓库技术和数据挖掘的兴起。数据仓库与数据库最大的不同在于它是面向决策而非面向事务处理的。建立在数据仓库之上的 OLAP 工具提供了多维数据分析和决策支持的能力。自 20 世纪 90 年代特别是进入 21 世纪以来，对数据挖掘技术的研究和应用已广泛展开，出现了很多新的数据挖掘方法和工具。一些大的数据分析公司和数据库厂商（如 IBM、Oracle、SAS 和 SPSS 等）也推出了自己的数据挖掘工具。目前，数据挖掘技术已在市场分析、政府管理、健康医疗、科学研究、金融及制造业等方面得到了应用并取得了良好效果。可以说，商务智能及其数据挖掘技术正日益受到人们的重视并成为学界和业界关注的热点。在中国，近年来数据仓库及数据挖掘技术在许多行业，尤其是电信、银行、证券、保险、零售和交通甚至传统制造业等领域得到了越来越广泛的关注。许多大型企业已经开始调研、准备和启动相关建设工作，也已经出现很成功、很有价值的业务应用。图 4.1 概括了数据库技术发展的轨迹。

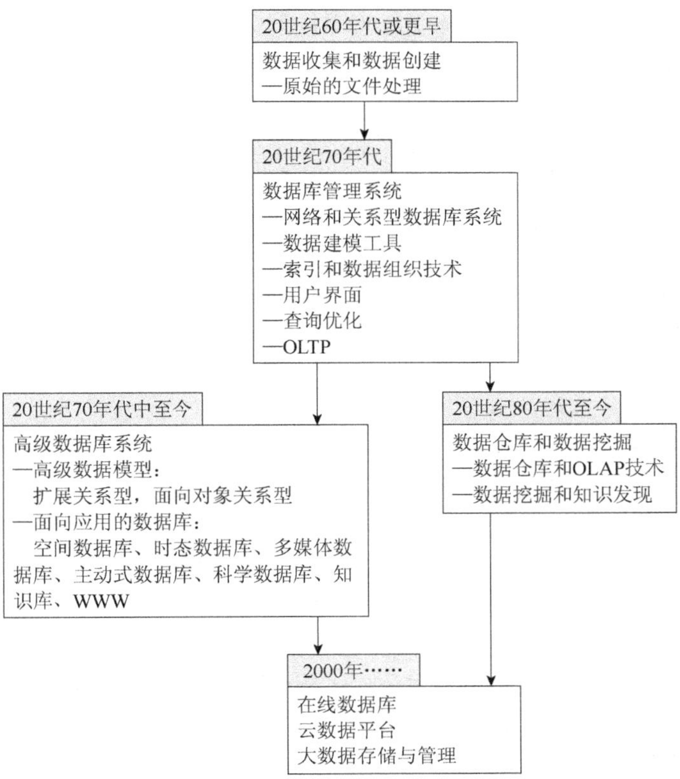

图 4.1　数据库技术发展的轨迹

概括说来，在强力的行业发展和业务需求的推动之外，有四个主要的技术原因进一步激发了数据挖掘的开发、应用和研究的兴趣[67]。

（1）超大规模数据库的出现，如商业数据仓库和计算机自动收集的数据记录；

（2）先进的计算机技术，如更快和更大的计算能力和并行体系结构；

（3）对巨大量数据的快速访问；

（4）对数据应用精深统计方法计算的能力。

4.2　数据仓库过程与体系结构

数据仓库是计算机和数据应用发展到一定阶段的必然产物。如今，信息处理部门的工作重点已不在于简单的数据收集，企业希望能够快速、交互、方便和有效地从海量数据中获得有意义的信息和知识，为企业决策提供科学支持。也就是说，数据仓库的目的是建立一个体系化的数据存储环境，将分析决策所需的大量数据从传统的操作环境中分离出来，使分散、不一致的操作数据转换成集成、统一的信息。企业内各个部门、各个层次的人员都可以在这个环境下查询和使用其中的数据和信息，进而为决策提供支持，获取更大的经济效益。

传统的数据库技术以单一的数据资源（即数据库）为中心，执行事务处理、批处理、决策分析等各种任务，主要是操作型处理功能。而数据仓库技术具有分析处理等特点，从不同数据源提取出数据和信息，转换成公共的数据模型并和数据仓库中已有的数据集成在一起，发展为体系化环境。在这个体系化环境中，数据冲突和表达不一致的问题已经得到解决，从而弥补了原有操作型数据库的缺点。

在数据仓库体系结构中，存在两种主要数据：原始数据和由原始数据导出的、适合分析的导出型数据。不过，这种转化是相对简单的，远远不能满足各种分析的要求。随着数据的不断载入，数据仓库的规模将越来越庞大，分析工作如果完全基于单一的数据仓库，性能将十分低下，因而需要建立分层的数据仓库体系。

数据仓库体系化环境如图 4.2 所示。数据从操作型环境经过综合整理进入全局级数据仓库；企业中的有关部门再从全局级数据仓库中组织适合自己特定需求的数据，建立各自的局部仓库；个人从全局数据仓库或局部仓库中提取所需数据，即个人仓库。数据在全局级数据仓库中的集成性和一致性，为部门级和个人级的数据提取工作赢得了很高的效率。

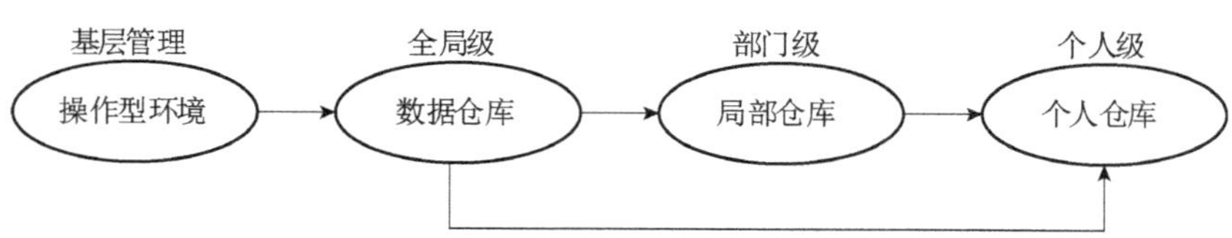

图 4.2　数据仓库体系化环境

数据仓库通常采用的是如图 4.3 所示的三层体系结构：操作环境层、数据仓库层和业务操作层[68]。其中，操作环境层包括了整个企业内有关业务的 OLTP 系统和一些外部数据源；数据仓库层是把操作环境层的相关数据进行提取、清洗和转换所形成的数据层次；业务操作层则包括各种数据分析处理工具。

元数据作为对数据的描述，贯穿整个系统的各个层次。数据仓库中的元数据有不同的类别。例如，为了从操作型环境向数据仓库环境转换而建立的元数据，定义了所有源数据项的名称、属性和相关的提取转化信息；用来在最终用户的多维数据模型和前端展现工具之间建立映射的元数据，内容包括数据仓库中信息的种类、存储位置、存储格式、信息之间的关系、信息和业务的关系、数据模型及数据模型与数据仓库的关系。

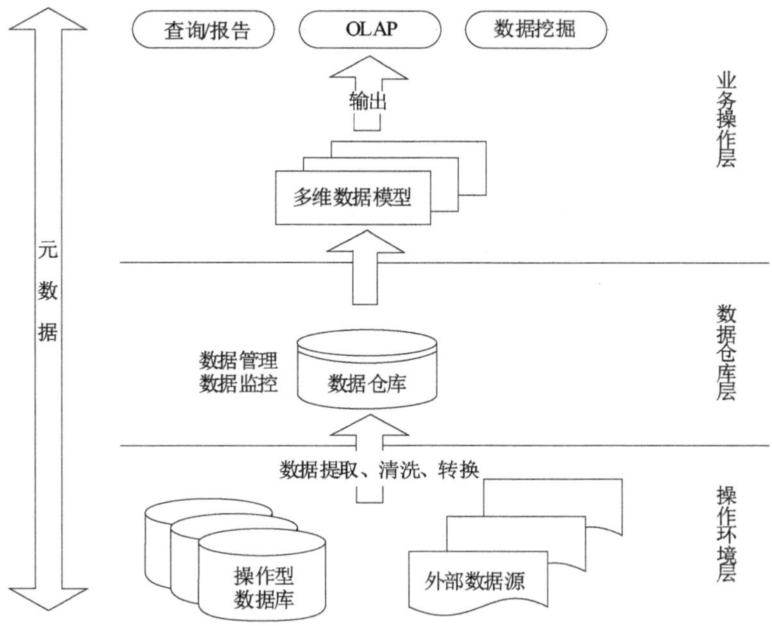

图 4.3 数据仓库体系结构

数据仓库的实现过程主要包括数据仓库的设计与建模、数据集成、数据存储和管理、数据分析和展现四个部分。

1. 数据仓库的设计与建模

数据仓库的设计包括与操作性系统的接口设计和数据仓库本身的设计。实际上，数据仓库的需求是无法事先完全预知的，有时只有在装载了部分数据并已开始使用时才能明确，因此数据仓库的设计是以一种迭代方式进行的，不同于传统的操作性系统的设计开发。首先，载入一部分数据供决策支持系统分析员使用和查看；然后根据用户的反馈，修改数据和添加其他数据。这种反馈过程贯穿于数据仓库的整个开发生命周期之中。

数据模型是能够采用迭代方式建立数据仓库的关键。数据模型可以分为高层建模（ER 模型，实体关系层）、中间层建模（DIS，数据项集）、底层建模（物理模型）三个层次。高层模型中的实体与企业的主要主题域相关，然后将高层模型中标识出的每个主要主题域或实体扩展为一个中间层模型，最后基于中间层模型创建物理数据模型。

2. 数据集成

数据仓库中的数据来自不同的系统，这些系统的硬件环境和软件环境可能各不相同，使得数据结构各异。提取这些系统中的有用数据，进行净化、整理、综合及概括，并去掉无用的数据，转换为统一的格式加载到数据仓库中，这就是数据集成的任务。

3. 数据存储和管理

数据仓库的存储可以选用多维数据库，也可以选用关系型数据库或其他的特殊存储方式。要保证数据的安全性、完整性及一致性，同时还要具有复杂的分析查询的高效性。

4. 数据分析和展示

OLAP 是一项分析处理技术，它从企业的数据集合中收集信息，并运用数学运算和数据处理技术，灵活、交互式地提供统计、趋势分析和预测报告。通过多种 OLAP 工具对数据仓库中的数据进行多维分析和汇总，形成图表或报表的形式，使企业的决策者可以清晰、直观地看到分析结果。

值得一提的是，近年来动态数据仓库很受关注。动态数据仓库基于传统数据仓库的架构和技术原理，它是对传统数据仓库的补充和扩展，不仅包含复杂的战略性决策支持，还包括战术性的决策支持和事件的自动检测与处理功能，从而使数据仓库发挥更大的作用。与传统的数据仓库相比，动态数据仓库的特点还体现在数据的实时加载、混合的工作任务、事件的检测和预先分析等方面。在金融行业，上海证券交易所已经成功地采用动态数据仓库技术进行风险的预防和管控，即基于对数据的分析和整理来判定自己的交易行为及客户的交易行为是否符合法律法规的要求[69]。此外，邮政 EMS 采用动态数据仓库构建速递邮件实时动态跟踪查询系统，也是一个成功的应用实例[70]。

4.3 数据集成、提取与转换

商务智能所依赖的信息系统通常是一个由传统系统、不兼容数据源、数据库与应用共同构成的复杂数据集合，各个部分之间无法交流，而且它们是花费了很大精力和财力所构建的系统。特别是系统的数据，由于来源、格式不一样，导致了商务智能系统实施和对数据整合的难度。此时，需要一个解决方案来化解企业的数据一致性与集成化问题，以能够从所有传统环境与平台中采集数据，并对其进行高效的转换。这个解决方案就是 ETL（Extraction-Transformation-Loading），即数据提取、转换、装载的过程。有时为了强调数据的清洗，也称为 ECTL 过程（Extraction-Cleaning-Transformation-Loading）。ETL 的功能是提取来自于数据库的数据，对之进行整理、转换和数据规范检查等工作，并与外部数据进行一些必要的整合、清理和重构，把清理后的数据装载入数据仓库中，保证数据符合数据仓库的要求。同时 ETL 还具有定期进行提取、转换和装载数据的功能。

4.3.1 数据提取

数据提取用于获取商务智能系统所需的数据，它们通常是源数据的子集。因为数据通常分布在各个不同的业务系统中，为确保分散的业务数据能够顺利进入数据仓库，在充分理解数据定义后，规划需要的数据源及数据定义，确定可操作的数据源，制定数据提取方案。

数据提取是在对数据仓库的主题和数据本身内容理解的基础上，选择主题所涉及的相关数据。数据选择过程将搜索所有与业务对象相关的内部和外部数据信息，并从中选择出适用于数据挖掘的数据。数据选择包括属性选择和数据抽样，即在数据源中选择：① 数据项，也称字段或列；② 元组，也称记录或行。

数据仓库中的数据主要是历史数据，用于分析数据，进行业务决策，如预测业务的发展趋势。因此在数据仓库中需要指明数据的时间属性，在将数据加载到数据仓库之前需要完成数据的时间戳设置。

数据仓库中的数据源主要是在线事务处理数据，数据源中的数据存在大量的数据更新，因此存在如何将数据源中的数据变化反映到数据仓库中的问题。这涉及数据更新方式和数据传输模式两个方面。

1. 数据更新方式

数据更新主要的考虑因素有增量更新还是批量更新、实时更新还是周期更新两种。在初次数据提取时将采用批量加载，而后当数据源中的数据发生变化时，通常采用增量更新，以避免较大的网络负载和处理开销。在数据源中的数据发生变化时，随之改变数据仓库中的数据，称为实时更新；但通常的做法是按固定周期间隔将数据源中的数据更新反映到数据仓库中，即周期更新，这样的开销更小，并且由于数据仓库中通常保存的是历史数据，不会影响分析结果。但周期更新的潜在问题是“更新丢失”。如果在一个更新周期中发生多次数据更新，由于事务系统通常不保存历史数据，数据仓库更新时通常只有最近一次的数据更新信息，从而会丢失该周期中的部分数据更新内容。通常通过数据源的日志获取所有的更新信息来处理这个问题。

2. 数据传输模式

数据的传输模式即数据仓库中的数据是采用拉（Pull）的方式还是推（Push）的方式。在数据提取时要深刻理解业务。例如，选取一个数据，在源系统的多个表中都存在，随意地选取一个在后续的分析中可能导致意想不到的结果，因此数据提取必须谨慎。通常要考虑如下四个因素。

（1）提取策略。不同特征的数据采用不同的提取策略，保证减小对生产系统的影响，同时又要保证提取的效率。小数据量的如一些管理数据、配置表数据等，采用完全抽取；大数据量的如账单、话单数据，按周期采用时间戳来增量提取。

（2）提取周期。根据源数据的不同性质和实际分析需求而有不同，如话单数据可以每天提取，而出账数据在每个账目周期的最后一天提取。

（3）提取时期。在相关业务系统空闲的时段进行。

（4）抽取的目标数据。① 数据库比较：将整个数据库的瞬态图与上一幅图相比较，在增量文件中记录下两者之间的差异，最后将增量文件传送到数据仓库中，该方法的时间和资源代价昂贵。② 应用程序日志：源系统的应用程序在数据改变时记录下来，然后发送到数据仓库中集成，简化了 ETL 过程的工作，却增加了源系统端应用程序小组的负担。③ 数据库日志：检查 DBMS 维护的日志文件，确定最近更新的记录，该方法不需要应用程序员方面的任何编码，且日志的维护是由 DBMS 自动进行的。④ 时间戳：在数据改变时加上时间戳，那么检索时间戳在上一次提取以后的数据记录即可，该方法简单易行，但需要全表扫描，影响性能。⑤ 位图索引：在 OLTP 中，为每一个记录添加一个更新字段，其取值只能为未改变的、修改过的或待定的，每当数据库中添加或修改了一个记录，就将这一字段设为修改过的。数据提取只关注那些修改过的记录，提取之后将这些记录的更新字段设置为没有改变的。位图索引将必须维护的代码量和用于提取数据的资源降到最少。

4.3.2 数据转换

数据转换主要是针对数据仓库建立的模型，通过一系列转换将数据从业务模型变换到分析模型。数据转换是真正将源数据变为目标数据的关键环节，它包括数据格式转换、数据汇总计算等。数据转换又可分为数据变换和数据归纳。

1．数据变换

（1）数据离散化，将属性（如数量型数据）离散化成若干区间。

（2）新建变量，根据原始数据生成一些新的变量作为预测变量。

（3）转换变量，将原始数据进行转换，如取值域、格式方面的转换。

（4）拆分数据，依据业务需求对数据项进行分解，如地址信息拆分为城市、街道和邮编等。

（5）格式变换，规范化数据格式，如定义时间、数值和字符等数据加载格式。

2．数据归纳

数据归纳将辨别出需要挖掘的数据集合，缩小处理范围，在数据选择基础上对挖掘数据进一步约简。数据归纳又称数据缩减或数据浓缩，数据归纳就是将初始数据集转换成某种更加紧凑的形式又不丢失语义信息的过程。常见的数据归纳处理方法有以五种。

（1）数据聚集：采用切换、旋转和投影技术等对原始数据进行抽象和聚集，可聚集现有字段中的数值或对数据项进行统计。例如，将月薪、月销售量等按地区进行汇总。聚集可以在不同的粒度上进行，如轻度汇总或高度汇总等。数据聚集大大减少了数据量，加快了决策分析的进程。

（2）维归约：维归约是数据选择中的属性选择，主要是根据一定的评价标准在属性集上选择区分能力强的属性子集，或者说发现和分析目标相关的属性集，删除冗余属性和不相关属性。从基数为 N 的原属性集中选择出基数为 $M \leqslant N$ 的属性集的标准通常是：使所有决策类中的例子在 M 维属性空间中的概率分布与它们在原 N 维属性空间中的概率分布尽可能相同。维归约减少了数据量，提高了规则生成效率，并使得生成的规则简化，增强了对生成规则的可理解性。

（3）属性值归约：属性值归约包括连续值属性的离散化和符号型属性的合并。连续值属性的离散化是根据某种评价标准，在属性的值域范围内设置若干划分点，然后用特定的符号或数值代表每个子区间；符号型属性的合并是在检验两个相邻属性值之间对决策属性的独立性的基础上，判断是否应当将其合并。属性值归约通过选择替代的、较小的数据表示形式减少了数据量。

（4）数据压缩：数据压缩使用数据编码或变换得到原数据的归约或压缩表示。如果原数据可由压缩数据重新构造而不丢失任何信息，则称为压缩技术是无损的，否则是有损的。目前普遍使用的小波变换和主成分分析都是有损数据压缩技术，其对稀疏或倾斜数据有很好的压缩结果。

（5）数据抽样：数据抽样主要利用统计学中的抽样方法，如简单随机抽样、等距抽样和分层抽样等，用数据的较小的样本表示大的数据集。

4.3.3 数据加载

数据加载主要是将经过提取、转换的数据加载到数据仓库中，即入库。加载任务主要是确定数据入库的次序，装入初始数据和进行数据的定期刷新。

其主要加载策略如下。

（1）直接追加：每次加载时将数据追加到目标表中。

（2）全面覆盖：对提取数据本身已包括了数据的当前和所有历史数据的，采用全面覆盖方式。

（3）更新追加：对于需要连续记录业务的状态变换，根据当前的最新状态与历史状态数据进行对比的情况采用更新追加。

4.3.4 ETL 设计与开发

ETL 设计的主要内容如下所述。

（1）设计数据准备区的数据结构：数据准备区是在 ETL 过程中专门用于对数据进行抽取、清洗、转换等处理的临时数据库。这里需要根据 ETL 的需要来设计数据准备区的库表结构。

（2）定义数据提取规则：在数据提取的设计中首先要定义数据提取规则，然后记录在数据提取规则表中，最后设计出数据提取的流程。

（3）定义数据清洗转换规则：在处理数据源中存在的有错误、不一致或无用的数据（即脏数据）之前，必须分析清楚哪些是脏数据，然后记录在脏数据登记表中；并对其逐一确定清洗转换的规则，记录在清洗转换规则表中。

（4）ETL 流程设计：定义 ETL 流程的每一个步骤，并确定每个步骤需要进行的工作，以流程图的形式描述整个 ETL 流程。

ETL 的开发主要包括五个步骤[71]，如图 4.4 所示。

第一步，建立 ETL 过程并对每一个单位进行测试。ETL 为初始装载、历史性装载和增量装载三组装载过程而开发。如果企业计划用 DBMS 的装载工具来填充商务智能数据仓库，只需要编写提取和转换程序；如果使用 ETL 工具，还要为 ETL 工具编写说明书。所有编制的 ETL 程序及 ETL 工具模块，都必须按单位进行组合及功能和编辑上的测试。

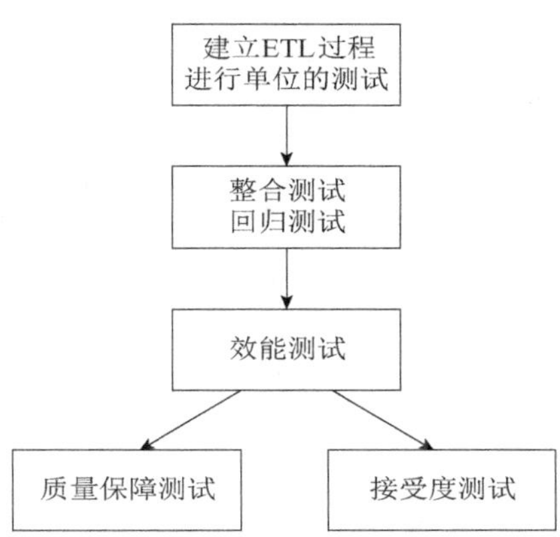

图 4.4 ETL 的开发步骤

第二步，对 ETL 过程进行整合测试或回归测试。在第一次发布的时候，要进行整合测试，在接下来的发布中要进行回归测试。这两种测试都要事先制定正式的测试计划，包括测试理由、预期的测试结果、实际的测试结果和测试运行的日志。

第三步，对 ETL 过程进行效能测试。由于许多商务智能目标数据库的规模都很大，有必要对 ETL 程序和工具模块进行压力测试。效能测试可以通过压力测试模拟工具来模拟。

第四步，对 ETL 过程进行质量保障测试。这种测试通常在一个独立的质量保障环境中，在操作人员的监督下进行。

第五步，对 ETL 过程进行接受度测试。接受度测试对 ETL 过程的所有功能进行验证，以确保完整性和正确性。

4.4　数据仓库开发、管理与安全

相较于传统的基于数据库的数据管理模式，数据仓库更为复杂。本节将进一步探讨数据仓库的开发、管理及相应的安全问题。具体来说，将从数据仓库的开发模式、数据仓库设计、数据仓库的数据模型、元数据、数据仓库的安全五个方面进行阐释。

4.4.1　数据仓库开发模式

随着数据仓库技术的发展，数据仓库的开发模式已由自上而下模式发展到下述六种模式[72]。

1. 自上而下模式

自上而下模式是将原来分散存储在企业各处的 OLTP 数据库中的有用数据，通过筛选、提取和转换等处理后建立整体性数据仓库。数据集市中的数据是为了某个部门的应用而专门从整体性数据仓库中筛选的，它是整体性数据仓库中数据的一个子集。此时，数据集市和数据仓库的关系是单方面的，即数据从数据仓库流向数据集市（见图 4.5）。

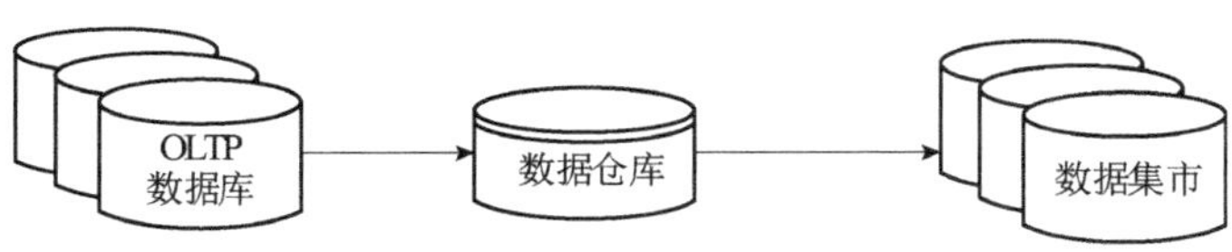

图 4.5　自上而下模式

2. 自下而上模式

自下而上模式是从构造各个部门或特定的企业问题的数据集市开始的，整体性数据仓库是建立在这些数据集市的基础之上的。这种做法初期投资少，见效快，因为构造部门数据集市只需较少的人做出决策，解决的是较小的商业问题，从而使一个部门在数据仓库发展初期尽可能少花费资金，在做出有效的投入之前评估技术的成本收益状况（见图 4.6）。

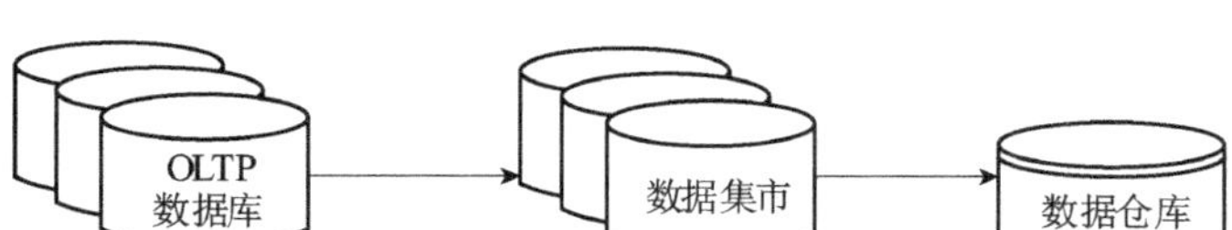

图 4.6　自下而上模式

3. 平行开发模式

平行开发是在一个整体性数据仓库的数据模型的指导下，将数据集市和整体性数据仓库的建立同步进行。平行开发可避免部门在开发各自的数据集市时的盲目性，减少各个数据集市之间的冗余和不一致。数据集市这种相对独立性有利于整体性数据仓库的构造。一旦整体性数据仓库建立，各个部门的数据集市将成为其子集，整体性数据仓库将负责为各个部门已经建立的和即将建立的数据集市提供数据。

平行开发模式与自上而下模式的区别在于，它满足了各个部门希望尽快建立子集的数据集市以进行决策支持的需求，同时改变了自上而下模式中部门数据集市与整体性数据仓库关系中的附属地位，在建立数据集市时获得的经验有助于整体性数据仓库的数据模型的优化和整体性数据仓库的构造（见图 4.7）。

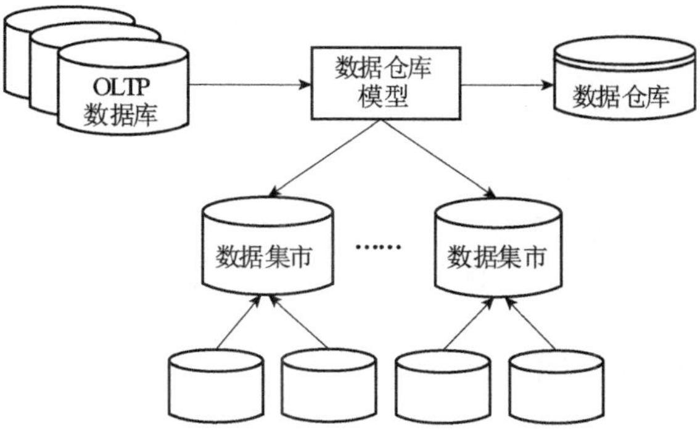

图 4.7 平行开发模式

不过，前三种模式都没有考虑如何将用户的反馈信息不断地反映到数据集市和数据仓库的构造中去，而用户需求是随着新应用与业务发展而不断变化的。为了解决用户需求变化的问题，出现了有反馈的自上而下模式、有反馈的自下而上模式和有反馈的平行开发模式三种模式。

4. 有反馈的自上而下模式

在有反馈的自上而下模式中，用户的新需求反馈分为两个阶段：在第一个阶段，用户的新需求不断被反馈给部门的数据集市，部门数据集市根据用户的新需求产生自身的需求变化；在第二个阶段，部门数据集市把自身的需求变化反馈给整体性数据仓库，整体性数据仓库再相应变化（见图 4.8）。

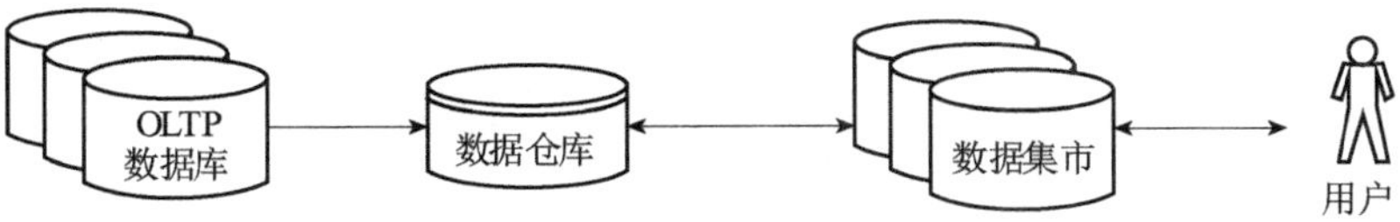

图 4.8 有反馈的自上而下模式

5. 有反馈的自下而上模式

有反馈的自下而上模式先构造部门数据集市，再在此基础上构造整体性数据仓库，因此数据集市能较好地满足用户的需求，在整体性数据仓库建立之后，需求变化将主要体现在数据集市与数据仓库之间。如果在建设各个部门数据集市时注意保持数据的一致性，并能根据用户的反馈不断调整，那么这样建立起的数据仓库在投入使用之后能减少因用户需求变化而带来的不便（见图 4.9）。

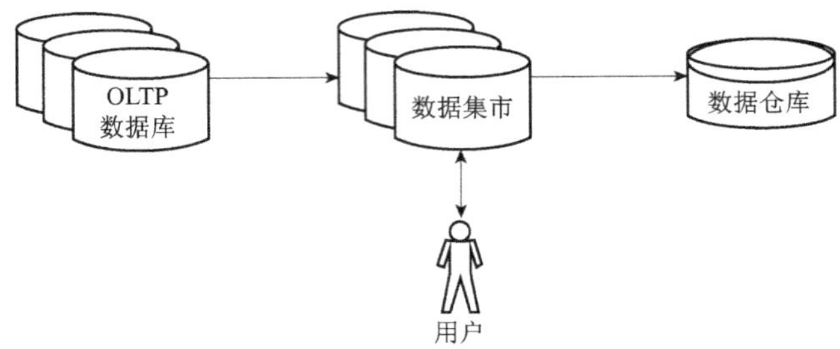

图 4.9　有反馈的自下而上模式

6. 有反馈的平行开发模式

在有反馈的平行开发初期，开发人员主要在整体性数据仓库数据模型的指导下建立部门数据集市，并把建立过程中所遇到的问题、解决方案及用户意见等信息反馈给整体性数据仓库数据模型。整体性数据模型在指导部门数据集市构造的同时，也收集开发人员和部门客户反馈的信息，并根据这些信息进行调整，从而保证下一阶段整体性数据仓库的构造相对顺利地进行。通常，人们认为整体性数据模型应当在建立数据集市之前完成，事实上，整体性数据仓库的数据模型开发，可以在建立第一个部门数据集市的同时进行。一方面，对减少数据集市之间的数据冗余和不一致而言，并不需要一个完全建立好的整体性数据模型，整体性数据模型在指导数据集市构造的同时，也要不断根据研发人员和用户的反馈来做调整；另一方面，部门数据集市在研发和使用过程中得到的经验，有助于研发人员在设计整体性数据模型时更好地了解客户需求（见图 4.10）。

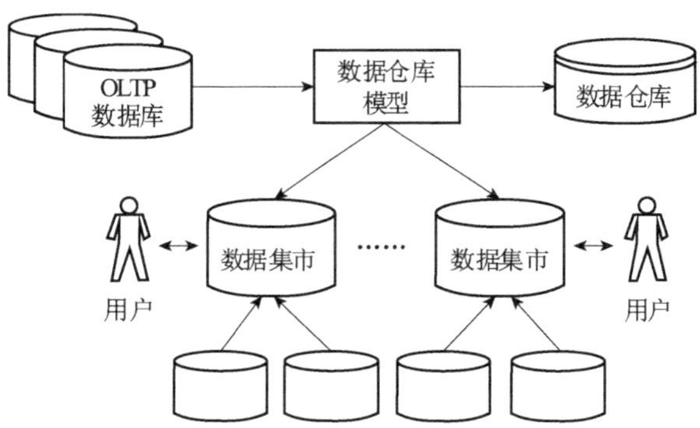

图 4.10　有反馈的平行开发模式

4.4.2　数据仓库设计

数据库的建模任务通常基于概念模型、逻辑模型和物理模型三种不同的视角。数据仓库设计也不例外。在数据仓库的三级数据模型中，概念模型表示现实世界的业务信息构成关系，用数据库设计中的实体关系模型（ER）进行设计，但需要用分析主题代替传统 ER 模型中的实体。在逻辑层，数据库设计一般采用范式规范的表及其关系来表示，数据仓库设计中的逻辑模型也采用关系模型，但是表与表之间是以星形结构、雪花结构等方式相连接的。物理模型则属于这些表的物理存储结构，如表的索引设计等。元数据模型作为数据仓库的灵魂，自始至终伴随着数据仓库的设计、实施和使用。数据粒度和聚合模型也在数据仓库的创建中发挥着指导作用，指导着数据仓库的具体实现。图 4.11 显示了数据仓库设计的步骤及其中各种概念之间的关系。

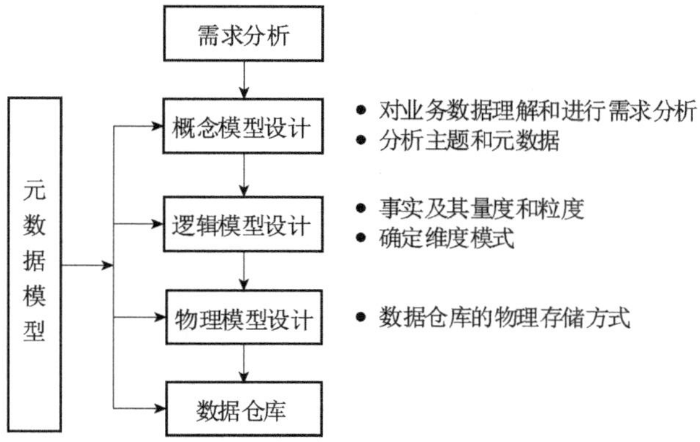

图 4.11 数据仓库设计步骤

数据仓库的用户一般是企业管理者，分析需求和业务需求有很大差异，因此不能把数据库设计阶段的用户需求直接用在数据仓库设计中。在设计数据仓库之初把用户的分析需求纳入考虑范围是很有必要的。同时，数据仓库的构建必须基于业务数据库，业务数据源的结构也是不得不考虑的问题。因此在数据仓库设计中，应该坚持用户驱动与数据驱动相结合的设计理念，即一方面根据当前业务数据的基础和质量情况，以数据源的分析为出发点构建数据仓库；另一方面根据业务的方向性需求，从业务需要解决的具体问题出发，确定系统范围和需求框架。图 4.12 显示了这两种方法相结合获取数据仓库设计的真正需求的过程。

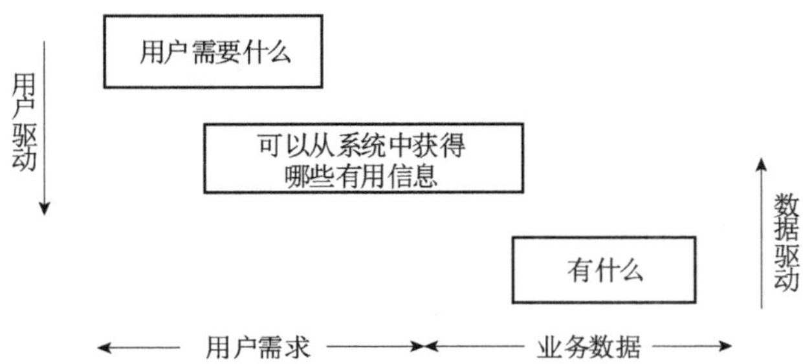

图 4.12 数据驱动+用户驱动的数据仓库设计理念[73]

4.4.3 数据仓库的数据模型

数据仓库不同于数据库，数据仓库的逻辑数据模型是多维结构的数据视图，也称多维数据模型。在多维数据模型中，主要数据是数据实际值，如销售量、投资额和收入等，而这些数字实际值是依赖于维的，这些维度提供了实际值的上下文关系。例如，销售量与城市、商品名称、销售时间有关，这些相关维度唯一决定了销售量的实际值。多维数据视图就是在这些维构成的多维空间中存放着数据实际值。多维数据模型还能够对一个或多个维的集合运算，如对总销售量按城市进行计算和排序（见图 4.13）。

目前使用的多维数据模型主要有星形模型、雪花模型和第三范式等。

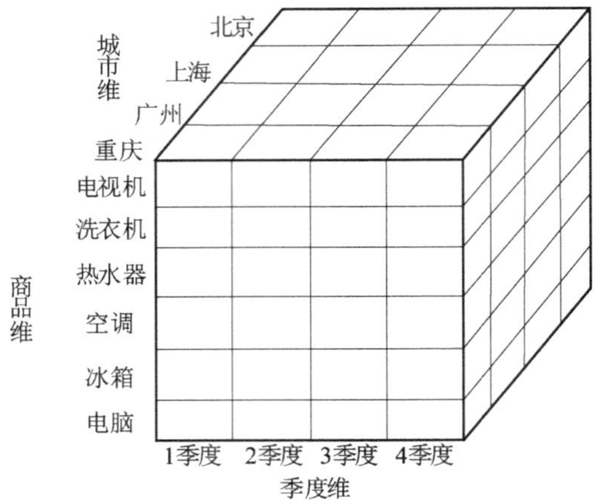

图 4.13　数据仓库的多维结构

1. 星形模型

大多数的数据仓库都采用星形模型。星形模型是由事实表和多个维表组成的。事实表中存放大量关于企业的事实数据（数字实际值），元组个数通常很大，而且非规范化程度很高。例如，多个时期的数据可能会出现在同一个表中。维表中存放描述性数据，维表是围绕事实表建立的，相对来说有较少的行（见图 4.14）。

星形模型存取数据速度快，主要针对各个维做了大量预处理，如按照维进行预先的统计、分类和排序等。与规范化的关系数据库设计相比，星形模型是非规范化的，提高了多维数据的查询速度，但数据冗余量很大，增加了存储空间的代价。当业务问题发生变化、原来的维不能满足需求时，需要增加新的维。由于事实表的主键由所有维表的主键组成，这种维的变化带来的数据变化将是非常复杂、非常耗时的。

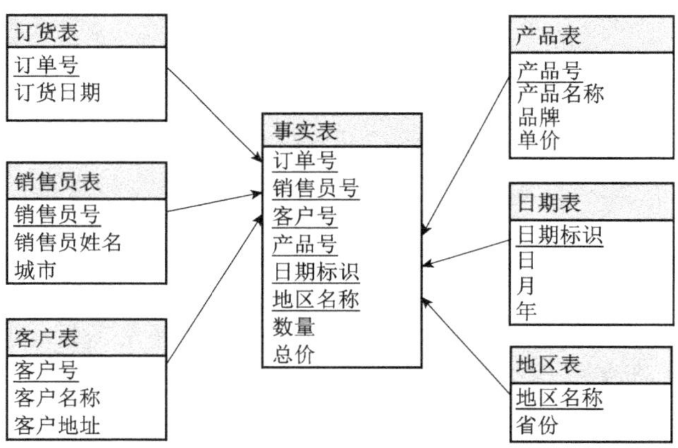

图 4.14　星形模型实例

2. 雪花模型

雪花模型是对星形模型的扩展，它将星形模型的维表进一步层次化，原来的各维表可能被扩展为小的事实表，形成一些局部的层次区域。在雪花模型中能够定义多重父类维来描述某些特殊的维表，如在时间维上增加月维和年维，通过查看与时间有关的父类维，能够定义特殊的时间统计信息，如月统计和年统计等。

雪花模型的优点是最大限度地减少数据存储量，以及把较小的维表联合在一起来改善查询性能。但是它增加了用户必须处理的表的数量，增加了某些查询的复杂性（见图 4.15）。

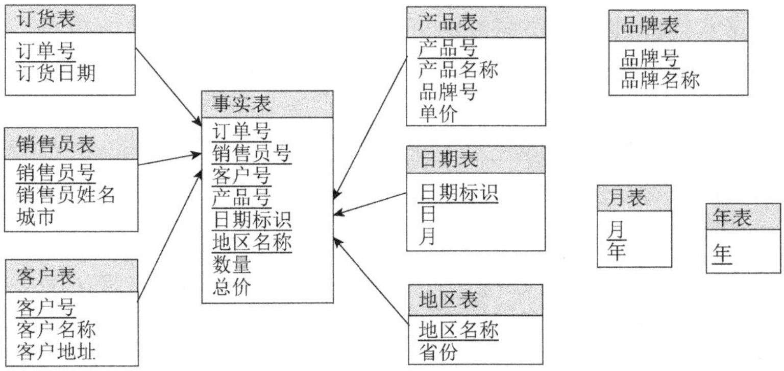

图 4.15　雪花模型实例

3. 第三范式

范式是传统的关系数据库的设计理论。一个规范化的关系模式应该准确地反映所描述的数据实体，避免冗余和异常等问题。按照属性间依赖情况来区分关系规范化的程度，现有第一范式到第五范式。数据仓库可按照第三范式来进行逻辑数据建模。它不同于星形模型，把事实表和维表的属性作为一个实体都集中在同一个数据库表中，或者分成多个实体用多个表来表示，表按第三范式组织数据，减少了维表中的键和不必要的属性。对于海量数据（如 TB 级），并且需要处理大量的动态业务分析时，第三范式就显示出其优势。

4.4.4　元数据

元数据是关于数据的数据，是以概念、主题、集团或层次等形式建立的信息结构，并且记录数据对象的位置。元数据是整个数据仓库的核心，它不仅定义了数据仓库有什么，还指明了数据仓库中数据的内容和位置，刻画了数据的提取和转换规则，存储了与数据仓库主题有关的各种商业信息，而且整个数据仓库的运行都是基于元数据的，如数据的修改、跟踪、提取、装入和综合等。

元数据可以分为四类，分别是关于数据源的元数据、关于数据模型的元数据、关于数据仓库映射的元数据和关于数据仓库使用的元数据[74]。

1. 关于数据源的元数据

关于数据源的元数据是现有业务系统的数据源的描述信息，是对不同平台上的数据源的物理结构和含义的描述。具体为：

（1）数据源中所有物理数据结构，包括所有的数据项及数据类型；

（2）所有数据项的业务定义；

（3）每个数据项更新的频率，以及由谁或哪个过程更新的说明；

（4）每个数据项的有效值；

（5）其他系统中具有相同业务含义的数据项的清单。

2. 关于数据模型的元数据

关于数据模型的元数据描述了数据仓库中有什么数据及数据之间的关系，是用户使用、管理数据仓库的基础。它们可以支持用户从数据仓库中获取数据，用户可以提出需要哪些表，系统从中选一个表，并得到表之间的关系。

这类元数据要定义的内容包括如下四项。

（1）I/O 对象：支持数据仓库 I/O 操作的各种对象，元数据要描述该对象的定义、类型、状态和存档（刷新）周期。

（2）关系：两个 I/O 对象之间的关联，包括一对一、一对多或多对多关系。

（3）关系成员：描述每个关系中两个 I/O 对象的具体角色（在一对多中是父亲还是儿子）、关系度（一对一或一对多）和约束条件（必须或可选）。

（4）关系关键字：描述两个 I/O 对象是如何建立关系的，即指明每个关系的相应对象的关键字。

图 4.16 以职员与技能之间的关系为例，说明了数据仓库中元数据的定义。

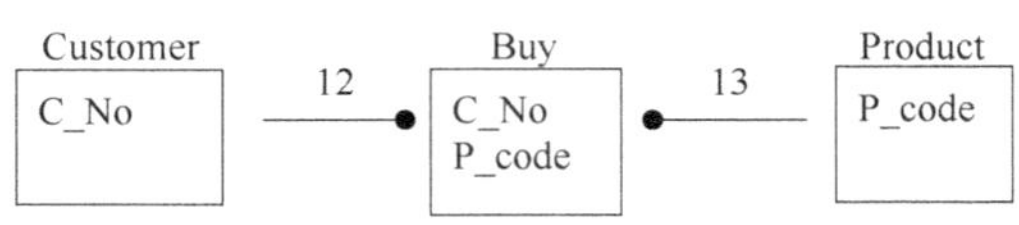

（a）职员与技能的关系

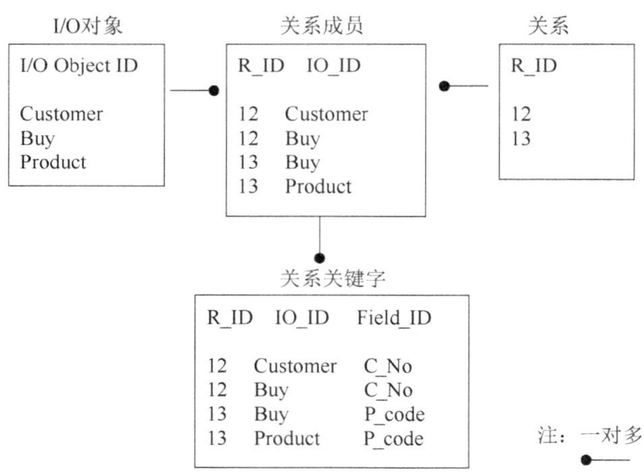

（b）元数据内容

图 4.16　元数据定义举例

3. 关于数据仓库映射的元数据

若数据源中的一个数据项与数据仓库建立了映射关系，就应该记下这些数据项发生的任何变换或变动，即用元数据反映数据仓库中的数据项是从哪个特定的数据源抽取的，经过了哪些转换、变换和装载过程。

从源系统的数据到数据仓库的目标数据的转移是一项复杂的任务，包括获取、过滤、验证、融合、综合、装载和存档等 ETL 步骤，其工作量占整个数据仓库开发的70%左右。元数据要描述的内容如下：

（1）ETL 任务，即描述每一个 ETL 任务，并为它标识源系统，明确其刷新周期。

（2）ETL 步骤，即定义 ETL 的步骤，说明每一步的类型（如过滤、验证等）。

（3）表映射，即为每个步骤建立输入文件（或表）与输出文件（或表）的关联。

（4）属性映射，即为每个步骤建立输入文件（或表）的属性与输出文件（或表）的属性之间的关联。

（5）记录筛选规则，即在每个步骤中进行的筛选的规则。

这类元数据可以用来生成源代码，以完成数据的转换工作，即完成由操作型数据转换成面向主题的数据仓库的数据。

4. 关于数据仓库使用的元数据

关于数据仓库使用的元数据是对数据仓库中信息使用情况的描述，帮助用户从数据仓库中查询所需要的信息，用于解决问题。数据仓库的用户最关心的是两类元数据：一是数据仓库中有什么的元数据，即按主题查看数据仓库的内容；二是已有的可重复利用的查询语言信息，以方便用户的使用而不必重新编程。更高级的形式是用户通过选择要提出的业务问题的类型来访问现有的查询，得到相似查询的元数据。

4.4.5 数据仓库的安全

1. 数据仓库的安全问题

安全问题一直是数据仓库管理中的关键问题。从数据仓库的体系结构与资源组成来分析，数据仓库的安全应包括如下四个方面的内容[75]。

（1）实体安全，指系统设备及相关设施运行正常，服务适时。其具体包括环境、设备、机房、电磁辐射和数据介质等的安全。

（2）数据安全，指系统拥有的和产生的数据或信息，如底层信息源中的数据、程序运行时得到的数据等完整、有效、使用合法和不被破坏或泄露。具体包括数据的输入、输出、存取控制、加密、备份与恢复等。

（3）软件安全，它是数据仓库系统工作的主要平台，它的安全是数据仓库安全的重要内容，是研究的重点。包括操作系统、数据库管理系统、网络软件、应用软件及相关资料的完整和安全。

（4）运行安全，指系统资源使用合法，包括电源、数据与介质管理、机房管理、运行管理和维护。

由于数据仓库系统自身固有的脆弱性，如信息资源的分布性、流动性，系统存储与处理的数据高度密集，使其具有可访问性；同时，由于数据仓库技术专业性强、隐蔽性高、系统内部人员的可控性低等，使数据仓库系统存在如下各种各样的不安全因素：从来源上可分为来自内部人员的破坏和来自外部的非法访问；从原因上可分为故意的破坏和技术性误操作；从手段上可分为对计算机硬件设备的物理破坏和对计算机软件或信息的破坏。对数据仓库安全的威胁来自外部的比来自内部的要多，故意的破坏比技术性误操作多，对软件的破坏比对硬件设备的物理破坏要多。因此，防止来自外部的、故意的和对数据仓库软件的破坏，并搞好数据仓库系统的保密工作是保证数据仓库安全的最有效途径。

2. 数据仓库的安全措施

数据仓库的安全措施有技术性安全措施和非技术性安全措施两大类。

从数据仓库系统的结构层次来分，技术性安全措施包括网络系统的安全措施、服务器的安全措施、应用系统的安全措施、信息传输的安全措施四种[76]。

（1）网络系统的安全措施。数据仓库要管理大量的数据，它将分布在企业网络中不同站点的商业数据集成到一起，为决策者提供各种类型的、有效的数据分析，起到决策支持的作用。当企业内部网（Intranet）与 Internet 相连时，应避免将内部网上的资源毫无防范地暴露在 Internet 环境中。隔离的方式有多种，如采用路由器的 IP 过滤功能、网关、防火墙和代理服务器等。同时应对通过电子邮件、软件下载及其他方式进入 Intranet 的计算机进行监视、检测和清除，在源头上防止病毒（黑客）侵入，但是必须及时升级防病毒软件，才能最大限度地做好病毒防范工作。

（2）服务器的安全措施。服务器上存放了数据仓库系统的几乎所有信息资源，也是 Intranet 与 Internet 的接口，因此服务器的安全是数据仓库系统正常运行的最重要的因素。相关安全措施包括：① 身份验证，即在用户使用服务器资源之前，应首先进行身份验证，只有经过登录验证和服务器的检验，才能成为网络的合法用户进入系统操作，否则拒绝其使用系统资源；② 权限控制，对已通过身份验证的用户授予相应的权限，如按职位分配权限、按角色分配权限或结合使用分配权限；③ 数据备份，包括硬件备份、系统备份、应用系统备份和数据备份，这是防止数据仓库系统意外事故的最基本也是最有效的手段。

（3）应用系统的安全措施。应用系统的相关安全措施包括四种：① 确保数据仓库的数据质量，可以在数据整合提取过程中进行数据清洗，以保证数据质量。② 使用决策支持工具（也称前端数据展现工具）来保证数据仓库应用系统在数据查询、数据解释、数据分析、信息发现时的高效和可靠，优化数据仓库系统的性能。③ 把事务处理和决策支持合二为一。建立数据模型，以获得事务处理物理数据库和决策支持物理数据库，并保证两者始终同步。一方面逐个事务地重建事务处理系统，以支持和直接满足结构化的环境，另一方面逐个系统地消除历史文件所有内在的不连续性、维护问题和成本方面的缺陷。④ 将 WWW 技术与数据仓库技术结合，如采用介于 Web 服务器和数据引擎（如 RDBMS 或 OLAP 服务器）之间的 Web 网关以弥补目前 WWW 体系结构中存在的缺陷，采用基于 B/S 模式的 WWW 运行方式，使数据仓库的功能分布更灵活，操作界面统一，更新维护方便。

（4）信息传输的安全措施。如果关键信息（如用户口令、商业机密等）需要通过 Intranet/Internet 进行远程传输，应有防窃听的措施，防止信息在传输过程中被窃取。防窃听一般可采用信息加密的方式，信息加密处理有文件加密、记录加密和字段加密三种基本方式。

非技术性安全措施包括制定安全管理制度和计算机安全立法两种[75, 76]。

（1）制定安全管理制度，加强内部控制机制。安全管理规章要求明确数据仓库安全工作的目标、安全机构的职责、安全工作人员的权限、各部门应遵循的安全原则、安全管理工作的运行方式及所有工作人员的职责范围、数据仓库系统受到意外损害时的应急计划、数据仓库系统安全审计的方法和内容等。

（2）在计算机安全立法方面，中国现有的法规政策在三个层次上对信息安全进行法律意义上的约束。首先，从国家宪法和其他部门法规的高度对个人、法人和其他组织的涉及国家安全的信息活动的权利和义务进行规范，主要有宪法、刑法、国家安全法和国家保密法；其次，直接约束计算机安全和 Internet 安全，主要包括《中华人民共和国计算机信息系统安全保护条例》[77]、《中华人民共和国计算机信息网络国际联网管理暂行规定》[78]和《计算机信息网络国际联网安全保护管理办法》[79]等法规；最后，对信息内容、信息安全技术和信息安全产品的授权审批进行规定，主要包括《互联网出版管理暂行规定》[80]、《互联网安全保护技术措施规定》[81]、《中国互联网络域名管理办法》[82]、《电子认证服务管理办法》[83]和《计算机信息系统安全专用产品检测和销售许可证管理办法》[84]等规定。

目前的数据仓库产品也越来越重视安全性问题。例如，Crystal Enterprise（已被 SAP 收购[85]）为系统管理提供了强大的安全系统和专门的服务器层，这个服务器层能够与关键应用相集成，并为模块层提供安全支持。Crystal Enterprise 提供了粒度化的安全控制集，使管理员能够精确地定义某个用户可以访问哪些应用、在这些应用的内容上可以进行哪些操作，管理员还可以创建定制化的角色来汇总特定用户或用户组的权限。并且，在用户浏览报表时，Crystal Enterprise 的安全保障机制根据用户的权限对数据进行过滤，来为用户提供其权限范围内所需的信息，从而使一个报表（和一个对数据库的点击操作）能够服务于不同的用户需求。在用户账户管理方面，除了自带的 Crystal 安全功能之外，Crystal Enterprise 还提供与第三方安全系统（包括 LDAP 和 NT）的集成功能，支持 Windows NT 和 LDAP 两种模式对用户进行认证。用户和用户组的信息不是在 Crystal Enterprise 中进行复制的，而是通过创建别名的方式指向第三方目录中的用户和用户组。

此外，Crystal Enterprise 中预集成的集群和容错组件，意味着系统可以通过增加物理机器的方法来提高集群响应时间和优化用户的负载均衡。如果集群中的一个机器出现了故障，集群中的其他机器就会自动均衡负载并使系统继续正常运转。

4.5 云数据平台

近几年来，云计算被看作是重要的战略技术[86]，受到业界和学界的广泛关注。云计算与物联网、大数据一起作为新型计算范式，在数据的存储、组织、管理和利用等方面带来一系列变化，进而影响着人们的业务运作和数字化生活。

4.5.1 云数据平台的概念

简单说来，云计算旨在通过一系列动态和虚拟化的整合优化计算资源技术，以类似效能（Utility）的方式（如电力供应形态），提供“随时获取，按需使用”的计算服务。通过这种服务（通常是第三方服务）方式，人们可以通过相对固定的价格获取标准化的服务。换句话说，基础设施、平台、软件、数据乃至业务流程都可能通过服务提供方获得。这就派生出了所谓的 IaaS（Infrastructure as a Service）、PaaS（Platform as a Service）、SaaS（Software as a Service）、DaaS（Data as a Service）和 BPaaS（Business Process as a Service）等概念。随着信息技术的飞速进步，云计算的相关技术和解决方案也出现层出不穷的局面。同时，由于技术和应用的局限，也出现了各种形态和不同标准的云计算模式和平台（如公共云、私有云、局域云和企业云等）。企业的云计算应用也出现了诸如云办公、云 CRM 和云 BI 等。

特别是，云存储以及相应的云数据平台也出现了应用扩展趋势。中国的云数据中心建设也呈现出新兴产业特征。云存储是基于云计算模式的数据管理系统，是指通过集群应用、网格技术或分布式文件系统等功能，将网络中大量各种不同类型的存储设备通过应用软件集合起来协同工作，共同对外提供数据存储和业务访问功能的一个系统[87]。与传统存储设备相比，云存储不再是硬件或者具体设备，而是一个由网络设备、存储设备和应用软件等多个部分组成的复杂集合体。云存储技术最核心的特征是将数据分布在大量分布式计算机上，且支持海量数据处理，实现资源按需扩展。通过部署云存储，企业和个人用户可获得高性价比的存储路径，随时接入、随时访问存储资源，无须考虑技术细节即可享受所购买的存储服务。

实际上云存储思想由来已久，如电子邮箱等就可以认为是云存储概念的雏形。如今的云存储已经逐渐形成了公共存储（Public）、个人存储（Private）和混合存储（Hybrid）三类存储管理方式和清晰的逻辑模型架构，从 SNIA（Storage Networking Industry Association）于 2010 年 4 月推出首个云存储标准 CDMI（Cloud Data Management Interface）开始，云存储开始进入实践应用阶段，并广泛运用到数据备份、归档和应用程序数据存储中[88]。如图 4.17 所示，该云存储管理模型提供了各类支持应用的云存储接口，通过该类接口可以实现创建、获取、更新和删除等一些数据管理功能。

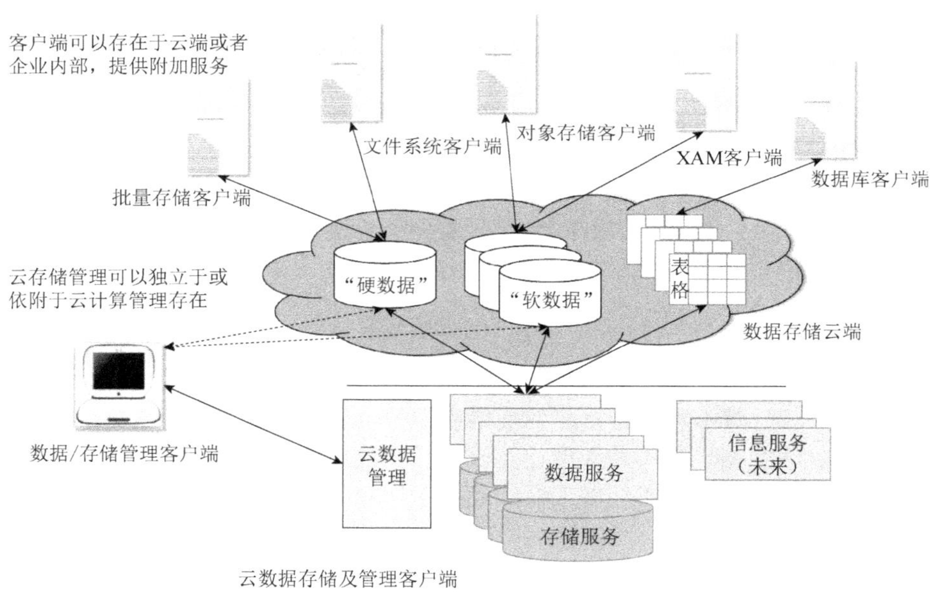

图 4.17　云存储管理模型[88]

目前主流的云存储平台包括 EMC V-MAX、IBM XIV、Amazon SimpleDB 和 Google BigTable 等企业级存储平台，以及 HDFS、GFS、Hbase 和 Hypertable 等开源解决方案[89]。

虽然云存储在安全性、数据整合能力、可靠性等方面仍然存在一系列问题，技术细节和管理模式均有待进一步完善和提升[87]。但是不容置疑的是，云存储所代表的存储模式的出现极大地改变了企业管理数据的方式，尤其是对于中小企业而言，云存储技术使得大部分数据迁移到云存储平台，所有的运行和维护任务由云端服务提供商完成，节约了企业数据管理成本，且灵活扩展数据服务空间，使得他们基于 Web 能够快速构建各类应用，在任意地点通过简单的终端设备对企业数据进行实时动态的全方位管理。除此以外，云存储平台的发展和成熟也催生了新一代的数据库技术，加速新一代体系结构和数据模型的演化。

4.5.2 云数据平台与 BI

云数据平台具有大规模的可处理性、高效能的可计算性、低成本的可获得性以及灵活的可扩展性等优势特性。而商务智能是基于数据分析的企业决策管理，不仅是技术和方法上的整合，更是概念和组织上的整合，只有将原生态的数据快速转换为可利用的知识，才能为企业的决策管理提供支撑。数据的爆发式增长以及内/外部数据的融合为企业的商务智能应用带来了新的挑战，如何存储和分析高通量、大规模、实时化的数据流亟待解决。所以，商务智能应用的特点决定了其对云数据平台的迫切需求，两者的结合应用具有非常重要的现实意义，云 BI 的概念逐渐应运而生。

云 BI 很好地满足了企业的商务需求，这种结合应用并非鲜见。例如，美国网球协会将预测性分析及移动基础架构迁移到 IBM SmartCloud 私有云之上，面对数以百万增长的用户访问，美网官网 USOpen.org 仍能应付自如，为球迷高效地提供新闻、数据分析和视频直播服务。瑞士食品制造商 Blattwerk 则借助云数据平台的按需可获性以及动态可扩展性，构建了配餐车服务系统，极大地缩断了部署周期，短期内就实现了配餐服务的实时监控分析[90]。

众多服务提供商也顺应云 BI 的潮流，纷纷推出各种云 BI 产品以期抢占市场，如 2013 年进驻中国市场的知名服务提供商 Birst，专为企业提供大数据服务及商业智能解决方案，将传统上具有不同功能的 BI 产品进行整合，用云数据平台服务的形式帮助企业实现 BI 服务流程的自动化[91]。此外，国内软件提供商用友华表也推出了 BQ 商业智能云平台，从数据层到应用层的一站式商务智能服务既可以交付于云端实现，也可以架构在企业的私有云之上，同时还逐步实现了移动化，方便企业对于数据的实时获取和分析，以及对商务知识的高效提取和进行决策支撑[92]。

云数据平台实现了基于网络的 IT 服务提供模式，以及资源的虚拟化共享和分布式计算，在某种程度可称为基于网络的 IT 服务外包工具，简而言之，即网络外包（Netsourcing）[93]。商务智能也逐渐演变成云数据平台环境下的一种外包服务，依托于云数据平台更好地为企业决策管理进行服务，其优势主要体现在以下三点：

（1）降低成本投入。中小企业往往不具备构建、维护大型 BI 系统的能力，云 BI 实际上提供了一种 BI 外包服务，企业可以通过网络按需、易扩展的方式获得 BI 服务，其租赁模式免除了企业进行设施构建、部署、维护的困扰和费用，降低了企业管理成本。

（2）可扩展性强。云数据平台的动态计算能力满足了企业在 BI 应用中的按需扩展，为了应对市场的快速变化，企业可以随时增加相应的云 BI 服务进行业务匹配。同时面对数据规模的不可预测性，企业也能够动态增加计算能力来满足实时分析的需求。灵活的服务可扩展性和计算能力扩展性将企业实时聚焦在市场的业务变化中，辅助企业不断创新业务模式，获得竞争性优势。

（3）融合内/外部数据。依靠云数据平台的分布式处理能力，商务智能将从大规模的数据中获取业务洞察力，不再局限于传统的企业内部业务数据分析，而是整合各种企业外部数据（如社会化媒体、电子商务平台等），实现高效分析，攫取对于企业自身发展有利的信息辅助决策。

最后，值得指出的是，云计算及其应用还在发展之中，机遇与挑战并存。一方面，人们通过各种云计算服务来提升运作和管理决策水平，并支撑模式创新；另一方面，由于信息技术（如存储、传输、计算和集成等）的条件，以及企业在信息化水平上的差异，使得云计算服务的可得性和就绪程度在不同企业和组织间存在显著差异。因此，云计算包括云数据平台的建设应该从实际出发，同时具有足够的前瞻性，以应对现实和未来的需要。

4.6 小结

（1）数据仓库通常采用三层体系结构：操作环境层、数据仓库层和业务操作层。操作环境层包括整个企业内有关业务的 OLTP 系统和一些外部数据源；数据仓库层是把操作环境层的相关数据进行 ETL 处理（即提取、转换和装载）所形成的数据层次；业务操作层则包括各种数据分析处理工具。

（2）数据仓库的开发策略有自上而下、自下而上、平行开发、有反馈的自上而下、有反馈的自下而上、有反馈的平行开发六种模式。数据仓库的设计同样是基于三级数据模型进行的：概念层表达现实世界的业务信息及关系，用数据库设计中的实体关系模型设计；在逻辑层采用关系模型，但是表与表之间是以星形结构、雪花结构等方式相连接的；物理模型设计这些表的物理存储结构，如表的索引设计等。数据仓库设计应坚持用户驱动与数据驱动相结合的设计理念，从数据源的分析和业务的方向性需求两方面出发进行数据仓库设计。

（3）元数据是整个数据仓库的核心，它不仅定义了数据仓库有什么，还指明了数据仓库中数据的内容和位置，刻画了数据的提取和转换规则，存储了与数据仓库主题有关的各种商业信息，而且整个数据仓库的运行都是基于元数据的，如数据的修改、跟踪、提取、装入和综合等。元数据包括关于数据源的元数据、关于数据模型的元数据、关于数据仓库映射的元数据和关于数据仓库使用的元数据四种。

（4）数据仓库系统存在各种不安全因素。防止来自外部的、故意的对数据仓库软件的破坏，做好数据仓库系统的保密工作是保证数据仓库安全的最有效途径。保证数据仓库安全的技术性措施包括网络系统的安全措施、服务器的安全措施、应用系统的安全措施和信息传输的安全措施，非技术性安全措施包括制定安全管理制度和对计算机安全立法。

（5）基于一个完善的数据仓库，就可以进一步采用数据挖掘技术来进行数据分析和处理，以有效地得到新颖的知识形式，实现商务智能的整个过程，并为企业决策提供支持。

（6）云计算具有虚拟存储、大规模计算、动态分配、资源共享等优势。云数据平台和 BI 的结合应用是未来企业 IT 发展的重点，它将极大地提升企业的知识挖掘能力和决策管理水平。

思考练习题

4.1　试述数据仓库与数据库和数据集市的关系。

4.2 简述数据仓库的实现过程。

4.3 为什么需要在数据仓库的开发模式中引入反馈机制？

4.4 根据如图4.14所示的数据属性，构造一个满足第三范式的关系数据库模型，并与图4.14所示的星形模型进行比较。

4.5 简述数据仓库中元数据的含义及其作用。

4.6 为什么数据仓库的安全性很重要？保证数据仓库的安全通常需要考虑哪些方面的问题？

4.7 简述云数据平台的概念，以及与BI的关系。

第5章

构建商务智能环境

万物生长都有其所依赖的土壤，商务智能的构建和实现同样离不开相应的基础环境。商业竞争中的企业需要注重建设和完善自身的相关基础能力，才有可能在商务智能的助力下扬帆远航。首先，要“有米下锅”，企业必须重视关键数据的采集、存储和备份，这是展开后续分析的前提；其次，面对原料，熟练掌握“煎、炒、烹、炸”的加工手段也弥足关键，分析永远是需求导向，而不是方法导向，只有全面掌握了各种方法，才能做到量体裁衣；最后，“美味佳肴”还要以恰当的形式展现在顾客面前，从打通分析成果到商务应用的畅通渠道是实现商务智能必须捅破的最后一层窗户纸。

本章学习重点

- 商务智能环境；
- 商务智能环境下的组织战略；
- 商务智能基础设施与软件。

商务智能应用是企业信息化的一个新阶段，其目的是提升管理决策水平，以有效帮助企业在发展中保持和获取竞争优势。一般说来，一个企业要想成功实施商务智能，通常需要构建适当的应用环境。本章将介绍若干主要的商务智能环境要素。值得一提的是，由于企业特点、决策问题、信息化基础和实施策略等方面的差异，不同企业在构建商务智能环境时，应该以适度、有效为原则，有针对性地对全部或部分有关的环境要素进行考量。

5.1 商务智能环境

在组织中应用商务智能，总的来说是一个技术采纳过程。首先，商务智能应用所要处理的是海量数据，而且这些海量数据可能来自多个异构数据源，并且需要通过抽取、提炼和整合，处理和加工成适合数据挖掘的形式。这是一个复杂的过程。其次，商务智能应用采用的是基于数据驱动的数据挖掘技术。数据挖掘技术不同于传统的统计、查询和报表的标准化功能，通常需要针对具体的问题背景、应用情境及分析需求进行定制或开发，且往往具有高级决策分析和智能处理的特点。

从实践意义上讲，商务智能应用是企业信息化的一种特定形式，是构建企业商务智能环境的过程。一个适当、有效的商务智能环境反映了企业信息分析和决策能力的水平。在适当的商务智能环境中，管理决策人员不仅可以迅速、有效地访问所需的数据，而且可以进行多维数据的查询、检索和分析。更为重要的是，通过应用数据挖掘工具，根据定制的标准和分析要求对海量数据进行处理，可发现新颖的知识，并与企业信息系统和管理人员进行交互，以提供决策支持。

从信息加工和处理的角度来看，商务智能环境应该具有下列三方面能力[38]：

（1）确定什么数据可用的能力；

（2）对海量数据挖掘的能力；

（3）用户与系统的交互能力。

5.1.1 确定什么数据可用的能力

在适当、有效的商务智能环境中，数据分析的质量必须得到保证。而确保数据分析质量的第一步就是根据问题需求从海量数据中提炼出真正所需的数据。

首先，企业中和企业外存在的数据是多样化的，如业务流程数据、组织结构数据、财务数据、人力资源数据、竞争情报数据、电子商务交易数据、用户评论数据等。不同决策者和不同的决策层次所需的数据是不同的，如针对同样的销售数据，客户关系管理部门和生产部门的侧重点是不同的。另外，业务部门经理和总经理对销售数据所关心的层面也不同。对于这些需求，商务智能环境应该具有提供多样化数据的能力。

其次，企业中和企业外所存在的数据类型也是多样化的，如数据库数据、文本数据、多媒体数据、Web 数据和视频数据等。针对不同类型的数据，也应该根据需要进行加工和预处理。因此，商务智能环境应该能够具有对多种类型数据的处理和加工的能力。

此外，对数据的要求也可能是多样化的。例如，信息系统的设计者希望能够追踪所有的客户事务，如客户服务查询、银行账号结算查询或公司网站访问等。在电信公司里，一名分析员在试图了解无线电话服务质量及客户流失之间的关系时，应该可以方便地获取放弃呼叫和其他故障等方面的客户层面的数据。而且获得权限的分析员也应该可以方便地浏览客户购买历史。如果购买历史存在不同的数据库中，如 Web 日志或交易数据库等，也应该可以通过数据仓库等相关的功能汇总得到。对于客户服务中心的每一次呼叫，应该可以方便地确定呼叫的持续时间，以及呼叫是通过人工处理还是通过交互式语音应答系统处理，等等。再如，在企业运作中，通常不仅需要对个别的数据进行准确查询，还会要求能够方便地对满足某个条件的数据进行汇总和整合；不仅要求在业务运作层面得到产品项之间的关联关系，也可能要求得到产品类之间的抽象关联关系等。因而，商务智能环境应该能够根据不同的应用要求提供相应的支撑[94]。

5.1.2　对数据挖掘的能力

如前所述，数据挖掘是商务智能的核心技术。因此，适当、有效的商务智能环境必须要能够根据决策问题提供充分的数据挖掘功能。例如，对于客户关系管理，需要能够根据客户的信息、特征及消费模式进行分类分析或聚类分析，并据此来优化所提供的产品/服务组合；对于金融时序数据，需要能够进行趋势分析和相似性模式匹配，以对近期行情的发展进行预测；对于页面广告访问数据，需要进行关联分析，以发现页面访问规律与用户点击模式，以期能更好地进行精准营销，从而提升广告客户利益等。为了能够实现上述的功能，就需要具备相应的数据挖掘功能模块，如分类、聚类、关联和时序分析等。对于具体企业来说，并不一定需要拥有所有的模块，但是至少要根据自身的需求，有针对性地购买、开发相应的功能模块。

此外，由于商务智能应用与传统数据库系统应用的最大区别之一就是处理的数据量差异。一方面，商务智能应用面对的数据量是海量的；另一方面，商务智能应用不是简单的查询，而是更为复杂的知识发现和智能信息分析，这就使得商务智能应用的计算量和时间复杂度非常大。因此，构建商务智能环境需要适当的软/硬件基础设施的支撑和相应的技术和管理人才[26]。

5.1.3　用户与系统交互的能力

由于商务智能应用面对的问题相对于传统信息系统而言更为复杂，而且标准化程度相对较低，因此，为了能够更好地为用户提供有效的决策知识，用户与系统交互的能力是必须的。

从商务智能的应用特点来看，从最初的数据预处理和可用数据的提炼、挖据任务的选择、评价标准的制定、挖掘过程的控制、结果的评价及反馈各个环节都需要大量的用户参与和介入。因此，商务智能环境必须能够提供充分的交互手段和交互控制功能。

同时，由于商务智能发现的知识模式形式复杂，其结果除了采用基本的报告和表格形式呈现，更多地需要采用大量可视化功能来呈现。例如，OLAP 的多维分析、空间数据挖掘的地形线视图、分类分析的决策树视图等。因此，为了能够使挖掘得到的信息和知识更好地呈现给使用者和决策者，并且帮助使用者和决策者对商务智能系统进行监督、反馈、管理和应用，完善的可视化交互功能也是商务智能环境不可缺少的能力。

进而，商务智能环境所要具有的以上三个方面的能力，离不开企业组织内部各个层面的支持与配合。概括说来，涉及以下三个支撑要素[38, 95, 96]：商务智能组织、商务智能基础设施和商务智能系统软件。基于商务智能组织、商务智能基础设施和商务智能系统软件的有机整合，商务智能环境才能得到有效构建。商务智能环境与商务智能组织、商务智能基础设施和商务智能系统软件之间的关系如图 5.1 所示。

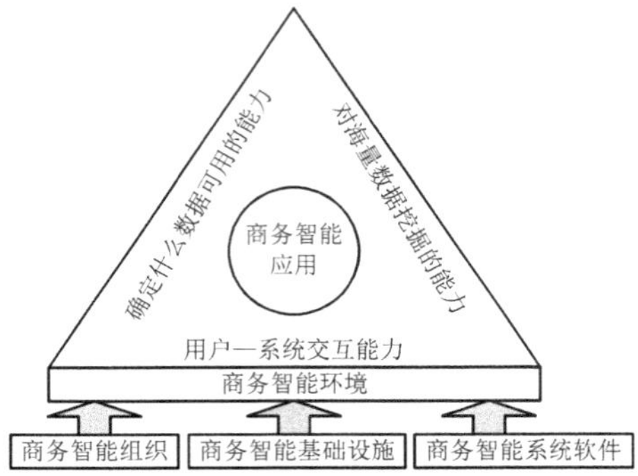

图 5.1　商务智能环境

5.2　商务智能组织

商务智能组织是创建、实施、开发、运作及应用商务智能系统的主体。从商务智能建设的角度看，商务智能组织可以存在不同的组织形式[38, 96]。

（1）内给，由组织内部的信息技术力量来负责商务智能系统的开发和维护。

（2）外包，直接购买商品化的商务智能解决方案，由供应商提供技术支持，或者由组织之外的第三方负责商务智能系统的建设和维护。

在实际的企业应用中，上述形式都有采用，需结合各企业的具体情况及需要解决的商务智能决策问题来选择。

一般来说，企业考虑采用 IT 外包，主要基于以下几个方面的考虑[53]。

（1）企业之所以会对 IT 外包感兴趣，很大程度上是其自身经营战略转变的驱动。由于竞争加剧，很多企业从原先的多元化经营战略转向核心竞争力战略，因此高层管理人员常常认为 IT 是一个非核心的活动而加以外包。

（2）随着企业对 IT 的依赖性越来越强，在 IT 方面的投资也急剧攀升。这笔投资已经成为一个沉重负担。为了减轻 IT 成本压力，一些企业开始转向第三方 IT 供应商。

（3）对于一般的非 IT 行业的企业而言，IT 部门的表现常常不令人满意。这也是驱使企业寻求 IT 外包的原因之一。

（4）随着信息产业的高速发展，IT 服务业也得到了蓬勃发展。而越来越专业化并能提供高质量 IT 服务提供商的出现，也促进了 IT 外包的发展。

IT 外包具有一些优势，同时也可能存在一些局限。IT 外包的优势包括[53]：

（1）降低成本，特别是标准化运作的成本，如存储服务器、邮件系统和财务系统等；

（2）能够尽快利用新技术，同时缩短了组织内部学习曲线；

（3）可以将企业的精力更加集中于核心活动；

（4）通过外包，“从外至内”改善 IT 管理。

其局限包括[53]：

（1）有的 IT 功能不容易从企业分离，因此外包容易造成故障，如与生产流程集成度高的成本核算系统；

（2）技术发展的不确定性，由于企业本身不完全掌握所采用的外包技术而更易造成应用中的错误、困难和障碍；

（3）对 IT 活动的估价困难，由于信息技术发展快速，使得签订外包合同时的代价可能会偏高；

（4）缺乏组织学习和创新，由于 IT 已经深切地融入企业运作的方方面面，因此不适当的外包可能会造成组织对新技术和新方法的学习存在困难与挑战；

（5）存在因供应商的不确定性而可能造成的风险。

显然，内给的优势与局限正好与外包相反。因此，是选择外包还是选择内包，要综合考虑组织的需求。一般来说，可将 IT 活动按照战略影响和对组织贡献的大小来简要区分[53]。

（1）战略影响，一些 IT 活动能够使企业区别于它的竞争对手，称为差异型；而另一些 IT 活动只是提供了必要的功能，称为商品型。这两者的划分并不是绝对的。例如，在同业中第一家实施 B2C 的书店，其 IT 活动是差异型的，即有战略竞争优势；但是如果所有的书店都已经实施了 B2C，则只能视为商品型，即只能作为基本支撑技术。

（2）对组织贡献的大小，一些 IT 活动对于企业运作是关键的，而另外一些只是有益的，但并不是必不可少的。例如，工资管理系统，虽然是必不可少的，但是没有它也并不是不能接受的。

基于上述两个维度，就可以构建出判断是否采用外包/内给的战略决策框架，如图 5.2 所示。

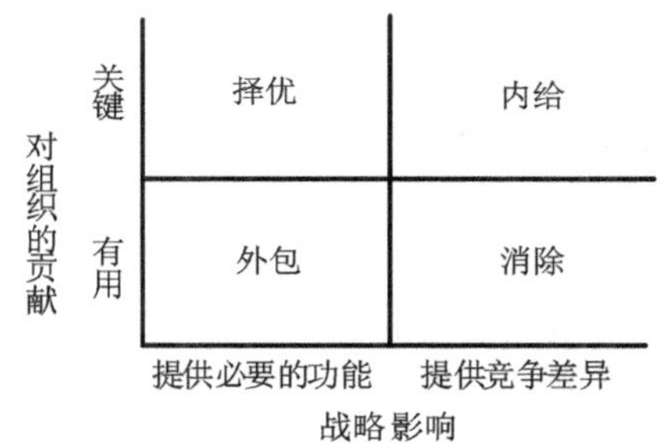

图 5.2　基于 IT 活动类型的外包/内给决策框架

（1）关键差异型。这种类型的 IT 活动不仅在创造价值上很关键，而且是组织竞争力的源泉。应该考虑内给提供这种类型的 IT 服务，以保护组织的创意、竞争力、专家和创新能力。对于商务智能系统而言，如果是关键性的系统（如大企业的 CRM），则应该采取内给方式。

（2）关键商品型。这类 IT 活动对于组织运作很重要，但是它不是区分组织及其竞争者的核心特征。这种活动理论上适合外包，但是需谨慎选择供应商。必须确保供应商能够提供合格的服务及支撑。

（3）有用商品型。这类 IT 活动能给组织运作带来益处，但不构成区分组织及其竞争者的关键特征。这类活动是外包的最佳候选对象，如基本会计系统、标准化 ERP 系统等。这样的外包使得组织可以通过标准化来降低成本，同时不会危及其核心竞争力。

（4）有用差异型。这类活动反映了企业与竞争者的不同之处。但对企业而言不是关键性的。理论上来说，这种活动应该减少。因为这类差异对于企业而言益处并不大，但是由于差异性可能会造成其成本高昂，故应该采取标准化措施来消除这种差异。

此外，外包的其他考虑因素包括技术类型（技术成熟度和技术集成度）、外包管理类型（事务型外包和关系型外包）、外包的目的（资源性外包和结果型外包）、IT 部门和供应商竞争力对比、供应商服务质量与稳定性等。

而对于商务智能而言，同样需要针对企业自身的情况、市场上供应商的情况，以及所实施商务智能系统功能对组织的贡献、战略影响及成本等各个方面综合考虑。

5.2.1 外包商务智能

企业在如下两种情况下可选择外包商务智能。第一，如果商务智能只是偶尔一用，就不太值得在企业内部投资组成一个专门小组，则外包是一个合理选择。第二，如果商务智能是企业不断成长的长期需要，但是所需技术企业自身并不具备，而且企业所需的商务智能应用功能比较标准化，已存在标准化的商务智能解决方案。在这种情况下，企业也可以考虑外包商务智能。

对于第一种情况，可能是由于企业规模较小，日常运作数据量并不大，且现有管理能力足以应付常见的客户关系管理等问题。但在偶然出现一次性的商务智能分析需求时，企业内部的信息处理能力不够，这时就可以采用一次性的外包商务智能。例如，在考虑进行市场扩张的特殊时期，已收集了相对大量的数据要进行分析。这种情况更像是寻求短期咨询服务，可以外包给专业的 IT 咨询公司来进行。另外，对于数据量较小的行业，商务智能的重要性相对不迫切，因为并无大量的历史数据。例如，一个新兴市场中快速成长的公司，无论是新客户开发，还是市场营销策略，都是全新的，缺乏历史数据，也无法根据历史情况来进行商务智能分析。但是，随着企业的成长和市场逐渐进入稳定期，以及企业外相关数据的积累到了一定规模后，商务智能分析的重要性就会逐渐显现出来。

对于第二种情况，外包商务智能非常必要。特别是企业的核心竞争力是建立在以客户洞察为基础时尤为重要，如广告公司、零售行业和电子商务平台等。这时，企业所需的数据及相应的商务智能分析并不是仅仅基于自身内部数据上，还需要很大程度上基于外部（市场、客户和竞争对手等）数据。例如，信用卡公司通常愿意从市场提供外包的专业公司那里购买市场环境的商务智能分析结果（如竞争智能分析报告等），为自身的业务决策提供支持[38]。总的来说，与其他 IT 外包问题一样，如果该企业所需商务智能服务可相对独立于自身业务系统之外，且标准化程度相对较高，就可考虑外包。另外，如所需的商务智能服务更为标准化和模块化，也适合考虑外包给专业咨询公司。

5.2.2 内给商务智能

对商务智能系统的构成不只是进行建模和分析，也需要对公司业务和市场的深刻洞察力。而这些特有的洞察力经常是提供外包的机构所不具备的。而且对于一个长期需要商务智能支持且商务智能系统与业务系统紧密交互的企业而言，则更加倾向于在企业内部开发自有商务智能系统。这种情况下，则需要根据具体目标和重要性考虑是选择建立一个多部门交叉的商务智能部门或机构，还是在 IT 部门建立一个商务智能小组，或者是在企业内部单独建立一个商务智能部门。不同的选择其特点也不太相同[38]。

1. 建立一个多部门交叉的商务智能项目组

在一些企业中，并没有专门的商务智能机构。而仅在需要的时候，从各个部门调集有关的成员成立一个项目组，在本职工作之外完成对商务智能系统的开发和支持。一般来说，这种安排通常是由于一些紧急需求而造成的，如突然出现的客户流失情况或订单违约情况等。一般来说，这样项目组的出现是用来应急的，所以通常目的性很强，效率会很高。但是不可能持续很长时间，一旦有关问题得到解决，该项目组成员就会回到自己正常工作中。

2. 在 IT 部门建立一个商务智能小组

很多时候，由于商务智能在操作层面与 IT 部门更为相关，所以经常会在企业的 IT 部门成立一个商务智能小组。一般来说，这个小组的成员通常在技术方面没有问题，而且由于管控着业务数据库和数据仓库，因此这种方法的优势也很明显，即在需要时，商务智能小组可以随时高效地访问数据，并可根据需要对数据进行查询、修改、集成和加工。

但是，这种方法的问题也很明显，即 IT 部门的成员可能会对管理业务问题不太敏感，而更多地从纯技术角度来看商务智能应用。但是商务智能的目的是要解决现实存在的管理问题，并能为业务决策提供支持。所以在实施过程中，非常有必要让来自管理运作部门的人员紧密参与到以 IT 人员为主的商务智能应用开发中。

3. 在企业内部单独建立一个商务智能部门

为需要解决的问题成立一个专门的商务智能部门也是一种常见做法，不过要根据业务和组织发展的需要来综合考虑。这通常是与市场营销部门、客户关系管理部门或财务部门紧密结合。相对于在 IT 部门建立一个商务智能小组而言，这种方式更倾向于业务部门的管理背景。有时候根据需要可建立几个小规模商务智能小组，如在财务部门建立信用风险评估模块，在市场营销部门建立客户行为分析和市场细分模块，在客户关系部门建立交叉销售分析模块和客户忠诚度分析模块。有的企业会专门成立市场智能（Market Intelligence）部门，以专门协调和负责客户管理业务。

这一方法的优/缺点正好与在 IT 部门建立商务智能小组的相反。企业各个部门通常对自身的商业需求和业务模式都很熟悉，但仍然不得不依赖 IT 部门的技术支持和数据处理分析能力。

上述每种方法各有特点，在具体选择时要基于企业的业务情况和 IT 组织能力来综合分析和权衡。一般来说，在企业内部单独建立一个商务智能组织比在 IT 部门建立一个商务智能组织的成功率要高。

随着 IT 融合的不断发展，很多业务决策本身就是信息决策，包括对商务智能支持的决策。所以，根据业务需要采用项目组织的形式也是常见、有效的组织应用方式。

5.2.3 商务智能组织成员

通常商务智能组织由复合型人才（或由专业人才构成的群体）组成，因为商务智能作为一个综合性的工作，需要的专业背景知识非常多，如统计、计算机硬件、计算机软件、数据库、金融和营销等，覆盖面很广。实际上，商务智能作为一个独立的工作职能出现的时间并不长。许多进行商务智能开发和应用的人员可能是统计学者、计算机人员、销售经理或语言分析学家等。

一般来说，商务智能组织成员所具有的技能至少应该覆盖以下九个方面[38, 97]：

（1）数据库和数据仓库技能；

（2）数据处理和编程技能；

（3）统计学；

（4）商务智能的基本原理与方法；

（5）相关行业背景知识；

（6）数据可视化技能；

（7）调研和需求分析技能；

（8）数据调查、整理和收集技能；

（9）报告、写作和沟通技能。

概括而言，商务智能组织的形式是企业信息战略的一个方面。在具体实施中，根据商务智能过程与信息处理和分析的层次，可采取全面信息化的路线，从企业业务系统、数据库平台建设、数据仓库和分析处理等，形成一整套业务技术融合的体系。这需要有适当的信息化建设规划，并要与组织经营的整体战略相匹配。

5.3 商务智能基础设施

由于计算机性能不断提升、应用软件的功能不断增强，对于一个简单的商务智能问题而言，其求解也许通过使用个人计算机加上一些数据挖掘软件及基本的企业数据库的支撑就可能实现。然而，如果确实要将商务智能应用作为企业信息系统的进一步提升，并希望其能够为企业竞争力的提高提供强有力的支持，商务智能的基础设施就一定要非常强健。在这样级别的应用中，要能随时利用社会化平台上客户评论数据来自动进行文本挖掘和情感分析以进行品牌舆情预警；要能定时自动采用分类和聚类方法来对本周或本月的业务数据进行分析和关键模式提取；要会利用关联规则挖掘得到的结果自动集成到业务数据库中并在网页上智能化地为客户搜索行为提供购买推荐，等等。这些要求使得商务智能不仅为企业信息系统“锦上添花”，更是“雪中送炭”。因此，对基础设施的要求也比较高。商务智能的基础设施必须在扩展知识发现功能，提升模型评估质量，优化企业业务流程和营销活动等方面提供充分的支撑。

一个可靠的商务智能基础设施应该具有以下各项功能：

（1）从多个异构来源访问数据、进行数据汇集及通过数据特征进行标识的能力；

（2）根据需求从模型库中选取模型，并根据新对象和实例情况进行评估的能力；

（3）快速处理上百万条乃至更多对象数据的能力；

（4）快速处理上百个模型的评估、训练和计算的能力；

（5）跟踪模型并进行按时更新的能力；

（6）管理数据仓库和外部数据源，并按照需要对其他应用软件系统发布信息、规则及其他数据挖掘结果的能力。

商务智能的基础设施从逻辑上可以分为两个部分，分别支持挖掘和评估[38, 98]两个不同阶段的活动。

1. 挖掘平台

挖掘平台用来支持数据处理软件，以及必要的数据挖掘软件、可视化功能及人-机交互软件，并提供与其他应用软件之间的信息、规则和模型挖掘结果的数据接口。而在具体实施中，还会涉及如下更为具体和细节的问题，例如：

（1）在客户/服务器的架构中，不同软件应该安装在哪里？

（2）数据挖掘软件是否需要开发自己的硬件平台？如何开发？开发后与现有的操作系统的兼容和匹配问题怎样处理？

（3）为了实现数据传输和通信功能，需要配置什么样的软件？

（4）数据库、数据仓库及云计算产品的选择。

（5）报告生成和图形可视化软件与数据挖掘软件的接口。

对这些问题也需要一一解决。挖掘平台的目的是支持数据预处理、数据挖掘和商务智能建模。

2. 评估平台

在挖掘得到规则、模型和知识后，还需要进行评估。此外，一旦有新的对象（如客户记录）进入，还需要能够根据适当的模型和规则来对对象进行评估，以便创建相应规则用于未来措施的决策支持。通常，评估平台可能建立在业务数据库上，但需要通过接口功能与数据挖掘平台实现连接和反馈。

商务智能的应用可以是具体问题驱动的，如对于特定市场、客户和业务模式等的数据挖掘和分析，完成特定的精准营销、客户偏好、流程优化等方面的知识发现和竞争决策。所以，商务智能的应用可以只涉及业务一部分的“点”和具体环节。因而对基础设施和条件的要求也可以精简、适用为准，不必求大、求洋和求全。

5.4 商务智能系统软件

目前市场上已经出现了许多成熟的商务智能系统软件产品，其主要供应商如 Oracle、SAP、IBM、SAS 和 SPSS 等。一般来说，对于商务智能系统软件，不管是来自软件厂家还是企业自行开发，对其可以从以下八个方面进行评估[38, 98]。

1. 所应用的技术范围

没有一种单一的数据挖掘技术可以用来求解所有的问题。关联规则、决策树分类、神经元网络预测、统计建模和预测、自动聚类技术等都有其特定的应用领域。因此在选择合用的商务智能系统软件时，首先要明确企业的数据基础及需求目标。

通常，人们愿意选择比已有的数据规模和分析需求目标功能更强大的软件。但是功能越强大一般也意味着更昂贵，因此建议选择功能比目前企业的数据规模和需求目标功能稍强的软件。这样不但可以节约成本，而且也为企业商务智能的进一步发展和应用预留了空间。

另外，虽然各种软件都会集成多种商务智能方法，但是由于各开发公司的技术与应用特长不同，在数据挖掘技术上会各有侧重。通过各软件功能的比较，企业可以更有效地选择适合自己的商务智能系统软件。

2. 可扩展性

尽管商务智能系统软件都面向大规模数据处理，但是不同软件的处理规模也是不同的。建议在选择商务智能系统软件时，尽可能在预算允许的前提下，选择处理规模更大的软件。因为企业数据量的增长通常是相当快的——特别是企业外的数据。为了能使所购买（或开发）的商务智能系统软件发挥最大作用，应尽量对增加的数据处理量具备足够的可扩展性。

此外，商务智能软件还需要具备其他的可扩展性。首先，要确保数据管理功能的可扩展性。在目前环境下，最方便、可用的数据管理可扩展软件是关系数据库，这也是目前绝大多数商务智能系统软件所采用的数据管理软件。再者，确保数据处理模块内存管理的可扩展性也非常必要。由于现在计算机内存的性价比很高，因此很多商务智能系统软件内置的数据挖掘技术是基于内存的。但是考虑到可能会遇到海量数据的问题，内存仍然是有限的，因此对于内存管理的可扩展性要进行考虑。此外，还要考虑数据接口的可扩展性，由于商务智能系统软件所采用的数据仓库模块需要从多个不同类型和格式的数据源获取和进行数据加工，而且挖掘得到的模型和规则也应该通过适当的接口反馈到不同数据库和应用平台上，因此数据结构的可扩展性是一个非常重要的问题。

3. 模型管理功能

商务智能系统可以通过数据仓库软件来对海量数据进行管理和挖掘，而挖掘得到的模型也会呈现规模较大且形式多样的特征，如规则、分类树、网络结构、函数和文本等，所以一个强大的商务智能系统应该具有全面的模型存储、表达和管理及必要的推理功能。因此，很多时候需要集成知识库和规则库的功能。

此外，模型管理功能还应该提供输出和标准数据库以及文本的接口功能，从而有助于更好地利用挖掘得到的知识模型。

4. 用户界面

用户界面应该提供两个功能：一个是用户观测和控制商务智能过程的功能，另一个是对挖掘得到的知识模型进行演示和表达的功能。通用的商务智能系统软件都提供了这样的功能。一个丰富的用户界面应包括以下四种功能：

（1）为偶尔使用商务智能软件的用户或新手提供一个默认智能化的 GUI；

（2）具有针对更熟练用户的高级选项；

（3）提供内置的命令行指令功能，为专业用户提供更灵活的商务智能应用工具；

（4）提供应用程序编程接口，为商务智能系统开发人员提供底层开发界面。

5. 输出功能

商务智能系统软件中的不同数据挖掘技术的结果形式有所不同，因此规则生成器、决策树可视化表达、图表和报表等输出功能非常有用。随着可视化技术的成熟，在商务智能系统软件中提供强大的可视化功能成为商务智能软件开发的一个重点。而且，由于数据挖掘过程所得到的初步结果规模也较大，因此通过可视化的方法来提供如决策树、三维空间模型、饼图、曲线图、网络拓扑图和聚类示意图等结果，对于用户非常有必要。特别是对于非技术出身的高层管理决策人员，可视化结果比枯燥的数据更加具有吸引力和说服力。另外，为了便于挖掘结果的输出和进一步分析，商务智能系统软件还应该能方便地将结果输出到常用的报告分析软件中，如 Excel 和 Word 等。

6. 复杂数据类型处理能力

大多数商务智能系统软件中的数据处理和加工技术都是基于结构化数据来进行的，如关系数据表，而对其他一些复杂数据类型的处理有很大的局限。随着互联网的发展，许多非传统结构化的数据也大量存在，如网页数据、多媒体数据和空间数据等。

因此，在购买/开发一个商务智能系统软件之前，还要仔细评估本企业是否需要对这些复杂数据类型进行处理。目前，市场上一些新型的更高级的商务智能工具包已经提供了对这些功能的支持。

但总的来说，市场上常见的商业化的商务智能系统软件对这些复杂类型数据的处理能力还相对较弱。面对这些问题，很多时候只能寻求专业开发人员来设计特定数据挖掘工具和算法。不过，一种变通的方法也非常值得尝试，即在处理之前，对原始数据进行提炼和预处理，将之转换为一般商务智能软件能够处理的结构化数据类型。例如，对于音频数据，可以将其读取转换为序列数据；对于空间数据，可以将其转换为三元组数据；对于网页数据，可以将其关键词位置和出现频度提取出来作为特征数据等。通过这样的转换，就可以采用主流的商务智能系统软件来处理复杂类型的数据。当然，这样的转换必然会造成信息损失，因此在转换中一定要仔细评估是否丢失了必要的信息。不过，这种转换也是一个帮助用户更好地理解数据、理解企业需求的有益过程。

7. 文档管理

一个设计良好的用户界面应该能帮助用户尽快熟悉商务智能挖掘过程，不过对具体工具的掌握还需要时间。与任何复杂软件一样，完整且条理清晰的帮助文档对于用户而言可以起到事半功倍的作用。因此，在选择商务智能系统软件之前，还需要对使用手册及帮助文档进行审查。产品说明应该能够完整描述所采用的技术和算法的细节，而不仅仅只是对工具的操作流程进行说明。也就是说，通过阅读文档，用户不仅能知其然，而且还应该知其所以然。

8. 客户服务和培训

与其他大型的复杂软件一样，要将商务智能系统软件引入一个企业并不是件容易的事，从技术采纳的角度来看，可能这个过程要持续较长的一段时期。在能利用商务智能系统软件从事管理和决策工作之前，有效对用户培训和使用咨询是非常必要的。诚然，在互联网的支持下，客户服务和用户培训比以往变得更加容易。但是，很多时候，采用传统的培训方法和电话咨询仍然能起到更好的效果。另外，软件产品的维护更新、卖方信誉、开发团队的支持等也是必须要考虑的因素。

5.5　小结

（1）适合有效的商务智能环境应该能够提供确定什么数据可用的能力、海量数据挖掘的能力、用户—系统交互的能力这样三个方面的能力。为了实现这三方面的能力，商务智能组织、商务智能基础设施及商务智能系统软件是重要支撑要素。

（2）商务智能组织的构成可采用外包和内给两种形式。这两种方式，都各具有其优/劣势，需要根据 IT 活动的战略影响和对企业的贡献两个维度来进行决策。

（3）构建商务智能基础设施包括构建挖掘平台和评估平台，而其软/硬件的支持直接关系到后续商务智能应用的成败。

（4）对商务智能系统软件的评估包括技术范围、可扩展性、模型管理功能、用户界面、输出功能、复杂数据类型处理功能、文档管理、客户服务和培训等。

（5）商务智能的应用可以是具体问题驱动的，可以只涉及部分业务“点”和具体环节。因而对基础设施和条件的要求也应该以精简、适用为准，不必求大、求洋和求全。

思考练习题

5.1　简述商务智能环境所应具备的基本能力。

5.2　如何进行商务智能外包/内给决策？

5.3　内给商务智能中，商务智能组织方式有几种，有何异同？

5.4　试回答：在外包商务智能中，项目管理可能需要考虑的问题有哪些？

5.5　简述商务智能基础设施的功能和作用。

方 法 篇

摘 要

本篇将对商务智能的主要方法进行介绍，包括关联规则、分类分析、聚类分析、信息搜索服务、社会网络分析、概念描述及数据预处理等。

本篇共由七章组成。对于不同的知识类型和决策分析要求，通常需要采用不同的商务智能方法。第 6 章将介绍关联规则的概念，围绕数据间的不同关联规则形式，讨论相应的知识表达和发现方法。第 7 章将主要关注数据的分类问题，重点介绍决策树和贝叶斯等分类方法。第 8 章将介绍聚类分析的概念，讨论划分方法、层次方法及基于密度、网格和模型等的方法。重点介绍 k-means 和 DBSCAN 聚类方法。第 9 章将介绍信息搜索的若干概念和方法，主要包括信息搜索的基本模型、测度、文本预处理、索引和结果排序等内容。第 10 章将介绍社会网络的基本概念，社会联系的相关测度，以及社会网络分析应用中的引用、链接和社区等内容。第 11 章将介绍概念描述方法，包括数据特征化、属性分析和描述度量等内容。

在商务智能应用的海量数据源中经常存在噪声、冗余、错误及不一致性等情况，而无法有效直接应用商务智能的方法。针对此情况，第 12 章简要介绍了一些基本的数据预处理方法，包括数据清洗、变换、压缩和离散化等。

第6章 关联规则

“啤酒与尿布”是人们谈到关联规则时总会想到的例子。这一分析结果出自超市对顾客购买记录进行的购物篮关联规则分析。通过数据分析，发现表面上无关的事物之间的内在联系是令人兴奋的，而如果这一发现又具有商业价值的话，兴奋就足以转化为激动！关联规则分析在商务活动中有广泛的应用空间，电子商务从业者所追求的个性化推荐和精准营销主要将依赖于获悉顾客群体特定购买行为间的内在联系。但同时也必须面对这样的事实，在关联规则挖掘中，伴随着“啤酒与尿布”一起出现的还有大量人们不曾读懂或无法使用的规则。如何通过“兴趣度”的把握找到人们最想要的规则？如何通过形式的扩展使关联规则挖掘的结果蕴涵更丰富的知识？下面将在本章展开学习和探讨。

本章学习重点

- 关联规则挖掘方法；
- 关联规则的兴趣测度；
- 关联规则的知识形式扩展；
- 简单关联规则。

关联（association）是商务智能领域关注的重要知识类型。在现实世界中，数据的规模越来越大，对于数据对象及数据对象之间关联知识的发现和利用也越来越成为研究和应用的焦点课题。关联知识具有多种形式，如关联规则、数据依赖和模式关联等。关联规则是商务智能领域中最基本的一种关联知识形式，也是本章讨论的重点。

关联规则挖掘问题首先出现在对超市数据的分析中。对于超市数据库，一个著名的关联规则的例子是“啤酒⇒尿布”，表示购买了啤酒的客户也倾向于购买尿布。这种知识具有潜在、新颖的特点，同时也是有用的，因为超市管理决策人员可以通过货架的摆放和布局来促进这两种商品及其他相关产品的销售。关联规则挖掘在传统行业和新兴行业（包括现代服务业、电子商务和社会化媒体等领域）的组织管理和决策分析中都具有广阔的应用空间。例如，交叉销售（购物篮）分析、金融证券联动分析、网络浏览分析、营销广告精准投放、产品购买推荐和消费偏好关联分析等。

6.1　关联规则简介

关联规则（AR，Association Rule）反映了一种特定的数据对象之间的联系。以零售行业的商场购物篮分析为例，对于商场管理决策者来讲，大都会非常关心商场中经常购物的顾客的购物习惯，特别是希望了解顾客在购物过程中会对哪些商品一起采购。为了获取这些潜在的模式，就需要对顾客在商场中的交易记录进行分析。这些分析结果可以帮助商场制定有针对性的商品摆放布局和营销计划，以及决定库存和上货策略。例如，购物篮分析可以帮助商场的管理人员设计不同的商品布局。一种策略是：把经常同时购买的商品放在比较相近的货架上，便于顾客同时购买这些商品。例如，如果购买网球的顾客也倾向于同时购买纸巾，那么将网球和纸巾放在近一些的位置，可能会促进两者的销售。另一种策略是：将顾客需要一起购买的商品放在比较远的位置（如商场的两端），这就会促使顾客在购买两种商品时浏览其他相关产品货架，从而达到诱导他们购买更多商品的目的。例如，顾客在购买网球后，在去买纸巾的通路上摆放休闲服装、护肤品等商品，以刺激和带动顾客的其他消费。同时，购物篮分析还可以帮助商场管理人员确定哪些商品可以进行捆绑销售。此外，这种关联知识还有助于进行库存管理。在决定是否对某种薄利或滞销商品进行清仓和减持处理时，可能需要分析是否存在着其他联动购买行为。如果得知联动购买的其他商品能够带来较好的营业额和利润，库存策略会随之调整。

如果将商场内的所有商品设置为一个集合，每个商品就是一个数据项（item）。商场的交易数据库通常包含每个顾客每一次购买的商品记录。关联规则表达的就是商品间联动购买（商品名称联动出现）的情况。例如，购买羽毛球拍的顾客也倾向于同时购买浴巾，这种关联关系可以用以下的关联规则来表示：羽毛球拍 ⇒ 浴巾。这样的一条规则在数据库中是否具有代表性、重要性及有用性，需要经过多个步骤来评判。首先，规则中的数据项（如羽毛球拍和浴巾）是否出现得足够频繁；其次，数据项之间的联系强度（如购买羽毛球拍的顾客也购买了浴巾）是否足够显著；再者，数据项之间的联系是否符合其他兴趣性的考虑（如冗余、简化、前后数据项重要性等）；还有，规则是否适用于用户决策（如用户与决策问题的情境考虑）；等等。本章主要介绍关联规则的两个基本测量指标，即支持度（Dsupp，degree of support）和置信度（Dconf，degree of confidence）。例如，如果 Dsupp（羽毛球拍 ⇒ 浴巾）= 5%，Dconf（羽毛球拍 ⇒ 浴巾）= 70%，则表示在全部交易记录中有 5%的顾客是同时购买羽毛球拍和浴巾的；在购买羽毛球拍的顾客中，有70%的人还购买了浴巾。通常情况下，需要由用户或领域专家设置关联规则的最小支持度阈值（α）和最小置信度阈值（β），当一条关联规则同时满足这两个阈值时，则认为该关联规则是（基本）合格的。可以看到，支持度和置信度是关于前两个评判步骤的测度。

具体说来，假设 $I=\{I_1, I_2, \cdots, I_m\}$ 是由 m 个不同数据项组成的一个集合。给定一个事务数据集 T，其中每一个事务记录 t 是 I 的一个非空子集，即 $t \subseteq I$，每一个事务记录都与一个唯一的标识符 TID（Transaction ID）相对应。对于任意一个非空的项集（itemset）X（$X \subseteq I$），如果记录 t 包含 X 的所有数据项（即 $t \supseteq X$），则称记录 t 支持项集 X。对于整个数据集 T 来说，X 的支持度定义为包含 X 的记录在数据集 T 中所占的比例。也就是说，X 的支持度可表示为

$$\mathrm{Dsupp}(X) = \frac{\| X \|}{|T|} \tag{6.1}$$

式中，$\|X\|$ 表示数据集 T 中包含 X 的记录个数，$|T|$表示 T 中所有记录的数目。显然，$0 \leqslant \mathrm{Dsupp}(X) \leqslant 1$。如果$|X| = k$（$|X|$表示 X 中数据项的个数），则称 X 为 k-项集。

若 X 的支持度大于给定的最小支持度阈值α（$\alpha \in [0, 1]$），则称 X 为频繁集（frequent itemset）。关联规则是形如 $X \Rightarrow Y$ 的表达式，其中 X, Y 是非空项集（即 $X, Y \neq \varnothing$，$X, Y \subset \boldsymbol{I}$）且 X 与 Y 不相交（即 $X \cap Y = \varnothing$）。直观地，将关联规则“$\Rightarrow$”左侧的项集称为前项（antecedent），右侧的项集称为后项（consequent）。关联规则 $X \Rightarrow Y$ 的支持度定义为

$$\mathrm{Dsupp}(X \Rightarrow Y) = \mathrm{Dsupp}(X \cup Y) \tag{6.2}$$

$X \Rightarrow Y$ 的置信度定义为

$$\mathrm{Dconf}(X \Rightarrow Y) = \frac{\| X \cup Y \|}{\| X \|} \tag{6.3}$$

式中，$\|X \cup Y\|$和$\|X\|$分别表示数据集 T 中包含项集 $X \cup Y$ 和 X 的记录个数。经常为方便起见，集合的并集 $X \cup Y$ 也简记为 XY。由此可以得知，$0 \leqslant \mathrm{Dsupp}(X \Rightarrow Y) \leqslant 1$，$0 \leqslant \mathrm{Dconf}(X \Rightarrow Y) \leqslant 1$。这里，给定最小支持度$\alpha$和最小置信度$\beta$（$\alpha, \beta \in [0, 1]$），如果 $\mathrm{Dsupp}(X \Rightarrow Y) \geqslant \alpha$，且 $\mathrm{Dconf}(X \Rightarrow Y) \geqslant \beta$，则称关联规则 $X \Rightarrow Y$ 是关于α, β合格的，称做合格关联规则。

一个合格关联规则 $X \Rightarrow Y$ 的含义为，关于 X 和 Y 的事件同时发生的频率足够高（$\geqslant \alpha$）；在事件 X 发生的情况下，事件 Y 与之同时发生的频率足够高（$\geqslant \beta$）。此外，X 与 Y 相交的情形对于关联规则 $X \Rightarrow Y$ 来说，是没有意义的。

例 6.1 某商场记录了大量客户购买商品的数据。为简化说明，假设已采集到购买交易数据集 T，如表 6.1 所示。T 中包含 9 条记录，分别记载了 9 次购买事件中所购买的商品名称。这里数据项集合 I = {MP3，羽毛球拍，旅游鞋，浴巾，跑步机}。则可对任意项集 $X \subseteq I$，计算其相应的支持度。例如，Dsupp（{羽毛球拍}）= 6/9，Dsupp({MP3}) = 2/9，Dsupp（{旅游鞋，跑步机}）= 1/9，Dsupp（{羽毛球拍，浴巾}）= 4/9，等等。如果给定α=20%，β= 60%，那么项集{羽毛球拍}、{MP3}、{羽毛球拍，浴巾}为频繁集，项集{旅游鞋，跑步机}为非频繁集。此外，因为 Dsupp（羽毛球拍$\Rightarrow$浴巾）= 4/9≥20%，且 Dconf（羽毛球拍$\Rightarrow$浴巾）= 4/6≥60%，那么“羽毛球拍$\Rightarrow$浴巾”为一个合格关联规则。注意：人们一般对于前后项存在相同项集的情形不感兴趣，因为这是明显的语义冗余。例如，“羽毛球拍$\Rightarrow$羽毛球拍”是指：“购买羽毛球拍的顾

客也购买了羽毛球拍”。

表 6.1　某商场的商品购买数据集 T

购买记录 TID	购 买 商 品
T100	旅游鞋、浴巾、MP3
T200	浴巾、跑步机
T300	浴巾、羽毛球拍
T400	旅游鞋、浴巾、跑步机
T500	旅游鞋、羽毛球拍
T600	浴巾、羽毛球拍
T700	旅游鞋、羽毛球拍
T800	旅游鞋、浴巾、羽毛球拍、MP3
T900	旅游鞋、浴巾、羽毛球拍

如果指定一对项集 X 和 Y，并且要求验证 $X \Rightarrow Y$ 在数据集 T 上是否为一个合格关联规则，那么就可以直接根据上述定义（式（6.2）和式（6.3））来计算 $X \Rightarrow Y$ 的支持度和置信度，并通过与给定的阈值进行比较来判断。这与许多“模型驱动”的方法（如回归建模等）类似。换句话说，给定一个模型假设，如线性回归模型：$Y = a + bX + \varepsilon$，人们可以通过已知的数据来计算得到参数并判断此模型与数据的符合程度（fitness）。

然而，现在面临的问题是，往往人们事先不知道或无法事先假设，哪些数据项之间可能存在着关联。问题求解的关键点在于，用户需要找出所有可能的合格关联，而非设定某个可能关联规则并进行检验。这就是所谓的“挖掘”的含义。从这个意义上讲，关联规则挖掘是“数据驱动”的。当人们面对海量数据规模的时候，此时的问题求解极具挑战性。具体说来，这里提到的海量数据规模与两个参数相关，一是数据项（或数据属性）的数目 m（即$|I|$），二是数据集中记录的数目 n（即$|T|$）。一方面，对于任何一个关联规则，计算支持度的工作主要是计数运算（count），这就要求遍历扫描数据集 T。在大规模数据的背景下，n 可能动辄上万、几十万、数百万或更大，而这些数据一般都存储在外部存储设备上，所以扫描数据时的 I/O 操作是一个效率瓶颈。另一方面，关联规则数目的大小是影响挖掘效率的关键因素。由于关联规则的前项和后项都分别为 I 的子集，所以前项与后项所有可能组合的规模均为 2^m。考虑关联规则的定义中的前后项约束条件，可知关联规则的总数目是在 $O(3^m)$ 的水平上。显然，m 值如果上百、上千或更大——这在目前的应用中并不罕见，那么规则数目就将非常可观并呈指数级增长。综合归纳起来，关联规则挖掘方法需要在生成关联规则的过程中减少扫描数据集的次数。

6.2　关联规则挖掘方法

如上所述，支持度和置信度是评估关联规则的两个基本测度。进一步讨论关联规则在这两个测度上的性质对于关联规则的挖掘和应用很有意义。

首先，由于 $\text{Dsupp}(X \Rightarrow Y) = \text{Dsupp}(XY)$，计算规则 $X \Rightarrow Y$ 的支持度就等于计算项集 XY 的支持度。此外，由于 $\text{Dconf}(X \Rightarrow Y) = \|XY\| / \|X\| = (\|XY\| / |T|) / (\|X\| / |T|) = \text{Dsupp}(XY) / \text{Dsupp}(X)$，则 $X \Rightarrow Y$ 置信度可以基于项集 XY 和 X 的支持度进一步计算得到。这样，基本挖掘方法的思路就是先计算所有项集的支持度，这需要扫描数据集。之后可以利

用项集的支持度信息直接计算置信度而不必扫描数据集。这就避免了直接根据定义在计算支持度和置信度时都分别扫描数据集。

此外，由于所有项集的个数是 2^m-1（即除去空集），而计算一个项集的支持度至少需要遍历扫描一次数据库，这仍然是一个非常耗时并且低效甚至无效的方法（即指数级 $O(2^m)$计算的复杂性）。这里，一个支持度性质起到了至关重要的方法优化的作用，即

$$\text{Dsupp}(X)=\frac{\|X\|}{|T|}\geqslant\frac{\|XY\|}{|T|}=\text{Dsupp}(XY) \tag{6.4}$$

该性质是指，如果一个集合是频繁集，则其子集也是频繁集（即 $\text{Dsupp}(X)\geqslant\text{Dsupp}(XY)\geqslant\alpha$）。重要的是，该性质的等价逆反命题为：如果一个集合不是频繁集，那么其超集也不是频繁集（即$\alpha > \text{Dsupp}(X)\geqslant\text{Dsupp}(XY)$）。这意味着，在计算项集支持度的过程中，可以采用逐层扩展方式，即先计算 1-项集，然后计算 2-项集，…，m-项集。当计算 k-项集支持度的时候（$2\leqslant k\leqslant m$），则只需考虑那些其子集是频繁集的 k-项集，而不必考虑包含任何非频繁子集的 k-项集。这可省去大量的项集支持度计算操作，也意味着省去了大量的数据集扫描和规则生成操作。这里，可将计算获得项集支持度的过程称做生成（候选）项集的过程，把计算由频繁子集组成项集的支持度的过程称做生成候选频繁集的过程。

基于上述思路的关联规则挖掘的经典方法是 Apriori 方法。Apriori 方法是 Agrawal 等人在 1993 年提出的，是根据上述频繁集特征（见式（6.4））的先验知识（prior knowledge）而命名的[99, 100, 101]。Apriori 方法采用一种逐层搜索的迭代方法，从 k-项集来生成(k+1)-项集。首先找出频繁 1-项集，记为 L_1；然后利用频繁 1-项集 L_1 来生成频繁 2-项集 L_2；不断如此循环下去，直到无法找到更多的频繁 k-项集为止。每生成一层 L_k 都需要扫描一遍数据库。该过程主要包含连接和剪枝两个处理步骤。

（1）连接步骤：为了找出 L_k，可以将 L_{k-1} 中的两个项集连接起来以获得一个 L_k 的候选集合 C_k。

（2）剪枝步骤：C_k 是 L_k 的超集，也就是说所有的频繁 k-项集必定都在 C_k 中，但 C_k 中有些项集不一定是频繁的。此时应用式（6.4），可以将 C_k 中的不频繁 k-项集剪枝去掉。

在生成了所有的频繁集之后，就可以生成规则。基本做法是：

（1）对于每个频繁集 V，产生 V 的所有非空子集；

（2）对于 V 的每个非空子集 W，如果$\|V\|$ / $\|W\|\geqslant\beta$，则输出规则 $V\Rightarrow(V-W)$，其中$\|V\|$和$\|W\|$分别为频繁集 V 和 W 的支持度计数，$\|V\| = \text{Dsupp}(V)\times n$，$\|W\| = \text{Dsupp}(W)\times n$ （n 是数据库记录总数）。

例 6.2 某电子商城记录了顾客购买手机的信息。假设有相关信息如表 6.2 所示。数据值“1”表示该顾客所对应的数据项事件发生。例如，2 号顾客为老年女性，同时购买了 Samsung 和 iPhone 两款手机。其余记录的含义类推。商城经理很希望知道什么样的顾客购买什么样的手机，当其购买某种手机时，是否还会购买另一种手机（设定α=40%, β=100%）。

为方便起见，将数据项分别记女为 A，男为 B，青年为 C，老年为 D，Samsung 为 E，iPhone 为 F。根据 Apriori 方法，各层频繁集生成及规则生成的结果分别如表 6.3 和表 6.4 所示。最后获得的规则是：$D\Rightarrow E$ 和 $AC\Rightarrow F$，表达的语义分别为：“老年顾客

购买 Samsung 手机”和“青年女性购买 iPhone 手机”。

表 6.2　客户购买手机信息

顾客号码	数据项					
	女	男	青年	老年	Samsung	iPhone
1	1		1		1	1
2	1			1	1	1
3		1		1	1	
4	1		1			1
5		1		1	1	
6	1			1	1	
7		1	1		1	1
8	1		1			1
9		1	1		1	
10	1		1			1

表 6.3　客户手机频繁集

1-itemsets	Support	2-itemsets	Support	3_itemsets	Support
A	60%	*AB*	0	*ACF*	40%
B	40%	*AC*	40%		
C	60%	*AD*	20%		
D	40%	*AE*	30%		
E	70%	*AF*	50%		
F	60%	*BC*	20%		
		BD	20%		
		BE	40%		
		BF	10%		
		CD	0		
		CE	30%		
		CF	50%		
		DE	40%		
		DF	10%		
		EF	30%		

表 6.4　客户手机关联规则

AC		*AF*		*CF*		*DE*	
Rules	Conf.	Rules	Conf.	Rules	Conf.	Rules	Conf.
$A \Rightarrow C$	4/6	$A \Rightarrow F$	5/6	$C \Rightarrow F$	5/6	$D \Rightarrow E$	100%
$C \Rightarrow A$	4/6	$F \Rightarrow A$	5/6	$F \Rightarrow C$	5/6	$E \Rightarrow D$	4/6
		ACF					
Rules	Conf.	Rules	Conf.	Rules	Conf.		
$A \Rightarrow CF$	4/6	$C \Rightarrow AF$	4/6	$F \Rightarrow AC$	4/6		
$AC \Rightarrow F$	100%	$AF \Rightarrow C$	4/5	$CF \Rightarrow A$	4/5		

图 6.1 给出了 Apriori 方法中生成频繁集的算法伪码。第 1 步是找到 1-项频繁集

L_1。在第 2～10 步，使用 L_{k-1} 产生候选 C_k。Apriori_gen 过程产生候选频繁集（通过连接和剪枝），利用式（6.4）所示的性质将那些具有非频繁子集的候选项集剪枝（第 3 步）。一旦产生了所有的候选频繁集，就扫描整个数据集（第 4 步）。对于每一条记录，使用 subset 函数找出记录中是候选频繁集的所有子集（第 5 步），并对每个这样的候选项集进行累加计数（第 6、7 步）。最后找到所有的满足最小支持度阈值的频繁集集合 L。

```
算法：Apriori 使用逐层迭代的候选项集生成频繁集
输入：交易数据库 T，最小支持度阈值 Min_supp
输出：T 中的频繁项集 L
处理流程：
（1）  L1 =find_frequent_1-itemsets(T);
（2）  for(k=2;  Lk-1 ≠ φ ; k++){
（3）      Ck = apriori_gen(Lk-1, Min_supp) ;      //生成候选频繁集
（4）      for each transaction  t ∈ T {           //扫描数据库 T 并计数
（5）         Ct = subset(Ck, t) ;                 //找出记录中是候选频繁集的所有子集
（6）         for each candidate  c ∈ Ct
（7）             c.count++;
（8）      }
（9）      Lk = {c ∈ Ck | c.count ⩾ Min_supp} ;
（10） }
（11） return  Lk = ∪k Lk ;
```

图 6.1　Apriori 生成频繁集算法

Apriori 方法被认为一个有效的经典的关联规则挖掘方法。对 Apriori 方法的进一步优化还可以从下列角度展开：

（1）如 Apriori-Tid 和 Apriori-Hybrid 算法[102]，以及基于 Hash 树的 DHP 算法[103]，都是在频繁项集合生成过程中，对冗余项集合进行剪枝；

（2）DIC、Eclat、MacEclat、Clique 和 MaxClique 算法等都是通过减少对数据库的扫描来提高效率的[104]；

（3）从关系数据库操作的角度出发，开发出基于关系数据库操作的算法，如 SETM 和 MONET 算法[105]；

（4）基于分区操作和基于随机的分区算法；

（5）基于采样的算法；

（6）不同于以上的串行算法，还有一些相应的并行和分布算法。

此外，FP-tree 方法是一种不逐层产生候选项集的关联规则挖掘方法[26, 106]。该方法的基本思想是：根据生成的 1-项频繁集，将提供频繁集的数据库压缩成为一棵频繁模式树（或称 FP-tree），但仍然保留项集之间的关联关系；然后将这种压缩后的数据集分成一组条件数据集，每个关联一个频繁项，并分别挖掘每个数据集。FP-tree 方法是将发现长的频繁模式的问题转化成了递归发现若干短模式，然后将它们转化为连接后缀的问题。

6.3　关联规则兴趣性

关联规则兴趣性是一类测度，用于判断关联规则具有意义、引人关注的程度。实

际上，支持度和置信度就是两个基本的兴趣性测度。由于关联规则的挖掘面对的是海量数据，所以挖掘得到的合格关联规则可能会很多（如成百上千）而难以被决策分析人员理解，甚至在一些情况下，规则爆炸（Rule Exploration）本身就是一个问题了。所以就衍生出一个问题，即如何确定所得到规则的兴趣性，并将冗余的或是冲突的规则删除。兴趣性测度从来源上可以分成一般兴趣性和领域兴趣性。一般兴趣性反映普遍接受的一些兴趣标准，如支持度和置信度；而领域兴趣性反映来自具体应用领域的兴趣约束，与特定的问题和决策环境密切相关。例如，在例 6.2 中，就存在着低层属性（如青年、老年）其高层属性（如年龄）是单值属性的情形。类似的还有性别属性。而手机则是多值属性。也就是说，一个顾客只能拥有一个年龄值和性别值，但可以同时拥有多个手机属性值（即拥有多部手机）。所以，A 与 B 的关联、C 与 D 的关联是没有意义的。另外，兴趣性测度的应用旨在帮助提升关联规则的品质，并也可能应用到算法优化的过程中以同时帮助提升计算效率。例如，在获得了合格关联规则之后，人们可以通过定义兴趣性测度来构造过滤器以进一步筛选规则。另一方面，人们也可以将兴趣性测度集成在生成频繁集或生成规则的过程中，以有效减少候选项集的数目和扫描数据库的次数等。

概括说来，兴趣性在发现关联规则知识中可以起到下面几个作用：

（1）减少冗余规则，精简关联规则集合；

（2）避免前提与结论不相关的频繁规则；

（3）避免对背景知识的重复，突出新颖规则；

（4）凸显有价值的例外规则；

（5）筛选出用户所关心的规则，屏蔽用户所不关心的规则；

（6）提高关联规则挖掘的效率。

根据不同的视角，人们可以从不同的角度尝试定义规则兴趣性测度。兴趣度（Interest）、冲突度（Conflict）及改善度（Improvement）就是通过它们的预测优势来对规则进行评价的[107]。例如，如果得到了规则“置信度为 86%的规则 $A\Rightarrow B$”，那么对“置信度为 80%的规则 $AC\Rightarrow B$”就可以认为是不感兴趣的，因为后者相对于前者来说并没有提供更有价值的预测优势。其他的评测标准，如模板度（Template）[108]可以将用户的评价融入删减过程中，这种方法和具有背景知识的关联规则挖掘有一定相似之处。此外还包括影响度（Influence）的概念，通过这个影响度，可以将大量的冗余或不感兴趣的规则删除[109]。

考虑到不同的兴趣度的因子在过滤冗余或不感兴趣的规则时都会产生不同程度的信息损失，因此还需要借助简单集（Simple Set）的概念。通过使用简单集，可以将挖掘的目标缩小在规则右项为单个属性的规则上，通过这样规则的集合，可以没有任何信息损失（Information Loss）地将整个规则集合恢复[110]。

作为示例，下面给出几个主要的兴趣性测度的定义，并简单说明其含义。

1. Lift

关联规则的提升度（Lift）[111]在一些文献中也被称为兴趣度（Interest）和力度（Strength），体现了 Y 总体上的频率和在条件 X 下的频率之间的差异，即

$$\text{Lift}(X \Rightarrow Y) = \frac{\text{Dconf}(X \Rightarrow Y)}{\text{Dsupp}(Y)} = \frac{\text{Dsupp}(XY)}{\text{Dsupp}(X)\text{Dsupp}(Y)} \tag{6.5}$$

Lift 可用于衡量关联规则前项与后项之间的关系。进一步，对 Lift 进行扩展[112]，可以得到条件兴趣度（Conditional Lift），以衡量前项的子项集与后项的相关关系

$$\text{Lift}(X|XY \Rightarrow Z) = \frac{\text{Dconf}(XY \Rightarrow Z)}{\text{Dconf}(Y \Rightarrow \text{Z})} = \frac{\text{Dsupp}(XYZ)\,\text{Dsupp}(Y)}{\text{Dsupp}(XY)\text{Dsupp}(YZ)} \tag{6.6}$$

将前项 X 的子集 P 对规则 $X \Rightarrow Y$ 的条件兴趣度（Conditional Lift）记为 $\text{Lift}(P|X \Rightarrow Y)$，式中，$P \subseteq X$ 和 Lift 为正实数。可以认为：

当 $\text{Lift} > 1$ 时，规则的前项（或前项的子集）与后项正相关，有兴趣性；

当 $\text{Lift} = 1$ 时，规则的前项（或前项的子集）与后项不相关，无兴趣性；

当 $\text{Lift} < 1$ 时，规则的前项（或前项的子集）与后项负相关，无兴趣性。

2. Influence

关联规则 $X \Rightarrow Y$ 的影响度表示规则前项（整体）X 对后项 Y 的影响，即

$$\text{Influence}(X \Rightarrow Y) = \log \frac{\text{Dconf}(X \Rightarrow Y)/(1 - \text{Dconf}(X \Rightarrow Y))}{\text{Dsupp}(Y)/(1 - \text{Dsupp}(Y))} \tag{6.7}$$

在条件 X 下，项集 Z 对项集 Y 的条件影响度（conditional influence）为

$$\begin{aligned} \text{Influence}(Z,Y|X) &= \text{Influence}(XZ \Rightarrow Y) - \text{Influence}(X \Rightarrow Y) \\ &= \log \frac{\text{Dconf}(XZ \Rightarrow Y)/\text{Dconf}(XZ \Rightarrow \quad Y)}{\text{Dconf}(X \Rightarrow Y)/\text{Dconf}(X \Rightarrow \quad Y)} \end{aligned} \tag{6.8}$$

条件影响度反映部分前项 Z 对后项 Y 的影响。归纳起来有：

当 $\text{Influence} > 0$ 时，规则的前项（或前项的子集）对后项有正影响；

当 $\text{Influence} = 0$ 时，规则的前项（或前项的子集）对后项无影响；

当 $\text{Influence} < 0$ 时，规则的前项（或前项的子集）对后项有负影响。

3. Improvement

关联规则的改进度（Improvement）是用来评估规则相对于形式更加简化的规则在预测能力上的改进程度，即

$$\text{Improvement}(X \Rightarrow Y) = \min_{X' \subset X} (\text{Dconf}(X \Rightarrow Y) - \text{Dconf}(X' \Rightarrow Y)) \tag{6.9}$$

4. Intensity of implication

关联规则的蕴涵强度（Intensity of implication）的提出旨在发现那些例外规则（Exception Rules）[113]。令 U 和 V 分别具有与 X 和 Y 一样的支持度，且 U 和 V 是随机分布的，那么规则 $X \Rightarrow Y$ 的蕴涵强度定义为

$$\varphi(X \Rightarrow Y) = 1 - \text{prob}(\|U \quad V\| < \|X \quad U\|) \tag{6.10}$$

这个定义的直观含义是：随机独立的情况下反例数目比实际反例数目大的概率。从中可以看出，随着反例的增加，蕴涵强度会降低，因此它衡量了规则前项蕴涵后项的程度。

例 6.3　下面举例说明影响度的兴趣性测量情况。

影响度：设 $\text{Dsupp}(B)$=70%, $\text{Dconf}(A \Rightarrow B)$=80%，则

$$\text{Influence}(A\Rightarrow B)=\log\frac{80\%/(1-80\%)}{70\%/(1-70\%)}=0.23$$

设

$$\text{Dsupp}(B)=80\%,\ \text{Dconf}(A\Rightarrow B)=80\%$$

则

$$\text{Influence}\ (A\Rightarrow B)=0$$

设

$$\text{supp}(B)=90\%,\ \text{conf}(A\Rightarrow B)=80\%$$

则

$$\text{Influence}\ (A\Rightarrow B)=-0.35$$

条件影响度：设 Dconf($AB\Rightarrow C$)=80%, Dconf($A\Rightarrow C$)=70%，则

$$\text{Influence}\ (B, C|A)=\log\frac{80\%/(1-80\%)}{70\%/(1-70\%)}=0.06$$

设

$$\text{Dconf}(AB\Rightarrow C)=80\%,\ \text{Dconf}(A\Rightarrow C)=80\%$$

则

$$\text{Influence}\ (B, C|A)=0$$

设

$$\text{Dconf}(AB\Rightarrow C)=80\%,\ \text{Dconf}(A\Rightarrow C)=90\%$$

则

$$\text{Influence}\ (B, C|A)=-0.35$$

影响度度量了项或项集在规则中的影响。影响度为零，说明前项与后项间缺乏关联性；影响度为正，说明前项对后项有正的影响；影响度为负，说明前项对后项有负的影响。用户由此可以判断规则中哪些项起正作用、哪些项不起作用、哪些项起反作用，并由此筛选出感兴趣的规则。

6.4　关联规则知识形式扩展

前面各节的讨论是围绕关联规则的最基本形式展开的。也就是说，在关联规则 $X\Rightarrow Y$ 中，X 中的数据项（属性）I_j 的取值是二值的，即布尔值“True“（“1”）和“False”（“0”）。这种布尔取值反映了关于 X 事件的发生状态（如是否购买商品“MP3”），以及与关于 Y 事件的发生状态的关系。所以，从这个意义上讲，这类关联规则也称做布尔关联规则。通常，布尔关联规则被看做是关联规则知识的基本的、也是经典的形式。布尔关联规则是非常重要的决策知识并且具有广阔的应用前景。

在实际应用中，人们经常会遇到需要扩展或丰富布尔关联规则语义的情形。下面将简要讨论相应的知识形式扩展问题。更详细的讨论请进一步参见本书第 16 章的相关内容。

6.4.1　广义关联规则

在形如 $X\Rightarrow Y$ 的布尔关联规则的挖掘中，支持度和置信度作为两个基本测度来衡

量关于 X 和 Y 事件出现的频繁程度。那些满足支持度和置信度阈值（即 α 和 β）的规则会作为合格关联规则被挖掘出来。

对于一些实际应用问题，人们发现在数据项之间可能存在更为复杂的关系，如数据项层次结构（taxonomy）。超市商品之间的关系就是一个例子。商品目录和类别划分就构成了一个层次结构，反映超类和子类的隶属关系。"羽毛球拍"属于"运动器材"，这里"运动器材"是"羽毛球拍"的超类，"羽毛球拍"是"运动器材"的子类。类似地，"MP3"属于"电子产品"类。

重要的是，获得并利用这些层次结构信息对于决策分析是有意义的，因为：① 高层数据项关联也反映了有意义的知识内涵，如"运动器材⇒电子产品"，对管理决策有用；② 一些在低层数据项间不显著的关联模式可能在高层数据间显著，如"羽毛球拍⇒MP3"和"起跑器⇒数字摄像机"这样的关联不一定足够频繁，但是在它们的超类层面（如"运动器材⇒电子产品"）却可能频繁。这就要求扩展关联规则知识表达的形式和语义不仅能够描述层次结构中最低层数据项（如购买的超市商品）之间的关联，而且能够描述层次结构中高层数据项类之间的关联。一般说来，包含高层数据项间关系的关联规则称做广义关联规则（GAR，Generalized Association Rule）。布尔关联规则可视为广义关联规则的特例。

一个直接利用 Apriori 方法挖掘广义关联规则的做法是转换数据[114, 115]。它的基本思路是将层次结构的所有高层数据（超类）项也作为数据项放到数据库中。如果某记录包含一个子类事件，则该记录也被认为包含此子类的超类事件，如购买了"MP3"也被认为购买了"电子产品"。例 6.4 是挖掘广义关联规则的一个示例。

在形如 $X \Rightarrow Y$ 的广义关联规则中，项集 X 和 Y 不仅包含层次结构中的基本数据项（最低层数据），也包含层次结构中的高层数据项。这丰富了关联规则的知识表达和语义。

例 6.4 某数码店销售笔记本电脑、打印机和数码相机三种产品，经营型号如下。

笔记本电脑：Dell D610, Sony S38, Sony T27

打印机：HP 1010, HP 4300, Canon LBP5200

数码相机：Canon EOS-20D, Canon IXUS 700, Sony DSC-V3

数码店销售记录如表 6.5 所示。

表 6.5 数码店销售记录

TID	顾 客	产 品
1	张三	Dell D610, HP 1010
2	李四	Dell D610, Canon LBP5200, Sony DSC-V3
3	张三	Sony S38, Canon LBP5200
4	王五	Dell D610, HP 4300
5	李四	Sony T27, Canon LBP5200,
6	王五	Canon LBP5200
7	李四	HP 1010, HP 4300, Canon EOS-20D
8	李四	Canon IXUS 700
9	张三	Canon EOS-20D, Sony DSC-V3
10	王五	Canon IXUS 700

如果数码店产品目录间有如图 6.2 所示的层次关系，给定最小支持度 30%，最小置信度 100%，数码店经理希望发现顾客购买产品间的关联规则。

根据销售数据和产品层次结构，可以计算项集的支持度。这里，需要考虑层次结构中的高层数据的支持度。例如，Dsupp（{数码相机}）＝5/10＝0.5，涉及五个记录：TID2、TID7、TID8、TID9 和 TID10。类似地，可以获得全部频繁集和合格广义关联规则，分别如表 6.6 和表 6.7 所示。值得一提的是，如果不考虑层次结构，则不存在满足支持度和置信度阈值的布尔关联规则。合格的关联规则知识只在高层数据项间存在。

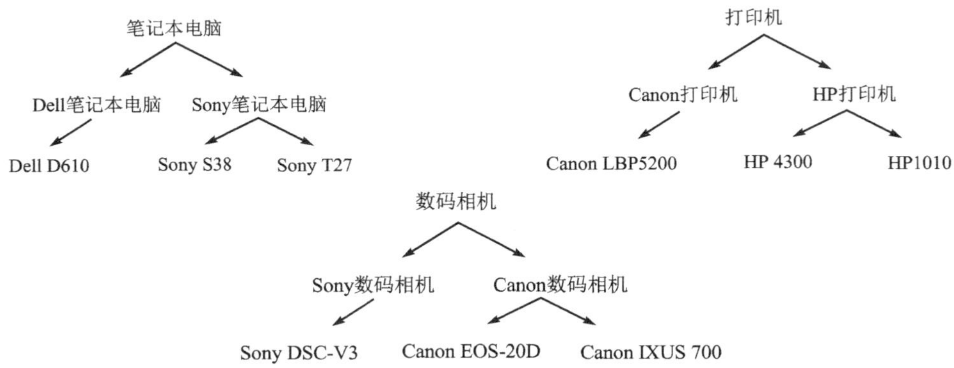

图 6.2　数码产品层次结构

表 6.6　数码店数据：全部频繁集

1-项频繁集	支持度	2-项频繁集	支持度
Dell D610	0.3	Dell D610，打印机	0.3
Canon LBP5200	0.4	Canon LBP5200，笔记本电脑	0.3
Dell 笔记本电脑	0.3	Dell 笔记本电脑，打印机	0.3
笔记本电脑	0.5	笔记本电脑，Canon 打印机	0.3
Canon 打印机	0.4	笔记本电脑，打印机	0.5
HP 打印机	0.3		
打印机	0.7		
Canon 数码相机	0.4		
数码相机	0.5		

表 6.7　数码店数据：合格广义关联规则

规　则	支持度	置信度
Dell D610 ⇒ 打印机	0.3	1
Dell 笔记本电脑 ⇒ 打印机	0.3	1
笔记本电脑 ⇒ 打印机	0.5	1

在广义关联规则的挖掘中，可以引入一些性质或兴趣性测度来进行剪枝和过滤低质量的规则。例如，超类和其所属子类之间的关联就没有意义，如 MP3⇒电子产品。再者，子类/超类关系也可能造成一些规则是冗余的，如表 6.7 中的规则就是这种情况。考虑“Dell 笔记本电脑⇒打印机”和“笔记本电脑⇒打印机”，如果知道在所有的笔记本电脑中有 60%是 Dell 笔记本电脑，那么规则“Dell 笔记本电脑⇒打印机”与规则“笔记

本电脑 ⇒ 打印机”相比没有带来什么特别不同于“平均期望”的信息（即 Dsupp（笔记本电脑 ⇒ 打印机）×60% = 0.3），规则“Dell 笔记本电脑 ⇒ 打印机”可以删除。

6.4.2　数量关联规则

在实际应用中，碰到的数据项经常都是类别数据或数值数据，如商品的数量、家庭的收入和客户的年龄等。对应的数据项属性分别称做多值属性和连续属性。本书进而把基于多值和连续数据项属性的关联规则称做数量关联规则（QAR，Quantitative Association Rule）[116-121]。仍考虑超市购物篮问题，其实顾客购买的商品是具有数量属性的，只是布尔关联规则只关心“购买与否”，而没有涉及“购买多少”的问题。基于 Apriori 方法挖掘数量关联规则的一个做法是进行数据转换，也就是采用离散化的方法划分（partition）连续属性的值域，将每一个离散化得到的区间属性（如年龄[30, 50]）作为一个新属性，并且将原数据值在此区间上的匹配结果形成一个相应的布尔真值。例如，如果原记录 t 的年龄值是 45，则在属性“年龄[30, 50]”上的布尔值为 1。如果原记录 t'的年龄值是 25，则其在此区间属性上的布尔值为 0。当完成了这样的数据转换后的数据集时，人们就可以进行关联规则挖掘，并得到形如 $X \Rightarrow Y$ 的数量关联规则，其中项集 X 和 Y 包含区间属性。一个数量关联规则知识形式的例子为：水果[1～5kg] ⇒ 饮料[2～12L]。

显然，数据如何进行划分将对数据挖掘的结果有很大影响。因此，设计和选择合适的离散化方法是人们研究和应用的课题。对等分、分箱（bin）、数据立方体、聚类、近似匹配和模糊划分等方法都有较多的讨论。详细介绍请进一步参见本书第 8、11、12、16 章的相关内容。

6.5　简单关联规则

本节重点讨论一类特定的关联规则，即规则后项为单个数据项的关联规则，并称此类规则为简单关联规则（SAR，Simple Association Rule）[110]。简单关联规则的讨论一方面也是源于兴趣性的考虑，因为如果关联规则后项过长，将难以理解和使用，致使兴趣性降低。另一方面，形如 $X \rightarrow I_j$（$X \subset I$，$I_j \in I$）的简单关联规则具有一些重要的性质和用途，值得予以关注[110, 64]。此外，许多应用只需要简单规则而不必生成所有的规则（如分类和一些诸如“$P \Rightarrow ?$”的决策分析需求等）。

从前面各节中的讨论得知，将满足给定支持度阈值（α）和置信度阈值（β）的关联规则叫做合格关联规则。根据已知数据集挖掘出来的所有合格关联规则的集合记做 φ：$\varphi = \{X \Rightarrow Y \mid \mathrm{Dsupp}(X \Rightarrow Y) \geqslant \alpha,\ \mathrm{Dconf}(X \Rightarrow Y) \geqslant \beta\}$。

首先，考虑信息冗余的一种情形。假设 φ 中存在两个规则 r_1：打印机⇒打印纸（$\mathrm{Dconf}(r_1) = 80\%$）和 r_2：打印机与打印纸⇒文件夹（$\mathrm{Dconf}(r_2) = 90\%$），则可以推知规则 r_3：打印机⇒打印纸与文件夹的置信度为 72%（即 $\mathrm{Dconf}(r_3) = 72\%$）。这是因为如下两个性质，即

$$\begin{aligned}\mathrm{Dconf}(X \Rightarrow YZ) &= \mathrm{Dconf}(X \Rightarrow Y) \times \mathrm{Dconf}(XY \Rightarrow Z) \\ &= \mathrm{Dconf}(X \Rightarrow Z) \times \mathrm{Dconf}(XZ \Rightarrow Y)\end{aligned} \tag{6.11}$$

$$\mathrm{Dsupp}(X \Rightarrow YZ) = \mathrm{Dsupp}(XY \Rightarrow Z) = \mathrm{Dsupp}(XZ \Rightarrow Y) \tag{6.12}$$

这两个性质说明，只要给定了 $X \Rightarrow Y$ 及 $XY \Rightarrow Z$ 的支持度和置信度，就可以直接推算出 $X \Rightarrow YZ$ 的支持度和置信度，也就是掌握了规则 $X \Rightarrow YZ$ 的全部信息。从这个意义上讲，$X \Rightarrow YZ$ 可以被看做是冗余的。

如果φ中存在着这样三个规则，$X \Rightarrow YZ$ 可以考虑被去掉，因为它能够由另外两个规则推出。此外，其置信度也最低，而其支持度与 $XY \Rightarrow Z$ 一样但要低于 $X \Rightarrow Y$。也就是说，其规则优先度低于其他两个规则。再者，从规则形式的可理解性而言，另两个规则的知识形式更易与理解，因为其后项均为单个数据项，更为简洁。

下面需要回答的问题是：是否只要在φ中发现存在着形如 $X \Rightarrow YZ$ 的规则就可以将其删除呢？答案是肯定的，因为可以证明此时规则 $X \Rightarrow Y$ 和 $XY \Rightarrow Z$ 也一定存在于φ中。这样，φ中存在着冗余，而删除 $X \Rightarrow YZ$ 不会造成信息的损失。

证明的思路是：因为置信度取值范围是[0, 1]，则根据式（6.11）所示的性质，有

$$\text{Dconf}(X \Rightarrow Y) \geqslant \text{Dconf}(X \Rightarrow YZ),\quad \text{Dconf}(XY \Rightarrow Z) \geqslant \text{Dconf}(X \Rightarrow YZ)$$

而且根据式（6.4）所示的性质有

$$\text{Dsupp}(XY \Rightarrow Z) = \text{Dsupp}(X \Rightarrow YZ) \leqslant \text{Dsupp}(X \Rightarrow Y)$$

因为$X \Rightarrow YZ$在φ中，即$X \Rightarrow YZ$满足最小支持度和最小置信度，那么上面步骤说明$X \Rightarrow Y$和 $XY \Rightarrow Z$ 也必满足最小支持度和最小置信度，因此必存在于φ中。类似地，还可得到 $X \Rightarrow Z$，$XZ \Rightarrow Y$ 也存在于φ中。

接下来需要回答的重要问题是：能否只生成和保留简单关联规则？这样的简单关联规则的集合与全体合格关联规则的集合φ是什么关系？对第一个问题的答案是肯定的，依据是对第二个问题的回答，阐述如下。

首先，给定合格规则集合φ，如果规则 r 存在于φ，或者 r 的置信度和支持度能以式（6.13）和式（6.14）所示的性质推导得到，那么就称 r 可由φ导出，记为$r \in_d \varphi$。

其次，将所有合格的简单关联规则的集合称为**简单规则集**，用φ_s来表示，即

$$\varphi_s = \left\{ r : X \Rightarrow I_i \,\middle|\, X \subset I, I_i \in I, X \cap I_i = \varnothing, \text{Dsupp}(r) \geqslant \alpha, \text{Dconf}(r) \geqslant \beta \right\}$$

两个集合φ_s与φ 的关系可以由式（6.13）和式（6.14）表示，即

$$\text{If } r \in \varphi \text{Then } r \in_d \varphi_s \tag{6.13}$$

$$\left\{ r \,\middle|\, r \in_d \varphi_s, \text{Dsupp}(r) \geqslant \alpha, \text{Dconf}(r) \geqslant \beta \right\} = \varphi \tag{6.14}$$

式（6.13）表明，合格关联规则集中的所有规则都能够从简单规则集中导出；式（6.14）表明，从简单规则集合导出的关联规则中满足最小置信度和最小支持度的那部分规则恰好就是原来的合格关联规则集。

例 6.5　给定数据集如表 6.8 所示，可以生成所有合格关联规则如表 6.9 所示（α=3/7，β=65%）。

从表 6.9 可以看到，共有 18 个规则满足支持度和置信度阈值。其中规则 1～14 是简单关联规则，规则 15～18 不是简单关联规则。换句话说，φ={#1, #2, …, #18}，φ_s={#1, #2, …, #14}。进一步，所有四个非简单规则{#15, #16, #17, #18}均可以由简单集中的相关的简单规则导出，具体结果如表 6.10 所示。例如，规则#15 可以由规则#1 和#10 导出，即 Dsupp($A \Rightarrow BE$) = Dsupp($AB \Rightarrow E$) = 3/7，Dconf($A \Rightarrow BE$)=Dconf($A \Rightarrow B$) × Dconf($AB \Rightarrow E$) = 75% × 100% = 75%。

表 6.8 SAR 示例数据

TID	数据项
#1	*A D*
#2	*B E*
#3	*A B D E*
#4	*B D E*
#5	*B C D E*
#6	*A B E*
#7	*A B C D E*

表 6.9 SAR 示例数据：所有合格关联规则

规则代码	关联规则	Dsupp	Dconf
#1	$A \Rightarrow B$	3/7	75%
#2	$A \Rightarrow D$	3/7	75%
#3	$A \Rightarrow E$	3/7	75%
#4	$B \Rightarrow D$	4/7	66.7%
#5	$D \Rightarrow B$	4/7	80%
#6	$B \Rightarrow E$	6/7	100%
#7	$E \Rightarrow B$	6/7	100%
#8	$D \Rightarrow E$	4/7	80%
#9	$E \Rightarrow D$	4/7	66.7%
#10	$AB \Rightarrow E$	3/7	100%
#11	$AE \Rightarrow B$	3/7	100%
#12	$BD \Rightarrow E$	4/7	100%
#13	$BE \Rightarrow D$	4/7	66.7%
#14	$DE \Rightarrow B$	4/7	100%
#15	$A \Rightarrow BE$	3/7	75%
#16	$B \Rightarrow DE$	4/7	66.7%
#17	$D \Rightarrow BE$	4/7	80%
#18	$E \Rightarrow BD$	4/7	66.7%

表 6.10 SAR 示例数据：规则导出

被导出的规则	用于导出的简单规则
#15: $A \Rightarrow BE$	{#1: $A \Rightarrow B$, #10: $AB \Rightarrow E$} {#3: $A \Rightarrow E$, #11: $AE \Rightarrow B$}
#16: $B \Rightarrow DE$	{#4: $B \Rightarrow D$, #12: $BD \Rightarrow E$} {#6: $B \Rightarrow E$, #13: $BE \Rightarrow D$}
#17: $D \Rightarrow BE$	{#5: $D \Rightarrow B$, #12: $BD \Rightarrow E$} {#8: $D \Rightarrow E$, #14: $DE \Rightarrow B$}
#18: $E \Rightarrow BD$	{#7: $E \Rightarrow B$, #13: $BE \Rightarrow D$} {#9: $E \Rightarrow D$, #14: $DE \Rightarrow B$}

简单关联规则的挖掘主要基于 Apriori 的思路，同时引入若干剪枝策略来体现后项为单个数据项的情况，以及挖掘形如 $P \Rightarrow ?$（若给定前项 P）和 $? \Rightarrow Q$（若给定后项 Q）规则的应用情况。理论分析和数据实验表明相关挖掘方法是有效的。

简单规则集的规则数目通常比合格规则集的规则数目明显地少。最大的数目差别情形是 $O(3^m)$ 与 $O(m2^{m-1})$ 的关系（m 是数据项/属性的个数，即$|I|$）。在获得了简单规则集φ_s之后，可以根据实际应用问题的需要导出其他规则，直至获得合格规则的全集φ。

6.6 小结

（1）关联规则（AR）是商务智能领域关注的重要知识形式。关联规则在决策分析中有广泛应用。满足最小支持度阈值和最小置信度阈值的关联规则称做合格关联规则。形如 $X \Rightarrow Y$ 的合格关联规则反映了关于 X 的事件和关于 Y 的事件同时频繁发生，且在关于 X 事件发生的情况下，关于 Y 的事件也随之频繁发生。

（2）挖掘关联规则的经典方法是 Apriori 方法，其基本思路是逐层生成所有的频繁集，然后从频繁集中生成规则。该方法优化的策略通常是根据剪枝性质来减少频繁集生成的数目和扫描数据库的次数。一个重要的剪枝性质是 $\text{Dsupp}(XY) \leqslant \text{Dsupp}(X)$。相应的优化策略是候选频繁集的生成仅基于其频繁子集。

（3）可以从不同的角度来定义兴趣性测度以提升关联规则的质量和挖掘效率。一般兴趣性反映普遍接受的一些兴趣标准；而领域兴趣性反映来自具体应用领域的兴趣约束，与特定的问题和决策环境密切相关。支持度和置信度可被看做是两个基本的兴趣性测度。还存在诸多其他测度定义，如提升度、影响度、改进度和蕴涵强度等。

（4）传统的关联规则一般称做布尔关联规则，其体现事件发生的布尔真值关联。其他的关联规则知识形式的扩展有广义关联规则（GAR）和数量关联规则（QAR）等。包含高层数据间关系的关联规则称做广义关联规则，基于多值和连续数据属性的关联规则称做数量关联规则。采用 Apriori 方法挖掘广义关联规则和数量关联规则一般需要进行数据转换。

（5）规则后项为单个数据项的关联规则称为简单关联规则（SAR）。它简单、易理解，具有应用意义，并可避免信息冗余。满足支持度和置信度阈值的简单关联规则的全体称为简单规则集（φ_s）。简单规则集与所有合格关联规则的集合（φ）存在重要关系：φ中的所有规则都能够从φ_s中导出，从φ_s导出的所有合格关联规则构成φ。

思考练习题

6.1 简述什么是关联规则，以及关联规则支持度和置信度的含义。

6.2 概述 Apriori 方法的基本思路。

6.3 设 $I=\{I_1, I_2, \cdots, I_m\}$是由 m 个不同数据项组成的一个集合。试计算所有形如 $X \Rightarrow Y$ 的关联规则的个数（其中：$X, Y \neq \varnothing$，$X, Y \subset I$ 且 $X \cap Y = \varnothing$）。

6.4 某商店销售四种电子产品：电视机（TV）、数码录放机（DVD）、洗衣机（WM）和笔记本电脑（LC）。其销售记录如下表所示。

记录号	产品
#1	WM，TV，DVD
#2	WM
#3	WM，TV，LC，DVD

续表

记 录 号	产 品
#4	TV
#5	WM，DVD
#6	LC，DVD
#7	WM，TV，DVD
#8	DVD
#9	WM，TV，DVD
#10	LC

试找出关联规则以了解产品购买之间的联系（给定最小支持度为0.5 ，最小置信度为0.8）。（提示：注意应用式（6.4））

6.5 **某商店有商品销售记录如下表所示：**

TID	购买商品
T100	旅游鞋、浴巾、MP3、巧克力
T200	旅游鞋、浴巾、跑步机、墨盒
T300	浴巾、羽毛球拍、面包、巧克力、旅游鞋
T400	浴巾、跑步机、墨盒
T500	面包
T600	羽毛球拍
T700	旅游鞋、羽毛球拍、面包、巧克力、墨盒
T800	旅游鞋、浴巾、羽毛球拍、MP3、巧克力

此外，商品目录反映的商品关系如下：

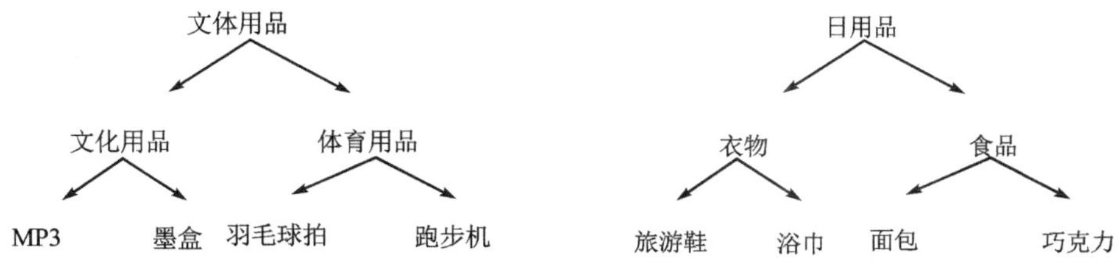

给定最小支持度0.6，最小置信度1，试找出合格的广义关联规则。

6.6 试判断下列性质是否成立。若成立，请证明；若不成立，请举出反例。

（1）如果 $X \Rightarrow YZ$ 是合格关联规则，则 $X \Rightarrow Y$ 和 $X \Rightarrow Z$ 也是合格关联规则。

（2）如果 $X \Rightarrow Y$ 和 $X \Rightarrow Z$ 是合格关联规则，则 $X \Rightarrow YZ$ 也是合格关联规则。

（3）如果 $X \Rightarrow Y$ 和 $Y \Rightarrow Z$ 是合格关联规则，则 $X \Rightarrow Z$ 也是合格关联规则。

6.7 试证明本章中式（6.11）和式（6.12）所示的性质。

第7章

分类分析

常言道："物以类聚，人以群分"。一方面，大千世界存在着林林总总的各类事物；另一方面，人类在文明进程中也已逐渐习惯了借助类别更清晰、准确地描述身边的人和事。分类其实是每个人生活中最常用的分析和思考方式，当人们将同学或朋友的号码存入手机电话簿时，当人们将看完的书籍插入书架时，都在不经意间完成了分类的过程。银行会为不同条件的信用卡申请者提供不同的信用额度，商场期望针对不同购买习惯的客户进行有区别的营销策略，这些目标的实现则依赖于对海量数据的分类和分析。分类不难，实现快速的准确分类就不那么容易了，本章将围绕主流分类分析算法和准确率测度展开学习和讨论。

本章学习重点

- 决策树分类概念与方法；
- 贝叶斯分类概念与方法；
- 分类准确率测度。

作为商务智能的重要方法之一，分类广泛应用于决策分析的各个领域，能够基于数据构建趋势描述模型并对未来做出预测。例如，银行的信用评级，文献的整理归档，客户细分特征的认定，疾病的严重程度划分，产品/服务评论的有用性估计等都离不开分类。过去几十年间在统计学、人工智能和生物学等诸多领域已经出现了许多分类方法，商务智能的分类方法大多是由此演化扩展而来的，其特点是面向大规模数据的分类决策分析。本章将主要介绍决策树分类和贝叶斯分类等方法。

7.1 分类分析简介

分类是商务智能中重要且应用非常广泛的决策方法。简单说来，分类所要解决的问题是将一个事件或对象划分到给定的类别上。例如，银行可以基于收入水平、工作情况等对给定客户进行信用风险分析，确定客户的风险等级。在实际生活中，与风险定级一样，生物辨别、图书归类、航班旅客类别、疾病诊断、行业划分、产品类型和人口统计等分类决策的例子比比皆是。

例 7.1 假设有一组历史数据，反映了动物类别的信息（见表 7.1[125]），则可根据这些数据进行分类来描述动物属性与类别之间的对应关系。进而，这些对应关系就可以成为对其他未知类别的动物进行分类的“标准”。具体来说，根据表 7.1 中数据记录的属性取值（食肉、有鳍、产奶、有毒）和类别取值（鱼类、哺乳动物、爬行动物）的对应情况，可能获得的分类结果为：

如果“有鳍”则为“鱼类”；

如果“无鳍”且“产奶”则为“哺乳动物”；

如果“无鳍”且“不产奶”则为“爬行动物”。

表 7.1 样本数据集

序号	食肉	产奶	有鳍	有毒	类别
1	1	0	1	0	鱼类
2	1	1	0	0	哺乳动物
3	0	0	1	0	鱼类
4	0	1	0	1	哺乳动物
5	1	0	1	1	鱼类
6	1	0	0	1	爬行动物
7	1	0	1	0	鱼类
8	1	0	0	1	爬行动物
9	1	1	0	0	哺乳动物
10	0	0	0	1	爬行动物
11	0	0	0	1	爬行动物

通常，分类过程主要包含两个步骤：第一步，分析已知数据的情况，建立一个分类模型以描述已知数据属性与给定类别之间的对应关系，该分类模型也被称做分类器；分类过程的第二步是利用所获得的分类模型（分类器）对新数据的类别进行预测。

具体来说，在第一步中，通过分析已知的数据总结出分类模型，这里用于构建分类模型的已知数据称为训练集，通常为已经掌握相应类别信息的历史数据。训练集的每条记录称做一个训练样本，其包含着的若干属性（如收入水平和工作情况等）被统称为属性向量。此外，数据集的每条记录还有一个特别的属性（即类别）与之对应，该（类别）属性的值域通常为感兴趣的有限离散值。例如，在信用风险分类问题中，类别的值域可为“信用良好”或“信用一般”等。

生成分类器的目的就是通过分析训练集的数据来概括训练集数据的属性向量与类别之间的关系。分类器通常可以表示为分类规则、决策树和数学公式等形式。从一般意义上讲，最终均可归结为规则的形式，形如 $X \Rightarrow C$，表明“若记录 t 满足条件 X，则 t 为类别 C”。由于分类器概括了已知数据集的类别特点，因此它一方面可以帮助用户更好地了解已知数据的规律，另一方面可对类别未知的其他数据进行判断，为决策者提供支持。

分类过程的第二步是使用获得的分类器对数据的类别进行预测。在这个过程中，首先要使用另外一组数据（称为测试集）对分类器的分类准确率进行估计。这里，分类准确率为分类器预测正确的样本数占所有测试集样本数的比例。相应地，分类器预测错误的样本数占所有测试集样本数的比例称为分类错误率。显然，分类准确率+分类错误率= 100%。测试集的结构与训练集的结构相同。在此使用测试集而不使用训练集的原因是，由于生成分类器的过程倾向于过分逼近训练数据的内在模式，因此可能造成对分类准确率的估计过于乐观。在这个意义上，测试集的数据样本应该是随机获得的且与训练样本相互独立的。如果一个分类器的准确率经测试被认为可以接受的，那么就可以使用此分类器对未来数据对象进行分类。

分类准确率是分类器最重要的一个指标，除此以外，还可以根据以下几条标准评价分类方法。

（1）可理解性：它描述分类器表示的知识被用户理解的程度。

（2）速度：它描述在构造和使用分类器时的计算效率。

（3）鲁棒性/强健性：它描述在数据带有噪声和有数据遗失的情况下，分类器仍能进行正确预测的能力。

7.2　决策树分类

决策树（DT，Decision Tree）[122]是一个类似流程图的树形结构，决策树分类方法以树的形式采用自上而下的方式给出分类规则。例如，图 7.1 所示是一个简单的决策树分类的例子，用于判断当天天气状况是否适合打网球。一棵决策树包含了两种类型的节点：内部节点和叶子节点。其中树的每个内部节点代表对一个属性（取值）的测试，该属性称做分裂属性，因为根据该属性的不同取值将会把数据分成不同的几部分，而内部节点的每个分枝就代表该属性一个具体的取值，如图 7.1 中属性“湿度”为一个分裂属性，其值域包括“高”和“正常”，分别对应着一个分枝；而树的每个叶子节点就代表一个类别，如“适合”和“不适合”便是类别。决策树方法具有较好的分类准确率，同时树形结构表达直观、易于理解。该方法最初应用于机器学习领域，是一种较为通用的方法，目前已经出现了多种决策树方法，如 ID3、C4.5、CART 和 SLIQ 等[122, 123]。其中 Quinlan 提出的 C4.5 方法[124]是决策树分类方法中的代表，已经成为检验新的分类器性能时必选的基准方法之一。

决策树方法可以划分为两阶段：决策树构建和决策树剪枝。决策树构建是指根据训练集得到一个粗略的、基础的树形结构。决策树构建的关键是在每个内部节点上确定分裂属性和对应的测试内容。当构建决策树时，有许多由数据集中的噪声或异常数据所产生的分枝。决策树剪枝就是识别并消除这类分枝，以帮助改善对未知对象分类的准确性。决策树可以对未知数据对象进行分类识别，从决策树的根节点到叶子节点的一条路径就形成了对相应对象的类别预测。决策树可以很容易转换为分类规则形式，许多基于规则进行数据挖掘的商用系统都是以决策树方法为基础的。

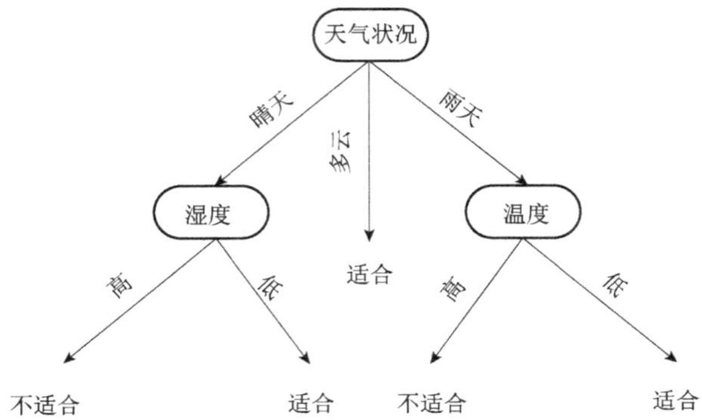

图 7.1　决策树示例

本部分内容安排如下：在 7.2.1 节，将介绍决策树构建的方法；在 7.2.2 节，介绍决策树剪枝的方法。

7.2.1　决策树构建

决策树的树形结构决定了构建一棵决策树的方法和过程。构建决策树的基本思想是递归地从所有可选的属性中选择最优的分裂属性，直至满足某个结束条件为止。所谓的“最优”意为根据该属性上的不同值能够把训练集分为彼此之间“差异”最大的几部分。决策树通常要求属性值为离散值，如果是连续的属性，则需要将连续值离散化。例如，图 7.1 中的“温度”是连续值，但为了能够将训练集分成有限个部分，则将“温度”离散为“高”和“低”两个值。构建决策树的具体方法有很多，但其基本过程和思路可以概括如下[122]。

初始构建决策树时，作为一个单个节点（根节点）代表了所有的训练样本集数据；对于任意一个节点（包括根节点），如果对应的样本均为同一类别，则该节点就成为叶子节点并标记为该类别；否则，将选择合适的分裂属性，分裂属性的每一个值均对应一个将要被创建的分枝，这个分枝或连接一个叶子节点（类别），或连接一个内部节点（对应一个分裂属性）。递归使用上述处理过程，即可为每个分枝赋予一个节点，该节点是将要递归生成的决策树的根节点。在整个构建决策树的过程中，一个属性一旦在某个节点出现，那么它就不能再次出现，因此该被选中的分裂属性会从候选属性集中删除。图 7.2 给出由训练集得到决策树的算法伪码。

递归方法一定要包括某种停止条件，通常决策树构建方法的递归停止条件是：

（1）当前节点的所有样本均为同一类别；

（2）候选属性集为空，此时标记该节点为默认类别 C_default；

（3）某一分枝没有符合测试条件的样本，创建一个叶子节点并将其标记为默认类别 C_default。

方法：Generate_decision_tree(S, CA) 根据给定数据集产生一个决策树。
输入：训练集 S，各属性均取离散数值；候选属性集 CA。
输出：决策树。
处理流程：
（1）创建一个节点 N；
（2）if 该节点中的所有样本均为同一类别 C，then
（3）返回 N 作为一个叶子节点并标志为类别 C；
（4）if 候选属性集为空，then
（5）返回 N 作为一个叶子节点并标志为默认类别 C_default；
（6）从候选属性集中选择最优分裂属性 A，将节点 N 标记为 A，从 CA 中删除 A；
（7）对于 A 中的每一个已知取值 Vi
（8）为 A 建立测试为 A=Vi 的分枝；
（9）设 S_i 为 A=Vi 所对应的样本集；
（10）if S_i 为空，then
（11）创建叶子节点并标志为默认类别 C_default；
（12）else 加上节点 Generate_decision_tree(S_i, CA)

图 7.2　由训练集得到决策树的基本方法

在决策树构建方法中，如何选择分裂属性是关键。关于分裂属性的选择有大量的研究，常用的分裂标准包括信息增益方法[124]和基尼系数[122]等。前者对应的方法有 ID3 和 C4.5 等，后者有 CART 和 SLIQ 等。下面简要介绍一下信息增益方法的基本思想。

训练集的数据中每一个属性都包含了一定的信息，这些信息的作用是减少整个数据集的不确定性，一般可以通过信息熵来描述这种信息不确定性。信息增益方法选择具有最高信息增益（即信息熵减少的程度最大）的属性作为当前节点的分裂属性，以使划分获得的训练样本子集进行分类所需要的信息最少。也就是说，选择该分裂属性对样本集合划分，将会使得所产生的各样本子集中的“不同类别混合程度”降为最低。因此采用这样一种方法将有助于有效减少对象分类所需要的次数，从而确保所产生的决策树比较简单，尽管不一定是最简单的。

具体说来，信息论认为：一个消息所表达的信息量取决于它的概率 p，并且可以用$-\log_2(p)$表示其包含的信息量[26]。log 函数是以 2 为底的，因为在信息论中信息都是按二进制位进行编码的。例如，如果有 8 个出现概率相同的消息，那么它们中的任何一个所表达的信息量是$-\log_2(1/8)$或 3 比特。这样，假设从一个数据集 T 中随意抽出一个样本并说明它属于某个类别 C_k，这个消息出现的概率是 $\text{freq}(C_k,T)/|T|$，它所表达的信息量是 $-\log_2(\text{freq}(C_k,T)/|T|)$ 比特。式中，$|T|$表示数据集 T 中的记录总数，$\text{freq}(C_k,T)$ 表示数据集 T 中属于类别 C_k 的记录数。为了鉴别 T 中某个记录的类别所需的平均信息量，可定义 $\text{info}(T)$如下

$$\text{info}(T)=-\sum_{k=1}^{g}\frac{\text{freq}(C_k,T)}{|T|}\times\log_2\left(\frac{\text{freq}(C_k,T)}{|T|}\right)$$

式中，g 表示类别数。

假设属性 A 有 n 个不同的取值（前面提到需要把连续值进行离散），可以将训练数据集 T 分为 n 个子集 $T_1, T_2, \cdots, T_n$。根据属性 A 的 n 个不同取值将数据集 T 分成 n

个子集之后，期望的平均信息量为

$$\text{info}_A(T)=\sum_{t=1}^{n}\frac{|T_i|}{|T|}\times\text{info}(T_i)$$

式中，info(T_i)的含义与 info(T)类似，区别在于 info(T_i)仅考虑数据子集 T_i 中各类别的分布情况。

因此，根据属性 A 对数据集 T 进行划分之后所得的信息增益为

$$\text{gain}(A)=\text{info}(T)-\text{info}_A(T)$$

信息增益方法可计算候选属性中的每个属性的信息增益，并从中挑选出信息增益最大的属性作为给定集合的分裂属性并由此产生相应的分枝节点。所产生的节点被标记为相应的属性，并根据这一属性的不同取值分别产生相应的（决策树）分枝，每个分枝代表一个被划分的样本子集。

例 7.2 以表 7.1 作为样本数据集 T。该数据集包含鱼类（C_1）、爬行动物（C_2）和哺乳动物（C_3）三个类别；食肉（P）、产奶（M）、有鳍（F）和有毒（V）四个属性。因此，g=3，$|T|$=11，freq(C_1, T) =4，freq(C_2, T) =4，freq(C_3, T) =3。另外，每个属性均为布尔值，因此所有 n 均为 2。

为了计算每个属性的信息增益，首先计算所有样本分类需要的期望信息量为：info(T) = – 4/11×log$_2$(4/11) – 4/11×log$_2$(4/11) –3/11×log$_2$(3/11) = 1.5726。

接下来，计算每一个属性的期望信息量。具体过程如下：

首先计算属性 P（食肉）的期望信息量。从表中可以知道，T_1=7（P = 1），T_2=4（P = 0）。其中 freq(C_1, T_1) =3，freq(C_2, T_1) =2，freq(C_3, T_1) =2，因此有 info(T_1) = –3/7 × log$_2$(3/7) – 2/7×log$_2$(2/7) – 2/7×log$_2$(2/7) = 1.5567。同理，freq(C_1, T_2) =1，freq(C_2, T_1) =2，freq(C_3, T_1) =1，因此有 info(T_2) = – 1/4×log$_2$(1/4) – 2/4×log$_2$(2/4) – 1/4×log$_2$(1/4) = 1.5000。于是，属性 P 的期望信息量为：info$_P$(T) = 7/11×1.5567 + 4/11×1.5000 = 1.5361。同理，info$_M$(T) = 0.7273，info$_F$(T) = 0.6270，info$_V$(T)=1.1240。

因此，根据各属性对数据集 T 进行划分之后所得的信息增益分别为

$$\text{gain}(P)=\text{info}(T)-\text{info}_P(T)=0.0366$$
$$\text{gain}(M)=\text{info}(T)-\text{info}_M(T)=0.8454$$
$$\text{gain}(F)=\text{info}(T)-\text{info}_F(T)=0.9457$$
$$\text{gain}(V)=\text{info}(T)-\text{info}_V(T)=0.4486$$

最优分裂属性为数据集 T 中所有属性中信息增益最大的属性，因为该属性可以最大程度地对数据进行类别划分，因此本数据集的最优分裂属性为“有鳍（F）”。这样，根节点的分裂属性为“有鳍（F）”，并对 F 的每个属性值引出一个分枝。当 F=1 时，所有的样本均属于同一类别，因此为该分枝创建一个叶子节点，标记为类别“鱼类”，如图 7.3 所示。

接下来，针对“F=0”的数据组成的节点进一步选择分裂属性，注意此时需要重新计算数据集的熵。与上述过程类似，可以计算得出该节点的分裂属性为“产奶（M）”，并对 M 的每个属性值引出一个分枝。当 M=1 或 M=0 时，相应的样本均属于同一属性，因此为两个分枝分别创建一个叶子节点，分别标记为类别“哺乳动物”和“爬行动物”。

此时，决策树符合“当前节点的所有样本均为同一类别”，则停止该构建过程。最终的决策树如图 7.4 所示。

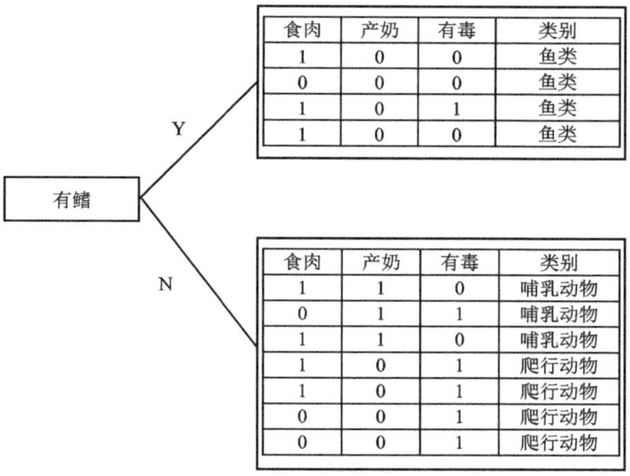

图 7.3 根节点的分裂属性

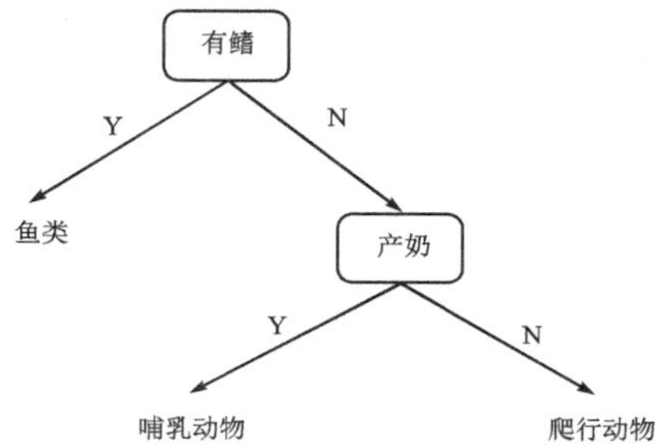

图 7.4 表 7.1 对应的决策树

7.2.2 决策树剪枝

当利用训练集生成决策树之后，树的很多分枝属于噪声或会对分类准确率造成负面影响，这种情况称做模型“过适应于”数据[125]，因此需要对决策树进行剪枝来提高决策树的分类能力。一方面，对决策树剪枝会提高决策树分类的速度；另一方面，决策树独立于测试数据正确分类的能力也会有所提高。在决策树的剪枝方面存在着很多人为设定的标准，而且剪枝的时机也有所不同。有的是在决策树构建的过程中就进行剪枝和控制，即先剪枝策略；有的则是在决策树构建结束之后按照一定的标准进行剪枝，即后剪枝策略。

在先剪枝策略中，通过提前停止生成分枝对决策树进行剪枝。例如，某分枝对应的样本虽然不完全属于同一类别，但仍为该分枝构建一个叶子节点，并标记为默认类别。这种方法在当前节点上就需判断是否继续分裂该节点所含训练集样本，从而实现剪枝的目的。

在建造一个决策树时，可以利用信息增益等测度来对分枝生成情况（优劣）进行评估。用户事先制定一个阈值，如果在一个节点上分裂样本集会导致（所产生的）节点中样本数少于指定的阈值，则停止继续分裂样本集合。这种方法的难度在于如何确定一个合理的阈值。阈值过大会导致决策树过于简单，此时分类精度会有所降低；而阈值过小又会导致剪枝不够彻底。

在后剪枝策略中，首先完全地构建一个决策树，然后删除不必要的节点和对应的分枝，从而对该树进行剪枝。后剪枝方法的一个典型例子是基于代价复杂性方法。该方法用如下方式确定是否对某一个节点剪枝。对于树中每个非叶子节点，计算出该节点（分枝）被剪枝后得到的新树所对应的分类错误率，同时根据每个分枝的分类错误率及每个分枝的权重（样本分布），计算该节点不被剪枝时的分类错误率；比较这两个错误率，如果剪枝导致分类错误率变大，则放弃剪枝，保留相应节点的各个分枝，否则就将相应节点的分枝剪枝删去。被剪枝（分枝）的节点就成为一个叶子节点，并将其标记为默认类别。该方法中，可以设定不同的阈值，这样会产生不同的候选决策树，然后利用一个独立的测试数据集对这些候选决策树的分类准确率进行评价，选择其中分类准确率最高的决策树。

前面提及的 C4.5 方法在构建决策树时使用后剪枝策略。它通过一种启发式的方法来计算决策树或其子树的分类错误率：假设在某个叶子节点上有 N 个样本，其中有 E 个样本的类别判断是错误的，那么把这个叶子节点的分类情况记为 E/N，可以认为在 N 次实验中出现了 E 次“事件”。C4.5 方法假设该事件符合二项式分布，给定一个置信度 CF（C4.5 中默认为 0.25），然后利用下面的公式计算得出分类错误率 p，即

$$\mathrm{CF}=\sum_{i=0}^{E} C_N^i p^i (1-p)^{N-i}$$

在得到分类错误率 p 之后，如果把某一棵子树用一个叶子节点取代之后能够降低分类错误率，那么就对这个子树进行剪枝，因为这会提高整个决策树对未知样本的分类准确率。剪枝的最终目标是把整个决策树的预期错误率降到最低。实验证明，这种方法经常能够产生令人满意的结果。

从过程上看，后剪枝方法经过了从“构建”到“剪枝”这样的过程，显然它要比事前剪枝需要更多的计算时间，相应地，后剪枝可以获得更可靠的决策树。此外，在一些情况下，可以将先剪枝方法与后剪枝方法相结合，从而构成一个混合的剪枝方法。

7.3　贝叶斯分类

贝叶斯分类器的理论基础是贝叶斯定理[126]，因此可以认为它是一个统计分类器，它能够预测一个数据对象属于每个类别的概率，从而判断该对象最可能的类别。这种给出某数据对象属于某类别的概率的方法，除了可以获得最终的类别判定外，由于可提供概率排序结果，可提供比直接得到分类结果更多的信息。在处理大规模数据库时，贝叶斯分类器已表现出较高的分类准确率和运算性能。

下面首先介绍一下贝叶斯定理，然后介绍简单贝叶斯分类器和贝叶斯信念网络。

7.3.1　贝叶斯定理

贝叶斯定理也称贝叶斯推理，它通过计算条件概率以解决如下一类问题。假设 $H_1, H_2, \cdots, H_n$ 互斥且构成一个完全事件，已知它们发生的概率 $P(H_i)$，$i=1, 2, \cdots, n$，现观察到某事件 A 与 $H_1, H_2, \cdots, H_n$ 相伴随而出现，且已知条件概率 $P(A|H_1)$，即在 H_1 发生的情况下事件 A 发生的概率，我们希望确定 $P(H_1|A)$的值，即给定样本 A 时 H_1 发生的概率。举例来说，设天气情况分为晴（用 H_1 表示）和阴（用 H_2 表示），两者互斥且构成一个完全事件，它们的概率分别为 $P(H_1)=0.6$ 和 $P(H_2)=0.4$。事件 A 代表刮风，并且知道 $P(A|H_1)=0.3$，即在晴天情况下刮风的概率为 0.3。贝叶斯定理能够帮助得到 $P(H_1|A)$的值，也就是刮风时是晴天的概率。

$P(H_1|A)$是后验概率，或者称条件 A 下 H_1 的后验概率。相应地，$P(H_1)$称做先验概率，或者 H 的先验概率。上面的例子中，$P(H_1|A)$反映了当已知刮风时确信天气为晴的程度。而 $P(H_1)$是任意选取一天为晴的概率，即 A 是未知或随机抽取的。相比于先验概率，后验概率包含了更多信息，这些信息可进一步确定天气是否为晴的概率。另外，$P(A|H_1)$是条件 H_1 下 A 的后验概率。上例中 $P(A|H_1)$表示天气晴(H_1)时刮风(A)的概率。

贝叶斯定理可通过 $P(A|H_1)$、$P(A)$和 $P(H_1)$的值来计算获得 $P(H_1|A)$，即

$$P(H_1 \mid A) = \frac{P(A \mid H_1) \times P(H_1)}{P(A)}$$

7.3.2　简单贝叶斯分类器

如果根据贝叶斯定理计算未知对象属于某类别的概率，从而判断该对象的类别，则得到一个贝叶斯分类器。顾名思义，简单贝叶斯分类器[127]是一种简化的贝叶斯分类器。它假设一个指定类别中各属性的取值是相互独立的，从而使问题得到简化。这一假设也被称为类别条件独立，有助于有效地减少在构造贝叶斯分类器时的计算量。虽然这种假设在现实世界中很难满足，但简单贝叶斯分类器在应用中仍有很好的效果，有关研究结果表明，简单贝叶斯分类器在分类性能上与决策树和神经网络是相当的。

贝叶斯定理分类的思路很简单，设数据有 g 个不同类别，$C_1, C_2, \cdots, C_g$，只需求得 $P(C_i|\boldsymbol{A})$的值，i=1, 2, ⋯, g，然后取其中值最大的且对应的 C_i 即可，其中 $\boldsymbol{A}$ 是数据所有属性构成的特征性向量。

由贝叶斯定理可知，需要知道 $P(C_i)$, $P(\boldsymbol{A})$及 $P(\boldsymbol{A}|C_i)$的值，i=1, 2, ⋯, g。简单贝叶斯分类器进行分类的具体步骤如下：

（1）根据属于类别 C_i 的样本数占样本总数的比例得到 $P(C_i)$，i=1, 2, ⋯, g，即 $P(C_i)=\text{freq}(C_i, T)/|T|$，freq( )与 T 的含义参见 7.2 节（决策树）的内容。

（2）给定一个数据样本，则可以知道其对应的代表 m 个属性——$A_1, A_2, \cdots, A_m$——取值的 m 维特征向量 $\boldsymbol{A}=(a_1, a_2, \cdots, a_m)$。

（3）求得 $P(a_i|C_k)$的值，i=1, 2, ⋯, m，k=1, 2, ⋯, g。具体方法如下：

① 如果 A_i 为离散变量，则 $P(a_i|C_k)=\text{freq}(C_k, T_i)/\text{freq}(C_k, T)$，式中，$T_i$ 为满足 $A_i=a_i$ 的样本；

② 如果 A_k 为连续变量，设该属性的取值满足高斯分布，则

$$P(a_i \mid C_k) = g(a_i, \mu_k, \sigma_k) = \frac{1}{\sqrt{2\pi\sigma_k}} \mathrm{e}^{\frac{(a-\mu_k)^2}{2\sigma_k{}^2}}$$

式中，$g(a_i, \mu_k, \sigma_k)$是属性 A_i 的高斯规范密度函数，μ_k 和 σ_k 是训练集中类别为 C_k 的样本的属性 A_i 的均值和方差。

（4）根据“一个指定类别中各属性的取值是相互独立的”这个假设，可以得到

$$P(\boldsymbol{A} \mid C_k) = \prod_{i=1}^{m} P(a_i \mid C_k)$$

根据（3）的结果，便可以得到 $P(\boldsymbol{A}|C_k)$的值。

（5）根据贝叶斯定理计算 $P(C_k|\boldsymbol{A})$的值

$$P(C_k \mid \boldsymbol{A}) = \frac{P(\boldsymbol{A} \mid C_k) \times P(C_k)}{P(\boldsymbol{A})}$$

式中，对于任意 C_k，$P(\boldsymbol{A})$是相等的，因此比较 $P(\boldsymbol{A}|C_k) \times P(C_k)$即可。

（6）选择最大的 $P(C_k|\boldsymbol{A})$对应的 C_k，认为该对象类别为 C_k。

虽然从理论上讲简单贝叶斯分类器的分类精度要优于其他分类器，但实际上有两方面原因限制了其分类的准确率：一是“一个指定类别中各属性的取值是相互独立的”这个假设很难满足，二是有时无法获得数据的准确概率分布。

即便如此，有研究结果表明[127]，与决策树等分类器相比，简单贝叶斯分类器在某些情况下具有更好的分类效果。

例 7.3 利用简单贝叶斯分类方法预测一个数据对象类别。将前面表 7.1 所示的数据作为训练样本集，使用简单贝叶斯分类器来预测训练集的第一个样本 $\boldsymbol{A}$=(1, 0, 1, 0)(即 $\boldsymbol{A}$=(食肉，不产奶，有鳍，无毒))的类别。

（1）计算 $P(C_i)$，i=1, 2, 3。由训练集可知 $P(C_1)=4/11$，$P(C_2)=4/11$，$P(C_3)=3/11$。

（2）未知样本的特征向量为 $\boldsymbol{A}$=(1, 0, 1, 0)。

（3）四个属性均为离散变量，依次求得 $P(a_i|C_k)$的值，其中 i=1, 2, 3, 4；k=1, 2, 3。

$$P(P=1|C_1)=3/4;\ P(P=1|C_2)=2/4;\ P(P=1|C_3)=2/3$$
$$P(M=0|C_1)=4/4;\ P(M=0|C_2)=4/4;\ P(M=0|C_3)=0/3$$
$$P(F=1|C_1)=4/4;\ P(F=1|C_2)=0/4;\ P(F=1|C_3)=0/3$$
$$P(V=0|C_1)=3/4;\ P(V=0|C_2)=0/4;\ P(V=0|C_3)=2/3$$

（4）利用上面的结果，可以计算

$$P(A|C_1)= P(P=1|C_1) \times P(M=0|C_1) \times P(F=1|C_1) \times P(V=0|C_1)=0.5625$$
$$P(A|C_2)= P(P=1|C_2) \times P(M=0|C_2) \times P(F=1|C_2) \times P(V=0|C_2)=0$$
$$P(A|C_3)= P(P=1|C_3) \times P(M=0|C_3) \times P(F=1|C_3) \times P(V=0|C_3)=0$$

（5）根据贝叶斯定理可以得到

$$P(C_1|A)= P(A|C_1)\ P(C_1)/P(A)=0.2045/P(A)>0$$
$$P(C_2|A)= P(A|C_2)\ P(C_2)/P(A)=0$$
$$P(C_3|A)= P(A|C_3)\ P(C_3)/P(A)=0$$

（6）显然 C_1 对应的 $P(C_i|A)$值最大，因此，判定未知样本属于鱼类（C_1）。

下面考虑一种特殊情况，即简单贝叶斯分类器在处理计数为 0 的属性值时的情况。例如，在上例中，$P(V=0|C_2)=0$，则 $P(C_2|\boldsymbol{A})=0$。由于 0 与任何因子相乘皆为 0，因此在属于某个具体类别的样本中，如果某个属性值对应的样本计数为 0，那么其他属性将不再对这个具体类别的概率产生任何影响。例如，给定一个未知数据样本 $\boldsymbol{A}$，如果它是无毒的（V=0），则认为该样本不可能为爬行动物，即 $P(C_2|\boldsymbol{A})= 0$。这种武断的结果有时候会造成分类结果错误，甚至没有结果。为了解决这个问题，可以在计算 $P(a_i|C_k)$时为分子和分母都增加一个小常数 q，$P(a_i|C_k)=[\text{freq}(C_k, T_i)+q/g]/[\text{freq}(C_k, T)+q]$。式中，$q$ 是 0～1 之间的常数（通常为 1）。这种方法是对简单基本贝叶斯分类的一个补充，仅针对一些分类出错或无法分类的特殊情况。

7.3.3 贝叶斯信念网络

简单贝叶斯分类器是基于“一个指定类别中各属性的取值是相互独立的”这个假设来进行分类计算的，也即给定一个数据样本类别，其样本的各属性的取值应是相互独立的。这一假设简化了分类计算的复杂性。若该假设对于特定数据集不成立，简单贝叶斯分类器便会分类错误。举一个极端的例子，给定属性之间原本不相关的数据对象，从理论上讲，将对象的某一属性 A_1 复制为 A_2 后，并不改变对象的性质，因此其分类结果与复制属性前相比也不应该变化，但是此时属性 A_1 与 A_2 之间存在着完全相关，如果根据简单贝叶斯分类器的流程计算，可能会得出完全不同的结论。

显然，实际问题中属性间的相互依赖情况是较常见的，贝叶斯信念网络[128]就是用于描述这种相互关联的概率分布，它通过在属性之间建立关联（有向弧）来放松独立性假设。同时，为了提高效率，这些增加的有向弧需要满足：类别属性没有双亲节点，每个属性都有一个类别属性及最多另外一个属性作为其父节点。该网络能够描述各属性子集之间有条件的相互独立。它提供了一个图形模型来描述其中的因果关系，而后续的分类过程也基于这一模型进行。这一图形模型就称为贝叶斯信念网络（常简称为信念网络）。

网络由图与点或边上的数量指标构成，因此一个信念网络也可以看做由两部分内容构成。第一部分就是有向无环图，其中的每一个节点代表一个随机变量（属性）；每一条弧（两个节点间的有向边）代表一个概率依赖。若一条弧从节点 X 指向节点 Y，那么 X 就是 Y 的一个父节点，对应的 Y 就是 X 的一个子节点。给定父节点，每个属性都有条件地独立于图中非子节点。属性既可取离散值，也可取连续值。它们既可对应数据集中实际的属性，也可对应数据集中的“隐含属性”，以构成一个关系。信念网络的第二个部分就是包含所有属性取值之间条件概率的信息。对于一个属性 X，定义一个条件分布 $P(X|\text{parent}(X))$，其中，$\text{parent}(X)$表示 X 的父节点。这样就可以描述对于 X 父节点每一种组合，X 取每个值的条件概率。通常，这种条件概率以表的形式表示，因此称这部分内容为条件概率表。

给定属性 $A_1, A_2, \cdots, A_m$，任何数据对象（元组）的联合概率（$a_1, a_2, \cdots, a_m$）都可以通过以下公式计算获得

$$P(a_1,a_2,\cdots,a_m)=\prod_{i=1}^{m}P(a_i\mid \text{parent}(A_i))$$

式中，$P(a_i|\text{parent}(A_i))$可以由信念网络中的条件分布 $P(X|\text{parent}(X))$获得。

与简单贝叶斯分类器相同，信念网络的分类结果不是返回一个类别标记，而是返回一个关于类别属性的概率分布，即对每个类别的预测概率。

在一个贝叶斯信念网络的学习或训练过程中，其网络结构必须首先事先确定或从数据中推出。信念网络所涉及的变量必须是可观察的或隐含在训练数据集合中。若隐含在数据中，就称为数据遗失或不完全。

若网络结构确定且所涉及变量均为可观察的，那么使用信念网络进行分类的过程与基本贝叶斯分类器的计算过程类似。若网络结构已知，但某些变量是隐含的，则可以利用梯度递减的方法来帮助训练信念网络，具体方法及从训练数据中学习网络结构的方法可以从本章的参考文献[128, 129]中获得。

7.4　其他分类方法

除了上述分类方法之外，还有一些分类方法因各具特色而得到日益关注和应用。本节将对其中一些方法的基本思想进行简要介绍，进一步细节请参阅相关参考文献。

7.4.1　神经元网络分类

神经元网络（NN，Neural Net）[130~132]起源于生理学和神经生物学中有关神经细

胞计算本质的研究工作，是在对人脑组织结构和运行机制的认识理解基础之上模拟其结构和智能行为的一种工程系统。神经元网络对噪声数据有较好的适应性，对未知数据也有很好的分类能力，但其需要较长的训练时间，模型选择和参数确定更依赖经验，同时其可理解性较差。

顾名思义，神经元网络使用一个网络对未知样本进行分类，它的分类能力主要取决于两个因素：一方面是网络的拓扑结构，另一方面是网络的权重设置。在前者确定之后，神经元网络的学习过程就是如何调整网络的权重。目前已经有各种类型的神经元网络，其中在分类领域最为流行的是基于多层前馈神经元网络的后向传播（BP）方法 [133]。其中，多层的含义为网络包含一个或多个隐藏层；前馈是指误差反向传播，即后面的一层将结果反馈给前面的一层；后向传播是指在分类过程中，输入内容在隐藏层中向后传播并最终得到输出结果。

多层前馈神经元网络示意图如图 7.5 所示，一般的多层前馈神经元网络是由一个输入层，一个或多个隐藏层和一个输出层组成的。输入信息同时提供给输入层的每一个神经元，这些神经元的加权输出提供给第一个隐藏层，该隐藏层的加权输出可以输入到下一个隐藏层，最后一个隐藏层的加权输出作为输出层的神经元输入，输出层的输出结果就是分类结果。BP 方法则使用链法从后往前逐层计算权重的调整量，最小化其目标函数。当样本有 M 种类别时，可以在输出层中设置 M 个神经元，每一个输出均代表了一个不同的类别，具有最大输出的神经元所代表的类别即为样本所属的类。

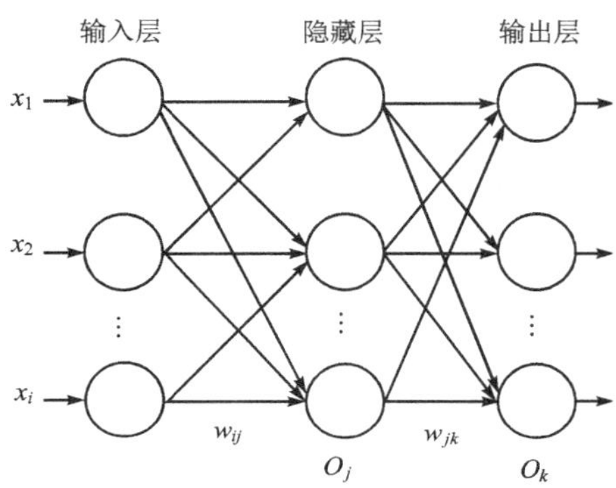

图 7.5　多层前馈神经元网络示意图

7.4.2　支持向量机分类

支持向量机（SVM，Support Vector Machine）[134-136]能够非常有效地处理回归问题（时间序列分析）和模式识别（分类问题、判别分析）等诸多问题，并可推广于预测和综合评价等领域。

在分类问题中，可将需要分类的对象看做是 n 维实空间中的点。为了确定每个点的类别，希望能够把这些点通过一个（n-1）维的超平面分开，通常这个超平面被称为线性分类器。例如，在二维空间中，（n-1）维的超平面为一条直线，如果能找到一条直线把数据点分开，保证直线一侧的数据点均属于一类，则该直线就是一个线性分类器。我们希望找到分类最佳的超平面，也就是使得属于两个不同类的数据点间隔最大的那个面，该面亦称为最大间隔超平面。支持向量机的目的就是寻找最大间隔超平面。

支持向量机通过引入核函数将数据样本对应的向量映射到一个更高维的空间里，在这个空间里找到一个最大间隔超平面。在分开数据的超平面的两边建有两个互相平行的超平面，支持向量机通过建立方向合适的间隔超平面使两个与之平行的超平面间的距离最大化。支持向量机的基本假设为：平行超平面间的距离或差距越大，分类器的总误差越小。

支持向量机针对有限样本，其目标是得到现有信息下的最优解而不是样本数趋于无限大时的最优解。支持向量机方法通过解决一个凸二次规划问题得到全局最优解，从而克服了神经元网络中拓扑结构难以确定、会得到局部最优解等问题；支持向量机方法将实际问题通过非线性变化把样本从输入空间映射到更高维的特征空间，然后在这个特征空间中寻找一个具有最大间隔的超平面作为其分类面，从而解决输入空间中非线性分类面的问题。

支持向量机方法的一个瓶颈是核函数，核函数的引入解决了非线性和维数灾难问题，但它同时引入了模型选择的问题；支持向量机的另外一个瓶颈在于数据量非常大时，如何快速地计算得出凸二次规划的最优解。

7.4.3　懒惰型分类器

前面介绍的各种分类方法具有一个共同点，它们均通过给定的训练集构造一个分类器，利用该分类器对新记录分类，这类方法称为“急切型学习方法”（Eager Learner）。与急切型学习方法对应的是“懒惰型学习方法”（Lazy Learner），这类方法不构造分类器，而是仅仅将训练集保存起来或只对训练集做简单分析，当需要对新记录进行分类时，在保存的记录中寻找与之最相似的样本，根据这个样本的类别来分类。因此，用懒惰型学习方法进行分类时需要进行大量运算，对存储效率及并行运算等有很高的要求。懒惰型学习方法主要包括 *k*-最近邻分类方法[137, 138]和基于案例推理方法[139]。

k-最近邻分类方法（*k*-NN）基于相似性，将每个样本表示为 *k* 维空间中的一个点。对于需要分类的样本，选出与其最相近的 *k* 个样本，该样本的类别为这 *k* 个最相近样本中出现次数最多的类别。

基于案例推理方法（CBR）则采用问题数据库来解决新的问题，与 *k*-最近邻分类方法保存 *k* 维空间点不同，CBR 保存复杂的符号描述。当有新的案例到来时，首先判断案例数据库中是否存在相同的案例，如果能找到相应案例，则按照此案例的解决方法解决新的案例；如果没有，则寻找相似的案例，通过相似的案例的解决方案，找出一个适合新案例的解决方案。CBR 的难点在于如何判断案例之间的相似性。

7.5　分类准确率

前面介绍了评价分类器的一些指标，其中分类准确率是最重要的一个，它反映了用户在使用某一个分类器对（类别）未知样本进行分类时准确率到底有多少。

如前所述，通常一个分类器在给定测试集上的准确率为正确预测的样本数占整个测试集样本数的百分比。本节介绍与分类准确率相关的一些内容。第一部分将介绍有关分类器的准确率的一些基本技术，第二部分介绍提高准确率的两种策略，即 Bagging 方法和 Boosting 方法。

7.5.1　分类准确率比较与评估

本部分将介绍保持方法、*k* 倍交叉验证法和引导法三种经典的测试分类准确率的方法，还将着重分析综合考虑样本的类别分布及错误分类代价的 ROC 方法。此外，评价比较两种分类器之间的分类准确率的优劣也是一种重要的技术，本部分将分别介绍基于 ROC 曲线方法、成对 *t*-检验和 McNemar 检验方法。

1. 经典的分类准确率评估

由于分类器是基于训练集样本构建的，使用训练集样本来测试分类器的精度可能会错误地导致过分乐观的估计，这样，当对新的样本分类时，分类准确率会比想象的偏低，因此需要独立的测试集样本来评估分类器的分类准确率。一种直观的思路是把所有可得的样本划分为两个不相交的集合，即训练集和测试集。比如，通常可将 2/3 的样本分配到训练集，1/3 的样本分配到测试集。该方法称为保持（holdingout）方法[140]（如图 7.6 所示），比较适用于样本总数比较多的情况。当需要对分类器进行参数调整时，如果使用训练集本身则会产生“过适应”的状况，而若使用测试集来选择参数，则无法客观评价分类器对未知样本的精度。因此，可取的一种方法是继续把训练集划分成两个独立的集合，前一个集合作为初步训练集训练分类器，后一个集合作为验证集来调整分类器的参数。最后在测试集上完成对分类器的评估。由于划分训练集和测试集是随机的，因此一种常用的随机选样方法是将保持方法重复 k 次，对各次准确率取平均值作为总体准确率的估计。

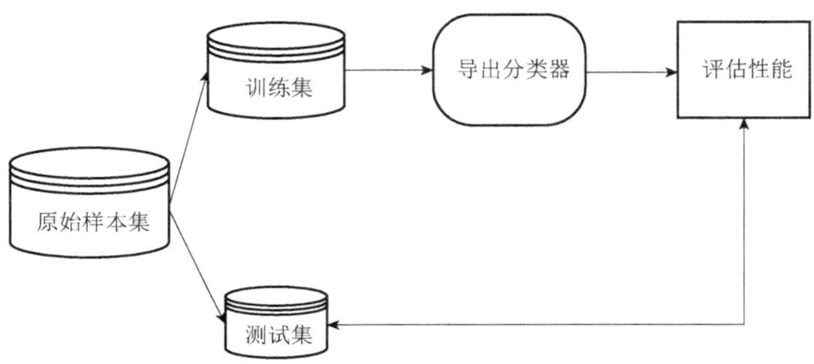

图 7.6　保持（holdingout）方法

保持方法存在的缺陷是它需要单独划出样本作为测试集，在样本数量比较少的时候不太可取。另外，在随机选样方法得到的这些试验中，它们的训练集及测试集之间都可能有重叠的部分。k 倍交叉验证法[141]对此进行了改进。该方法将原始的数据集划分成 k 个互不相交的子集，每个子集的大小基本相等。在每次分类中，将其中的一个子集作为测试集，剩余的其他所有的子集作为训练集，如此进行 k 次分类和测试，最后取均值作为总体的分类准确率。虽然该方法中的这些训练集之间有重叠，但是它们的测试集是完全独立的，而且可以充分利用现有的样本。在交叉验证中，数据集的划分需要保证每个集合中样本的类分布和原始样本集中的大致相同。大量的实证研究及一些理论上的根据表明[141]，在 k 取 10 时能取得最佳的准确率估计。当 k 等于样本的数量时，通常把该方法称为留一法（leave one out）。

引导法[140]则是另一种基于统计上放回抽样的分类准确率评估方法。从原始数据集上使用放回抽样来构成一个与原始数据集大小相同的训练集。由于训练集中有样本是重复的，因此可以把原始数据集中没有被抽到的样本作为测试集。假设原始数据集有 N 个样本，则样本没有被抽中的概率是 $1-1/N$，因此一个样本在 N 次放回重复抽样中没有被抽到的概率为

$$\left(1-\frac{1}{N}\right)^{N} \approx \mathrm{e}^{-1} = 0.368$$

因此对于一个足够大的数据集来说，测试集会包含其中大约 36.8%的样本，训练集则包含剩余的 63.2%的样本。在最后评估分类器的分类错误率（或准确率）时，引导法给出如下的公式

$$e = 0.632 \cdot e_{te} + 0.368 \cdot e_{tr}$$

式中，e 代表估计的错误率，e_{te} 代表在测试集上的错误率，e_{tr} 代表在训练集上的错误率。

需要指出的是，反复抽样的方法不仅可以应用于评估阶段，也可以用来构成分类器。后面将会提到 Bagging 和 Boosting 两种构造分类器的方法。Bagging 方法多次使用上述的引导方法来构成多个分类器，对未知样本采用投票的方式来决定其类别。Boosting 方法中依次产生多个分类器，而每个训练集中的样本抽取依赖于以前分类的结果，被错误分类次数越多的样本，其被抽中的可能性越大，最后综合各个分类器的投票来判断新样本的类别。这些方法可以有效地提高分类器的精度。

2. ROC 曲线方法

在比较分类器优劣时，将分类准确率作为分类器性能的唯一标准有两个基本的假设前提：未知样本集中样本的类分布与测试集中样本的类分布一致，所有错误分类（即将类 C_i 误分为类 C_j）的代价是相同的。最早出现在信号检测理论中的 ROC[142]（Receiver Operating Characteristic）曲线方法则综合考虑了以上的因素，并且在机器学习领域也有广泛的应用。ROC 曲线方法是一种描述判别能力（分类能力）的图形描述方法，尽管其扩展可以适用于具有多个类别的分类问题，但它一般用于分析类别数为 2 的分类问题，在下面的分析中仅考虑这种情况。

假设类别值域 $y \in \{+,-\}$，设置阈值 τ，如果分类器在当前样本的输出值大于 τ，则判断该样本的类别为正，否则为负。在测试集上得到的混淆矩阵（confusion matrix）如表 7.2 所示。

表 7.2 混淆矩阵

	实际	
预测	+	–
+	正确的正样本数（TP）	错误的正样本数（FP）
–	错误的负样本数（FN）	正确的负样本数（TF）

定义

$$\text{sensitivity} = \frac{\text{TP}}{\text{TP} + \text{FN}}$$

$$\text{specificity} = \frac{\text{TF}}{\text{FP} + \text{TF}}$$

则 sensitivity（或 specificity）表示正（或负）样本中被正确分类的比例，它们的值随着阈值 τ 的调整而改变。ROC 曲线是一个二维的曲线图，它的纵坐标表示 sensitivity，横坐标表示 1–specificity，曲线上的各点对应不同的阈值 τ。如图 7.7 所示，所有的 ROC 曲线都经过点（0, 0）和点（1, 1）。前者表示，当阈值 τ 的设置过高时，所有的样本都被预测为负样本；而后者表示当阈值 τ 的设置过低时，所有的样本都被预测为正样本。通过点（0, 0）和点（1, 1）的直线 a 表示分类器随机地将样本判断为正或负，因此该曲线是一个最低的标准。ROC 曲线越靠近点（0, 1），代表它越有判别能力。假设正样

本出现的先验概率是 p（+），负样本出现的概率为 p（−），把正样本错分为负样本的代价为 c（−, +），把负样本错分为正样本的代价为 c（+, −），因此 ROC 平面中点（x, y）代表的分类器的期望代价等于

$$p(+)\cdot(1-y)c(-,+)+p(-)\cdot x\cdot c(+,-)$$

因此，如果平面上任意两点 (x_1, y_1) 和 (x_2, y_2) 的连线的斜率满足

$$\frac{y_2-y_1}{x_2-x_1}=\frac{p(-)c(+,-)}{p(+)c(-,+)}$$

则这两点所代表的分类器的期望代价是相同的，并且由这两点决定的直线上的所有点代表的分类器都具有相同的性能。如果该直线越能接近点（0, 1），它的截距就越大，因而直线上的点所代表的分类器的性能就越好。

如图 7.7 所示，曲线 d 完全处在曲线 b 和 c 之上，因此它所代表的分类器要明显优于 b 和 c 所代表的分类器。但是在大多数情况下，不同分类器的 ROC 曲线会相交（如曲线 b 和 c），此时表明没有哪个分类器在所有情况下都占绝对优势，因此一般计算 ROC 曲线下的面积（用 AUC 表示），以此来衡量和比较分类器的优劣。直观来说，AUC 反映的是分类器在随机抽取的正样本上的输出比在随机抽取的负样本上的输出高的概率，在统计上等价于 Wilcoxon 秩检验[143]。因为直线 A 对应的 AUC 等于 0.5，所以分类器的 AUC 一般都要大于 0.5。目前存在许多计算 AUC 的方法，其中较为常用的是梯形积分法 [143]，即把曲线上相邻的代表点用直线相连，并将曲线下面所有相邻梯形的面积相加来估计 AUC 的值。当然，这种方法会低估实际的 AUC 值。

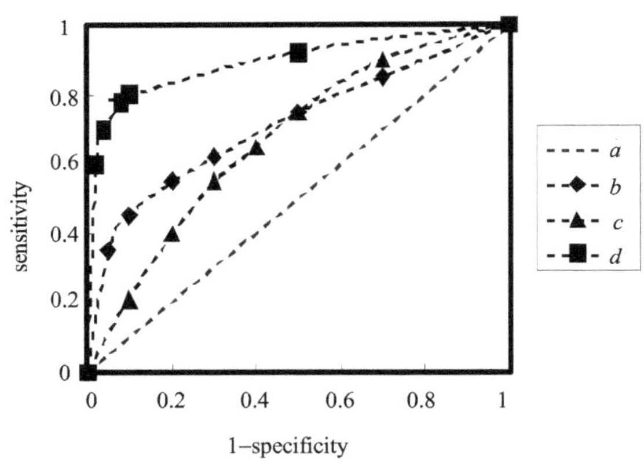

图 7.7　ROC 曲线

当样本数量比较少的时候，可以结合 k 倍交叉验证方法来估计分类器在样本集上的 ROC 曲线。首先得到 k 个分类器在各自测试集上的 ROC 曲线，此时有两种选择：一种是求各个 ROC 曲线中得到的精度（如 specificity 和 sensitivity）的平均值；另一种则是求它们原始频数（如 TP 和 FP）的平均值。前者只能求得 AUC 的均值，如果希望图形显示综合的 ROC 曲线，则需要使用后一种方法。

3. 经典的分类准确率比较

如果有多个分类器，为了选择“较好”的一个，需要对其进行比较。其中，分类准确率是最重要的指标之一，为了使得针对该指标进行的比较是合理、全面的，通常

使用统计方法进行比较。一个可取的统计方法需要有较强的判断能力，即能够有效地分辨出两个分类器之间的差异，同时该统计检验的第 I 类错误（不存在差异的时候认为它们之间的差异是显著的）必须在可接受的范围之内。目前比较常用的方法有成对 t-检验和 McNemar 检验等，以及近年受到关注的 Friedman 非参数检验方法[144]，此处只介绍前两种。

1）成对 t-检验

成对 t-检验[140]方法基于 k 倍交叉验证方法，假设需要比较分类器 A 和分类器 B 的分类准确率，成对 t-检验方法将原始数据集分割成 k 个大小基本相同的子集，分类器 A 和 B 都使用 k 倍交叉验证方法。A 和 B 在第 i 个测试集上的精度分别用 p_A^i 和 p_B^i 来表示。假设 $p^i = p_A^i - p_B^i$ 是从正态分布总体中独立抽取的，则可以计算统计量 t 为

$$t = \frac{\overline{p}}{\sqrt{\sigma_d^2 / k}}$$

式中，$\overline{p} = \frac{1}{k}\sum_{i=1}^{k} p^i$，$\sigma_d^2 = \frac{1}{k-1}\sum_{i=1}^{k}\left(p^i - \overline{p}\right)^2$。

该成对 t-检验的自由度等于 k−1。为了能确定哪种分类器的分类准确率更好，可以使用双尾检验来判断两种分类器的分类准确率的差异是否显著。如果 t 值超过某个阈值（或者相应的 p 值小于某个阈值），则可以认为它们的差异是显著的。

但是因为采用 k 倍交叉验证时，训练分类器所基于的样本集之间是有重叠的，因此 p^i 之间并不是独立的，违反了该成对 t-检验的假设条件。尽管如此，实验证明该统计方法具有非常强的判断能力，并且第 I 类错误也可以接受，因而被广泛采纳。

2）McNemar 检验

McNemar 检验[145]是另一种常见的比较分类准确率的方法。在比较分类器的分类准确率时，把原始数据集分为训练集 R 和测试集 T，并使用 R 来训练分类器 A 和 B。记录分类器 A 和 B 对每一个样本的分类结果得到如下的频数分布表。

A 和 B 都分类错误的样本数	A 分类错误但 B 分类正确的样本数
A 分类正确但 B 分类错误的样本数	A 和 B 都分类正确的样本数

分类器在测试集 T 上观测到的频数分布表为

n_{00}	n_{01}
n_{10}	n_{11}

假设分类器 A 和 B 具有相同的精度，即 $n_{01} = n_{10}$。McNemar 基于卡方检验，用来比较实际的频数分布和满足假设条件下期望的频数分布之间的符合程度。而期望的频数分布应该为

n_{00}	$(n_{01}+n_{10})/2$
$(n_{01}+n_{10})/2$	n_{11}

McNemar 检验计算一个自由度为 1 的卡方统计量为

$$\frac{(|n_{01} - n_{10}| - 1)^2}{n_{01} + n_{10}}$$

如果原假设成立，则该统计量大于 $\chi^2_{1,0.95}=3.841\,459$ 的概率小于 0.05。

由于 McNemar 检验只基于单个的训练集和测试集，因此它不能很好地解决样本集和分类器存在波动的问题。为了得到比较客观的分类结果，必须要保证一定大小的测试集，这在可获得数据较少的情况下不太有利。但可以证明，McNemar 检验的第 I 类错误很低，而且具有不错的判别能力。在分类代价比较大、只能进行一次分类的时候，该检验是一种较好的选择。

4. 基于 ROC 曲线的统计比较

正如前面所述，单独使用分类准确率来衡量分类器的优劣是建立在样本集稳定的类分布及相同的错误分类代价的基础上的，因此可以使用 ROC 曲线技术来更全面地对分类器进行评估。由于通常两个分类器的 ROC 曲线会有交点，所以不能仅从 ROC 曲线来判断哪个分类器的性能更好，因此一般使用 AUC 这个指标来进行比较分析。比较成熟的方法有 Hanley-McNeil 检验[146]和 Delong-Pearson 检验[147]等，关于这两种方法的细节，请参考相关的参考文献。

7.5.2　提高分类器的准确率

前面介绍了评估、比较分类器准确率的有关方法，以下将要介绍两种可以改进分类器准确率的常用方法。与前面介绍的决策树剪枝等修改分类器自身以提高分类准确率的方法不同，这里要讨论的是如何利用已有的分类器来对（类别）未知样本更准确地进行类别预测。

如图 7.8 所示，Bagging 和 Boosting 是两种常见的方法，可以将学习所获的 $T(T>1)$ 个分类器组合起来作为一个分类器进行预测，借以提高整个数据集的预测准确性。两种方法均使用投票的方式对（类别）未知样本进行预测。

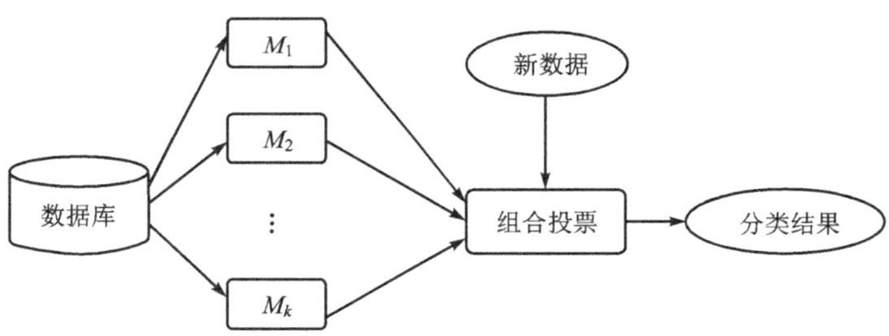

图 7.8　组合分类器

首先介绍 Bagging 方法[148]。给定样本集合 S，Bagging 方法的具体操作步骤如下。

（1）选择 T 的值，$T>1$，设 $t=1$。

（2）从样本集合 S 中采用替换方式获得训练集 S_t，以 S_t 为训练集学习得到分类器 C_t，$t=t+1$。

（3）重复（2）中的过程，直到 $t>T$ 为止。

（4）给定（类别）未知样本，依次使用 C_t 对其分类，$t=1, 2, \cdots, T$。T 个结果中出现次数最多的类别赋予该样本。

经 Bagging 方法构造出的模型会减少单个分类器的误差，因此分类准确率通常比单个分类器有较大提高，并且对噪声数据处理更加稳定。

Bootsing[149]是一种通用的学习方法，可以提高任意给定方法的性能。首先介绍一下相关概念。在学习模型中，若存在一个多项式级的学习方法来识别一组概念，并且识别率很高，那么称这组概念是强可学习的；而如果学习方法识别一组概念的正确率仅比随机猜测的正确率略高，那么称这组概念是弱可学习的。Boosting 的基本思想是，如果能将一个弱学习方法提升为强学习方法，那么在学习时，只要找到一个比随机猜测略好的弱学习方法，就可以将其提升为强学习方法，而不必直接去找通常情况下很难获得的强学习方法。Boosting 就是将弱学习概念转化为强学习概念的工具。

具体到分类领域，Boosting 方法为每个训练样本赋予一个权重，通过学习获得一系列分类器；在学习获得一个分类器 C_t 之后，对其权重进行更新以便使下一个分类器 C_{t+1} 能够集中解决分类器 C_t 所做出的错误预测；最后所获得的分类器 C^* 则是将多个（单独）分类器组合起来，对样本进行投票以确定其类别，每个分类器投票权重为分类器 C^* 准确率的一个函数。Adaboost 方法[150]是 Boosting 方法中比较流行的一种。对于一个有 d 个不同类别的数据库，首先对各训练样本赋予权重 $1/d$，每次构造分类器时选取样本的个数为 d。构造出分类器之后，再在对应的训练集上进行测试，如果一条记录被正确分类，则减小其权重，反之增加其权重。一条记录的权重反映其被分类的难度，权重越高意味着其越难被正确地分类。所有的分类器构造完毕之后，将其组合在一起对未知样本的类别进行投票。投票时错误率低的分类器将得到较高的权重，对于新的记录，投票结果加权值最大的类别为该记录对应的类别。

7.6 小结

（1）分类可从数据集中抽取出描述数据集结构的一种模型，并对未来数据趋势做出预测。分类准确率、可理解性、速度和鲁棒性是对分类方法进行评估的重要的内容。

（2）决策树方法分为两部分。在决策树构建时，C4.5 等方法利用信息增益来帮助选择非叶子节点所对应的分裂属性，其他一些方法基于基尼系数选择分裂属性；在决策树剪枝过程中，通过对决策树中与噪声数据相对应的子树进行剪枝可改进决策树的分类准确率。

（3）简单贝叶斯分类和贝叶斯信念网络理论的基础均是贝叶斯定理。简单贝叶斯分类假设各属性之间相互独立，贝叶斯信念网络则允许属性之间存在条件依赖并通过对（条件依赖）属性子集进行定义描述来加以实现。

（4）保持（holdingout）方法、k 倍交叉验证方法是评估分类准确率的常用方法，但两者的评估有时过于片面；对不同分类器的分类准确率进行比较具有十分重要的意义。Bagging 方法和 Boosting 方法通过将多个分类器组合在一起来提高整个分类器的准确率。

思考练习题

7.1 简述什么是分类问题，以及分类准确率的含义。

7.2 将图 7.1 所示的决策树表示为规则的形式。

7.3 某分类训练集如下表所示。

对　象	*a*	*c*	*d*	*e*	Class
1	1	1	2	2	1
2	2	2	2	1	1
3	2	2	2	1	0
4	1	1	2	2	1
5	1	2	1	1	1
6	2	1	2	1	1
7	1	1	1	1	1
8	2	1	1	1	0
9	1	2	1	2	1
10	2	2	2	1	1
11	1	1	2	2	1
12	1	2	2	1	1
13	2	1	2	1	0
14	1	1	1	1	1
15	2	1	2	2	1
16	1	2	1	1	1
17	2	1	1	1	0
18	1	2	1	1	1
19	2	1	1	1	0
20	1	2	2	2	1

基于该数据，计算决策树。使用该决策树对训练集进行分类，准确率为多少？

7.4　基于习题7.3中的表，根据简单贝叶斯对数据（2, 2, 2, 2）分类。

7.5　使用简单贝叶斯分类法对习题7.3中的数据进行分类，并回答准确率为多少。

第 8 章 聚类分析

如果说分类是一种监督下的学习方法，那么聚类分析则是一种无监督的学习方法。分类是“本来有类，按类细分”。聚类则是“原来无类，聚之成类”。生活中的类别有时并无绝对，如我们说张三和李四是一类人，其实常常很难简单地描述这是怎样的一类人，但这不妨碍我们通过日常的相处和了解把他们归为一类。在商务活动中，也时常会面对最新搜集的客户或产品数据，尽管对这些数据缺乏预先了解，但仍寄望于依靠类别的描述对整体形成初步的认识。这样的分类需求是没有固定标准的，是依赖于对象本身特征的。在这种情况下，被称为无监督的学习方法的聚类分析是帮助实现目标的重要手段。

本章学习重点

- 相似度与距离测度概念；
- 聚类分析基本原理与方法；
- k-means 方法与 DBSCAN 方法。

聚类（Clustering）是一种将数据集划分为若干组或类的过程和方法。但是与分类（Classification）不同，聚类分析将数据集划分形成的组或类不是预先定义好的，而是根据数据集中的数据本身特点，在聚类过程中逐步形成的。在同一组内的数据对象具有较高的相似度，而不同组间的数据对象的相似度较低。这种相似或不相似的度量是基于数据对象的描述属性取值来确定的，如采用各对象之间的距离来描述[151, 152]。

虽然在统计学和机器学习等诸多领域都有关于聚类的研究和应用，根据商务智能应用的特点，本章将主要介绍针对大规模数据进行聚类分析的相关方法。目前比较常见的聚类方法主要有划分方法、层次方法、基于密度的方法、基于网格的方法和基于模型的方法。最后本章 8.4 节和 8.5 节将详细介绍两种经典的、常用的聚类方法：划分方法中的 k-means 方法和基于密度方法中的 DBSCAN 方法。

8.1　聚类分析简介

通过聚类过程将一群物理的或抽象的对象分为若干组，每一组由相似的对象构成，称为一个类别（Cluster）。通常在很多应用中，为了简化问题或处理上的方便，同一个类别中的所有对象由于具有高度相似性，常常可以被当做一个对象来进行分析和处理，从而提高了分析和处理的效率。

聚类分析在很多领域都有着广泛的应用，包括生物学、医药学、人类学、市场营销和经济学等。应用形式有动植物分类、疾病归类、图像处理过程、模式识别及信息检索等。聚类分析最开始应用的领域之一是生物学的分类，近些年面向网络的应用越来越多。例如，通过对网络日志的分析来发现用户模式、产品购买和页面浏览中的个性推荐等。作为商务智能的一种方法，聚类分析还可以作为一个单独使用的工具，以帮助分析数据的分布，了解各数据类的特征，确定所感兴趣的数据类以便进一步分析。当然，聚类分析也可以作为其他方法（如分类和定性归纳方法）的预处理步骤。

聚类与第 7 章介绍的分类是不同的。分类是将数据集合按事先定义好的分类标准进行划分，是一种监督学习的方法；而聚类则是将数据集合按对于特定测度的相似性程度进行聚合，并没有事先给定类别，属于一种无监督学习的方法。正因为如此，聚类分析又是一种通过观察学习的方法（learning by observation），而不是示例学习（learning by example）。

例 8.1　某公司希望将客户按照一般特征（即数据属性）进行分组，基于这些分组信息，公司将针对不同的客户群进行有针对性的市场营销和广告活动。但该公司管理部门没有任何关于这些分组的预先定义的类别标准，他们知道客户的信息包括收入、年龄、婚姻状况、子女数目和教育程度等（见表 8.1）。这时就需要用到聚类的方法。根据公司想推广的广告类型的不同，在聚类过程中并非所有的数据属性都是重要的。例如，假设广告是关于销售儿童奶粉的，则只要对有小孩的客户进行广告宣传就可以了。通过表 8.1，可能获得的聚类为：第一组客户高中毕业且有小孩；第二组客户同样高中毕业但没有小孩；第三组客户大学毕业且有小孩；第四组客户收入较高，大学毕业以上、没有小孩，第五组客户收入较高，大学毕业以上、有小孩。当然，如果对于这些数据考察其他的属性（如年龄和婚姻状态），则可能得到不同的聚类。

表8.1　公司客户数据示例

收　入	年　龄	婚姻状况	子女数目	教育程度
$ 25 000	35	已婚	3	高中
$ 15 000	24	已婚	1	高中
$ 30 000	21	未婚	0	高中
$ 23 000	25	离异	0	高中
$ 21 000	25	离异	3	大学
$ 72 000	60	已婚	0	大学
$ 81 000	32	已婚	0	研究生
$ 253 000	43	已婚	3	研究生
$ 198 000	51	离异	2	大学

聚类方法应用到现实世界的具体数据库上时可能会遇到许多有趣而又很重要的问题，这些问题往往都成为合理应用聚类方法需要考虑的重要因素。

（1）孤立点（Outlier）：不属于任何类别的数据对象，而且会在很大程度上影响聚类的效果和效率。

（2）动态数据（Dynamic data）：数据库中的数据会随时间发生变化，数据库中数据的变化也会影响聚类结果。

（3）类别的语义（Semantic meaning）解释：聚类结果的类别是根据数据自身特点产生的，与事先定义好类别的分类方法相比，每个类别的语义解释可能会困难得多。

（4）无完全正确解（No correct answer）：可能会找到许多聚类的解，没有一个可以说是完全正确的聚类结果，结果的类别数量也不易确定，往往需要一些相关背景和专业知识的帮助。

在商务智能领域，聚类分析已成为一个非常活跃的研究与应用课题。大多数聚类工作都集中在设计有效、高效地对大规模数据进行聚类分析的方法上，包括聚类方法的可扩展性、复杂形式和复杂数据类型的聚类分析及其有效的高效性、高维聚类技术，以及混合数据属性与符号属性数据库中的聚类分析方法等。

8.2　相似度及距离测度

在进行聚类分析之前，首先需要了解聚类分析中的相似度测度，因为只有确定了描述数据对象之间相似度的测度，才能将该测度作为聚类的标准并设定相应的聚类目标，即在同一类别中的数据对象的相似度较大，而不同类别中的数据对象的相似度较小。

不失一般性，本章中的数据对象主要使用数据矩阵来表示。数据矩阵是一个对象—属性结构。例如，一个车辆数据集合可以表示为一个 $n \times p$ 的矩阵，矩阵的行对应 n 个数据对象，如 n 辆车；矩阵的列对应 p 个属性，如车牌号、车型和重量等。数据矩阵采用关系表形式或 $n \times p$ 的矩阵来表示，如式（8.1）所示。

数据对象之间的相似程度通常采用反映数据对象间差异程度的距离测度来表示：两个数据对象间的距离越小，表示它们越相似；两个数据对象间的距离越大，表示它们越不相似。

$$\begin{bmatrix} x_{11} & \cdots & x_{1f} & \cdots & x_{1p} \\ \vdots & & \vdots & & \vdots \\ x_{i1} & \cdots & x_{if} & \cdots & x_{ip} \\ \vdots & & \vdots & & \vdots \\ x_{n1} & \cdots & x_{nf} & \cdots & x_{np} \end{bmatrix} \tag{8.1}$$

常用的距离测度主要有如下三种。

（1）欧氏距离（Euclidean distance），即

$$d(t_i,t_j)=\sqrt{\sum_{k=1}^{p}\left|x_{ik}-x_{jk}\right|^2} \tag{8.2}$$

式中，对象 t_i 的属性值为 $(x_{i1},x_{i2},\cdots,x_{ip})$，对象 t_j 的属性值为 $(x_{j1},x_{j2},\cdots,x_{jp})$，它们分别表示一个 p 维数据对象。

（2）Manhattan 距离，即

$$d(t_i,t_j)=\sum_{k=1}^{p}\left|x_{ik}-x_{jk}\right| \tag{8.3}$$

欧氏距离和 Manhattan 距离均满足距离函数的有关数学性质：

① $d(t_i,t_j)\geqslant 0$，表示对象之间的距离为非负数；

② $d(t_i,t_i)=0$，表示对象自身之间的距离为零；

③ $d(t_i,t_j)=d(t_j,t_i)$，表示对象之间距离是对称函数；

④ $d(t_i,t_j)\leqslant d(t_i,t_h)+d(t_h,t_j)$，表示若将两个对象之间距离用一条边来表示，则对象自身之间的距离满足“两边之和不小于第三边”的性质；其中 h 为不同于 i, j 的第三个对象。

（3）Minkowski 距离，即

$$d(t_i,t_j)=\sqrt{\sum_{k=1}^{p}\left|x_{ik}-x_{jk}\right|^q} \tag{8.4}$$

实际上，Minkowski 距离是欧氏距离与 Manhattan 距离的一个推广，式（8.4）中 q 为一正整数；当 q=1 时，它代表 Manhattan 距离；当 q=2 时，它代表欧氏距离。

当然，根据实际问题的需要，每个属性变量都可以被赋予对应的权值 ω_k，以表示其所代表属性的重要性。例如，加权的 Minkowski 距离公式就是

$$d(t_i,t_j)=\sqrt{\sum_{k=1}^{p}\omega_k\left|x_{ik}-x_{jk}\right|^q} \tag{8.5}$$

上述的距离测度都是用来衡量数据对象之间的差异程度，而聚类所得到的类别由于包含多个数据对象，类别之间的距离也有不同的衡量方式。类别通常使用一些特征数值进行描述。具体地，给定类别 K_m，该类别包含 N 个数据对象 $\{t_1,t_2,\cdots,t_N\}$，主要有以下三种特征数值[153]

$$\text{重心（Centroid）}=C_m=\frac{\sum_{i=1}^{N}t_i}{N} \tag{8.6}$$

$$\text{半径（Radius）} = R_m = \sqrt{\frac{\sum_{i=1}^{N}(t_i - C_m)^2}{N}} \tag{8.7}$$

$$\text{直径（Diameter）} = D_m = \sqrt{\frac{\sum_{i=1}^{N}\sum_{j=1}^{N}(t_i - t_j)^2}{N(N-1)}} \tag{8.8}$$

式中，重心（Centroid）是类别的“中心”，重心不一定是类别中真正包含的数据对象。在一些聚类方法中有时会使用类别中相对处于中心位置的数据对象来表示该类别，这种对象被称为类别的中心点（medoid）。半径（Radius）是指类别中所有数据点到重心距离的均方根，直径（Diameter）是指类别中所有的两点间距离的均方根。

给定两个类别K_i和K_j，它们之间的距离主要有以下六种衡量方式。

（1）最小距离：一个类别中的任意数据对象与另一个类别中的任意数据对象之间的最小距离，即$\text{dis}(K_i, K_j) = \min(\text{dis}(t_{il}, t_{jm}))$，式中$\forall t_{il} \in K_i, \forall t_{jm} \in K_j$且$t_{il} \notin K_j$，$t_{jm} \notin K_i$。

（2）最大距离：一个类别中的任意数据对象与另一个类别中的任意数据对象之间的最大距离，即$\text{dis}(K_i, K_j) = \max(\text{dis}(t_{il}, t_{jm}))$，式中$\forall t_{il} \in K_i, \forall t_{jm} \in K_j$且$t_{il} \notin K_j$，$t_{jm} \notin K_i$。

（3）平均距离：一个类别中的任意数据对象与另一个类别中的任意数据对象之间的平均距离，即$\text{dis}(K_i, K_j) = \frac{1}{LM}\sum_{t_{il}\in K_i}\sum_{t_{jm}\in K_j}\text{dis}(t_{il}, t_{jm})$，式中$t_{il} \in K_i, t_{jm} \in K_j$且$t_{il} \notin K_j$，$t_{jm} \notin K_i$，$L$和$M$分别表示类别$K_i$和$K_j$中数据对象的个数。

（4）离差距离：两个类别K_i和K_j的直径分别为R_i和R_j，类$K_{i+j} = K_i \cup K_j$的直径为R_{i+j}，则类间离差距离$\text{dis}(K_i, K_j) = \sqrt{R_{i+j} - R_i - R_j}$。

（5）重心距离：两个类别的重心之间的距离，即$\text{dis}(K_i, K_j) = \text{dis}(C_i, C_j)$，式中$C_i$和$C_j$分别是类别$K_i$和$K_j$的重心。

（6）中心点距离：两个类别的中心点之间的距离，即$\text{dis}(K_i, K_j) = \text{dis}(M_i, M_j)$，式中$M_i$和$M_j$分别是类别$K_i$和$K_j$的中心点。

8.3 聚类分析方法

在商务智能领域，聚类分析受到很大关注并涌现出许多重要方法，如k-means[154]、k-medoids、PAM[155]、CLARANS[156]、BIRCH[153]、CURE[157]、OPTICS[158]、DBSCAN[159]、STING[160]、CLIQUE[161]和WaveCluster[162]等。对于相同的数据集来讲，不同的聚类方法可能产生不同的聚类结果。

聚类分析方法主要可以分为划分方法（Partitioning Methods）、层次方法（Hierarchical Methods）、基于密度的方法（Density-based Methods）、基于网格的方法（Grid-based Methods）和基于模型的方法（Model-based Methods）五类。下面分别在8.3.1～8.3.5节对这五类方法进行简要介绍。

8.3.1　划分方法

划分方法是最基本的聚类方法，如 k-means、k-medoids、PAM、CLARA 及 CLARANS 等都属于划分方法。

划分方法的主要思路如下：给定一个包含 n 个数据对象的数据集，该方法首先将数据集进行初始的 k 个划分，其中 $k \leqslant n$。这些划分满足两个条件：每一个划分至少包含一个对象，每一个对象属于且仅属于一个划分。以后通过不断地迭代来改变划分，使得每一次改进之后的划分都比前一次更好。划分好坏的标准就是同一划分内的数据对象的相似性越大越好，不同划分之间的对象的相似性越小越好。当相邻两次划分相比没有发生任何变化或收敛到一定误差范围内时，聚类过程结束。

反映数据对象之间相似性程度一般使用聚类的评价函数，评价函数用来表示类别内的差异 $w(K)$和类别之间的差异 $b(K)$。前者一般采用类内每一数据对象到类别的重心的距离平方和，即 $w(K)=\sum_{i=1}^{k}\sum_{t\in K_i}\mathrm{dis}(t,C_i)^2$，式中 C_i 为类别 K_i 的重心；后者一般定义为类别的重心间的距离平方和，即 $b(K)=\sum_{1\leqslant j<i\leqslant k}\mathrm{dis}(C_i,C_j)^2$，式中，$C_i$ 和 C_j 分别是类别 K_i 和 K_j 的重心。聚类整体的质量好坏可以被定义为 $w(K)$和 $b(K)$的一个单调组合，如 $b(K)/w(K)$，该值越小表示聚类质量越好，反之聚类质量越差。

k-means 方法[154]是目前使用最为广泛的一种聚类算法，该方法将期望获得的类别个数 k 作为用户输入参数，首先从 n 个数据对象中任意选择 k 个作为初始类别中心；而对于所剩下的其他对象，则根据它们与这些类别中心的距离，分别将它们分配给与其距离最近的类别；然后再计算每个所获新类别的重心（即类别中心）；不断重复这一过程直到聚类评价函数收敛为止。对于 k-means 方法的详细介绍，具体见本书 8.4 节。

针对 k-means 方法对孤立点（Outlier）的敏感性问题，可以采用 k-medoids 方法：不采用类别中的重心作为参照点，而是选用类别中位置最靠近中心的数据对象，即中心点（medoid）作为参考点。PAM（Partitioning Around Medoid）方法[155]就是最早提出的 k-medoids 方法之一。

相比较 PAM 方法，基于 k-medoids 的另外两种方法——CLARA（Cluster LARger Application）[155]和 CLARANS（Cluster Larger Application based upon RANdomized Search）[156] ——对大的数据集具有较好的聚类质量和可伸缩性。CLARA 方法的基本思想是：从整个大数据集中随机地分别选取一小部分样本作为整体数据对象的代表，利用 k-medoids 方法对这些抽样数据进行聚类分析；该方法分别取若干样本集，对每一个样本集采用 k-medoids 方法，将其中最好的聚类结果输出。CLARANS 方法与 CLARA 方法不同，前者搜索的每一步都以某种随机方式进行采样（而 CLARA 算法搜索每一步所处理的数据样本是固定的）。CLARANS 方法的每一次随机抽样数是由用户所设置的参数限制的。CLARANS 方法能够发现最“自然”的类别个数，也可以用于检验孤立点数据。

8.3.2　层次方法

层次聚类方法是将数据对象分为若干组并形成一个以不同规模的组为节点的树

形结构来进行聚类。层次聚类方法又可以分为自下而上和自上而下的层次聚类两种。而目前自下而上的聚合层次聚类方法比自上而下的分解层次聚类方法更常用于实际系统中。

自下而上的聚合层次聚类方法的思路是：初始将每一个对象作为一个类别，然后将这些类别按一定的聚合条件聚合成较大的类别，直到所有对象都聚合成一个类别或满足一定的聚合终止条件为止。自上而下的分解层次聚类方法的思路恰好相反：初始将所有对象看成一个大的类别，然后按照一定的分解条件将其不断分解为一个个小的类别，直到所有的对象均独立成为一个类别或满足一定的分解终止条件为止。

聚合层次聚类方法的典型代表是 AGNES（Agglomerative NESting）方法[155]，而分解层次聚类方法的典型代表是 DIANA（Divisive ANAlysis）方法[155]。

AGNES 方法的思路是：最初将每一个数据对象作为一个类别，然后按照某些准则一步步地合并，直到类别数目达到了用户规定的数值或所有数据元素都合并在了一个类别中为止。类别合并的准则通常使用类别间距离最小的两个类别进行合并，类间距离一般采用 8.2 节中介绍的最小距离，即两个类别中任意数据对象之间的最小距离。

在 DIANA 方法的处理过程中，初始所有的数据对象都在同一个类别中，根据一些原则（如类别中最邻近对象的最大欧氏距离）将该类别分解。类别的分解过程反复进行，直到类别数目达到了用户规定的数值或最终每个新的类别中只包含一个数据对象。

单纯的层次聚类方法虽然比较简单，但却经常会遇到合并或分解点选择的困难。因此需要将层次聚类和其他聚类技术集成起来，改进层次方法的聚类质量。BIRTH[153]、CURE[157]、ROCK[163]及 Chameleon[164]等方法都是改进的层次聚类方法。

BIRCH（Balanced Iterative Reducing and Clustering using Hierarchies）方法是一种综合的层次聚类方法，它使用聚类特征（CF）和聚类特征树（CF tree）来概括聚类描述。聚类特征树是一种高度平衡树，它存储有用于层次聚类的聚类特征。BIRCH 方法在第一阶段建立与数据集对应的初始基于内存的聚类特征树，并在第二阶段使用相应的聚类算法对聚类特征树的叶子节点进行聚类。

CURE（Clustering Using Representatives）方法是一种将层次方法和划分方法相结合的聚类方法。该方法选择基于重心（Centroid）和基于中心点（Medoid）之间的中间策略，即选择数据集中固定数目的具有代表性的点，而不是用单个中心或对象来代表一个类别。CURE 方法首先将每一个数据对象看成一个类别，然后再以一个特定的收缩因子向类别中心“收缩”它们，即合并两个距离最近的代表点的类别。该方法能够克服大多数聚类方法倾向于发现具有相似大小和圆形形状聚类的不足，同时在处理孤立点数据时也表现出较好的鲁棒性。

当处理的数据对象中含有符号变量属性时，需要采用 ROCK（RObust Clustering using linKs）方法进行聚类。该方法通过将类别的互连性与用户定义的静态互连性模型相比较来度量两个类别的相似度。两个类别的互连性被定义为两个类别间交叉链（cross link）的数目，$\text{link}(p_1, p_2)$是两个数据点 p_1 和 p_2 共同的近邻数目。简而言之，类别间的相似程度通过来自不同类别而有相同近邻数据点的数目计算得到。

CURE 方法强调对象间的近似度，但忽略了关于两个不同类别中对象的类别互连性的信息；ROCK 方法强调对象间的互连性，却忽略了对象间近似度的信息。为了综合上述两种方法的特点，Karypis 等人提出了一种采用动态模型的层次聚类方法，即 Chameleon 方法[164]。该方法将对象间的类别互连性与近似度结合起来考虑，在聚类过程中，如果两个类别间的互连性和近似度与类别内部对象间的互连性与近似度高度相关，则合并这两个类别。Chameleon 方法则利用一个图划分算法，将数据对象聚合成许多相对较小的子类别；然后再利用聚合层次聚类方法，并通过不断合并这些子类别来发现真正的类别。

8.3.3 基于密度的方法

基于密度的聚类方法的基本思路是：只要一个类别中数据点的密度大于某个阈值，就把它加到与之相近的类别中去。这类方法可以避免如采用基于距离的聚类方法带来的只能发现圆形或球状类别的缺点，它可以发现任意形状的聚类结果，并且对孤立点数据不敏感。在这类方法中，类别被看做是数据空间中被低密度区域分割开的高密度对象区域。由于计算密度的复杂度较大，且扫描整个数据库的查询操作较为频繁，数据量大时会造成频繁的 I/O 操作。基于密度的聚类方法主要有 DBSCAN[159]和 OPTICS[158]等。

DBSCAN（Density-Based Spatial Clustering of Applications with Noise）方法是一种基于高密度连接区域的密度聚类方法。该方法将类别定义为密度相连的点的最大集合，它将具有足够高密度的区域划分为类别，并可以在有“噪声”或孤立点的数据集聚类中找到任意形状的类别。有关 DBSCAN 方法的详细介绍请见本书 8.5 节的内容。

DBSCAN 方法中需要用户定义一些参数，而该方法的聚类结果是对这些参数敏感的，参数设置的细微差别可能也会导致聚类结果的很大差别。为了解决上述问题，OPTICS（Ordering Points to Identify the Clustering Structure）方法引入了核心距离（core-distance）和可达距离（reachability-distance），以降低聚类方法对用户输入参数的敏感性。

8.3.4 基于网格的方法

基于网格的聚类方法采用的是一种多解析度的网格数据结构。该方法将空间量化为有限数目的单元，这些单元形成了网格结构，所有聚类操作都在网格上进行。基于网格的聚类方法与其他聚类方法相比较，有着处理速度快、处理时间独立于数据对象的数目，且仅依赖于量化空间中每一维上单元数目的特点。目前主要有 STING[160]、WaveCluster[162]和 CLIQUE[155]三种有代表性的基于网格的聚类方法。

STING（Statistical Information Grid）方法是一种基于网格的多解析度聚类方法，它将空间划分为一个个矩形单元。在 STING 方法划分的矩形单元中，往往根据不同级别的解析度，存在一个层次结构：高层的每一个单元被划分为多个低一层的单元。对每一个网格单元属性进行描述的一些统计信息（如平均值、最大值和最小值）会被事先计算和存储。该方法采用一种自上而下基于网格方法的处理查询操作，且由于描述网格单元数据的统计信息是存储在相应单元中的，因此基于网格的计算与查询要求无关。

WaveCluster 聚类方法首先通过在数据空间中构建一个多维网格结构来汇总数据，然后采用小波变换来变换原特征空间，在变换后的空间中寻找到密集区域。在该方法中，每个网格单元汇总了一组映射到该单元中的点的信息。这种汇总信息适合于在内存中进行多解析度小波变换，以及随后的聚类分析。WaveCluster 是一种基于网格和密度的聚类方法。它满足一个好的聚类方法的许多要求：有效地处理大数据集合，发现任意形状的类别，成功地处理孤立点数据，对于数据输入顺序不敏感，不要求用户输入如类别个数或领域半径等参数。

CLIQUE（CLustering In QUEst）方法也是一种综合了基于密度和基于网格的聚类方法，这种方法对于大型数据库中的高维数据的聚类非常有效。该方法定义类别为相连的密集单元的最大集合，如果某个网格单元中的数据点的数目超过了某个阈值，则该单元是密集的。对于每一个类别，CLIQUE 方法寻找覆盖相连的密集单元的最大区域，然后确定其中最小的覆盖。

8.3.5 基于模型的方法

基于模型的聚类方法试图将给定的待聚类数据与某种数学模型达成最佳拟合。这类方法往往假定：数据都有一个潜在的混合概率分布。目前有概念聚类方法和神经网络方法两种主要的基于模型的聚类方法。

概念聚类[165]方法是机器学习中的一种聚类方法，大多数概念聚类方法采用了统计学的技术，在决定概念或聚类时使用概率测度。COBWEB[166]是一种常见的简单增量概念聚类方法，以分类树的形式创建层次聚类，它的输入对象用分类属性-值对来描述。COBWEB 方法采用了一种启发式估计测度，即分类效用（Category Utility）来指导分类树的构建。COBWEB 方法可以自动修正划分中类别的数目，而无须用户输入类别数量参数。

神经网络方法则将每一个类别描述成一个例证（exemplar），例证可视为类别的“典型”，不一定对应一个特定的数据实例或对象。基于给定距离度量，可以将新数据对象分配到包含与其最相似例证的类别中。被分配到类别的对象的属性可以根据该类别例证的属性来进行预测。它主要有两种常用的神经网络聚类方法：竞争学习方法（competitive learning）[167]和自组织特征映射方法（SOM，Self-Organizing feature Map）[168]。

8.4 k-means 方法

在聚类方法中，k-means 方法[154]是划分方法中最简单，同时也是使用最为广泛的聚类算法之一。k-means 方法的基本思路如下：以最终所要得到的类别个数 k 为参数，首先从 n 个数据对象中任意选择 k 个对象作为初始类别中心，而对于所剩下的其他对象，则根据它们与这些聚类中心的相似度（距离），分别将它们分配给与其最相似的（聚类中心所代表的）类别，然后再计算每个所获新类别的类别中心（该类别中所有对象的均值）；不断重复这一过程直到所设定的偏差测度函数开始收敛为止。一般都采用均方差作为偏差测度函数，具体定义如下

$$E=\sum\nolimits_{i=1}^{k}\sum\nolimits_{t\in K_i}\left|t-C_i\right|^2 \tag{8.9}$$

式中，E 为数据库中所有对象的均方差之和，t 为数据库中的一个数据对象，C_i 为类别 K_i 的重心（即类别中心）。式（8.9）所表示的聚类标准是使得所获得的 k 个类别具有各类别本身尽可能紧凑，而各类别间尽可能分开的特点。

图 8.1 给出了 k-means 方法的算法伪码。第 1 步是任意选择 k 个数据对象作为初始的类别中心。在第 2～10 步，使用不断迭代的方法将 n 个数据对象聚合成 k 个类别。在每一次迭代中，首先根据每个类别中对象的重心，将每个对象赋给最类似（与类别距离最近）的类别（第 3～5 步），然后再重新更新每一个类别的重心（第 6～8 步），并计算更新后的类别均方差值 E（第 9 步）。直到后一次计算得到的 E 与前一次相比没有发生变化，说明此时均方差值 E 被最小化，聚类过程结束，得到 k 个类别 $\{K_1,\cdots,K_k\}$。

```
算法：k-means。划分方法的 k-means 算法基于类别中对象的重心。
输入：包含 n 个数据对象的数据集{ t1,…,tn }和类别数目 k。
输出：k 个类别 {K1,…,Kk}，使得均方差准则 E 最小。
处理流程：
assign initial value for means; //任意选择 k 个对象作为初始的类别中心
do{
    for(j=1 ; j≤n ; j++){
        assign each tj to the cluster which has the closest mean;
    }
    for(i=1; i≤k ; i++){
        Ci = Σ_{t∈Ki} t/ | Ki | ; //更新类别的重心
    }
    E = Σ_{i=1}^{k} Σ_{t∈Ki} |t − Ci|^2 ;
}until E doesn't change value //迭代上述过程，直到均方差准则最小
return {K1,…,Kk} ;
```

图 8.1　k-means 方法的算法伪码

下面用一个例子来具体演示 k-means 方法的过程。

例 8.2　图 8.2（1）中有 10 个数据点，坐标如表 8.2 所示。

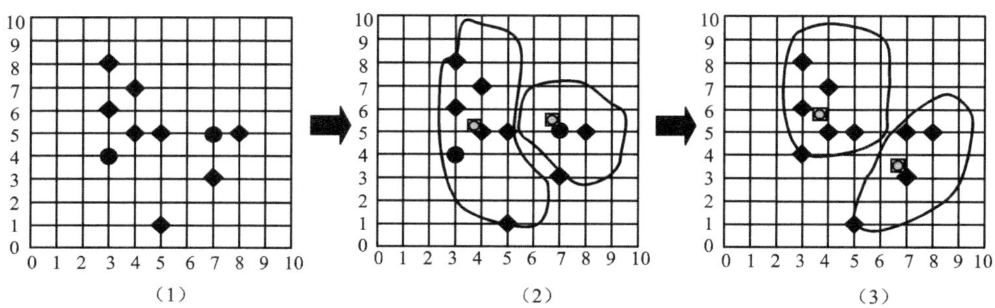

图 8.2　k-means 方法示例

表 8.2　数据点坐标

序　号	坐　标	序　号	坐　标
1	(3, 4)	6	(5, 1)
2	(3, 6)	7	(5, 5)
3	(3, 8)	8	(7, 3)
4	(4, 5)	9	(7, 5)
5	(4, 7)	10	(8, 5)

根据所给的数据点坐标，通过对其使用 k-means 方法进行聚类（设 n=10，k=2），以下为该方法的执行步骤。

首先假定随机选择两个数据点，如点 1：(3, 4)和点 9：(7, 5) 作为初始的类别中心（在图 8.2（1）中用圆点标出），点 1 所在的类别为 K_1，点 9 所在的类别为 K_2。

第一次迭代：计算每一个数据点到这两个类别中心的欧氏距离，并将它们划分在距离相对较近的类别中，计算结果如表 8.3 所示。经过此步产生两个类别 K_1：{1, 2, 3,

4, 5, 6}和K_2：{7, 8, 9, 10}。对于产生的两个类别分别计算平均值，得到两个类别的重心C_1：($3\frac{2}{3}$，$5\frac{1}{6}$)和C_2：(6.75, 4.5)，如图8.2（2）所示，其均方差值E_1=38.583。

表8.3 第一次迭代计算结果

序号	坐标	到K_1初始类别中心(3, 4)的距离	到K_2初始类别中心(7, 5)的距离	所属类别
1	(3，4)	0	$\sqrt{17}$	K_1
2	(3，6)	2	$\sqrt{17}$	K_1
3	(3，8)	4	5	K_1
4	(4，5)	$\sqrt{2}$	3	K_1
5	(4，7)	$\sqrt{10}$	$\sqrt{13}$	K_1
6	(5，1)	$\sqrt{13}$	$\sqrt{20}$	K_1
7	(5，5)	$\sqrt{5}$	2	K_2
8	(7，3)	$\sqrt{17}$	2	K_2
9	(7，5)	$\sqrt{17}$	0	K_2
10	(8，5)	$\sqrt{26}$	1	K_2

第二次迭代：对经过第一次迭代调整后的类别，重新计算每个点到两个类别重心的欧氏距离，并按照最近原则进行重新划分，计算结果如表8.4所示。经过此步产生两个类别K_1：{1, 2, 3, 4, 5, 7}和K_2：{6, 8, 9, 10}。对于产生的两个类别分别计算平均值，得到两个类别的重心C_1：($3\frac{2}{3}$，$5\frac{5}{6}$)和C_2：(6.75, 3.5)，如图8.2（3）所示，其均方差值E_2=29.917< E_1。

表8.4 第二次迭代计算结果

序号	坐标	到K_1重心($3\frac{2}{3}$，$5\frac{1}{6}$)的距离	到K_2重心(6.75, 4.5)的距离	所属类别
1	(3，4)	1.344	3.816	K_1
2	(3，6)	1.067	4.039	K_1
3	(3，8)	2.911	5.130	K_1
4	(4，5)	0.373	2.795	K_1
5	(4，7)	1.863	3.717	K_1
6	(5，1)	4.375	3.913	K_2
7	(5，5)	1.344	1.820	K_1
8	(7，3)	3.976	1.521	K_2
9	(7，5)	3.337	0.559	K_2
10	(8，5)	4.337	1.346	K_2

第三次迭代：对经过第二次迭代调整后的类别，重新计算每个点到两个类别重心的欧氏距离，并按照最近原则进行重新划分，计算结果如表8.5所示。经过此步产生两个类别与第二次迭代产生的聚类结果一样，仍然为K_1：{1, 2, 3, 4, 5, 7}和K_2：{6, 8, 9, 10}，均方差测度值收敛且没有发生变化，聚类过程结束。

最终通过使用k-means方法得到的两个类别为K_1：{1, 2, 3, 4, 5, 7}和K_2：{6, 8, 9, 10}。

表 8.5　第三次迭代计算结果

序　号	坐　标	到 K_1 重心$(3\frac{2}{3},\ 5\frac{5}{6})$的距离	到 K_2 重心(6.75, 3.5)的距离	所属类别
1	(3, 4)	1.951	3.783	K_1
2	(3, 6)	0.687	4.507	K_1
3	(3, 8)	2.267	5.858	K_1
4	(4, 5)	0.898	3.132	K_1
5	(4, 7)	1.213	4.451	K_1
6	(5, 1)	5.014	3.052	K_2
7	(5, 5)	1.572	2.305	K_1
8	(7, 3)	4.375	0.559	K_2
9	(7, 5)	3.436	1.521	K_2
10	(8, 5)	4.413	1.953	K_2

k-means 方法有以下一些优点[169]：

（1）算法简单、快速，应用广泛。

（2）计算复杂度为$O(n \times k \times t)$，因此它在处理大数据库时也是相对有效的，具有可扩展性，其中 n 为数据库中对象个数，k 为类别个数，而 t 为循环次数，通常有 $k << n$，$t << n$。

（3）该方法可找出使得均方差函数最小的 k 个划分，当结果类别是密集，且类别之间区别明显时，该方法的聚类效果较好。

同时，k-means 方法也存在一定的缺陷和不足，如下所述：

（1）由于需要计算类别对象的均值（重心），所以 k-means 方法一般只适用于类别均值有意义的情况。

（2）该方法需要用户事先指定类别个数 k，并对选择的作为初始类别中心的数据点较为敏感，对于不同的初始值，可能会导致不同的聚类结果。k-means 算法常常有可能终止于局部最优。

（3）该方法还不适合用于发现非凸形状的类别，或者具有各种不同大小的类别。此外 k-means 方法对“噪声”和孤立点数据也很敏感，因为这类数据可能会影响到各类别的均值。

k-means 方法还有一些演化版本。它们主要在初始 k 个类别中心的选择、偏差程度的计算和类别均值的计算方法等方面有所不同。一般来说，获得更佳结果的策略是：首先应用自下而上层次方法来获得类别数目，并发现初始分类；然后再通过循环再定位（聚类方法）来改进分类结果。

另一种 k-means 方法的变化版本就是 k-modes 方法[170]。该方法通过用类别的模值来替换类别均值，采用相应的偏差程度计算方法来处理符号类型数值，以及利用基于频率对各类别模值进行更新的方法，从而将 k-means 方法的应用范围从数值型扩展到符号型数据。将 k-means 方法与 k-modes 方法结合到一起，就可以对采用数值型和符号型描述的对象进行聚类分析，从而形成了 k-prototypes 方法[170]。

8.5 DBSCAN 方法

DBSCAN（Density-Based Spatial Clustering of Applications with Noise）[159]方法是一种基于高密度连接区域的密度聚类方法。该方法将类别定义为密度相连的点的最大集合，它将具有足够高密度的区域划分为类别，并可以在有“噪声”或孤立点的数据集类别中找到任意形状的类别。

为了更清楚地说明这种基于密度的聚类方法的基本思想，需要介绍以下一些概念。假设在图 8.3 中，ε 为圆的半径，最小密度 Minpts=3。

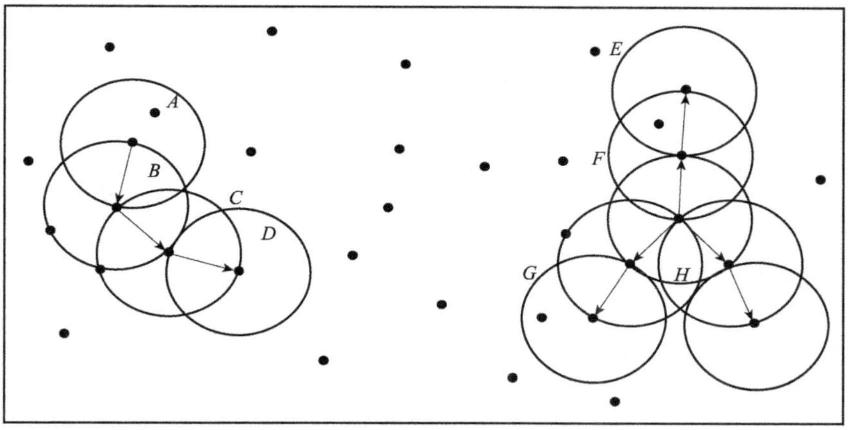

图 8.3 基于密度聚类中的密度可达和密度相连

（1）ε－邻域：给定数据对象 p 半径 ε 内的区域。

（2）核心对象（core object）：ε－邻域内至少包含 Minpts 个点（数据对象）的数据对象。例如，在图 8.3 中，在被标记的点中，A、B、C、E、F 和 G 是核心对象。

（3）直接密度可达（directly density-reachable）：在给定的数据对象集合 D 内，若对象 p 在对象 q 的 ε－邻域内，并且 q 是一个核心对象，则称对象 p 从对象 q 出发是直接密度可达的。例如，在图 8.3 中，B 是从 A 直接密度可达的，反之亦然；C 是从 B 直接密度可达的，反之亦然；D 是从 C 直接密度可达的，反之不成立，因为 D 不是核心对象。

（4）密度可达（density-reachable）：如果存在一个对象链 $p_1,p_2,\cdots,p_n$, $p_1=q$, $p_n=p$，对于 $p_i\in D,(1\leqslant i\leqslant n)$，$p_{i+1}$ 是从 p_i 关于 ε 和 Minpts 直接密度可达的，则对象 p 是从对象 q 关于 ε 和 Minpts 密度可达的。例如，在图 8.3 中，D 是从 A（间接）密度可达的，但 A 并不是从 D 密度可达的，因为 D 不是一个核心对象。类似地，E、G 和 H 都是从 F 密度可达的，而 F 是从 E 和 G 密度可达的，但 F 并不是从 H 密度可达的。

（5）密度相连（density-connected）：如果对象集合 D 中存在一个对象 o，使得对象 p 和 q 都是从 o 关于 ε 和 Minpts 密度可达的，那么对象 p 和 q 是关于 ε 和 Minpts 密度相连的。例如，在图 8.3 中，点 E、G 和 H 是密度相连的。

密度可达是直接密度可达的传递闭包，这种关系是非对称的；只有核心对象之间是相互密度可达的。但是密度相连性却是一种对称的关系。

（6）边缘对象（border object）：ε－邻域内包含少于 Minpts 个点，但同时落在某个核心对象 ε－邻域内的数据对象。例如，在图 8.3 中，点 D 和 H 就是边缘对象。

（7）噪声（noise or outlier，孤立点数据）：一个基于密度的类别是基于密度可达性最大的密度相连对象的集合，如果一个对象不包含在任何类别中，则被认为“噪声”或孤立点数据。但数据集中既不是核心对象也不是边缘对象的数据对象一定是噪声。

DBSCAN 方法的基本思路是：通过检查数据集中每一个数据点的 ε－邻域来寻找类别。如果一个数据对象 p 的 ε－邻域内包含的数据点数不小于 Minpts，则可创建一个以数据点 p 为核心对象的类别。然后使用该方法反复寻找从这些核心对象直接密度可达的对象，在这过程中可能会有一些密度可达类别的合并。当没有新的数据对象点被添加到任何类别中时，该方法聚类过程结束。

图 8.4 给出了 DBSCAN 方法的算法伪码。第 1 步是将数据集中的所有数据对象标记为核心点、边缘点或噪声，由于噪声最终将不包含在任何类别中，所以在以下处理过程中遇到噪声数据点可不予处理。类别个数也是在聚类过程中逐渐产生的，所以初始时类别个数 k 为 0。第 2～10 步对数据集中的每一个数据点进行处理。当遇到核心点时，找到所有从该点密度可达的数据对象，形成一个类别（第 3、4 步）。如果该核心点已经在某个聚类中，则继续选择下一个点进行处理；否则该类别成为最终的一个类别（第 5～10 步）。需注意：所有边缘点都可以从核心点密度可达，所以遇到边缘点时，也无须处理，直接继续选择下一个点进行处理即可。继续此过程直到数据集中的所有数据点都被处理完毕，则聚类过程结束，最后得到 k 个类别 $\{K_1,\cdots,K_k\}$。在该方法的处理过程中可能会遇到某一个边缘点同时属于多个类别的情况，这时一种常规的处理方法就是将该边缘点归类到最先找到的类别中。

```
算法：基于密度的 DBSCAN 聚类算法。
输入：包含 n 个数据对象的数据集{ t1,…,tn }和半径ε，最小密度 Minpts。
输出：k 个类别 {K1,…,Kk}，达到最小密度要求。
处理流程：
（1）label all points as core, border or noise points, k=0; //初始没有类别
（2）for(i=1 ; i≤n ; i++){
（3）    if(ti is core point){
（4）        X={tj| tj is density-reachable from ti};
（5）            If( !∃Kj(j = 1,2,…,k), s.t. ti ∈ Kj ) {
（6）                k=k+1;
（7）                Kk=X;
（8）            }
（9）    }
（10）}
（11）return {K1, …, Kk};
```

图 8.4　DBSCAN 方法的算法伪码

下面用一个例子来具体说明 DBSCAN 方法的操作过程。

例 8.3　表 8.6 给出了一个包含 12 个数据点坐标的数据集（见图 8.5（1）），对该数据集使用 DBSCAN 方法进行聚类（设 n=12，用户输入 ε=1，Minpts=4）。

表 8.6　数据点坐标数据集

序　号	坐　标	序　号	坐　标
1	(1, 0)	7	(4, 1)
2	(4, 0)	8	(5, 1)
3	(0, 1)	9	(0, 2)
4	(1, 1)	10	(1, 2)
5	(2, 1)	11	(4, 2)
6	(3, 1)	12	(1, 3)

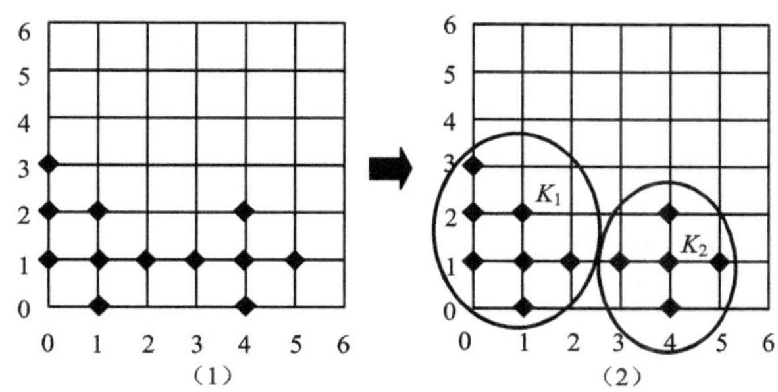

图 8.5　DBSCAN 方法示例（基于数据表 8.6）

表 8.7 中给出了针对该数据集使用 DBSCAN 方法进行聚类的过程。

表 8.7　DBSCAN 方法聚类过程（ε=1，Minpts=4）

步　骤	选 择 的 点	ε-邻域中的点数	点 的 类 型	通过计算可达点而找到的新类别
1	1	2	边缘点	无
2	2	2	边缘点	无
3	3	3	边缘点	无
4	4	5	核心点	K_1:{1, 3, 4, 5, 9, 10, 12}
5	5	3	边缘点	已在 K_1 中
6	6	3	边缘点	无
7	7	5	核心点	K_2:{2, 6, 7, 8, 11}
8	8	2	边缘点	已在 K_2 中
9	9	3	边缘点	已在 K_1 中
10	10	4	核心点	已在 K_1 中
11	11	2	边缘点	已在 K_2 中
12	12	2	边缘点	已在 K_1 中

最终聚出的类别为 K_1：{1, 3, 4, 5, 9, 10, 12}和 K_2：{2, 6, 7, 8, 11}，如图 8.5（2）所示。具体过程说明如下。

首先根据每个数据点ε-邻域中的数据点的数目标记每个点的类型，k=0。

第 1 步，选取点 1，由于是边缘点，选择下一个点。

第 2 步，选取点 2，由于是边缘点，选择下一个点。

第 3 步，选取点 3，由于是边缘点，选择下一个点。

第 4 步，选取点 4，由于是核心点，找到由它密度可达的所有数据点形成聚类{1, 3, 4, 5, 9, 10, 12}。由于不存在其他的聚类包含点 4，所以 k=1，K_1={1, 3, 4, 5, 9, 10, 12}。选择下一个点。

第 5 步，选择点 5，已经在 K_1 中，选择下一个点。

第 6 步，选取点 6，由于是边缘点，选择下一个点。

第 7 步，选取点 7，由于是核心点，找到由它密度可达的所有数据点形成聚类{2, 6, 7, 8, 11}。由于不存在其他的聚类包含点 7，所以 k=2，K_2={2, 6, 7, 8, 11}。选择下一个点。

第 8 步，选择点 8，已经在 K_2 中，选择下一个点。

第 9 步，选择点 9，已经在 K_1 中，选择下一个点。

第 10 步，选择点 10，已经在 K_1 中，选择下一个点。

第 11 步，选择点 11，已经在 K_2 中，选择下一个点。

第 12 步，选择点 12，已经在 K_1 中，且该点是最后一个数据点，聚类过程结束。

DBSCAN 聚类方法需要对数据集中的每个对象进行处理，通过检查每一个对象点的 ε-邻域来寻找类别。如果检查到核心对象，则需要找到从该核心对象密度可达的其他数据对象，以建立新的类别。如果采用空间索引，DBSCAN 方法的计算复杂度为 $O(n\log n)$，其中，n 为待聚类的数据对象的个数。一般情况下，DBSCAN 方法的计算复杂度为 $O(n^2)$。

DBSCAN 聚类方法可以将具有足够高密度的区域划分成类别，而且可以在带有噪声的空间数据库中发现任意形状的类别。但该方法对用户定义的参数值（如 ε 和 Minpts）非常敏感，这些参数值细微不同的设置可能会导致聚类结果的巨大差异[26]。

最后，举例说明对于同一组数据，不同的聚类方法具有不同的特点，因而可能获得不同的聚类结果。

例 8.4　对例 8.2 中的数据集（见表 8.2）使用 DBSCAN 方法进行聚类（设 $n=10$，用户输入 $\varepsilon=2$，Minpts = 4）。表 8.8 给出了针对该数据集使用 DBSCAN 方法进行聚类的过程。

表 8.8　使用 DBSCAN 方法聚类的过程（ε=2，Minpts=4）

步　骤	选择的点	ε-邻域中的点数	点的类型	通过计算可达点而找到的新聚类
1	1	3	边缘点	无
2	2	5	核心点	K_1:{1, 2, 3, 4, 5, 7}
3	3	3	边缘点	已在 K_1 中
4	4	5	核心点	已在 K_1 中
5	5	4	核心点	已在 K_1 中
6	6	1	噪声	无
7	7	3	边缘点	已在 K_1 中
8	8	2	边缘点	无
9	9	4	核心点	K_2:{8, 9, 10}
10	10	2	边缘点	已在 K_2 中

最终聚出的类别为 K_1：{1, 2, 3, 4, 5, 7}和 K_2：{8, 9, 10}，如图 8.6（2）所示。具

体过程说明如下。

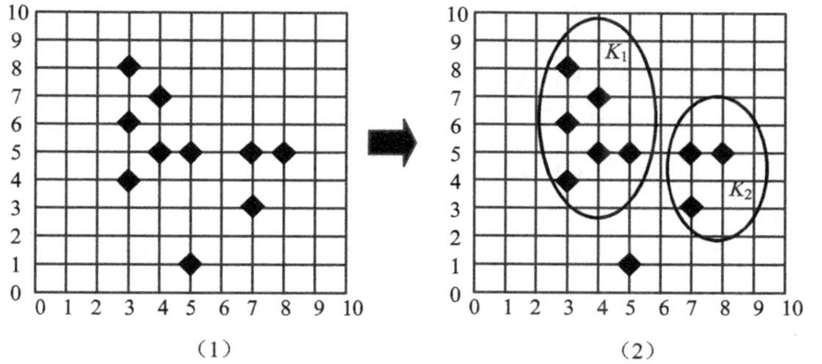

图 8.6　DBSCAN 方法示例（基于数据表 8.1）

首先根据每个数据点 ε-邻域中的数据点的数目标记每个点的类型，k=0。

第 1 步，选取点 1，由于是边缘点，选择下一个点。

第 2 步，选取点 2，由于是核心点，寻找到由它密度可达的所有数据点形成类别 {1, 2, 3, 4, 5, 7}。由于不存在其他的类别包含点 2，所以 k=1，K_1={1, 2, 3, 4, 5, 7}。选择下一个点。

第 3 步，选取点 3，已经在 K_1 中，选择下一个点。

第 4 步，选取点 4，已经在 K_1 中，选择下一个点。

第 5 步，选取点 5，已经在 K_1 中，选择下一个点。

第 6 步，选取点 6，由于是噪声，选择下一个点。

第 7 步，选取点 7，已经在 K_1 中，选择下一个点。

第 8 步，选取点 8，由于是边缘点，选择下一个点。

第 9 步，选取点 9，由于是核心点，寻找到由它密度可达的所有数据点形成类别 {7, 8, 9, 10}。但由于点 7 已经属于第 2 步找到的类别 K_1，且不存在其他的类别包含点 9，所以 k=2，K_2={8, 9, 10}。选择下一个点。

第 10 步，选择点 10，已经在 K_2 中，且该点是最后一个数据点，聚类过程结束。

可以看到，对于同一个数据集（见表 8.2），在例 8.2 中使用 k-means 方法，得到的聚类结果为 K_1：{1, 2, 3, 4, 5, 7}和 K_2：{6, 8, 9, 10}。在例 8.4 中使用 DBSCAN 方法（用户输入 ε=2，Minpts=4），得到的聚类结果为 K_1：{1, 2, 3, 4, 5, 7}和 K_2：{8, 9, 10}。使用 k-means 方法，点 6 被划分给了类别 K_2，而使用 DBSCAN 方法，点 6 被识别为噪声数据，除此之外，其他的聚类结果基本一致。从图 8.2（1）中也可以较为直观地看到，点 6 的确离其他点较远，说明了 DBSCAN 方法具有一定的判别噪声的特点。

8.6　小结

（1）一个类别是一组数据对象的集合，同一个类别中的元素高度相似，不同类别的对象间则相似性较小。将一组物理或抽象对象通过无监督学习的方式分组为类似对象形成多个类别的过程称为聚类过程。聚类分析在很多领域都有着广泛的应用，包括生物学、医药学、人类学、市场营销和经济学等。聚类分析既可以用于数据挖掘工具以获得数据分布的内在规律，也可以作为其他数据挖掘的预处理步骤。

（2）数据对象之间的相似程度通常使用反映数据对象间差异程度的距离测度来表示，常用的距离测度主要有欧氏距离、Manhattan 距离和 Minkowski 距离。通常使用重心（Centroid）、半径（Radius）和直径（Diameter）等变量来描述聚类类别（Clusters）的特征。描述类别之间差异的距离测度主要有最小距离、最大距离、离差距离、平均距离、重心距离和中心点距离等。

（3）聚类分析是数据挖掘中比较活跃的研究领域。目前比较流行的一些聚类方法主要包括划分方法（Partitioning Methods）、层次方法（Hierarchical Methods）、基于密度的方法（Density-based Methods）、基于网格的方法（Grid-based Methods）和基于模型的方法（Model-based Methods）。

（4）k-means 方法是划分方法中最简单，也是目前得到最广泛使用的聚类方法之一。k-means 方法基于用户设定的期望获得类别个数的参数 k，将 n 个对象划分成 k 个类别以使所获得的类别满足：同一个类别中的对象相似度较高，不同类别间的对象相似度较小。类别的相似度可根据数据对象到各类别中对象的均值所获得的“重心”的距离来度量。

（5）DBSCAN 方法是一种基于高密度连接区域的密度聚类方法。该方法将类别定义为密度相连的点的最大集合，它将具有足够高密度的区域划分为同一类别，并可以在有“噪声”或孤立点的数据集类别中找到任意形状的类别。

思考练习题

8.1　简要回答聚类与分类的相同点和不同点？两者分别适用于什么情况？

8.2　分别计算下面两个元组的欧氏距离、Manhattan 距离和 Minkowski 距离（q=4）。

（1）（10, 0, 5, 8）和（20, 8, -1, 12）；

（2）（5, 9, 6, 8, 1）和（10, 11, 4, 12, 4）。

8.3　计算习题 8.2 中两组数据（组（1）和组（2））的最小距离、最大距离、平均距离和重心距离。（均取欧氏距离。）

8.4　平面上有如下 11 个点：

根据 k-means 方法（欧氏距离）将其聚合为 3 类，取前 3 个点为第一次的中心。要求：

（8, 9）（6, 8）（1, 5）（7, 0）（1, 1）（4, 7）（3, 7）（5, 5）（7, 2）（4, 8）（5, 6）

（1）写出每次迭代的中心；

（2）给出最后的类别。

第9章

信息搜索服务

搜索是日常生活中经常发生的活动，如从记事本上找出对重要事件和时间点的记录，从衣柜里找出今天想穿的衣服，从旧书或旧玩具中找出童年的回忆……而在网络时代，不断发展的数据存储与数据处理技术就像一把双刃剑，一方面，人们逐渐无须担心被存在某处的信息永远丢失，另一方面人们要即时找到所需要的信息却如大海捞针，于是需要信息搜索服务。这样的服务需求使谷歌、百度等搜索引擎日渐成为当下真正的网络门户，方便人们通过搜索开始一次次网络旅程。本章将揭开搜索引擎的神秘面纱，讲讲这背后的故事。

本章学习重点

- 信息搜索概念；
- 信息搜索模型与测度；
- 倒排索引；
- 搜索结果排序。

信息搜索服务对于人们并不陌生，因为大家几乎每一天都在使用搜索引擎或其他手段进行信息搜索。当遇到一个不熟悉的概念时，可能首先想到通过搜索引擎找答案；当在电子商务网站购买商品时，也会通过搜索的方式找到自己想要的商品。可以说信息搜索服务已经成为人们获取信息的主要手段。尤其是在当前的“大数据”背景下，人们需要分析和处理的数据量快速增加，信息搜索服务已然成为人们生活的一项重要内容，渗透到日常生活中的方方面面。

本章将主要介绍信息搜索服务中的基本概念、信息搜索模型、信息搜索评判测度、文本预处理、索引方法和搜索结果排名等内容。

9.1　信息搜索的基本概念

信息搜索的核心技术是信息检索（IR，Information Retrieval）技术，这是一项发源于文档检索的技术，用以处理文档的采集、组织以及检索等。近年来由于网络内容的大量增长，而网络中的信息形式很多为文本形式（如文献、博文、评论和公告等），因此信息检索技术被大量的应用到网络检索中。信息检索的过程如图 9.1 所示。

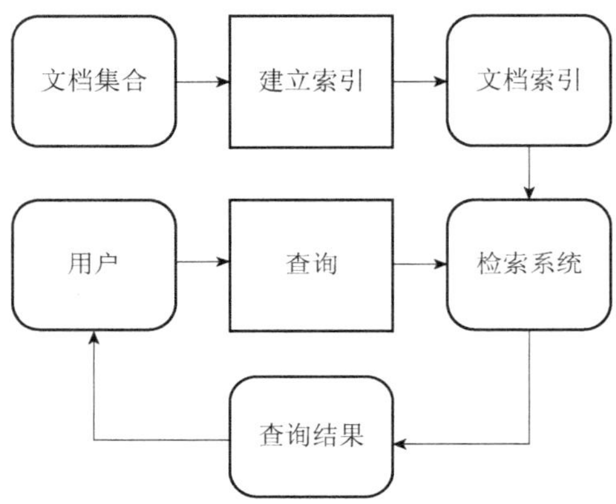

图 9.1　信息检索的过程

信息检索过程中有两条主线，其一是由后台程序将文档集合建立索引，形成文档索引。另外一条主线是前台用户提交查询条件，当检索系统收到用户所提交的查询条件时，根据查询内容在文档索引中检索出相应的文档，最后将检索到的文档提交给查询用户。由于大多数检索条件下，会有多个满足查询条件的查询结果，检索系统会通过一些排序算法（如 PageRank 和 HITS 等）对查询结果按照一定的顺序排列，此时用户看到的查询结果就是检索系统排序之后的结果。

在信息检索的过程中，用户的查询条件一般有如下几种形式[171]。

（1）关键词查询（Keyword Queries）。用户将自己的查询意图用一个或若干个关键词表达，目的是希望查询到包含所有查询关键词的文档。例如，用户在查询系统中输入“数据　存储”的查询条件，这一查询条件中包含有两个关键词“数据”和“存储”，这样的查询条件说明用户希望得到包含有“数据”和“存储”的所有文档。随后检索系统会在文档索引中查找满足条件的文档，将查询得到的文档排序，并提交给查询用户。在一些查询系统中，用户输入的查询关键词的顺序对查询结果是没有影响的，即“数据　存储”与“存储　数据”的查询结果是一样的；但在某些查询系统中，用户输入的查询关键词的顺序对查询结果是有影响的。

（2）布尔查询（Boolean Queries）。这种查询允许用户使用一些布尔操作符，如 AND、OR、NOT 等。在布尔查询中，用户所提交的查询条件包含查询关键词和布尔操作符，如“数据 OR 存储”，表明用户希望检索到或者包含“数据”或者包含“存储”的文档结果。布尔查询中，检索系统在文档索引中所检索到的文档就是要满足查询条件的布尔值为“真”。

（3）短语查询（Phrase Queries）。这种查询一般是包含一个短语或者句子，通常用双引号表达短语查询。例如，用户在查询系统中提交“数据存储的关键技术”查询条件，表明用户希望得到包含完整查询短语的所有文档。

（4）近似查询（Proximity Queries）。多数情况下，短语查询的限制条件过于严格，用户希望得到更为宽泛的查询结果，而不仅仅是包含完整查询短语的所有文档，这时用户可以使用近似查询。这种查询是短语查询的一种扩展，它允许查询结果中出现查询短语中的查询词，查询词之间可以有其他词间隔的文档。例如，用户的近似查询提交为：“数据存储的关键技术”，那么包含完整短语的文档会出现在检索结果中，而包含“数据”、“存储”和“关键技术”这些查询词，且这些查询词分布在不同位置的文档也会出现在检索结果中。需要说明的是，在这样的两种查询结果中，通常情况下前一种文档在查询结果中的排名会高于后一种文档。

（5）自然语言查询（Natural Languages Questions）。这是一种更为复杂的查询，用户通过自然语言表达查询要求，检索系统会在理解用户查询意图的前提下进行查询。由于自然语言的分析和处理非常有难度，目前这样的一种查询很难实现，也吸引了大量的研究人员从事该方面的研究工作，即“问答系统”（Q&A Systems）的研究。

信息检索任务的完成通常包括下列系统构件：

（1）查询操作模块（Query Operations）。该模块所要完成的功能是对用户的查询条件进行初步分析和预处理，在处理结束之后，将查询条件递交给检索引擎。在大多数情况，这一模块会删掉一些停用词（Stop Words）。停用词出现的频率可能很高，但对于查询结果没有什么实际含义，如“的，在，了”。在一些特殊的系统中，如“问答系统”，查询操作模块需要分析自然语言所表达的含义，并将其转化为检索引擎可以理解的查询条件。

（2）索引器模块（Document Index）。该模块的主要功能是对原始文档采用某种数据结构进行索引，形成文档索引，如图 9.1 所示。这样的索引会加快文档的检索效率，本章 9.5 节会对索引相关内容进行介绍。

（3）检索系统（Retrieval Systems）。检索系统会为每个索引文档计算与查询条件的相关度分数，并根据每个文档的分数排序，将得分较高的文档返回给用户。

9.2　信息搜索模型

在信息搜索中，不同的信息检索模型决定了文档和查询条件的表达方式，也决定着查询文档与查询条件之间相关度的定义。在信息检索和网络搜索中，较为常用的信息检索模型有布尔模型、空间向量模型和语言模型三种。本章将重点对其中的前两种模型进行介绍。

布尔模型和空间向量模型都认为文档和查询条件是一系列关键词的集合，而关键词之间的顺序以及关键词在文档中的位置不会影响计算结果。具体说来，给定一个文档集合 $D=\{d_1, d_2, \cdots, d_N\}$，其中 d_i 表示第 i 个文档。$V=\{t_1, t_2, \cdots, t_M\}$ 是一组各自不同的词所构成的词汇表（Vocabulary），t_i 表示第 i 个特定的词。每个 d_j 中的词 t_i 都有一个相应的权重 ω_{ij}。如果一个词 t_i 不出现在 d_j 中，那么相应的权重 $\omega_{ij}=0$。这样，D 中的每一个文档都可以表示成一个维度为 M 的向量，如式（9.1）所示，即

$$\boldsymbol{d}_j = (\omega_{1j}, \omega_{2j}, \cdots, \omega_{Mj}) \tag{9.1}$$

这样，每一个文档都转化成同样维度的向量。文档与文档之间的每一个维度都对应同样的词，而在这一维度上的权重是不同的。权重的计算方法在不同的信息检索模型中是不同的。

9.2.1　布尔模型

布尔模型是最早的一种信息检索模型，同时也是一种相对较为简单的检索模型。这种模型主要建立在布尔代数的基础上，考虑的是精确匹配的情况。在布尔模型中，每一个文档也是表示成向量的形式，如果一个词 t_i 出现在文档 $\boldsymbol{d}_j$ 中，那么相应的权重 $\omega_{ij}=1$。反之，如果一个词 t_i 不出现在文档 $\boldsymbol{d}_j$ 中，那么相应的权重 $\omega_{ij}=0$。在布尔模型中每个权重的取值只有两种，0 或者 1。

在布尔模型中，查询词是被布尔运算符所组合在一起的，也就是在 9.1 节中所介绍的布尔查询。在文档检索中，对于某一个输入的布尔查询，系统会判断每一个文档与查询条件之间的关系，即是否使得查询条件的布尔值为“真”。最终，系统会将所有满足查询条件布尔值为“真”的文档返回给查询用户。可见，在布尔模型中，每一个文档和查询条件之间只有匹配和不匹配两种情况，当文档使得查询条件的布尔值为“真”时，则文档与查询条件匹配；反之则不匹配。这也对应着人们平常所说的精确匹配。很显然，在布尔模型中是不包含部分匹配的概念的，这也是布尔模型的一个局限。同时，在布尔模型中也没有考虑关键词在文档中所出现的频率，这也使得布尔模型在实际应用中很少单独使用。

9.2.2　空间向量模型

相比于布尔模型，空间向量模型是信息检索领域中应用范围最为广泛的一种模型。在空间向量模型中，每个文档向量 $\boldsymbol{d}_j$ 的权重值 ω_{ij} 不再是 0 或者 1，而是由该权重所对应关键词 t_i 在该文档中出现的次数，以及 t_i 在其他所有文档中出现的次数所决定的。其核心的思想是：如果一个关键词 t_i 在文档 $\boldsymbol{d}_j$ 中出现的频率高，那么 t_i 对文档 $\boldsymbol{d}_j$ 的重要性就会增加，相应的权重值也会增大。如果一个关键词 t_i 在其他文档中出现的频率也很高，说明这个关键词在区别文档方面的作用不大，那么相应的权重值也会变小。例如，如果关键词“价格”（t_i）在某一产品评论（$\boldsymbol{d}_j$）中出现的次数很多，那么，价格对于此评论就很重要。相对地，如果关键词“价格”在其他评论中也出现得很频繁，那么，“价格”在区别评论差异方面的作用就不大，所以其重要性就相对变小。

具体而言，关键词 t_i 在文档 $\boldsymbol{d}_j$ 中出现的次数定义为 f_{ij}，这也是关键词 t_i 在文档 $\boldsymbol{d}_j$ 中的词频。相应的，$\boldsymbol{d}_j$ 中关键词 t_i 的正规化词频按式（9.2）计算，即

$$tf_{ij} = \frac{f_{ij}}{max\{f_{1j}, f_{2j}, \cdots, f_{Mj}\}} \tag{9.2}$$

式（9.2）中，如果 t_i 在文档 $\boldsymbol{d}_j$ 中没有出现，那么相应的词频 $f_{ij}=0$。

集合 D 中的文档个数为 N，对于某一个关键词 t_i，D 中至少出现一次 t_i 的文档个数为 df_i，这也就是关键词 t_i 的文档频率。

对于一个关键词 t_i，根据其文档频率 df_i，相应的逆向文档频率可通过式（9.3）计算，即

$$\mathrm{idf}_i = \log \frac{N}{\mathrm{df}_i} \tag{9.3}$$

从式（9.3）的定义中可以看出，如果一个关键词在很多文档中出现，那么它的文档频率 df_i 数值会比较大，相应的逆行文档频率 idf_i 也会变小。逆向文档频率变小，说明这个关键词并不是很重要，或者没有区分度。对于某一个关键词 t_i，基于词频和逆向文档频率，相应的权重值 ω_{ij} 的计算方式如式（9.4）所示，即

$$\omega_{ij} = \mathrm{tf}_{ij} \times \mathrm{idf}_i \tag{9.4}$$

通过如下的一个例子，简单介绍空间向量模型中关键词的权重值计算。

例 9.1　假设有如下的一个文档集合 $D=\{d_1, d_2, d_3\}$，其中三个文档的内容如下：

d_1=“我在北京学习”

d_2=“我在北京工作”

d_3=“我在北京工作，工作很愉快”

相应的词汇表为 V={“我”，“北京”，“学习”，“工作”，“愉快”}

对于 d_1，在第一个维度“我”上相应的词频、文档频率和逆向文档频率的计算为

$$\mathrm{tf}=1, \mathrm{df}=3, \mathrm{idf}=0, \mathrm{tf}\times\mathrm{idf}=0$$

对于第二个维度“北京”，相应的词频、文档频率和逆向文档频率的计算为

$$\mathrm{tf}=1, \mathrm{df}=3, \mathrm{idf}=0, \mathrm{tf}\times\mathrm{idf}=0$$

对于第三个维度“学习”，相应的词频、文档频率和逆向文档频率的计算为

$$\mathrm{tf}=1, \mathrm{df}=1, \mathrm{idf}=0.477, \mathrm{tf}\times\mathrm{idf}=0.477$$

对于第四个维度“工作”和第五个维度“愉快”，相应的词频 tf 为 0，则对应的权重值也为 0。

所以，对于第一个文档，通过空间向量模型所得到的向量为

$$\boldsymbol{d}_1 = (0, 0, 0.477, 0, 0)$$

按照同样的方法，第二个文档和第三个文档的向量形式化为

$$\boldsymbol{d}_2 = (0, 0, 0, 0.176, 0), \boldsymbol{d}_3 = (0, 0, 0, 0.352, 0.477)$$

从上述的例子可以看出，对于第三个文档而言，“愉快”这一维度是它区别于其他两篇文档的关键，因此在这一维度上的取值较大也是有道理的，这也说明了空间向量模型的有效性。

在空间向量模型中，对于查询语句 $\boldsymbol{q}$，可以采用同样的方法将其转化为同样维度的向量，并可以计算查询文档 $\boldsymbol{d}_j$ 与查询语句 $\boldsymbol{q}$ 之间的相关度，并根据相关度的大小对查询结果进行排序。计算相关度的一种方法是计算查询文档 $\boldsymbol{d}_j$ 与查询语句 $\boldsymbol{q}$ 之间的相似度，而衡量相似有多种方式，其中较为常用的一种方法夹角余弦相似度（Cosine Similarity）。这种相似度的度量方式通过度量两个向量之间的夹角余弦值来计算两个向量之间的相似度。如果两个向量完全重合，它们之间的夹角余弦值为 1，这说明两

个空间向量完全相似。反之，如果两个向量在空间完全正交，则他们之间的夹角余弦值为 0，这说明两个空间向量完全不相似，或者相似度为 0。对于查询语句 q，将其转化成向量为

$$\boldsymbol{q}=(\omega_{1q},\omega_{2q},\cdots,\omega_{Mq}) \tag{9.5}$$

则查询语句 $\boldsymbol{q}$ 与文档 $\boldsymbol{d}_j$ 之间的相似度 $\mathrm{sim}(\boldsymbol{d}_j,\boldsymbol{q})$，即夹角余弦值的计算方式如式（9.6）所示。

$$\mathrm{sim}(\boldsymbol{d}_j,\boldsymbol{q})=\cos(\boldsymbol{d}_j,\boldsymbol{q})=\frac{\langle \boldsymbol{d}_j,\boldsymbol{q}\rangle}{\|\boldsymbol{d}_j\|\times\|\boldsymbol{q}\|}=\frac{\sum_{i=1}^{M}\omega_{ij}\times\omega_{iq}}{\sqrt{\sum_{i=1}^{M}\omega_{ij}^2}\times\sqrt{\sum_{i=1}^{M}\omega_{iq}^2}} \tag{9.6}$$

向量夹角余弦相似度在文本聚类中也广泛使用，除此之外，还有一些其他的相似度的计算方法，如 Okapi 计算公式[172]等。

在布尔模型和空间向量模型之外，统计语言模型也是一种较为常用的模型。统计语言模型是一种以概率为基础的模型，这种模型较多应用于自然语言处理以及语音识别中。感兴趣的读者可以参考相关文献[173,174]。

9.3　信息搜索测度

在信息搜索中，不一定每一个检索结果都与查询条件相关，因此，经常需要评测检索结果的质量如何，本节主要介绍常用的评测测度，包括查全率（Recall）和查准率（Precision），这两者是反映检索效果的重要指标。

在信息检索中，给定一个查询语句以及相应的查询结果。查全率是衡量检索出的文档中相关文档占所有相关文档的比例，查全率可按照如下形式计算

$$\mathrm{Recall}=\frac{\text{查询结果中相关文档数量}}{\text{所有相关文档的数量}} \tag{9.7}$$

查全率反映的是查询结果中是否涵盖了全部相关文档。查全率越高说明查询结果中所得到的相关文档的比例越高。极端情况下，如果查全率为 1，则该检索系统将所有与查询条件相关的文档均检索出来，这也是最为理想的情况。

查准率是衡量检索出的文档中的相关文档占本次所有检索出文档的比例，可按如下形式计算

$$\mathrm{Precision}=\frac{\text{查询结果中相关文档数量}}{\text{查询结果中所有文档的数量}} \tag{9.8}$$

查准率反映了检索的噪声情况，查准率越高说明查询结果中的不相关文档的比例越低。极端情况下，如果查准率为 1，说明本次检索结果中所有检出的文档均为相关文档，没有任何噪声。

理想情况下查全率和查准率均越高越好，但事实上这两者在某些情况下是矛盾的。例如，一个将文档集合中所有文档返回为结果集合的系统有 100%的查全率，但是查准率却很低。另一方面，如果一个系统只能返回唯一的文档，会有很低的查全率，但却可能有 100%的查准率。通常以查全率和查准率为指标来测定信息检索系统的有效性时，一般会假定查全率为一个适当的值，然后按查准率的高低来衡量系统的有效性。

查全率和查准率这两个指标从不同侧面评测查询结果的质量，另外一个较为常用

的测度是 F−measure，它是将查全率和查准率综合起来的一个评测指标，可按式（9.9）计算，即

$$\text{F}-\text{measure}=\frac{(\alpha^2+1)\text{Precision}\times\text{Recall}}{\alpha^2(\text{Precision}+\text{Recall})} \tag{9.9}$$

式中，F−measure 是查全率与查准率的调和平均，其中参数α表示对于 Precision 和 Recall 这两个指标的权重考虑。当α=1 时，也就是常用的 F_1−measure。在 F_1−measure 中，Precision 和 Recall 的权重是一样的，即

$$\text{F}_1-\text{measure}=\frac{2\text{Precision}\times\text{Recall}}{\text{Precision}+\text{Recall}} \tag{9.10}$$

在查准率、查全率以及 F−measure 之外，在 IR 和网络搜索（Web search）中，通常会有多个相关文档，系统会根据相似度以及其他指标给出一个文档的排名，因此也会有一些指标被用来评价相应的排名结果。

给定一个文档集合 D，D 中所有文档数量为 N。一个用户给出一个查询条件 $\boldsymbol{q}$，检索系统根据查询结果与查询条件之间的相似度分数，给出查询结果的排名情况 $R_{\boldsymbol{q}}$，这个排名情况为

$$R_{\boldsymbol{q}}:\left\langle d_1^{\boldsymbol{q}},d_2^{\boldsymbol{q}},\cdots,d_N^{\boldsymbol{q}}\right\rangle \tag{9.11}$$

令 $D_{\boldsymbol{q}}$ 是 D 中与查询条件 $\boldsymbol{q}$ 相关的文档集合，可以对排序 $R_{\boldsymbol{q}}$ 中的每一个文档计算查全率和查准率。

在排序中，第 i 个文档的查全率（记 Recall(i)）是从第 1 到第 i 个文档中相关文档数量在 $R_{\boldsymbol{q}}$ 中相关文档数量的占比。定义从 $d_1^{\boldsymbol{q}}$ 到 $d_i^{\boldsymbol{q}}$ 中相关文档的数目为 s_i，所以第 i 个文档的查全率 Recall(i)的计算为

$$\text{Recall}(i)=\frac{s_i}{|D_{\boldsymbol{q}}|} \tag{9.12}$$

相应的排在第 i 位的文档的查准率（记为 Precision(i)）是从第 1 到第 i 个文档中相关文档数量比上当前的位置数 i，其可按式（9.13）计算，即

$$\text{Precision}(i)=\frac{s_i}{i} \tag{9.13}$$

考虑排名的查全率与查准率与本节之前所介绍的查全率与查准率略有不同，如下通过一个例子对考虑排名的查全率与查准率进行介绍。

例 9.2　如有一个文档数据集 D，其中包含 18 个文档。一个用户输入一个查询条件 $\boldsymbol{q}$，已知其中有 9 个文档是与查询条件 $\boldsymbol{q}$ 相关。有一个种检索方法产生了如表 9.1 所示的排名情况。

表 9.1　查询结果中每一个排名上的查全率与查准率

排　名	是否相关	Precision(i)	Recall(i)
1	是	1/1=100%	1/9=11%
2	是	2/2=100%	2/9=22%
3	是	3/3=100%	3/9=33%
4	是	4/4=100%	4/9=44%

续表

排　名	是否相关	Precision(*i*)	Recall(*i*)
5	是	5/5=100%	5/9=56%
6	是	6/6=100%	6/9=67%
7	否	6/7=86%	6/9=67%
8	是	7/8=88%	7/9=78%
9	否	7/9=78%	7/9=78%
10	否	7/10=70%	7/9=78%
11	是	8/11=73%	8/9=89%
12	是	9/12=75%	9/9=100%
13	否	9/13=69%	9/9=100%
14	否	9/14=64%	9/9=100%
15	否	9/15=60%	9/9=100%
16	否	9/16=56%	9/9=100%
17	否	9/17=53%	9/9=100%
18	否	9/18=50%	9/9=100%

在表 9.1 中，第二列表示每一个文档与查询条件 $\boldsymbol{q}$ 之间的相关程度，“是”表示相关，“否”表示不相关。表 9.1 中的第三列表示每一个排名的查准率，第四列表示每一个排名的查全率。

基于排名的查准率可以度量给定查询条件下，某一个特定检索算法的效果。有时需要比较不同检索算法之间的效果差异，那么就需要平均查准率（Average Precision）Precision(avg)。平均查准率可通过排名序列中每个相关文档的查准率计算得到，即

$$\text{Precision(avg)} = \frac{\sum_{d_i^q \in D_q} \text{Precision}(i)}{|D_q|} \tag{9.14}$$

对于例 9.2 而言，其平均查准率 Precision(avg)为

$$\text{Precision(avg)} = \frac{(100\%+100\%+100\%+100\%+100\%+100\%+88\%+73\%+75\%)}{9} = 93\%$$

在实际的网络查询中，由于整个查询文档集合 D 非常大，D_q 也会比较大，因此估计 D_q 的大小经常是不太可能的。这样，查全率往往是很难计算的。实际上，查全率对于网络检索的意义并不是很大，因为大多数用户只会浏览查询结果的前十几条，最多几十条，如在谷歌和百度的检索检索结果中，用户往往只浏览前几页的内容，因此在前几页查询结果中的查准率就更为重要，能够在前几页为用户提供准确的，同时也是用户所需要的结果，这样的查询算法是非常重要的。一种可行的方案为用户提供代表性查询结果，即查询结果的前几条可以在内容上反映原始所有查询结果的绝大多数内容或主题，这样用户通过浏览前几页的查询结果，就可以最大程度上了解原始查询结果的绝大多数内容。目前，针对这一问题已有相关研究工作[46]，感兴趣的读者可以查阅。

9.4　文本预处理

在对文档进行检索之前，一般都需要对文档进行一定的预处理，这其中包括停用

词移除，词干提取，处理数字和连接符等。如果被检索文档是网页文档时，还需要包括 HTML 标签的移除，以及鉴定主要内容块等。本节中将对这些内容进行简要介绍。

首先，停用词的移除（stopword removal）是预处理的重要内容。停用词的含义是那些在语言表达中常常出现，但是对于表达具体语义没有太多含义，通常可以忽略的单词。在英文表达中，冠词、介词以及连词都属于停用词，常用的停用词诸如 a、about、an、are、as、at、be、by、for、from、how、in、is、of、on、or、that、the、these、this、to、was、what、when、where、who、will 和 with 等；中文中的停用词如：的、在、和、通常、了、是、为、有、这、多、与、以等。停用词在进行文档预处理时需去除，去除之后再进行后续的分析和检索处理。

此外，词干提取（Stemming）是预处理的另一个重要内容。在许多种语言中，对于同一种词有着不同的表达方式。例如，在英文中，一个名词具有单数和复数两种形式；一个动词可能有不同的时态，进行时，过去时和将来时等。这些不同的表达形式对应的含义较为相似，如果不进行处理，将使得系统查全率降低。所以必须对这种不同形式的词语表达进行处理，以使检索系统能够接受单词的不同形式，从而提高检索系统的查全率，这也就是词干提取的主要功能。例如，对于“buy”、“bought”和“buying”等词，词干提取会将它们统一转化为“buy”。当前有不少的研究工作提出多种词干提取算法，这些算法也被称作为词干提取器（Stemmers）。一种较为常用的英文词干提取算法是由 Martin Porter 等人提出的[176]，感兴趣的读者可以进一步参阅。需要指出的是，中文的表达方式与英文不同，较少存在上述情况，因此在中文处理中可不用进行词干提取操作。

词干提取对于检索文本的预处理是非常重要的，一方面，它保证了较好的查全率；同时，由于它对词语进行了合并，这也进一步降低了索引的难度和所占用的空间。但是，词干提取也有着显著的不足，正是因为词干提取对不同形式的词语进行统一处理，很有可能使一些不太相关的文档也会被当做相关文档检索出来，这样会降低检索系统的查准率。而在之前的介绍中已经指出，在网络检索中，查准率往往更为重要，因此如何在进行词干提取时保证检索结果的查准率，也是非常重要的研究问题。

在进行停用词移除和词干提取之后，还需要对连接符和各种标点符号以及大小写字符进行处理。在检索系统中，对于连接符的处理采用的策略有多种。例如，对于英文中常用的表达方式“state-of-the-art”，一种方式是将其中的连接符转化为空格，转化为“state of the art”；另外一种方式是将其中的连接符直接删除，转化为“stateoftheart”。这样的两种方式在一些检索系统中都会被索引，因为系统很难判断这两种方式的对错。同时，检索系统在设计连接符移除规则时，也要针对一些特殊情况设计特殊的规则。例如，在某些特定表达方式中，连接符是不能去除的，去除之后表达的含义就发生了变化。检索系统对于标点符号的处理与连接符的处理较为类似。对于字符大小写的处理则较为简单，检索系统一般将其全部转化为大写或小写。

相对于传统的文档预处理，对于网页的预处理则更复杂一些，因为网页的表达方式会比传统的文档更为复杂。大多数网页会选用超文本的方式，因此需要在检索之前进行包括辨别不同字段、辨别锚文本、移除 HTML 标签以及辨别主要内容块的操作。

（1）辨别不同字段。在 HTML 中，字段出现在不同的域中，包括标题、元数据、正文等。在不同域中出现的字段权重是不同的。例如，在标题中所出现的字段的权重显然应该高于在正文中所出现的相同字段。因为一般情况下标题都是对正文内容的高度概括和总结，因此其中的字段的重要性也更高。辨别不同的字段，就是根据字段所处于的域的不同，给予不同权重的对待，这对于后续的文档检索是非常重要的。

（2）辨别锚文本。在搜索引擎中，一个链接的锚文本也是非常重要的，因为锚文本通常能够准确的概括和描述所指向网页的信息，因此需要找出锚文本。

（3）移除 HTML 标签。网页包含了大量的 HTML 标签，这也是网页与普通文本的主要区别之一。这些标签在后续检索处理之前需要移除。

（4）辨别主要内容块。网页内容形式多样，包含了诸如广告、导航等大量信息，这些信息都是网页的主要内容，也会影响后续文档检索的效果，因此需要去除这些无关内容，找到主要内容块，并提取主要内容块加入到后续的文档检索中。研究表明，检索过程中如果使用主要内容块，会大大提高检索的质量。

9.5 搜索索引

索引对于信息检索是非常重要的，网络搜索与传统的信息检索的主要功能一样，都是要找到符合用户查询条件的文档或网页。一个较为直观的想法是遍历存储中的所有文档或网页，依次判断这些文档或网页是否包含检索条件中的关键词，进而将符合要求的查询结果返回用户。这样的一种方法在处理小规模检索数据时是有效的，但是如果被检索数据量很大（如网络搜索），这种方法就难以应对。因此另外一种想法就是在存储中建立起索引结构，从而加快检索和查询的速度。当前，一种流行的索引方法是倒排索引（Inverted Index），相比于大多数索引方法，这种方法表现出非常好的性能特点，因此也是当前搜索引擎中十分重要的一种索引方法[171]。本节将重点介绍此方法。

9.5.1 倒排索引搜索

倒排索引的形式是一张列表，该列表包含了每一个不同的词和包含该词的文档。在检索中，可以利用倒排索引在固定时间内找到包含查询词的文档。

给定文档集合 $D=\{d_1, d_2, \cdots, d_N\}$，其中每一个文档包含一个特定的 ID 号。倒排索引主要包含两个部分，第一部分是一个词汇表 V，这个词汇表中包含了文档集合 D 中所包含的不同词。第二部分是每个词 t_i 都对应一组倒排列表记录，这个记录存储了包含词 t_i 的文档 ID，以及一些其他的信息。例如，给出一条关于词 t_i 的倒排记录示例

$$\left\langle \mathrm{id}_j, f_{ij}, [o_1, o_2, \cdots, o_{|f_{ij}|}] \right\rangle \tag{9.15}$$

在式中，id_j 表示第 j 个文档的 ID，f_{ij} 表示词 t_i 出现在文档 j 中的频率，o_1 表示词 t_i 第一次出现时的偏移量（如在文档中所处的词的位置），o_k 是词 t_i 第 k 次出现时的偏移量。对于词 t_i，包含它的文档可能有多个，因此词 t_i 的倒排记录按照文档 ID（id_j）的升序排列。在每一个倒排记录中，偏移量也按照升序排列。为更加清晰的解释倒排索引，看一下如下示例。

例 9.3 假设有三个英文文档，对应的 ID 分别是 id_1、id_2 和 id_3。

id_1：Data mining is powerful.

id_2：Use powerful mining applications.

id_3：Mining system is a complex system.

去除停用词"a"、"is"和"and"，暂不进行词干提取操作。此时每个词的偏移量为

id_1：Data mining powerful.

　　1　2　3

id_2：Use powerful mining applications.

　　1　2　3　4

id_3：Mining system complex useful system.

　　1　2　3　4　5

这样，对于词汇表 V={applications, complex, data, mining, powerful, system, use, useful}，形成的倒排索引如表 9.2 所示。

表 9.2　例 9.3 的倒排索引表

词	倒排索引
Applications	⟨id_2, 1, [4]⟩
Complex	⟨id_3, 1, [3]⟩
Data	⟨id_1, 1, [1]⟩
Mining	⟨id_1, 1, [2]⟩, ⟨id_2, 1, [3]⟩, ⟨id_3, 1, [1]⟩
Powerful	⟨id_1, 1, [3]⟩, ⟨id_2, 1, [2]⟩
System	⟨id_3, 2, [2, 5]⟩
Use	⟨id_2, 1, [1]⟩
Useful	⟨id_3, 1, [2, 4]⟩

在表 9.2 中，第一列是词汇表，按字母序排列。第二列为相应的倒排索引，如对于 mining，它的倒排索引⟨id_1, 1, [2]⟩、⟨id_2, 1, [3]⟩和⟨id_3, 1, [1]⟩，表示包含 mining 的文本有三个，分别是 id_1、id_2 和 id_3。其中，在 id_1 中 mining 出现 1 次，对应的偏移量为 2；在 id_2 中 mining 出现 1 次，对应的偏移量为 3；在 id_3 中 mining 出现 1 次，对应的偏移量为 1。

在构建了倒排索引之后，可以基于倒排索引进行文档查询。也就是当检索系统收到用户的查询条件之后，查询首先在倒排索引中查找对应的关键词，然后通过相应的索引找到包含这个关键词的文档。整个检索过程大致可分为搜索词汇表、结果合并及计算排名分数三个阶段。

（1）搜索词汇表。当检索系统得到用户的查询条件之后，需要在词汇表中搜索每一个查询词。为了加快检索效率，词汇表一般提前导入内存中。词汇表中的词汇一般按照字母序排序，因此可以使用 B 树、哈希或者二叉搜索等算法进行快速的检索。如果词汇表的规模为 M(即$|V|=M$)，那么检索一个查询词的时间复杂度可以达到 $O(\log M)$。

（2）结果合并。如果查询条件中只有一个词，那么就无须进行结果合并。当在词汇表中找到相应的词之后，就可以得到包含该词的文档，并可以将所有检索到的文档返回。而如果查询条件中包含多个词，那么就需要进行结果的合并。通常在倒排索引中查到每一项之后，需要合并每一项以取得它们之间的交集。例如，一个检索条件中包含两个关键词，包含第一个关键词的文档是 id_1 和 id_2，包含第二个关键词的文档是 id_2 和 id_3，那么合并之后的结果是 id_2。

（3）计算排名分数。在完成上述两步之后，就可以得到满足查询条件的所有文档。根据相关度函数给每个文档计算相关度，并将所有得到的文档排名。

为更好的说明上述过程，以在例 9.3 中检索“Powerful Mining”为例说明查询检索过程（见例 9.4）。

例 9.4 在例 9.3 所建立的索引中查询“Powerful Mining”。

这一查询条件包含两个查询词“Powerful”和“Mining”，在第一步中，首先得到如下两个倒排索引，即

Powerful：$\langle id_1, 1, [3]\rangle, \langle id_2, 1, [2]\rangle$

Mining：$\langle id_1, 1, [2]\rangle, \langle id_2, 1, [3]\rangle, \langle id_3, 1, [1]\rangle$

第二步中，对这两个倒排索引中的结果进行合并，得到同时包含这两个关键词的文档 id_1 和 id_2。

第三步中，分别计算两个文档与查询条件的相关性。考虑到两个关键词之间的顺序和距离，第二个文档的相关性要高于第一个文档。因此查询结果为

id_2：Use powerful mining applications.

id_1：Data mining powerful.

值得一提的是，这里考虑的排名方式较为简单，在实际的搜索引擎中会有更为复杂的排名方式。

9.5.2 倒排索引的建立

建立倒排索引主要使用 Trie 数据结构[177]，这是一种树状存储结构，用于保存大量的字符串，又称为单词查找树。Trie 利用字符串的公共前缀来节约存储空间，提高了查询效率。这种结构既可以用于字典的查找，也可以用于索引的查找。在 Trie 树中，每个节点代表一个状态，根据不同的输入会产生不同的状态转移，直到转移到最终叶子节点的时候完成查询。利用 Trie 建立索引的时间复杂度为 $O(T)$，其中 T 是文档集合中的词数目。

构建方法的基本思想是：依次扫描文档集合中每个文档的每个词，并查找在 Trie 中是否已经有这个词。如果有这个词，则将这个文档的 ID 号和对应偏移量记录到 Trie 中。如果在 Trie 中没有这个词，则在 Trie 中新生成一个叶子节点，用来表示这个新词，并将这个文档的 ID 号和对应的偏移量记录到这个新的节点上。

为更好的说明这个建立过程，下面以例 9.3 中的文档集合为例进行介绍。

例 9.5 以例 9.3 为例，建立倒排索引。去除停用词后每个词的偏移量为

id_1：Data mining powerful.

1 2 3

id_2：Use powerful mining applications。

1 2 3 4

id_3：Mining system complex useful system.

1 2 3 4 5

词汇表 9.2 的 Trie 结构以及每一个词的倒排索引列表如图 9.2 所示。

由图 9.2 可见，在建立倒排索引的初始阶段，系统首先扫描第一个文档 id_1 中的每一个词，对于第一个“data”，因此时 Trie 中没有这个词，则建立一个新的节点，并将

文档 id_1 的信息加到“data”的倒排索引信息中。依次扫描第一个文档中的其他词，这些词在 Trie 中都没有，则依次建立新的叶子节点，并将对应的文档信息加到倒排索引信息中。当系统扫描到第三个文档 id_3 中的第 7 个词“Useful”时，此时 Trie 中已有“U”、“S”和“E”的叶子节点，此时建立一个新的叶子节点“F”，并将 id_3 的相关信息加入到“Useful”的倒排索引信息中。按照这样的方法，当检索完文档集合中所有的词之后，基于这一文档集合的倒排索引结构也就建立完成。

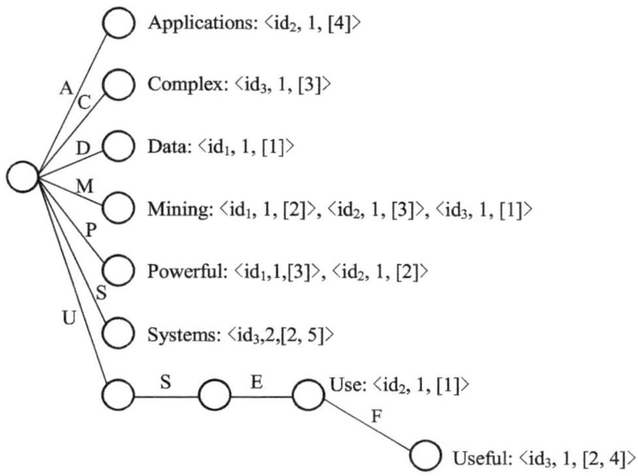

图 9.2　词汇表 9.2 的 Trie 结构以及每一个词的倒排索引列表

9.6　搜索结果排序

在多数情况下，用户的检索结果都会包含多条检索内容，因此就需要将检索内容排序。根据此前的介绍，用一种直观的方法计算每一个检索得到的文本与查询条件之间的相关性，根据相关性的高低对查询结果进行排序。这种方法并不太适用于网络搜索，因为在网络搜索中，大量的网页之间不仅仅存在内容层面的相关，更多还有结构（链接）层面的相关，因此需要有一种考虑网页之间链接关系的排名方法。

网络搜索中，最为经典的一种网页排名方法是 PageRank 方法，这种方法是一种静态的网页评级算法，它为每个网页离线计算 PageRank 值且该值与查询内容无关。PageRank 算法依赖于 Web 的自然特性，利用 Web 的庞大链接结构来为单个网页质量作参考。PageRank 是由谷歌创始人 Sergey Brin 和 Lawrence Page 提出[178]的，它的成功很大程度要归功于谷歌的商业成功。本章将主要介绍这种排名方法。

PageRank 排名方法是将网页之间按照链接的方式组成一个网络，将每个网页的 PageRank 值看做该网页的权威值。在介绍这一算法之前，首先介绍两个相关概念。

网页 i 的链入链接：指从其他网页指向网页 i 的链接。通常情况下，不考虑来自同一网站的链接。

网页 i 的链出链接：指从网页 i 指向其他网页的链接。通常情况下，也不考虑来自同一网站的链接。

PageRank 算法的提出主要基于如下三点假设：

（1）如果一个页面被很多其他页面所指向，则这个页面可能是重要的。

（2）如果一个页面被重要的页面所指向，则这个页面可能是重要的。

（3）一个页面的重要性可均匀传播到它指向的页面中。

给定网页集合$\{d_1, d_2, \cdots, d_N\}$，其中包含有 N 个网页，按照网页集合之间的链接关系（指向关系），将这 N 个网页构成一个图 $G(V, E)$，其中 V 为图 G 的所有节点的集合，E 为图 G 的所有边的集合。图 G 中每个节点对应一个网页，图 G 是一个有向图，其中每条边表示两个网页之间的指向关系。该图的转移矩阵为 $\boldsymbol{T}$，$\boldsymbol{M}$ 为转移矩阵的转置矩阵。为更好的说明这一过程，考虑如下的示例（例 9.6）[179]。

例 9.6　给定四个网页所组成的文档集合$\{A, B, C, D\}$。按照四个网页之间的指向关系绘成图 G，如图 9.3 所示。在这四个网页所形成的图中，网页 A 中包含有一个指向网页 C 的链接，网页 B 中包含一个指向网页 C 的链接，网页 C 中只有两个链入链接，网页 D 中有两个链出链接，一个是指向网页 A，另外一个是指向网页 B。按照四个网页之间的指向关系，可得到四个网页之间的转移矩阵。图 9.3 中四个网页所形成转移矩阵的转置矩阵如图 9.4 所示。

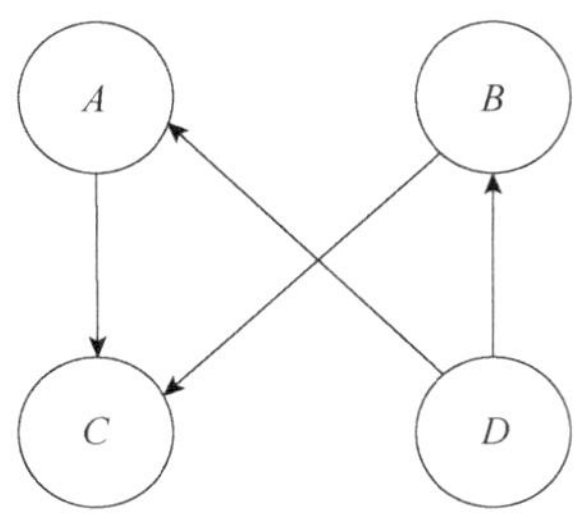

图 9.3　四个网页所形成的图 G

$$\boldsymbol{M} = \begin{array}{c} \\ A \\ B \\ C \\ D \end{array}\begin{array}{c} \begin{array}{cccc} A & B & C & D \end{array} \\ \begin{bmatrix} 0 & 0 & 0 & 1/2 \\ 0 & 0 & 0 & 1/2 \\ 1 & 1 & 0 & 0 \\ 0 & 0 & 0 & 0 \end{bmatrix} \end{array}$$

图 9.4　转置矩阵 $\boldsymbol{M}$

转置矩阵 $\boldsymbol{M}$ 中每一个元素表示相应列的网页转移到相应行的网页的概率，如在图 G 中的第一行第四列的元素 1/2 表示网页 D 转移到网页 A 的概率为 1/2。

对于转置矩阵 $\boldsymbol{M}$，M_{kj} 是 M 中第 k 行第 j 列的元素，其取值分为两种情况：

（1）若节点 k 和节点 j 之间存在 j 指向 k 的边，则有

$$M_{kj} = \frac{1}{|O(j)|} \tag{9.16}$$

式中，$|O(j)|$表示节点 j 的出度，也就是链出链接的个数。

（2）若两个节点之间不存在 j 指向 k 的边，则相应的 $M_{kj}=0$。

进而，可以计算节点的权威度。根据 PageRank 算法的三个假设，任意一个节点 j 的权威度可按照如下的方法计算，即

$$R(j) = \sum\nolimits_{k \in I(j)} \frac{R(k)}{|O(k)|} \tag{9.17}$$

式中，$I(j)$表示所有指向 j 的节点集合，节点 j 的权威度为所有指向 j 的节点的权威度的叠加。权威度的定义采用递归的方式，因此可以进行迭代计算，计算如下

$$R_i(j) = \sum\nolimits_{k \in I(j)} \frac{R_{i-1}(k)}{|O(k)|} \tag{9.18}$$

初始情况下，每个节点的权威度为 $1/n$，也就是 $R_0(j)=1/n$。

相应地，将所有节点权威度构成一个向量 $\boldsymbol{R}$，可利用矩阵运算的方法对 $\boldsymbol{R}$ 进行迭代，即

$$\boldsymbol{R}_i = M \times R_{i-1} \tag{9.19}$$

为了使此迭代计算收敛，对于矩阵 $\boldsymbol{M}$ 有两个方面的要求：一是要求 $\boldsymbol{M}$ 必须满足非周期，二是要求 $\boldsymbol{M}$ 必须不可约。对于 $\boldsymbol{M}$ 而言，非周期是可以满足的，但是不可约要求 $\boldsymbol{M}$ 必须是一个强连通图，也就是 $\boldsymbol{M}$ 中任何两个节点都可达。这样的一个要求对于 $\boldsymbol{M}$ 来说是很难满足的。因此，为满足这样的一个要求，在图 G 中为每个节点增加 n 条边，指向图中的每一个节点，包括自己本身，这样形成一个新的图 G^*，显然这个图 G^*会满足强连通特性。

对于 $\boldsymbol{M}$ 矩阵中的任一列 j，如果原本 j 不存在任何链出链接，那么在图 G 中 j 没有任何边指向其他节点。而在图 G^*中为每一个节点增加了 n 条边，因此 $\boldsymbol{M}$ 矩阵中的这一列每个元素都变为 $1/n$。否则，对于节点 j 指向的任意一个节点 k，原来的值 $1/|O(j)|$ 变为

$$c \times \frac{1}{|O(j)|} + (1-c) \times \frac{1}{n}$$

式中，c 为 0～1 之间的实数。改变后的矩阵用 M^*表示，则新的迭代公式为

$$\boldsymbol{R}_i = \boldsymbol{M}^* \times \boldsymbol{R}_{i-1} \tag{9.20}$$

以例 9.6 为例，给定 c=0.8，则调整后的矩阵 $\boldsymbol{M}^*$如图 9.5 所示。

$$\boldsymbol{M}^* = \begin{array}{c} \\ A \\ B \\ C \\ D \end{array}\!\!\begin{array}{c} \begin{array}{cccc} A & B & C & D \end{array} \\ \begin{bmatrix} 0.05 & 0.05 & 0.25 & 0.45 \\ 0.05 & 0.05 & 0.25 & 0.45 \\ 0.85 & 0.85 & 0.25 & 0.05 \\ 0.05 & 0.05 & 0.25 & 0.05 \end{bmatrix} \end{array}$$

图 9.5　调整之后的矩阵 $\boldsymbol{M}^*$

如果给定初始状态下的权威度为 $\boldsymbol{R}_0$=(0.25, 0.25, 0.25, 0.25)^{T}，则按照迭代计算公式得到四个网页的权威度结果为 $\boldsymbol{R}$=(0.176, 0.176, 0.332, 0.316)^{T}。因此，按照 PageRank 所计算的网页权威值，四个网页的排名结果为〈C D A B〉。

9.7　小结

本章主要介绍信息搜索服务中有关信息检索的相关内容，包括信息搜索的基本概念、信息搜索模型、信息搜索的评判测度、文本预处理、搜索索引及搜索结果排名等内容。

在信息搜索的基本概念中，本章主要介绍了关键词查询、布尔查询、短语查询以及近似查询等相关概念。

在信息搜索中，不同的信息检索模型决定了文档和查询条件的表达方式，同时也决定着查询文档与查询条件之间相关度的定义。在信息检索和网络搜索中，较为常用的信息检索模型有布尔模型、空间向量模型和语言模型三种。

信息检索中最为常用的评测测度包括查全率和查准率等，这两者是反映检索效果

的重要指标。在理想情况下，查全率和查准率均越高越好，但事实上这两者在某些情况下是矛盾的。通常以查全率和查准率为指标来测定信息检索系统的有效性时，一般会假定查全率为一个适当的值，然后按查准率的高低来衡量系统的有效性。

在对文档进行检索之前，一般都需要对文档进行一定的预处理，这其中包括停用词移除，词干提取，处理数字和连接符等。如果被检索文档是网页文档时，还需要包括 HTML 标签的移除，以及鉴定主要内容块等。

索引对于信息检索是非常重要的，在存储中建立起索引结构可以加快检索和查询的速度。当前，一种流行的索引方法就是倒排索引，相比于大多数索引方法，这种方法表现出非常好的性能特点，因此也是当前搜索引擎中十分重要的一种索引方法。

搜索结果排序中最为经典的一种方法是 PageRank 方法，这种方法是一种静态的网页评级算法，因为它为每个网页离线计算 PageRank 值且该值与查询内容无关。PageRank 算法依赖于 Web 的自然特性，它利用 Web 的庞大链接结构来为单个网页质量作参考。PageRank 的成功很大程度要归功于谷歌的商业成功。

思考练习题

9.1　简述关键词查询、布尔查询、短语查询及近似查询的含义。

9.2　简述查全率和查准率的概念，以及它们之间的区别。

9.3　给定一个文档集合 D，其中包含 10 个文档。给定一个查询条件 $\boldsymbol{q}$，得到 10 个文档的排序和查询条件相关与否如下表所示：

排　名	是否相关
1	是
2	是
3	是
4	是
5	是
6	是
7	否
8	是
9	否
10	否

请分别计算排名第 1 至第 10 的文档的查全率和查准率，以及平均查准率。

9.4　给定一个文档集合 $D=\{id_1, id_2, id_3\}$

id_1：Web mining is useful.

id_2：Usage mining applications.

id_3：Web structure mining studies the Web hyperlink structure.

请写出基于这个文档集合建立倒排索引的过程，以及最后所建立的倒排索引。

第 10 章

社会网络分析

住在德国的土耳其烤肉店老板与美国影星马龙•白兰度间是有某种联系吗？如果这位老板告诉你，白兰度是他朋友的同事的女友的结拜姐妹的父亲担任制片电影的男主角，可不要觉得他在吹牛，这是一家德国报纸做的一个真实有趣的实验，其背后的理论叫“六度分割”，即你可以通过不超过五个中间人认识世界上任何一个陌生人。微博、微信等新兴社会化媒体软件使神奇的小世界在网络社会里得到了直观展现，当人们日益依赖社会网络圈时，如何理解、定义和分析在网络环境下产生并不断增长的社会网络数据也是人们应该关注的问题。本章将一起进入社会网络，探索其中的奥秘。

本章学习重点

- 社会网络中心性；
- 社会网络权威；
- 社会网络链接分析。

伴随着社会网络（social network）的兴起，人们使用互联网的行为发生了巨大的变化，从单纯的关注网络信息，变成现在更加关注通过网络的人与人之间的交互。通过网络，人们每天都在关注着自己好友的动态，同时也将自己的信息发送给好友，社会网络应用已经极大程度上改变了人们的生活方式。

对于组织而言，社会网络也进一步地改变了组织的运作、管理和决策方式。社会网络的出现及其与组织的互动（如组织内部数据与外部数据的融合），打破了组织传统的有形或无形的界限，重新梳理和定义了组织与组织之间，组织与个体之间，个体与个体之间信息交互的渠道、知识共享的方式和信任合作的关系。这些通过社会网络所形成的新关系对组织的行为和绩效发挥着重要的作用。通过社会网络及其分析方法，企业可以优化组织沟通，丰富社会资本，维系客户关系，建立持久合作关系以及管理企业舆情等；对于政府组织，也可以提升社区服务，引导公众舆论，服务信息宣传等。可以说，社会网络及其分析方法对于组织来讲具有着越来越重要的现实意义。

社会网络中包含社会中的社会实体（组织中的人或者参与者），以及他们之间的活动与关系。这种关系和活动可以抽象成为网络或者图，每一个顶点表示一个参与者，每一条边表示两个参与者之间的关系和交互。利用网络图可以研究该网络的结构特征，以及每个参与者的权威和位置等属性，同时也可以从社会网络中挖掘出各种类型的子图以及发现深层次的社会现象。例如，“六度分割”（Six-Degree of Separation）[362]就是社会学家应用社会网络的分析方法所发现的社会现象，其含义为：虽然在整个地球上与每个人有联系的人的个数相对于世界人口总数而言非常小，但是只要努力寻找，任何两个人之间，通过不超过五个中间联系人，即六步就可以联系上。通过社会网络分析也可以发现世界上许多其他网络也有极相似的结构，如通过超文本链接的网络、经济活动中的商业联系网络、生态系统中的食物链，甚至人类脑神经元及细胞内的分子交互作用网络等[363, 175]。这也说明了社会网络分析方法具有非常广泛的应用价值。

这一章将主要介绍社会网络的中心性、社会网络的权威、引用社会网络、社会网络的链接分析，以及社会网络中的社区等方面的内容。

10.1　社会网络的中心性

社会网络是由一群参与者组成的，一个较为直观的想法是：这群参与者中哪些是重要的或者是卓越的参与者，也就是那些广泛参与其他参与者连接的参与者，这就是社会网络中心性所反映的内容。一般认为，一个参与者如果与其他参与者有着广泛联系，其重要程度要高于那些联系较少的参与者，也就是中心度要高于其他人，这样的参与者叫做中心参与者（Central Actor）。

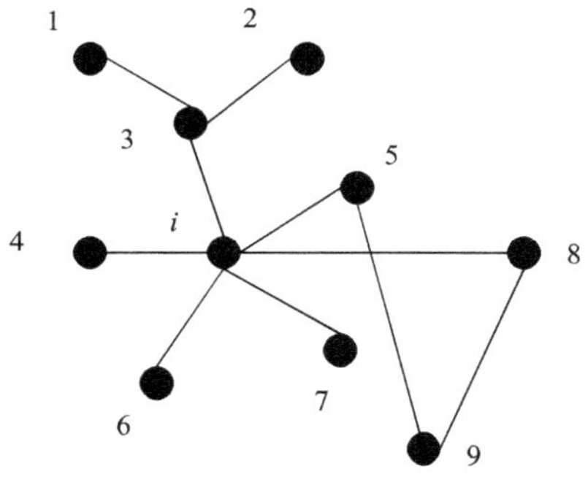

图 10.1　十个节点组成的社会网络

在一个社会网络中，节点之间的连接（Ties）也称作为链接（Links）。一个中心参与者就是那些参与到许多链接中的参与者。图 10.1 给出一个十个节点组成的社会网络的示例。在这个网络中，节点 i 参与到的连接数是最多的，直观上判断节点 i 应为这个社会网络的中心参与者。

那么如何判断社会网络中的一个节点为中心参与者，是否有一些测度能够测量？本节将对这一问题进行介绍。在社会网络分析中，有三种常用的中心性测度用以度量一个节点的中心度，分别是度中心性、贴近中心性、中介中心性。下面分别介绍这三种中心性。

10.1.1　度中心性

度中心性（Degree Centrality）是反映某一个特定节点拥有与其他参与者的链接或者链接数目。这一定义在无向图和有向图中是不同的。

在无向图中，参与者 i 的度中心性就是 i 的度与最大度 n-1 之间的比值，如式（10.1）所示，即

$$C_D(i)=\frac{d(i)}{n-1} \tag{10.1}$$

式中，$C_D(i)$表示参与者 i 的度中心性，$d(i)$表示参与者 i 的度。对于任何一个节点而言，它的度都不大于 n-1，因此度中心性的取值范围在[0, 1]之间。

在有向图中，对于某一个节点，它与其他节点之间的边有两个方向，分为链入链接（其他节点指向节点 i 的边）和链出链接（节点 i 指向其他节点的边）。在度中心度的定义中，主要考虑一个节点的链出链接（出度），因此可按式（10.2）计算，即

$$C'_D(i)=\frac{d_o(i)}{n-1} \tag{10.2}$$

式中，$C'_D(i)$ 表示参与者 i 在有向图中的度中心性，$d_o(i)$ 表示参与者 i 的出度。对于任何一个节点，它的出度均不大于 n-1，因此在有向图中的度中心性的取值范围也在[0, 1]之间。

对于图 10.1 中的节点 i，它的度为 6，因此它的度中心性的计算结果为 6/9=0.67。

10.1.2　贴近中心性

度中心性是从一个节点的出入度的角度反映它的中心性，而贴近中心性则采用了另外一种不同的角度。贴近中心性认为一个参与者如果与其他参与者之间的距离足够近，那么说明这个参与者就位于中心。在贴近中心性的定义中，使用最短距离来度量两个节点之间的距离。假设两个节点 i 和 j 之间的最短距离为 $d(i,j)$，那么在无向图中，节点 i 的贴近中心度的定义如式（10.3）所示，即

$$C_C(i)=\frac{n-1}{\sum_{j=1}^{n} d(i,j)} \tag{10.3}$$

对于一个节点 i 而言，最理想的情况是它与其余每个节点之间的距离都最近，也就是都为 1，那么这种情况下，$\sum_{j=1}^{n} d(i,j)=n-1$，此时节点 i 的贴近中心度是最大的，取值为 0。在一般情况下，$\sum_{j=1}^{n} d(i,j)<n-1$，所以贴近中心度的取值范围在[0, 1]之间。在此需要说明的是，能够计算贴近中心度说明这个社会网络一定是连通图，即任何两个节点之间都可以达到，否则会有两个节点之间的最短距离不存在，这样贴近中心性的计算也就无法进行。

对于有向图中，贴近中心度的定义与在无向图中的定义是一致的，区别是有向图中两个节点之间的最短距离的计算不同于无向图，需要考虑边的指向。同样，在有向图中贴近中心度的取值范围也在[0, 1]之间。

对于图 10.1 中的节点 i，它到其他 9 个节点的最短距离分别为：$d(i,1)=2$，$d(i,2)=2$，$d(i,3)=1$，$d(i,4)=1$，$d(i,5)=1$，$d(i,6)=1$，$d(i,7)=1$，$d(i,8)=1$，$d(i,9)=2$。因此，节点 i 的贴近中心性为 9/(2+2+1+1+1+1+1+1+2)=9/12=0.75。

10.1.3　中介中心性

相比于度中心性和贴近中心性，中介中心性从另外一个角度度量了一个节点的中心度。在中介中心性中，如果两个节点 k 和 j 想要彼此联系上，而节点 i 在连接它们的路径上，那么节点 i 对于连接节点 k 和 j 起到一定的作用。对于节点 i 而言，如果它处于更多节点对之间的路径上，那么节点 i 对于其他节点的控制能力更强，节点 i 也应处于整个网络的中心。

在无向图中，节点 i 的中介中心性定义如式（10.4）所示，即

$$C_B(i)=\sum_{j\neq i\neq k}\frac{p_{jk}(i)}{p_{jk}} \tag{10.4}$$

式中，p_{jk} 表示节点 j 与节点 k 之间的最短路径数目，$p_{jk}(i)$表示节点 j 与节点 k 之间经过节点 i 的最短路径数目。理想情况下，如果节点 j 与节点 k 之间的每一条最短路径都通过节点 i，则 $p_{jk}=p_{jk}(i)$。这样从节点对 j 与 k 的角度来看，节点 i 具有最大的中介中心性。在无向图中，如果每一对节点都满足上述的理想情况，则节点 i 的中介中心性最大，即

$$C_B(i)=\frac{(n-1)\times(n-2)}{2} \tag{10.5}$$

因此，如果将节点 i 的中介中心性归一到区间[0,1]之间，那么归一之后的中介中心性的定义方式如式（10.6）所示，即

$$C_B(i)=\frac{2\times\sum_{j\neq i\neq k}\frac{p_{jk}(i)}{p_{jk}}}{(n-1)\times(n-2)} \tag{10.6}$$

与接近中心性不同的是，中介中心性不一定要求网络是连通子图，对于不连通的网络，中介中心性依然可以计算。

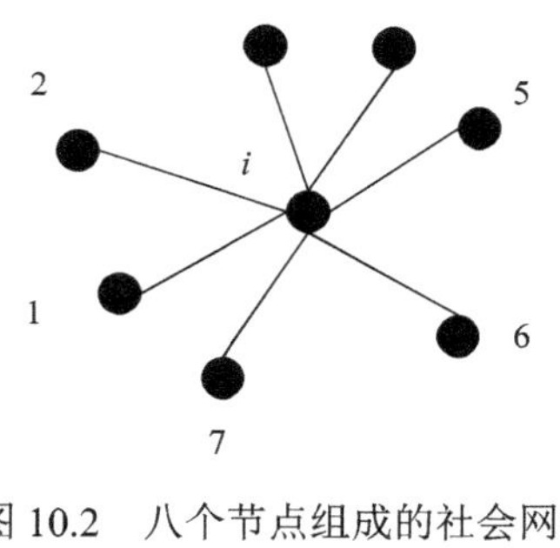

图 10.2　八个节点组成的社会网络

为更好的说明中介中心性的计算过程，考虑如下的例子。

例 10.1　假设有八个节点组成的社会网络，如图 10.2 所示。

在图 10.2 中，如计算节点 i 的中介中心性，依次考虑任何一对节点，它们之间的最短路径条数均为 1，而这唯一的一条最短路径也必须通过节点 i，因此节点 i 的中介中心性最大，为 1。依次计算其他七个节点的中介中心性，得到结果为

$$C_B(1)=0, C_B(2)=0, C_B(3)=0, C_B(4)=0, C_B(5)=0, C_B(6)=0, C_B(7)=0$$

在有向图当中，依然用类似无向图中的方式计算中介中心性。但是在有向图当中，节点 k 到节点 j 最短路径不同于节点 j 到节点 k 之间的最短路径，因此对于一个节点 i，需要通过如式（10.7）的方式来归一计算结果，即

$$C_B^{'}(i)=\frac{\sum_{j\neq i\neq k}\frac{p_{jk}(i)}{p_{jk}}}{(n-1)\times(n-2)} \tag{10.7}$$

式中，归一之后的计算结果将落到[0, 1]区间之间。

10.2　社会网络的权威

在社会网络中，一个节点如果被大量的其他节点所指向，就认为这个节点具有非常高的权威。例如，在网页之间通过链接所形成的网络中，如果一个网页被多个网页中的链接所指向，那么这个网页一定非常具有权威性。权威（Prestige）相比于中心性而言，是对节点重要性的一个更加精妙的度量方式。而权威相比于中心性的不同之处在于，权威只能在有向图中计算，而中心性可以在有向图和无向图中计算；中心性只考虑一个节点的出度，而权威则重点考虑一个节点的入度，也就是链入链接。本章将介绍三种常用的权威度量方式，分别是度权威、邻近权威以及等级权威。

10.2.1　度权威

度权威（Degree Prestige）从一个节点度的角度来衡量一个节点的权威。直观上，如果一个节点有多个链入链接，也就是有多个节点指向该节点，那么这个节点一定具有高权威。因此，度量一个节点的权威的直观方法就是度量它的入度。入度越大，则该节点的权威越高。度权威的定义为

$$P_D(i)=\frac{d_I(i)}{n-1} \tag{10.8}$$

式中，$d_I(i)$表示节点 i 的链入链接个数。理想情况下，节点 i 的链入链接数最大不超过 n-1，因此，整个度权威的取值范围为[0, 1]。当所有其他节点都有边指向节点 i 时，它具有最大的权威值 1；当其他任何节点都没有边指向节点 i 时，它具有最小的权威值 0。

10.2.2　邻近权威

度权威仅仅考虑那些与节点 i 相邻的参与者，但是忽略了那些通过间接的方式依然可以到达 i 的节点，即存在一条有向路径可以达到 i 的节点。邻近权威就是考虑上述两类节点的一种度量权威性的测度。

对于节点 i，I_i 表示能够到达该节点的所有节点的集合，该集合也称作为节点 i 的影响区域。用 $d(j, i)$表示节点 j 到节点 i 的最短路径长度，其中每条边的距离都是 1。这样集合 I_i 中的平均距离即

$$\frac{\sum_{j\in I_i} d(j,i)}{|I_i|} \tag{10.9}$$

式中，$|I_i|$表示集合 I_i 的大小。

对于节点 i，其影响区域占全体节点的比率为

$$\frac{|I_i|}{n-1} \tag{10.10}$$

对于一个节点 i，直观上这个节点的影响区域越大，说明这个节点的权威越高，最理想情况下，这个节点 i 的影响区域就是 n-1。此外，如果节点 i 的影响区域中的节点到达节点 i 的平均距离越小，则节点 i 的权威也越高。因此，对于节点 i，其邻近权威的定义如式（10.11）所示，即

$$P_P(i)=\frac{|I_i|/n-1}{\sum_{j\in I_i} d(j,i)/|I_i|} \tag{10.11}$$

极端情况下，所有节点都可到达节点 i，并且所有节点到达节点 i 的距离都为 1，则式（10.11）中的分子为 1，分母也为 1，节点 i 的邻近权威为最大值 1。否则，如果所有节点都不可到达节点 i，那么$|I_i|=0$，节点 i 的邻近权威为最小值 0。可见，邻近权威的取值范围也在[0, 1]之间。

10.2.3 等级权威

度权威是基于一个节点的入度，而邻近权威是基于一个节点的入度以及节点之间的距离，可以说邻近权威比度权威考虑的更为全面和复杂。接下来继续考虑一个更为复杂的权威性度量测度，即等级权威（Rank Prestige）。

在度权威和邻近权威中，都忽略了一个因素，就是其他节点的权威。例如，在网页之间通过链接所构成的网络中，如果一个网页得到多个权威性很高的网页的指向链接，那么这个网页的权威也会很高。因此，在计算一个节点的权威时，需要考虑其他节点的权威。等级权威也就是一种考虑了其他节点权威的测度。将等级权威 $P_R(i)$定义为指向节点 i 的节点权威的线性组合，即

$$P_R(i)=A_{1i}P_R(1)+A_{2i}P_R(2)+\ldots+A_{ni}P_R(n) \tag{10.12}$$

式中，A_{ji} 表示节点 j 是否指向节点 i。如果节点 j 指向节点 i，则 $A_{ji}=1$；否则，$A_{ji}=0$。式（10.12）表明，在等级权威中一个节点的权威是由所有指向该节点的节点权威构成的，这也是符合直观认识的。

对于每一个节点，都可以构成如上所示的一个等式。如果有 n 个节点，那么就会有 n 个等式。为进一步形式化表示等级权威，将所有节点的等级权威构成一个等级权威的向量，即

$$\boldsymbol{P}=(P_R(1),P_R(2),\cdots,P_R(n))^{\mathrm{T}} \tag{10.13}$$

如果用矩阵 $\boldsymbol{A}$ 表示网络的邻接矩阵，即如果 j 指向 i，那么 $A_{ji}=1$；否则 $A_{ji}=0$。则有式（10.14）为

$$\boldsymbol{P}=\boldsymbol{A}^{\mathrm{T}}\boldsymbol{P} \tag{10.14}$$

式（10.14）表明 $\boldsymbol{P}$ 是矩阵 $\boldsymbol{A}^{\mathrm{T}}$ 的特征向量，可以通过求矩阵 $\boldsymbol{A}^{\mathrm{T}}$ 的特征向量来确定 $\boldsymbol{P}$。

10.3　引用社会网络

社会网络分析另外一个应用领域是科技文献之间的引用分析（Citation Analysis）。在科技文献领域中，每一篇学术文章引用不同作者的文献，引用让学术文章之间构成了联系，形成了网络。本节将介绍两种常见的引用分析，一种是同引分析（Co-Citation），另一种是引文耦合（Bibliographic Coupling）。

10.3.1　同引分析

在科技文献之间，经常存在两篇论文 i 和 j 同时被一篇论文 k 引用的情况，所谓的同引分析就是利用这样的一种关系来度量论文 i 和 j 之间的相似程度。

图 10.3 所示是一个同引情况的示例。图中的有向箭头表明引用关系，如节点 k 与节点 i 之间的有向边表明在论文 k 中对论文 i 进行了引用。

在图 10.3 中，论文 i 和 j 同时被论文 k、k_1、k_3 和 k_4 引用，这意味着论文 i 和 j 所讨论的话题有着非常高的相似程度，也就是论文 i 与 j 的相似程度很高。论文 i 和 j 之间的同引论文越多，说明这两篇论文之间的相似程度越高，所讨论的话题越接近。

假设有 n 篇论文，$\boldsymbol{L}$ 为其引用矩阵。引用矩阵 $\boldsymbol{L}$ 中的第 i 行第 j 列的元素 L_{ij} 表明两篇论文 i 和 j 之间的引用关系，如果论文 i 中引用了论文 j，则 $L_{ij}=1$；论文 i 没有引用论文 j，则 $L_{ij}=0$。如果计算在 n 篇论文中，共有多少篇论文同时引用了论文 i 和论文 j，可以通过式（10.15）计算，即

$$C_{ij}=\sum_{k=1}^{n}L_{ki}L_{kj} \tag{10.15}$$

式中，如果论文 k 同时引用了论文 i 和论文 j，那么 $L_{ki}=1$，$L_{kj}=1$，则 C_{ij} 的计数增加 1。如果将所有的 C_{ij} 构成一个矩阵 $\boldsymbol{C}$，这个矩阵为对称矩阵，即 $C_{ij}=C_{ji}$。矩阵 $\boldsymbol{C}$ 被称作为同引分析矩阵，它对于分析两篇文章相似性非常有帮助。

10.3.2　引文耦合

引文耦合与同引分析是一组镜像操作。同引分析将同时被一篇文章引用的两篇文章联系起来，而在引文耦合中，则是将同时引用同一篇文章的两篇文章联系起来。也就是说，如果论文 i 与论文 j 同时引用了一篇论文 k，那么就认为论文 i 与论文 j 之间存在一定的相似程度，它们所讨论的话题具有一定的相似性。如果论文 i 与论文 j 之间共同引用的论文数越多，则说明这两篇论文之间的相似程度越高。图 10.4 给出一个引文耦合的示例。

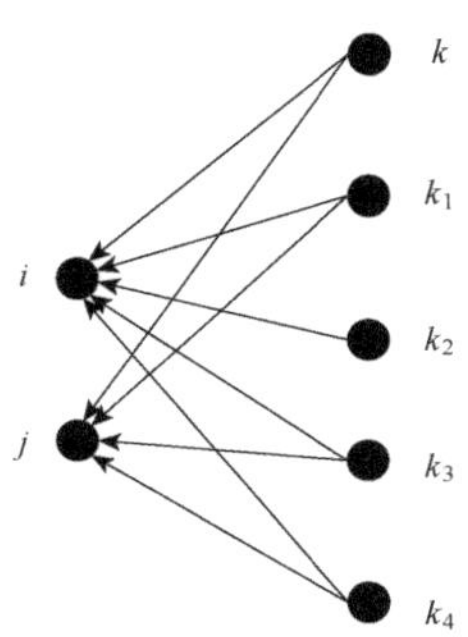

图 10.3　论文 i 和论文 j 的同引示例

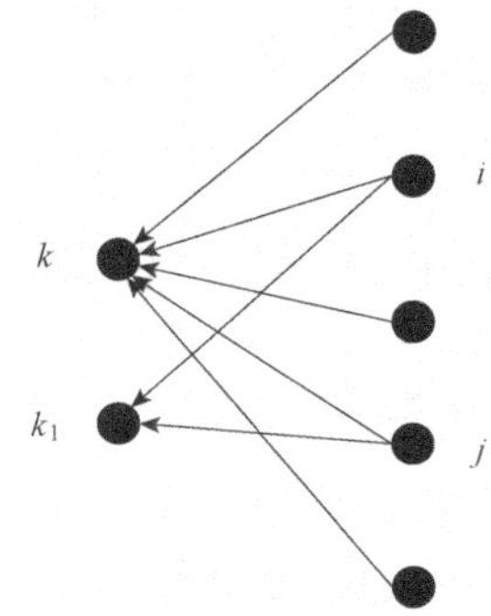

图 10.4　论文 i 和论文 j 的引文耦合

与同引分析相类似，在引文耦合中，如果计算同时被论文 i 和论文 j 引用的论文数，可按照式（10.16）计算，即

$$B_{ij}=\sum_{k=1}^{n} L_{ik}L_{jk} \qquad (10.16)$$

如果将所有的 B_{ij} 构成一个方阵 $\boldsymbol{B}$，则称为引文耦合矩阵，显然，这一矩阵也是对称阵，即 $B_{ij}=B_{ji}$。

10.4　社会网络的链接分析

社会网络的链接分析中最为经典的两个算法是 PageRank 算法和 HITS 算法，其中 HITS 算法在 1998 年的 ACM-SIAM 会议上由 Jon Kleinberg 提出[180]，而 PageRank 算法则在同年 4 月举办的 WWW 会议上由 Sergey Brin 和 Larry Page 提出[178]。HITS 算法与 PageRank 算法的主要思想非常类似，但 PageRank 算法却逐渐成为网络搜索领域的主要算法，这主要归功于该算法的非查询相关的网页分析方式和抵御网页作弊的能力，同时也归功于谷歌公司的成功。本节将对这两个算法进行介绍。

10.4.1　PageRank 算法

PageRank 算法是一种静态的网页评级算法。它将网页 i 指向网页 j 的链接当作是一种投票行为，它会分析网页 j 的得票数，也会分析是哪些网页投票给网页 j。重要的网页投出的选票使得接受这些选票的网页更加重要，这也正对应了社会关系中的等级权威概念。

本书此前在第 9 章的 9.6 节中已经介绍了 PageRank 算法，本节将重点分析这种算法的优点和不足。

PageRank 算法的主要优点是防止作弊的发生。在 PageRank 算法中，一个页面的权威和重要性是由指向它的页面所决定的，也就是由该页面的链入链接决定。因此，对于一个页面的拥有者而言，他很难将自己的页面链接嵌入一些重要的网页中，通过这样的方式影响 PageRank 值是非常不易的。因此，PageRank 算法能够在一定程度上防止为提高页面的重要性而进行的作弊行为。

PageRank 算法的另外一个优点是：每一个页面的 PageRank 值不受查询条件的影响，它只受全局的链接情况影响。因此，所有页面的 PageRank 值都是在离线的情况下计算出来的，而不是在用户查询时计算的。因此在用户进行检索时，搜索的效率就非常高。但 PageRank 值与查询条件无关的这一特点也会导致一些缺陷，如用户在查询某一个特定话题时，往往希望得到仅在这一话题上的权威页面，而 PageRank 所给出的是广泛意义上的权威。此外，PageRank 算法也没有考虑页面的生成时间，它将新旧页面统一对待，这也是 PageRank 算法的一个不足。针对这一不足，已有很多研究人员提出了考虑时间的 PageRank 算法（Timed PageRank），感兴趣的读者请参考参考文献[181]。

10.4.2　HITS 算法

HITS 算法是英文 Hypertext Induced Topic Search 首字母缩写。与 PageRank 算法不同的是，HITS 算法是与查询相关的。当用户提交一个查询请求时，HITS 算法首先得到检索系统返回的相关页面，并依此为基础，从链入链接和链出链接两个角度扩展出

两个页面集合，并计算页面的评级，分别是权威等级（Authority ranking）和中心等级（Hub ranking）。

在 HITS 算法中，包含有两个基本的概念，即权威网页和中心网页。

一个有权威（Authority）的网页，意味着这个网页一定拥有数量众多的链入链接。这一点与 PageRank 算法的思想有着类似的地方。有权威的网页会包含重要或者权威的信息，会得到许多外部网页的信赖和引用。

一个中心（Hub）网页，意味着这个网页一定拥有数量众多的链出链接，这些链接分别指向不同的权威网页。一个中心网页作为某个特定话题的组织和集成者，它会指向许多与这个话题相关的权威网页。

HITS 算法的核心思想是中心网页与权威网页之间存在互相促进的关系，好的中心网页一定会有很多的链出链接指向好的权威网页，而好的权威网页也一定会包含很多好的中心网页的链入链接。图 10.5 给出的是权威网页和中心网页的示例。

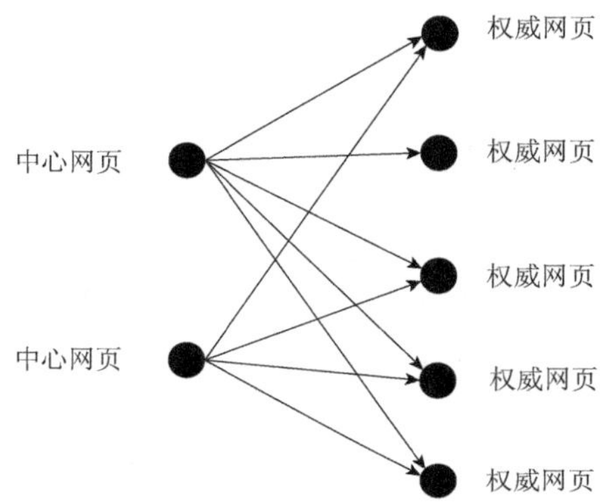

图 10.5　权威网页和中心网页示例

当用户提交查询条件 q 之后，检索系统会检索到相关网页，并根据网页的相关性将检索结果排序。HITS 算法一般选取排名在前 200 位的网页，这些网页与查询条件 q 的相关性较高。这些网页所形成的集合称作为根基 W。

在得到 W 之后，HITS 对 W 进行扩展，将指向 W 集内部的网页和 W 集所指向的外部网页加入到 W 中，形成扩充后的网页集合，在这里记为 S，称作基集。在扩充的过程中，对于 W 中的每一个网页，为限制最终扩充形成的集合 S 的规模，HITS 算法一般只需要将 50 个指向它的外部网页加入 W 中。

接下来开始计算 S 中每个网页的权威分值和中心分值。假设待考察的网页数目为 n，S 所形成的有向图为 $G=(V, E)$，其中 V 是有向图的节点集合（网页集合），E 是有向图中的有向边集合。假设 $\boldsymbol{L}$ 是有向图的邻接矩阵，定义即

$$L_{ij}=\begin{cases}1 & (i,j)\in E\\0 & (i,j)\notin E\end{cases} \tag{10.17}$$

每个网页都有一个权威分值，表示为 $a(i)$，也都有一个中心分值，表示为 $h(i)$。按 HITS 算法的核心思想，这两种分值之间是相互促进的，其计算方式即

$$\begin{cases}a(i)=\sum_{(j,i)\in E}h(j)\\h(i)=\sum_{(i,j)\in E}a(j)\end{cases} \tag{10.18}$$

为更加清晰地表达权威分值与中心分值之间的转化关系，将所有网页的权威分值构成列向量 $\boldsymbol{a}=(a(1), a(2), \cdots, a(n))^{\mathrm{T}}$，所有网页的中心分值构成列向量 $\boldsymbol{h}=(h(1), h(2), \cdots, h(n))^{\mathrm{T}}$，则

$$\begin{cases}\boldsymbol{a}=\boldsymbol{L}^T\boldsymbol{h}\\\boldsymbol{h}=\boldsymbol{L}\boldsymbol{a}\end{cases} \tag{10.19}$$

显然，权威分值与中心分值的计算需要采用迭代方法，这一点与 PageRank 法中的计

算方法类似。$\boldsymbol{a}_k$ 和 $\boldsymbol{h}_k$ 分别代表第 k 次迭代时的权威分值向量和中心分值向量，初始时，$\boldsymbol{a}_0=\boldsymbol{h}_0=(1, 1, 1, \cdots, 1)^{\mathrm{T}}$，则迭代公式为

$$\begin{cases}\boldsymbol{a}_k=\boldsymbol{L}^{\mathrm{T}}\boldsymbol{L}\boldsymbol{a}_{k-1}\\ \boldsymbol{h}_k=\boldsymbol{L}\boldsymbol{L}^{\mathrm{T}}\boldsymbol{h}_{k-1}\end{cases} \tag{10.20}$$

为保证迭代过程中权威向量和中心向量足够小，每一步迭代结束之后需要将这两个向量归一化，以使得

$$\begin{cases}\sum_{i=1}^{n}a(i)=1\\ \sum_{i=1}^{n}h(i)=1\end{cases} \tag{10.21}$$

图 10.6 给出 HITS 方法的算法伪码。在这一算法中，如果两次迭代之间的差异小于预设定的向量时，迭代停止。

```
算法：HITS。
输入：基集 S 的邻接矩阵 L。
输出：S 中各网页的权威分值向量 a_k 和中心分值向量 h_k。
处理流程：
a_0=h_0=(1, 1, …, 1); //初始化权威分值向量和中心分值向量
k=1;
do{
    a_k=L^T La_{k-1};   //迭代计算权威分值向量
    h_k= LL^T h_{k-1};  //迭代计算中心分值向量
    a_k=a_k/||a_k||_1;  //归一化
    h_k=h_k/||h_k||_1;  //归一化
    k=k+1;
}until ||a_k-a_{k-1}||<ε_a and ||h_k-h_{k-1}||<ε_h //两次迭代差异小于设定向量
return a_k and h_k;
```

图 10.6　HITS 方法的算法伪码

通过 HITS 算法之后会得到所有网页的权威值和中心值，HITS 算法将选择一些中心性和权威性评级高的页面返回给用户。

HITS 算法的优点是它可根据用户搜索内容来计算网页的评级，能够提供更加相关的权威页面和中心页面，同时这也是 PageRank 算法的一个不足。

相比于 PageRank 算法，HITS 算法也有着自身的不足。首先 HITS 算法的抵御作弊能力较差。在 HITS 算法中，加入了对页面自身链出链接的考虑，因此网页可以通过修改自身的链出链接而很容易地影响 HITS 算法的效果。其次，HITS 算法在形成基集 S 时加入了大量的外部网页，这些外部网页可能会包含与搜索话题不相关的内容。此外，HITS 算法是基于查询条件的算法，因此它要在拿到查询条件之后进行计算，算法的效率不高。针对 HITS 算法的问题，许多研究者开展了多方面有效的研究工作，感兴趣的读者请参阅相关文献[182～184]。

10.5　社会网络中的社区

在日常生活中，存在着不同的社区或团体，这些社区或团体有着共同特点或共同兴趣的人，这些人在一起参加同一个活动。在社会网络中也有着类似的概念，叫做社会网络中的社区。社会网络中的社区就是由讨论统一话题、有着共同兴趣的个体所组

成的群体。社会网络中的社区有着重要的作用[185]：对于感兴趣的使用者来说，社区提供了有价值的、可靠的和相关的信息来源。关注这些社区，能够让使用者在第一时间获取相关信息。

下面给出社区的定义[171]：

一个由相同种类实体组成的集合 $S=\{s_1, s_2, \cdots, s_n\}$，社区就是一个 S 中所有具有相同主题的实体集合 $C=(T, G)$，其中 T 是社区主题，而 G 是 S 的子集。如果 $s_i \in G$，则称 s_i 为社区 G 的成员。

基于社区的定义，同样可以给出子社区和父社区的定义[171]：

一个社区 (T, G) 可能包含由一个子社区所组成的集合 $\{(T_1, G_1), (T_2, G_2), \cdots, (T_m, G_m)\}$，其中 T_i 是 T 的一个子主题，且 $G_i \in G$。相应的，(T, G) 也可以称作是 (T_i, G_i) 的父社区。

不用数据所形成的社区可能是不一样的，对于网络页面，一个社区中的网页往往包含了与该社区主题相关的关键词，网页之间也存在联系彼此的链接。对于电子邮件，社区成员之间有着频繁的邮件往来，同时邮件内容也有着与主题相关的关键词。

社区发现的目的是给出一个包含实体的数据集，从中能够找到潜在的社区。对于每一个社区，都可以找到它的主题和相应的成员。对社区发现的算法较多，常见的包括二分社区发现算法、最大流社区发现算法。感兴趣的读者可以进一步参阅文献[186,187]。

10.6　小结

社会网络是由一群参与者组成的。网络中心性是反映网络中哪些是重要的或者是卓越的参与者，哪些是广泛参与其他节点连接的参与者。一个参与者如果具有较高的中心性，其重要程度要高于那些中心性较低的人，这样的参与者叫做中心参与者。常用的中心性测度包括度中心性、贴近中心性及中介中心性。

权威相比于中心性而言，是对节点重要性的一个更加精妙的度量方式。而权威相比于中心性的不同之处在于，权威只能在有向图中计算，而中心性可以再有向图和无向图中计算；中心性只考虑一个节点的出度，而权威则重点考虑一个节点的入度，也就是链入链接。常用的权威测度包括度权威、邻近权威和等级权威。

社会网络分析另外一个应用领域是科技文献之间的引用分析。在科技文献领域中，每一篇学术文章引用不同作者的文献，引用让学术文章之间构成了联系，形成了网络。同引分析和引文耦合分析是计算两种常用的分析文献之间相关程度的方法。

社会网络的链接分析中最为经典的两个算法是 PageRank 算法和 HITS 算法，这两种方法主体思想相似，但各有优点和不足。PageRank 算法与查询无关，抵御作弊的能力较强；而 HITS 算法与查询相关，抵御作弊的能力不如 PageRank 算法。

社会网络中的社区就是讨论统一话题，或者有着共同兴趣的个体所组成的群体。社会网络中的社区对于人们有着重要的作用。社区发现的目的是给出一个包含实体的数据集，从中能够找到潜在的社区。对于每一个社区，都可以找到它的主题和相应的成员。

社会网络吸引了很多科研人员开展了多方面的研究工作，感兴趣的读者可以参考 Wasserman 的著作[188]，以对该课题进行更为深入的研究。

思考练习题

10.1　给定一个十个节点所组成的网络，如下图所示，试计算其中节点 i 的中介中心性。

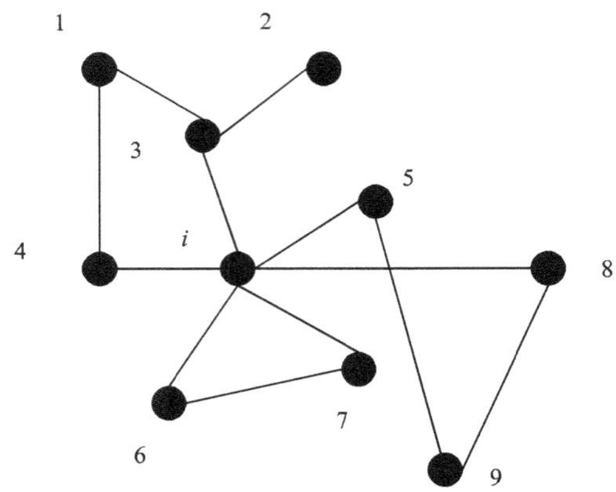

10.2　试简述 PageRank 算法的过程与优/缺点。

10.3　试简述 HITS 算法的过程与优/缺点。

10.4　试简述社会网络中社区的含义。

第11章

概念描述

在商务智能的“江湖”里，前面几章分别介绍了几种不同的“武功”——关联规则、分类、聚类、搜索和社会网络分析，而本章涉及的内容是基础同时也是非常重要的“武功”——概念描述。如同任何学习均需循序渐进一样，人们在向往那些声名远播的“武林典籍”之前，也需要先“扎马步”和“站梅花桩”。商务智能的最终目的是解决现实生活中、商务环境下的种种实际问题。而很多时候，用一个简单清晰的图表对关键数据进行直观展示和描述，其效果未必逊于复杂的分析。这个类似于“无招之剑”的启示告诉人们围绕实际问题展开基础性分析的重要性，也提醒大家千万不可轻视基础的数据描述与归纳方法——概念描述。

本章学习重点

- 数据描述方法；
- 数据归纳方法；
- 数据对比方法。

从数据分析的角度出发，商务智能之数据挖掘可以分为描述型数据挖掘（Descriptive Data Mining）和预测型数据挖掘（Predictive Data Mining）[189, 190]。描述型数据挖掘以简洁的、概述的方式表达和描述数据中有意义的模式；而预测型数据挖掘通过对已有的数据建立模型，并利用模型来预测未知数据的模式。描述型数据挖掘方法很多，包括了关联规则和聚类等，其中一类最常用的方法是概念描述（Concept Description）[26]。本章将对概念描述的相关内容进行介绍。

11.1 概念描述简介

概念描述和描述型数据挖掘的前身是描述统计学（Descriptive Statistics）[190]。描述统计学的目的就是概括和描述纷繁杂乱的统计数据的特点和特征。例如，如何通过分析和描述一个人的信用记录来评价他的信用等级；如何通过比较两个不同的人的信用记录来得到他们信用的相对优劣，等等。对于“描述统计学”这个名词人们可能比较陌生，但是对于它包含的基本概念和方法可能很早就接触过了。例如，均值（mean）、方差（variance）和直方图（histogram）。可以说，描述统计学就是要用统计概念和图表等工具对统计数据进行一个科学、合理的概括和描述。

作为描述统计学的外延，概念描述首先要涵盖描述统计学的方法。其次，概念描述又与描述统计学有很大的不同。这主要是由于描述统计学研究的数据规模通常比较小，而概念描述作为数据挖掘的一种方法，着眼点在于处理大规模数据。在大型数据库或网络数据中，通常包含了大量的细节数据，但是用户需要的往往是其感兴趣部分的数据概述。这就需要对大规模数据中用户感兴趣的数据进行抽取，然后对这些数据进行归纳和概括，提炼出精练的特征信息和模式，并且通过适当方法展示并供用户决策参考。

常用的方法包括数据归纳（Data Summarization）和数据对比（Class Comparison）等。

11.2 描述统计学的方法

由前面的介绍可知，概念描述的首要功能是要集成描述统计学的所有方法。例如，计数（count）、求和（sum）、求均值（mean）、求中位数（median）、求最大值（maximum）、求最小值（minimum）和求方差（variation）等。大部分数据分析软件系统都集成了这些功能。其中，算术平均值、加权平均值、中位数和方差等在统计信息中最常用，这些描述性统计对于用户了解数据的分布特征有很大的帮助，简要介绍如下。

1）算术平均值

设 $x_1, x_2, \cdots, x_n$ 是 n 个观察值，那么这个观察值集合的平均值是

$$\overline{x} = \frac{1}{n}\sum_{i=1}^{n} x_i \tag{11.1}$$

在大多数数据分析软件系统中，聚合函数 average 就是利用这一计算公式实现的。在计算算术平均值前还需要首先计算所有观察值的总和 $\sum_{i=1}^{n} x_i$，以及观察值的个数 n。总和和个数分别通过两个函数 sum 和 count 得到，这样算术平均值可直接利用公式 average = sum/count 计算获得结果。

2）加权平均值

与简单算数平均值不同，在加权平均值中，每个 x_i 还与一个权值 w_i 相关联，$i=1,2,\cdots,n$，权重反映了属性 x 的不同值的不同重要性或发生频率等。这种情况下的计算公式为

$$\overline{x}=\frac{\sum_{i=1}^{n}w_i x_i}{\sum_{i=1}^{n}w_i} \tag{11.2}$$

3）中位数

对于大多数情况而言，均值是描述一个数据集平均水平的重要测度。例如，人们经常使用平均月业绩来衡量员工的能力，使用平均收入来衡量地区的贫富。但均值并不是唯一的描述数据集平均水平或中心的测度。对于一些分布比较特别的数据，如有异常大或异常小的值存在的集合，一个更适合的测度指标是中位数。中位数的定义为：假设构成一个数据集的值是有序排列的，若数据集中元素的个数为奇数，则排在中间的那个数就是这一有序数据序列的中位数；若数据集中元素的个数为偶数，则中间两个值的平均值是中位数。其他的如众数、中间范围等也是非常有用的测度，有关技术细节可参考相关文献。

4）方差

数据分布的发散程度被称为数据的发散度。最常用的数据发散度测度就是方差。给定 n 个观察值 $x_1,x_2,\cdots,x_n$，其方差计算公式如下

$$s^2=\frac{1}{n-1}\sum_{i=1}^{n}(x_i-\overline{x})^2=\frac{1}{n-1}[\sum_{i=1}^{n}{x_i}^2-\frac{1}{n}(\sum_{i=1}^{n}x_i)^2] \tag{11.3}$$

标准差 s 是方差的平方根。

11.3 数据归纳

与描述统计学面对的小规模数据不同，数据挖掘所面对的是大规模数据，动辄成百上千个属性和上百万条记录，而且在很多情况下会更多。对所有的属性和记录同时进行处理非常费时费力，且并非所有的属性和数据都一定是用户所关心的。即使都感兴趣，不分主次和细度地将所有的属性和记录的特征都展示出来也不利于用户的理解。正是基于以上的考虑，在数据挖掘的概念描述中提出了数据归纳的方法。

数据归纳的主要目的是抓住所分析数据的主要特点(character)，其主要功能有如下：

（1）按照要求选出适当的数据。例如，通过数据归纳的方法，在一个信用评级的数据库中，银行的总经理能够从完整数据库中仅提取包含客户的年龄、工资、居住地和信用情况的记录。

（2）选出的数据能够进行适当的概化（generalization）和消减（removal）。例如，通过数据归纳的方法，该银行的总经理能够从年龄、工资和居住地等多个属性中去掉不太相关的属性，保留与信用情况最相关的一些属性，还能够在更高概念层次上汇总得到关于客户的年龄、工资、居住地和信用情况的信息（如按照工资情况、年龄段和居住地等属性划分的客户的信用平均水平）。

（3）可以将选出的数据合理地展示出来（Data Visualization），也即数据表示。例如，关于客户的各种属性和信用情况的结果可以通过概念表达和图表的形式表示出来。

下面通过一个例子详细地解释数据归纳。

例 11.1　假定部门经理想描述银行信贷客户中职业为高新技术（High-tech）的客户的一般特征。经理选定的属性有职业（Occupation）、姓名（Name）、性别（Gender）、居住地（Residence）、电子邮件（E-mail）、工资（Salary）和信用等级（Credit_rating）。他想得到关于这一类客户的更易于理解的概括性描述。

首先，可以根据经理选择的属性，从完整客户数据库中提取包含这些属性的记录（如表 11.1 所示）。

表 11.1　信贷客户（High-tech 行业）相关信息

Occupation	Name	Gender	Residence	E-mail	Salary/m	Credit_rating
Programmer	Zhang Yi	M	No. 11, Haidian Road, City B, China	abc@163.com	8000	58
Programmer	Wang Er	M	No. 100, Beida Road, City T, China	def@gmail.com	10 000	65
Consultant	Li San	F	No. 52, Chaoyang Street, City B, China	hig@sina.vip.com	15 000	75
Consultant	Zhao Si	M	No. 1, Nanjing Street, City S, China	klm@sohu.com	12 000	70
Consultant	Liu Wu	F	No. 18, Madison Avenue, City N, U.S.A.	nop@yahoo.com	85 000	100
IT Expert	Yang Liu	M	No. 91, Nanda Road, City T, China	qrs@hotmail.com	20 000	80
IT Expert	Dong Qi	F	No. 208, Haidian Road, City B, China	tuv@hotmail.com	30 000	85
CIO	Zheng Ba	F	No. 205, Chunxi Road, City C, Province S, China	wxy@gmail.com	100 000	98
CIO	Zhang Jiu	M	No. 8, Nanjing Street, City S, China	zab@263.com	150 000	100

然后，如果直接将这样的数据提供给经理，显然不能满足其要求。必须将选出的数据进行适当的提炼和归纳，整理出一份精练的数据来。所要用的方法包括属性概化和属性消减等[191~197]。

11.3.1　属性概化

属性概化实际上是对属性值的概括过程。对数据最好的概括方法之一就是将相同或相似的数据归类。例如，在表 11.1 中，可以按照 Occupation 将职业相同的客户归为一类，或者按照性别归类，将男性或女性客户归为一类。总的来说，数据归类的最终形式实际是将选择的数据归纳成若干个合取的表达式。例如，“ $gender = male \wedge residence = China$ ”，这表示了在中国居住的男客户，而“ $occupation = programmer \wedge salary > 15\,000$ ”则表示了职业为程序员且工资高于 15 000 元/月的客户。通过产生没有交集的、而且覆盖了所有数据的合取表达式，达到对整个数据的划分和概括。

但是能够归类的数据有一个前提，即数据属性值必须相同或相似。然而，在许多情况下，属性值是不相同的，如 residence 属性。不过这样的属性可以根据所关心的语义细度来构造出相应的概念层次结构，用高层次的值来概括低层次的值，可以使得不同数据的属性值在更高的概念上一致，即得以概化。例如，经理并不关心客户是 35 岁还是 38 岁，他可以根据需要将年龄在[30, 50]岁的客户的年龄属性都概化为“中年”。经过概化后的属性不仅过滤了琐碎信息的干扰，而且为进一步的分类概括打下了坚实的基础。

属性概化即用尽量少但高层次的属性值代替低层次的属性值。例如，在表 11.1 中，Residence 属性包括了 No、Road、City 和 Country 四个层次。对于客户 Zhang Yi，他的 Residence 是“No. 11, Haidian Road, City B, China”。如果保留 Residence 的全部信息，那么属性值层次低，无法概化。但是如果概化到 Country 的层次上，他的 Residence 就是“China”了，这样，相同属性值的数据就可以进一步合并，达到了概化的目的。

当然，并不是对所有的属性都要进行概化，属性概化的一般准则是[26]：若在初始数据集中，一个属性有大量不同数值，且具体细节属性值无须在后续分析中考虑，则可选择一个适当的概化层次。但这只是一种定性的描述，具体操作时还有具体定量细节需要考虑，即一个属性的属性值究竟有多少才能被认为“大量”呢？

当然，这取决于涉及的具体属性和用户的具体需求。有的用户希望一些属性仍保留在低层次抽象水平并用于后续分析，而另一些用户可能希望能够对属性进行更高层次的概化处理而无须考虑过细的信息。对概化层次的构造和控制需要用户的主观评价介入，这种控制过程称为属性概化控制[26]。如果属性被概化得“过高”，将会导致过分概化，产生的规则可能会没有什么信息。例如，在例 11.1 中，所有客户的 Occupation 属性都可以概化到“High-tech”的最高层次上，但是这样的概化显然无助于对具体人群的研究，只是得到一个整体的平均情况描述。与之相反，若属性概化没有到达“足够高的层次”，可能导致概化不足，得出的规则过于琐碎且信息价值低，如例 11.1 中的 Residence 属性。因此在基于属性归纳时掌握概化的尺度是非常重要的。

最常用的控制概化过程的方法有如下两种。

（1）属性概化阈值控制（Attribute Generalization Threshold Control）。这种方法是指对所有属性设置一个概化阈值，或者对每个属性分别设置一个阈值。如果某一属性不同取值的个数大于属性概化阈值，就需要对这个属性做进一步的属性消减或属性概化操作。一般地，常规数据挖掘系统都有一个默认属性阈值（2～8），当然，也允许用户或专家修改属性阈值。如果用户认为对于一个特定的属性概化已到达过高的层次，他可以增加相应阈值，使得概化的层次降低，属性值的数目增多；同样，如果用户想继续进行一个属性的概化操作，他可以降低相应阈值。

（2）概化关系阈值控制（Generalized Relation Threshold Control）。这种方法是为概化关系设置一个阈值。如果概化后的数据记录行数大于概化关系阈值，则需要进行进一步的概化工作。一般来说，很多数据挖掘系统都预置这一阈值为 10～30。与属性概化阈值相似，概化关系阈值也可由用户与专家设置或修改。例如，如果认为概化后产生的数据记录个数太少，则可增加相应阈值，这意味着概化后数据记录个数的增加，即属性值数目的增多；如果认为概化不足，则可减少相应的阈值，这意味着概化后数据记录个数的减少，即属性值数目的减少。

这两种技术可以串行使用，首先应用属性阈值控制概化每个属性，然后再应用概化关系阈值控制进一步减小概化关系规模。例如，概化每一个属性之后，可能每一个属性的取值个数都不大于 5，但是由于属性个数比较多，因此概化后还有可能产生很多不同的数据记录，这样需要进一步降低概化关系阈值来加大概化力度。

数据概化的过程是一个对数据概括和汇总的过程。当概化过程完成以后，即能生成所有的诸如“ gender = male ∧ residence = China ”的合取表达式，进而往往需要对概化得到的不同合取表达式进行相应的统计学描述，如均值、中位数和方差等。当然，其中最简单、最基础的是个数的统计，即对合取表达式所覆盖的相同数据记录个数的累计。

进行累计的具体操作过程如下。

首先，给需要进行归纳的数据库增加一个属性 count，这样数据库的每个数据记录行初始时 count 属性值为 1。通过属性消减和属性概化，初始数据集中的各数据记录行可能被概化，部分属性可能被删除，从而导致相同内容的数据记录行产生；将所有相同内容的数据记录行合并到一起形成一个新的数据记录行（这样的记录行其实就是一个合取表达式），该数据行的 count 属性值被置为合并后的累计个数。例如，在面向属性的归纳过程中，初始数据集合中由 60 个数据行经过属性消减和属性概化后，变成两种数据记录行：一种数据行的个数为 20，另一种数据行的个数为 40，这些数据行最终被合并为两个数据记录行（合取表达式），数据行的 count 属性分别为 20 和 40。其他常见的属性还包括求和（sum）和均值（avg）。

比如对于例 11.1，部门经理想描述银行信贷客户中工作为高新技术（High-tech）的客户的一般特征。经理选定的属性有 Name、Gender、Residence、E-mail、Salary 和 Credit_rating。下面对每一个属性进行进一步的分析。

（1）Name：由于 Name 存在大量不同的值，在后续分析过程中，假定部门经理并不关心具体客户的姓名，则该属性可以在概化过程中被删除（具体的原因在 11.3.2 节中说明）。

（2）Gender：由于 Gender 只有两个不同的值，因此该属性保留且不需要概化。

（3）Residence：假定 Residence 被属性 Number、Street、City、Province 和 Country 定义。由于精确到 Number 和 Street 的 Residence 的值很多，而且概念的层次太低且琐碎。因此，Number 和 Street 应该删除，将 Residence 概化到 City 或 Province 甚至 Country。

（4）E-mail：如果基于与 Name 相似的考虑则应该删除；但也许可以将 E-mail 概化为个人邮箱和公司邮箱两类属性值，这样的划分可能也会有一定的意义。

（5）Salary：Salary 是存在概念分层的，可以根据个人工资所得税的标准将 Salary 分为不同的区间，如{[0, 2000]，[2000, 2500]，[2500, 4000], …, [100000, ∞]}。或者可以更进一步概化为{低收入, 中等收入, 高收入}。

（6）Credit_rating：Credit_rating 也是存在概念分层的。例如，可以根据标准普尔的方法，将 Credit_rating 分为从 AAA～D 的十个等级。或者简单地分为好、中、差三个等级，或者分为好与差两个等级。

概化过程依据以上的原则，将概化后相同的记录归纳到一起，得到的结果如表 11.2 所示。

表 11.2　客户信息概化表

Gender	Residence	Salary/m	Credit_rating	Count
M	City B, China	低	差	1
M	City T, China	中等	好	2
F	City B, China	中等	好	2
M	City S, China	中等	好	1
F	City N, U.S.A.	高	好	1
F	City C, Province S, China	高	好	1
M	City S, China	高	好	1

从表 11.2 中可以看到，经过概化操作后，原来的记录中有两对记录成功地合并在了一起，但是仍然有很多记录还是没有能够充分概化。合并的记录成功地生成了两个合取表达式。其他的记录行每个单独为一个合取表达式。如果想进一步概化，可以将 Residence 从 City 升级到 Country，或者将 Salary 重新定义为低和高，去掉中等的情况。但是必须考虑到，进一步的概化是否有实际管理意义，以及概括得到的结果会不会造成过多的信息损失。

11.3.2　属性消减

在 11.3.1 节的讨论中，主要讨论了属性的概化。但在概化过程中也发现了一些问题。例如，Name 属性取值琐碎且严重地影响了概化，所以要将其清除，这在实际上就引出了下一个问题——属性的消减。

前面已经讨论过，数据归纳的最终形式实际是将选择的数据归纳成合取的表达式。例如，“gender = male ∧ residence = China”，这个合取表达式表示了所有在中国居住的男性客户。通常“属性=值”表示概化后一个规则中的一个合取项。消去一个合取项相当于消除了一个约束，因此概化了相应规则。例如，可以去掉“gender = male”，这样只剩下“residence = China”，表示居住在中国的所有客户（包括男客户和女客户）。

属性消减的目的是尽量多地去掉相对无用且影响概化的属性。这样的属性一般具有两个特点。① 属性可以用其他属性描述。例如，在原始的数据库中，除属性 Residence 外，可能还有许多其他的关于住处的属性。如 Street、City、Province 和 Country 等属性。由于 Street、City、Province 和 Country 等属性都被 Residence 属性的信息所涵盖，因此删除 Street、City、Province 和 Country 属性，而仅仅保留 Residence 属性更有利于归纳数据特性。② 属性有许多不同的取值，但无法概化。例如，属性 Name，这个属性的取值很多，可以说每个人的名字一般都不相同，而且在名字之上很难找到一个更高的概念来概括。这样的属性如保留，则需要保留更多的合取项，如“gender = male ∧ residence = China”就要具体成“name = Zhang Yi ∧ gender = male ∧ residence = China”和“name = Wang Er ∧ gender = male ∧ residence = China”，等等。这就与挖掘简洁清晰规则模式的需求相矛盾，而且也不是部门经理所关心的，所以应该被消去。

当数据的整体特性明确时，属性还可以做进一步的消减。如例 11.1 中，经理所关心的是职业 High-tech 的人群。在这一目标类的影响下，可以通过比较 High-tech 与非 High-tech 人群的不同特点，消去那些相关性较弱的属性。那么如何判断相关性的强弱呢？

一般来讲，对于一个给定的类，如果一个属性的取值可以有效地将该类与其他类进行区分，该属性就被认为与该类别高度相关的。例如，一个笔记本的颜色不太可能用于区分其档次；但是笔记本的尺寸、配置和品牌对于档次的判断就极为相关。此外，即使对于同一个属性，不同抽象层次对于不同类别的属性分辨能力也不同。例如，在家庭住址中，街道与门牌号，或者城市、省份、国家都不太可能与户口的类型相关（农村户口或城市户口）；而只有区、县等相对合适的概念才可能与户口的类型相关。这样的特征意味着属性的相关分析应该在多层次而不是单层次的抽象水平上进行，而且只有最相关的那个层次的属性应被包含到数据分析中。

但是，对于普通用户而言，决定哪些属性应该包含在类特征分析中不是一件容易的事情。这是因为数据集中往往包含了几十到几百个属性，对于那些从数据出发寻找规律的用户来说，由于缺少相关的背景知识，选择哪些属性进行有效的数据挖掘也并不容易。一方面，如果用户选择了非常少的属性进行分析，就可能会使所挖掘出的结果不完全；另一方面，如果用户选择了太多的属性进行分析，就可能会影响挖掘的效率及挖掘结果的可理解性。基于以上考虑，需要使用一些简单的、与应用背景无关的属性消减的方法，从而过滤掉与统计无关或弱相关的属性，仅仅保留与挖掘任务最相关的少量而充分的属性。

在机器学习、统计学、模糊数学和粗糙集等研究领域中，属性相关分析都有着很广泛的研究。属性相关分析的基本思想是构造适当的额度来测量给定的类或属性的相关性，这些测度包括：信息增益[124]、Gini 值[54]、不确定性[198]以及其他方法[199~202]。

在此，主要介绍一种基于信息增益和基于多维数据分析相结合的属性相关分析方法[124]，旨在将信息含量较少的属性消除，将信息含量较大的属性保留，以方便进行概念描述分析。

假设 S 是训练样本的集合，S 中每个对象的类别已知。在集合中，每个样本实际上是一个记录行，记录行的一个属性值用来确定该样本的类。例如，属性 Credit_rating 可以用来区分信用“好”和信用“差”的客户。假定 S 包含 k 个类和 s_i 个 C_i 类样本，$i=1,2,\cdots,k$，s 是集合 S 中记录行的总数。这样，任何一个样本属于 C_i 的概率是 s_i/s。根据信息熵理论，一个给定的样本分类所需要的期望信息是

$$\text{Info}(s_1,s_2,\cdots,s_k)=-\sum_{u=1}^{k}\frac{s_i}{s}\log_2\frac{s_i}{s} \tag{11.4}$$

对于属性 A，其取值范围是 $\{a_1,a_2,\cdots,a_p\}$。依据属性 A，可以用来将 S 划分为 p 个子集 $S_1,S_2,\cdots,S_p$。在这些子集中，S_j 包含了 S 中属性 A 取值为 a_j 的样本。若 S_j 包含 C_i 的样本的个数为 s_{ij}。则称属性 A 的这种划分的期望信息为属性 A 的熵，表示为

$$E(A)=\sum_{j=1}^{p}\frac{s_{1j}+s_{2j}+\cdots+s_{kj}}{s}\times\text{Info}(s_{1j},\cdots,s_{kj}) \tag{11.5}$$

进而，属性 A 划分的信息增益为

$$\text{Gain}(A)=\text{Info}(s_1,\cdots,s_k)-E(A) \tag{11.6}$$

通过这种方法，可以计算样本 S 中每一个属性的信息增益。具有最高区分度的属性就是给定的集合中具有最高信息增益的属性。计算信息增益后可以得到关于属性的评定，进而选择用于概念描述的属性。

如例 11.1，假设除了总经理选出的数据外，其他职业（非 High-tech）客户信息经过概化后得到表 11.3 所示的信息。

表 11.3 其他职业客户信息表

Gender	Residence	Salary/m	Credit_rating	Count
M	City B, China	高	差	2
M	City T, China	中等	好	1
F	City S, China	低	好	1
F	City N, U.S.A.	中等	好	1
M	City S, China	高	好	1

根据表 11.2 和表 11.3 中的信息，可以计算信息增益如下：

设 C_1 和 C_2 分别代表"High-tech 职业"和"其他职业"，则计算信息熵为

$$\text{Info}(s_1, s_2) = \text{Info}(9,6) = -\frac{9}{15}\log_2\frac{9}{15} - \frac{6}{15}\log_2\frac{6}{15} = 0.971$$

接下来分别计算各个属性的信息熵。对于性别（Gender）有

Gender = M：$s_{11} = 5$，$s_{21} = 4$，$\text{Info}(s_{11}, s_{21}) = \text{Info}(5,4) = 0.991$

Gender = F：$s_{12} = 4$，$s_{22} = 2$，$\text{Info}(s_{12}, s_{22}) = \text{Info}(4,2) = 0.918$

进而有

$$E(\text{Gender}) = \frac{9}{15}\text{Info}(s_{11}, s_{21}) + \frac{6}{15}\text{Info}(s_{12}, s_{22}) = 0.968$$

则性别（Gender）的信息增益为

$$\text{Gain(Gender)} = 0.971 - 0.968 = 0.03$$

同理可以计算出

$$\text{Gain(Residence)} = 0.464$$

$$\text{Gain(Salary)} = 0.568$$

由此可以发现，Gender 与 Occupation 的关系不是很大。而 Residence 和 Salary 与 Occupation 的关系比较密切。从而在属性消减的过程中，可以考虑删除 Gender 而保留 Residence 和 Salary。

11.3.3 数据表示

选出用户感兴趣的数据，并通过属性概化和消减得到后的结果还需要通过合理的方法表示出来，即数据表示。数据的表示方法很多，有的通过表格的方式，有的通过图形的方式，还有的通过逻辑规则的方式[189, 190, 203]。适当的数据表示方式非常重要，有助于客户抓住数据的最主要特征进行有效决策。下面通过一个例子对各种数据表示方式进行简单说明。表 11.4 是一个经过属性概化和属性消减的 2000 年信用评级表。

表 11.4　2000 年信用评级表

Location	Salary/m	Credit_rating	Count（万）
City B	高	好	10
City B	高	差	0.1
City B	中	好	50
City B	中	差	1
City B	低	好	5
City B	低	差	0.08
City S	高	好	20
City S	高	差	0.15
City S	中	好	60
City S	中	差	1.1
City S	低	好	7
City S	低	差	0.09
City T	高	好	9
City T	高	差	0.08
City T	中	好	45
City T	中	差	0.95
City T	低	好	3
City T	低	差	0.06

表 11.4 也可以通过交叉表的形式来表示。二维交叉表中每行显示一个属性值，每列显示另一个属性值。在 *n* 维交叉表中，列可以显示多个属性的值，这种表示类似于电子数据表。将表 11.4 转化成数据交叉表的形式如表 11.5 所示。这种表示方式可以更好地展示属性间的关系和模式，如 Location 与 Salary 之间的关联关系。

表 11.5　信用评级数据交叉表

<table>
<tr><th rowspan="2">Salary/m
Location</th><th colspan="2">高</th><th colspan="2">中</th><th colspan="2">低</th></tr>
<tr><th>Credit_rating</th><th>Count（万）</th><th>Credit_rating</th><th>Count（万）</th><th>Credit_rating</th><th>Count（万）</th></tr>
<tr><td>City B</td><td>好</td><td>10</td><td>好</td><td>50</td><td>好</td><td>5</td></tr>
<tr><td>City B</td><td>差</td><td>0.1</td><td>差</td><td>1</td><td>差</td><td>0.08</td></tr>
<tr><td>City S</td><td>好</td><td>20</td><td>好</td><td>60</td><td>好</td><td>7</td></tr>
<tr><td>City S</td><td>差</td><td>0.15</td><td>差</td><td>1.1</td><td>差</td><td>0.09</td></tr>
<tr><td>City T</td><td>好</td><td>9</td><td>好</td><td>45</td><td>好</td><td>3</td></tr>
<tr><td>City T</td><td>差</td><td>0.08</td><td>差</td><td>0.95</td><td>差</td><td>0.06</td></tr>
</table>

值得一提的是，仅通过表格的方式，有时并不能直观地表达数据的特点。此时可以借助图的形式来表示，如条形图、饼图和曲线图等，必要时可以采用三维图的形式。

例 11.2　通过各种图形方法显示表 11.4 的结果。

条形图表示如图 11.1～图 11.3 所示。

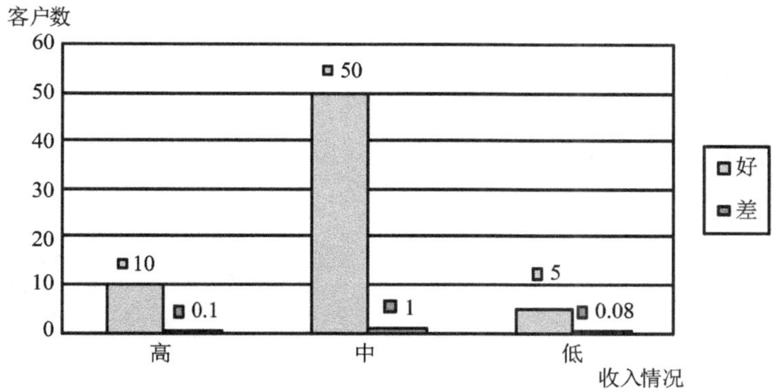

图 11.1　City B 信用评级情况

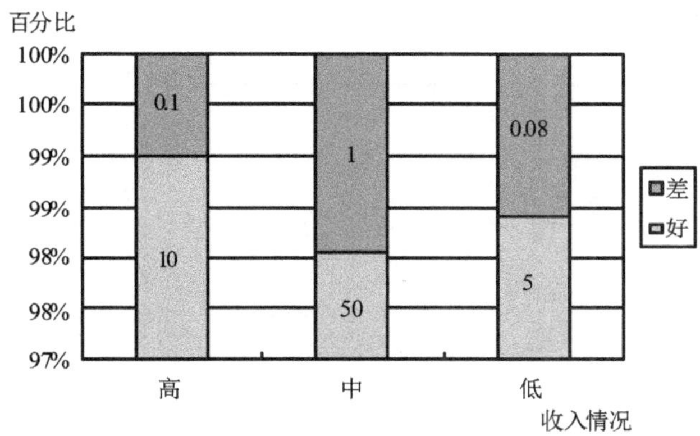

图 11.2　City S 信用评级情况

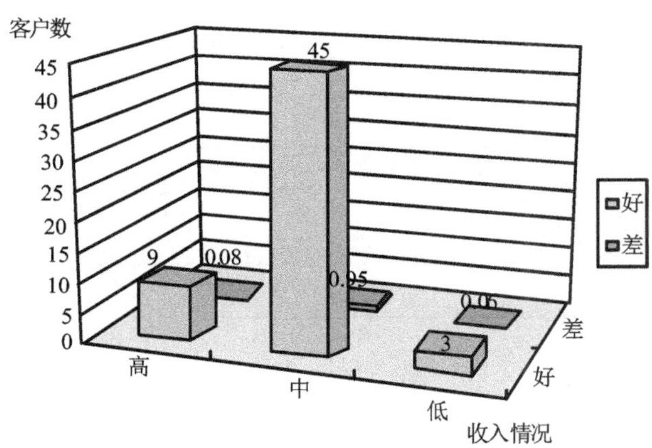

图 11.3　City T 信用评级情况

通过饼状图表示如图 11.4 和图 11.5 所示。

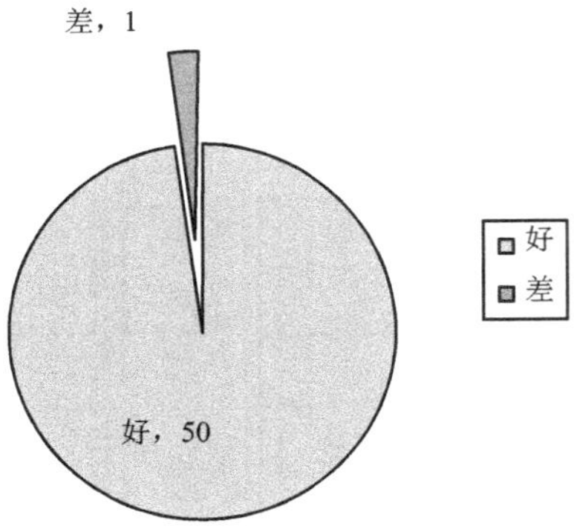

图 11.4　City B 中等收入客户信用评级情况

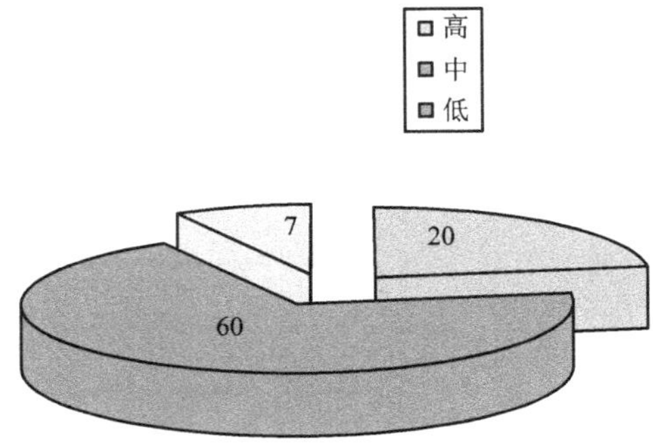

图 11.5　City S 评级为“好”的客户收入分布

通过折线图表示如图 11.6 和图 11.7 所示。

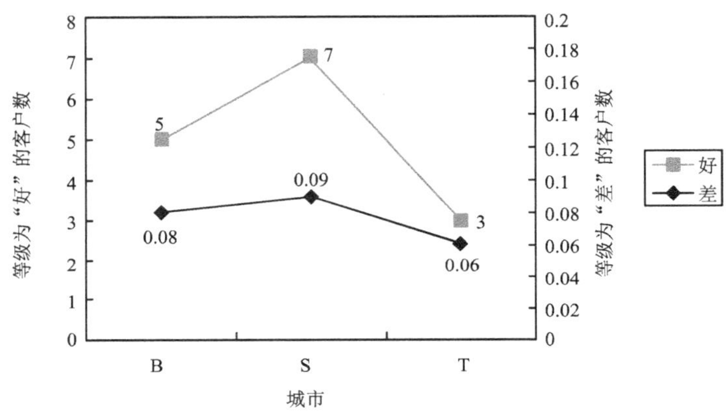

图 11.6　低收入客户信用等级评估情况

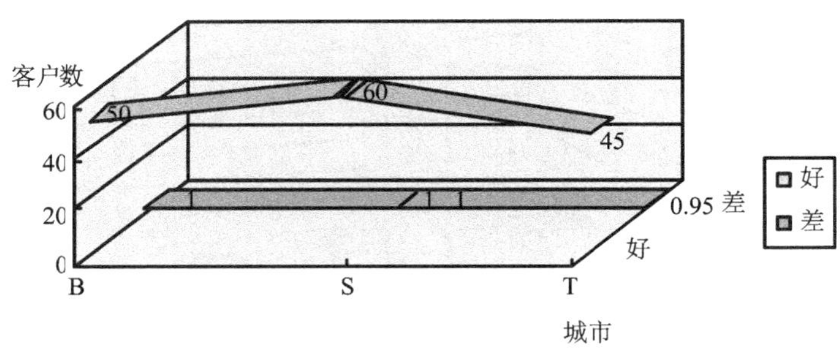

图 11.7　中等收入客户信用等级评估情况

还有很多综合性比较强的方法，可以根据需要使用以更好地表示不同形式的概化结果，如图 11.8 至图 11.10 所示。

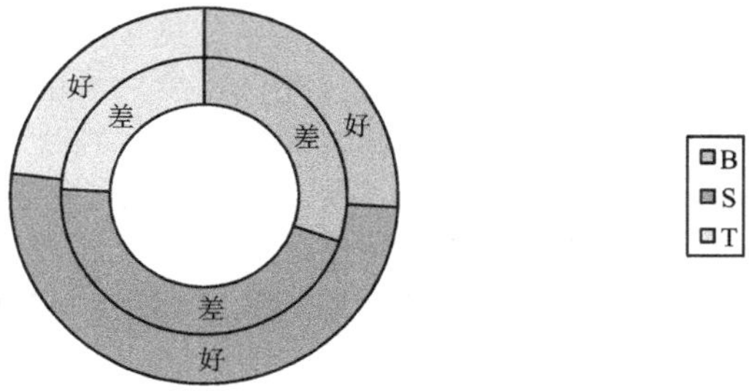

图 11.8 城市间高收入客户信用评级情况（环形图）

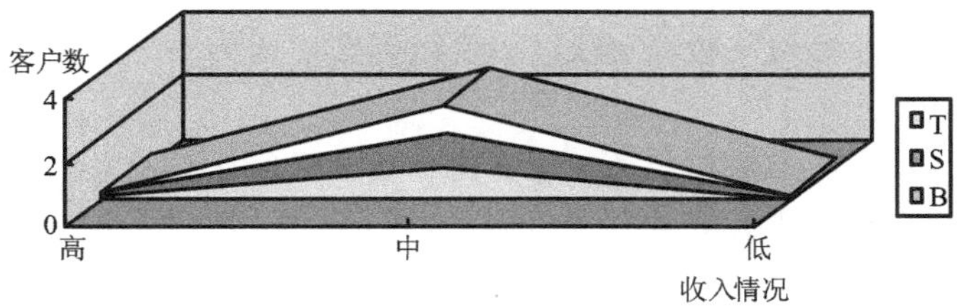

图 11.9 信用评级为“差”的客户分布情况

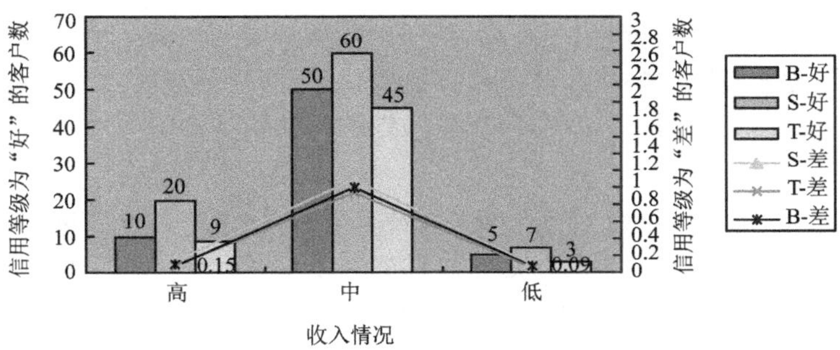

图 11.10 客户信用评级情况整体分布图

其他更加复杂的图形表示方式可以参考 Matlab 等专业工具，此处不再赘述。

11.4 数据对比

在 11.3 节讨论了如何根据用户的需求简洁、清晰地表示大规模数据的特征。在属性消减方法中，提到了通过对比选出数据与其他数据的不同——主要是信息熵的增益，来判断各个属性所含信息的质量。这就引出了一个抓住数据特点的方法，即数据对比[26]。

在许多实际应用中，人们可能对单个类别数据并不感兴趣，且有时也不容易发现这样的单个类别数据的特点，如职业为“High-tech”的客户的特点。因此，人们希望能够对多个不同类别的数据集进行对比和归纳。通过对比不同类别数据的特点，可以更有效地抓住每种类别的特点，并且获得相关知识。需要注意的是，目标数据集和对比数据集必须具有相同或相似的属性，从而确保它们之间具有可比性。例如，学生、计算机和信用评级这三个数据集就是不可比的，而过去三年的学生成绩情况是可以比较的。不同收入客户（如高收入、中等收入和低收入）的信用评级同样也具有可比性。

前面几节着重介绍了如何处理多层次单一类别数据集的方法，这种方法也可以扩展应用到对多个可比类别的数据集进行对比描述。需要注意的是，为了确保可比性，需要对所有参与分析的数据集属性进行同样的概化操作，特别是要确保概化到同一概念层次，不能出现高低不同的情况。例如，要对客户群体 2012 年和 2013 年的信用评估数据集进行概念对比归纳，这两年的信用评估数据中“地点”属性均需要同时进行“城市”属性、“省”属性和“国家”属性抽象层次的概化，并且一定要概化到同一层次，如都概化到“城市”。

11.4.1　数据对比方法

与数据归纳方法类似，数据对比过程可以简要概括为如下三种[26, 197]。

1）数据收集

通过数据库查询或者数据集抽取处理以获得与挖掘任务相关的数据集，包括目标数据集和一个或多个对比数据集。

2）同步属性消减与概化

如果数据集所包含的属性非常多，不便于比较，就需要应用 11.3.2 节介绍的属性消减的方法，去除不相关和弱相关的属性，保留相关程度最高的属性以待后续分析处理。

概化应该首先在目标数据上进行。在用户或专家所设置阈值的控制下，对目标数据集属性进行合理的概化操作，并最终得到概化后的目标数据。对比数据集属性的概化要完全与主目标类相同，以获得具有可比性的对比数据集。

3）结果表示

与数据归纳的方法相同，挖掘出来的对比描述可以通过表格、图形及其他的形式表示出来。与数据归纳方法不同的是，这样的表示中必须包括两个数据集要对比的信息（如 Count 等），从而全面地反映目标数据集与对比数据集之间的比较结果。

下面的例子说明“High-tech”与其他非“High-tech”客户类的比较（见表 11.1 和表 11.3）。

例 11.3　假定部门经理想对比银行信贷客户中职业为高新技术（High-tech）的客户与其他职业客户的特征。经理选定的属性有职业（Occupation）、姓名（Name）、性别（Gender）、居住地（Residence）、电子邮件（E-mail）、工资（Salary）和信用等级（Credit_rating）。他想得到关于这两类客户的简明扼要的概括性描述。

按照之前提到的方法：首先，在数据库中查询出目标数据（High-tech 类客户的数据）和对比数据（其他职业客户的数据）。其次，在两个数据集上进行相关分析，将不相关或弱相关的维（如 Name、Gender 和 E-mail）删除。再次，进行同步概化。概化在目标类上进行，概化到指定的层次，并且应用到对比类中。得到最后的结果如表 11.6 和表 11.7 所示。

表 11.6　“High-tech”客户

Residence	Salary/m	Credit_rating	Count %
City B, China	低	差	0.111
City T, China	中等	好	0.222
City B, China	中等	好	0.222

续表

Residence	Salary/m	Credit_rating	Count %
City S, China	中等	好	0.111
City N, U.S.A.	高	好	0.111
City C, Province S, China	高	好	0.111
City S, China	高	好	0.111

表 11.7　其他客户

Residence	Salary/m	Credit_rating	Count %
City B, China	高	差	0.333
City T, China	中等	好	0.166
City S, China	低	好	0.166
City N, U.S.A.	中等	好	0.166
City S, China	高	好	0.166

11.4.2　数据对比表示

与特征描述相同，对比描述也可以采用多种表示形式提供给用户，如概化关系表、交叉表、条形表、组合表、棒图、曲线和逻辑规则等来加以表示。除了逻辑规则表示之外，其他的表示方法与特征描述的表示方法相同。本节将对逻辑规则的对比表示方法进行介绍。

前面已经介绍了许多关于数据归纳和对比的方法。当得到这些描述的结果之后，不禁要问，利用这些结果可以做什么？事实上，人们对数据进行归纳和对比就是为了搞清楚两件事情：第一，某一种类型的数据具有什么样的特点；第二，具有什么样特点的数据属于某一种类型。例如，在之前的信用等级的例子中，如果把 High-tech 和非 High-tech 看成两类，则可能进一步想知道 High-tech 的客户的信用怎么样、工资如何；同时也想知道，信用水平和工资情况是什么样的客户更可能是 High-tech 客户。

将这种想法规范化，可以得到这样的逻辑规则，即

$$\forall X, \text{target\_class}(X) \Rightarrow \text{condition}(X)[\text{t\_weight}] \tag{11.7}$$

$$\forall X, \text{target\_class}(X) \Leftarrow \text{condition}(X)[\text{d\_weight}] \tag{11.8}$$

式（11.7）所示规则的含义是目标类（target_class）的数据中满足某个条件（condition）的概率是 t_weight；而式（11.8）所示规则的含义是满足某个条件（condition）的数据中属于目标类（target_class）的数据的概率是 d_weight。

对于目标类别的数据，考察其所有的条件满足情况，同时考虑满足什么条件的数据有可能属于这一目标类别。这样，可得到两个逻辑析取表达式[26]，即

$$\forall X, \text{target\_class}(X) \Rightarrow \text{condition}_1(X)[t:w_1] \vee \cdots \vee \text{condition}_n(X)[t:w_n] \tag{11.9}$$

$$\forall X, \text{target\_class}(X) \Leftarrow \text{condition}_1(X)[d:w_1] \vee \ldots \vee \text{condition}_n(X)[d:w_n] \tag{11.10}$$

这两个规则的含义是，若数据行 X 在目标类别集合中，那么 X 满足 condition_i 的概率是 t_i，这里 t_i 是析取项 i 的 t_weight，$i \in \{1, 2, \cdots, n\}$；若数据行 X 满足 condition_i，则

X 在目标集合中的概率是 d_i，这里 d_i 是析取项 i 的 $\mathrm{d\_weight}$，$i\in\{1,2,\cdots,n\}$。

依据条件概率的公式，可以得出 t_weight 和 d_weight 的计算公式为[26]

$$\mathrm{t\_weight}=\mathrm{count}(p_a\in C)/\sum_{i=1}^{M}\mathrm{count}(p_i\in C) \tag{11.11}$$

$$\mathrm{d\_weight}=\mathrm{count}(q_a\in C_j)/\sum_{i=1}^{m}\mathrm{count}(q_i\in C_i) \tag{11.12}$$

式中，p_a 是类别为 C 且满足条件 condition 的数据，p_i 是满足类别 C 的数据；q_a 是满足 condition 且满足类别为 C_j 的数据，q_i 是满足 condition 的数据。

下面通过两个例子解释如何计算 t_weight 和 d_weight。

例 11.4　考虑例子 11.1 及表 11.2。

在表 11.2 中，信用评价等级为“好”的客户一共有 8 人，其中 3 个人的 Salary 等级为“高”，5 个人的等级为“中等”。因此，得到 $\forall X,\mathrm{credit\_rating}(X)=$“好”$\Rightarrow \mathrm{salary}(X)=$“高”$[t:37.5]\vee\mathrm{salary}(X)=$“中等”$[t:62.5]$。

在“High-tech”与其他职业的对比数据库中，经过概化，可得到表 11.8。

表 11.8　对比数据表

Occupation	Residence	Salary/m	Credit_rating	Count %
High-tech	City T, China	中等	好	2
others	City T, China	中等	好	1

以 Occupation 为目标类，则 High-tech 组的 $\mathrm{d\_weight}$ 关于目标类是 2/3（67%），而其他职业一组的 $\mathrm{d\_weight}$ 是 1/3（33%）。即对于一个客户，如果他住在 City T，收入中等，信用又比较好，那么他的职业属于 High-tech 的概率是 67%，是其他职业的概率是 33%。即

$$\forall X,\mathrm{occupation}(X)=\text{"High - tech"}\Leftarrow$$
$$\mathrm{residence}=\text{"City T"}\wedge\mathrm{salary}=\text{"mid"}\wedge\mathrm{credit\_rating}=\text{"good"}[d:66\%]$$

通常情况下 $\mathrm{t\_weight}$ 和 $\mathrm{d\_weight}$ 是不相等的，这通过表 11.9 可以看出。

表 11.9　城市信用评级分布

	Good	Bad	All
City B	3	1	4
City S	2	2	4
City T	1	3	4
All	6	6	

分别计算 $\mathrm{t\_weight}$ 和 $\mathrm{d\_weight}$。

在 $\mathrm{t\_weight}$ 和 $\mathrm{d\_weight}$ 的基础上，综合两者可以得到

$$\forall X,\mathrm{target\_class}(X)\Leftrightarrow\mathrm{condition}_1(X)[t:w_1,d:w'_1]\vee\cdots\vee\mathrm{condition}_n(X)[t:w_n,d:w'_n]$$

即对于表 11.10，可以得到如下的逻辑规则及用户后续的决策分析：

$$\forall X,\mathrm{residence}(X)=\text{"City B"}\Leftrightarrow\begin{array}{l}\mathrm{credit\_rating}(X)=\text{"good"}[t:75\%][d:50\%]\\ \vee\mathrm{credit\_rating}(X)=\text{"Bad"}[t:25\%][d:17\%]\end{array}$$

表 11.10　城市信用评级分布

	Good	Bad	All
City B	3(t:75% d:50%)	1(t:25% d:17%)	4
City S	2(t:50% d:33%)	2(t:50% d:33%)	4
City T	1(t:25% d:17%)	3(t:75% d:50%)	4
All	6	6	

11.5　小结

（1）从数据分析的角度出发，数据挖掘可以分为描述型数据挖掘和预测型数据挖掘两种。描述型数据挖掘以简洁概述的方式表达数据中的一些有意义的特征和模式；而预测型数据挖掘通过已有的数据建立模型，并预测未来数据的模式。

（2）描述型数据挖掘是描述统计学在大规模数据处理和分析上的延伸。它包括了描述统计学的方法，同时也包括了数据归纳、数据对比和逻辑规则等多种方法。描述统计学中最常用的中心趋势的测度包括均值、中位数和众数等，数据分布的测度包括方差等统计信息。

（3）数据归纳方法主要包括三个步骤：① 对用户感兴趣数据的选取；② 通过属性消除和属性概化的方法对属性进行提炼和概括；③ 选择适当的形式进行可视化表示。

（4）数据对比方法与数据归纳方法的基本思路一致。但需注意的是，进行对比的两个数据集的概化层次和处理过程必须完全相同。

（5）逻辑规则方法是一种特殊的数据表示形式。它将数据的属性与类别联系在一起，可视为其他描述型数据挖掘和预测型数据挖掘的发端，如关联规则和基于关联规则的分类方法正是对这种分析方法的深化。

思考练习题

11.1　概述属性概化和属性消减的相同点和不同点，以及两者的适用条件。

11.2　描述下面数据中“类别”的特征，利用信息熵进行属性消减（阈值为 0.5）。

序　号	食　肉	产　奶	有　鳍	有　毒	类　别
1	1	0	1	0	鱼类
2	1	1	0	0	哺乳动物
3	0	0	1	0	鱼类
4	0	1	0	1	哺乳动物
5	1	0	1	1	鱼类
6	1	0	0	1	爬行动物
7	1	0	1	0	鱼类
8	1	0	0	1	爬行动物
9	1	1	0	0	哺乳动物
10	0	0	0	1	爬行动物
11	0	0	0	1	爬行动物

11.3　如果只关心练习题 11.2 中“鱼类”与“爬行动物”的不同特点，如何进行属性消减（阈值为 0.5）？

11.4　计算以下数据的均值、方差和中位数。

（1）18、15、12、7、10、8、3、26、23、7、17、18、4、19 和 1；

（2）21、26、4、19、3、11、0、2、14、18、16 和 24。

11.5　对于练习题 11.2 的结果，分别用交叉表、条形图、饼图和曲线图表示。

第 12 章

数据预处理

常言道："巧妇难为无米之炊。"如果说那些能够对商务活动中方方面面决策起到支撑作用的分析结果是一道道美味佳肴，那么在后续章节中介绍的各类数据挖掘与数据分析方法就是制作佳肴的菜谱，而数据就是实现这顿饕餮盛宴必不可少的原始食材。菜要择、米要淘，这样做出来的饭菜才会更加可口。待分析的数据其实同样需要经过预先的"清洗"才适合进行后续的分析。数据来源于商务过程，是真实环境的映射。但在大量数据的采集与汇总过程中，难免会出现数据的缺失、冗余及不一致等问题，尤其对于海量数据仓库，数据来源复杂，很难避免上述问题。这就是所谓的"脏数据"。本章主要围绕"脏数据"的各种洁净方法展开学习与讨论。

本章学习重点

- 数据预处理的目的与分类；
- 数据清洗的概念与方法；
- 数据集成与规范的概念与方法；
- 数据消减的概念与方法。

随着信息技术的迅速发展，特别是互联网驱动下的“大数据”，数据的种类越来越多，规模越来越大。一方面，这种爆炸式的海量数据带来了许多非常有价值的信息，并为正确进行决策分析提供了更好的支持和保障；另一方面，这些大规模的数据往往杂乱无章，其中有价值的信息经常被更多无价值的、冗余的信息所掩盖。在有限的时间和空间内对这样的数据进行高层次的分析，从而更好地提炼和理解其中有价值的部分，已经变得越来越重要。如前面章节所述，商务智能及其数据挖掘技术正是在这样的背景下产生的。

在实际的商务智能应用中，真实世界的数据非常复杂，往往会存在着错误、缺失、冗余、噪声及不一致等诸多情况。这种数据也常被称为“脏数据”（dirty data）。“脏数据”的存在严重影响了商务智能方法的准确性和高效性。因此，在进行商务智能分析之前，必须对真实数据进行相应的预处理工作，使得“脏数据”在不影响后续分析的前提下，得到必要的净化。本章将介绍如何通过预处理解决“脏数据”净化的问题。

12.1　数据预处理简介

商务智能及其挖掘技术对数据的要求主要有准确和实用两点。准确的数据是商务智能的基础。人们所挖掘出的知识全部都涵盖在数据之中，如果这些数据本身就非常不准确，那么挖掘出的结果也很难有说服力，更谈不上是有价值的新知识。实用的数据也是商务智能所必需的。不同的数据分析方法，对数据的要求往往不同。数据的结构、规模等都会对分析的效率和结果有很大的影响。实用的数据是指那些结构和规模合理、能够很方便地进行数据分析的数据。数据预处理（data preprocessing）的主要功能就是把实际采集到的数据尽量转化成准确而实用的数据。数据预处理是应用数据挖掘技术进行知识发现的准备性、基础性工作，是商务智能过程中重要——有时也很耗时——的环节[204, 205]。

12.1.1　数据预处理的原因

真实的数据很难保证绝对准确。数据缺失、数据错误等情况严重地影响了数据的准确性。同时，真实的数据也很难保证绝对实用，数据冗余、数据不一致及数据杂乱等情况严重影响了数据的实用性。下面对可能出现问题的情况进行简要说明。

（1）缺失数据（missing data）是指部分需要且感兴趣的数据没有具体的数值，产生这样的问题的原因主要有两种[206, 207]：第一种是主观原因，即没有采集到可收集到的数据。这种情况可能发生在数据收集的设计阶段。例如，在设计收集信息的系统时考虑不细致，没有充分地估计到以后会使用的数据，致使设计存在缺陷。这样，当后来对使用数据进行分析时才发现需要的数据在之前的统计中根本没有出现。这样的情况也常常会发生在数据的收集过程中，即在信息收集和传递过程中由于人为因素造成了信息的缺失。例如，在使用调查问卷的过程中，被调查者经常无意识地遗漏一些问题，或回避回答一些不易回答的问题。还有可能是数据量太大，录入人员只录入了当时认为相对重要的数据而没有保证所有数据的完整录入，或者在录入过程中遗漏了某些数值。所有的这些问题都可能造成数据的缺失。当然，通过科学地设计数据收集的方法和手段并认真细致地贯彻执行，从理论上讲，这种情况的数据缺失在客观上都是可以减轻和避免的。与第一种原因不同，第二种是客观原因，即客观上无法收集到需要并感兴趣的数据。这可能是技术力量和能力范围的局限所致。例如，在现有的条件下，科学家们依然很难得到宇宙的准确年龄和范围，仍然很难及时地获取客户的跨平台浏览和购买记录数据，等等。当然，造成这种情况的也可能是法律法规所限。例如，有关国家机密和个人隐私的数据未经允许不允许泄露。

（2）错误/噪声数据（erroneous/noisy data）是指那些不正确的数据。数据错误产生的原因很多。有时候发生在数据收集阶段。例如，在调查 ERP 等信息技术使用情况时，可能有人出于对新技术的偏见或碍于面子，无法对自己的系统使用现状给予客观、真实的描述，产生了与他人明显的偏差；或者由于问卷题量太大，答题时出现了看错题目、理解错题意和写错选项等现象；或者干脆不经思考地随机选择，致使错误出现。还有时候发生在数据传递阶段，如转录人员的录入错误，计算机磁盘阵列等硬件损坏，数据在网络传输中丢失等。错误数据的最大问题是如何判断数据是错误（噪声）[205]的。例如，在含有人名的数据库中，录入人员误将“李峰”录成了“李锋”，这样在没有额外信息辅助校验的情况下，很难发现该错误。再如，通过线性回归模型对所收集的数据进行拟合，发现了一些离回归曲线非常远的异常点。此时很难判断是这些点本身有错误，还是模型有错误。

（3）冗余数据（redundant/duplicated data）是指重复的或可相互替代的信息多次出现。它的表现形式主要有两种[208]。第一种是数据记录的冗余（行冗余）。例如，在人口普查的过程中，某一单元的住户被重复调查，这样在数据库记录中就会出现这一单元居民的重复数据。第二种是数据属性的冗余（列冗余）。例如，在一个数据表中出现了“姓”、“名”和“姓名”三个属性，而“姓名”属性其实是“姓”和“名”两个属性的加和，因此单纯从数据的角度来看是一种冗余，可以将“姓名”属性去掉。

（4）不一致数据（inconsistent data）是指在不同的数据集中描述同一属性时采用的数据形式不同。引起这个问题的主要原因有两种[209]。第一种是由不同的数据结构引发数据的不一致（structural heterogeneity）。例如，不同证券公司的股市行情软件虽然都反映同样的的股票行情，但是由于不同软件所采用的数据结构的不同，如不进行适当的预处理则会对数据合并带来挑战。又如，对于含有“姓名”属性的数据系统中，由于东方人是“姓”在前、“名”在后，而欧美人是“名”在前、“姓”在后，因此在数据合并的过程中需要考虑不同国家“姓”和“名”的位置。第二种是由不同的语义结构引起的数据不一致。例如，在学生的评分体系中，美国大学多采用四分和五分制，欧洲国家的一些学校采用六分和十分制，中国常采用百分制。这样对于同一个学生来讲，在不同的评分体系中，他的成绩是不同的；对于不同评分体系中的数值相同的分数，如 4 分，在美国体系中是很高的成绩，在欧洲体系中只能称为一般，但是在中国体系中就是一个非常差的成绩了。

（5）数据庞杂也是当今真实数据的主要问题，也是大数据时代的一个重要特征。这主要是因为，随着信息技术尤其是移动技术的飞速发展，获取和发布信息已经变得越来越容易，而由于用户生成内容（UGC）越来越多，但生成内容的形式多种多样（如图片、文本和符号混杂在一起），使得数据越来越庞杂。例如，在网上商店上随便搜索一个产品的评论信息，动辄就会出现成百上千条各种各样的用户评论信息，但是这些数据一般很多而且杂乱，需要进行整理和压缩甚至删减，使用合理的结构和更有效的空间存储，从而有利于进一步的商务智能分析。

12.1.2　数据预处理的目的

正是因为数据缺失、数据错误、数据冗余、数据不一致和数据庞杂等诸多问题在真实数据中频繁出现，数据预处理已成为商务智能中必不可少的一个关键环节。它通过对不完整、有错误、有冗余、不一致和庞杂的真实数据进行必要的处理，可以提高数据的准确性和实用性。通过数据预处理，既可以使残缺的数据变得完整，使错误的数据变得正确，使冗余的数据变得精练，使不一致的数据变得一致，还可以使庞杂的数据变得结构适当和规模合理。总而言之，经过数据预处理之后，不仅可以得到挖掘系统所要求的相对准确且规范的数据集，使得进一步的数据挖掘成为可能；同时，这样准确且规范的数据还可尽可能地减少挖掘系统所付出的时间和空间代价，提高知识发现的效率与可解释性。

12.1.3　数据预处理的方法

数据预处理的方法有很多[206~208]，但迄今为止并没有一种方法能够解决数据准确性和实用性的所有问题。常用的一些经典的方法主要针对数据处理的某些方面，这些方法包括数据清洗（Data Cleaning）、数据集成与规范（Data Integration and Normalization）和数据消减（Data Reduction）。

1）数据清洗

数据清洗主要针对数据的准确性问题，包含减轻或消除数据缺失和数据错误两方面的问题。其主要方法是填补缺失数据和消除噪声数据。它的原理是通过分析“脏数据”产生的原因和存在形式，充分利用现有的技术手段和方法清洗“脏数据”，将“脏数据”转化为满足要求的数据，从而提高数据集的数据质量和挖掘效率。

2）数据集成与规范化

数据的集成与规范化主要针对数据的实用性问题，包含减轻或消除数据不一致性。数据集成主要是将所用的各种不同类型的数据统一存储在数据库、数据仓库或数据文件中，进而形成一个完整的数据集。数据规范主要是对数据进行规格化操作。由于对于不同的模式挖掘，经常要求数据满足一定的格式。数据规范化就是将原始数据转换为挖掘模式要求的格式，以满足进一步分析和处理的需求。

3）数据消减

数据消减主要针对数据的实用性问题，重点是解决数据庞杂且规模过大的问题。其目的是把那些不能准确刻画系统关键特征的数据剔除，消除不必要的冗余数据，从而得到精练后的能充分描述被挖掘对象的数据集合，并有效减小数据规模。

12.2　数据清洗

数据清洗是指发现并改正不完整、不正确和不一致的数据，从而提高数据质量[210]。数据清洗的方法很多，而且大都具有很强的专业针对性。有的专门针对不同学科，如生物数据的清洗方法、地理数据的清洗方法[211]；或者专门针对不同类型的数据，如时序数据的清洗方法和非时序数据的清洗方法[212]。针对真实数据存在的数据缺失、数据错误和数据不一致性的情况，在数据清洗的过程中，需要通过填补缺失数据、清除或平滑噪声数据和转化不一致数据等方法来净化数据，提高数据的质量。下面介绍缺失数据过程和噪声数据处理两种方法。

12.2.1　缺失数据处理

数据缺失在实际数据集中经常出现。缺失数据的处理方法，按照处理主体不同，可分为人工处理法和自动处理法；按照处理方法不同，可以分为直接忽略法、填补默认值法和依据其他数据填补缺失值的方法[203]。

1．根据处理主体分类

（1）人工处理法（Manual Cleaning）是指当一个记录的属性值缺失时，通过查找原始的记录，或者请教专家手工填补所缺失的数值。这种方法的好处是，当缺失数据比较少时，填补数值的准确度相对较高。但是当缺失的数据比较多时，采用人工处理的方法效率太低，而且更容易出错，可行性差[213]。

（2）自动处理法（Automated Cleaning）是指当一个记录的属性值有缺失时，通过已有的程序自动处理缺失。这种方法的好处是，当缺失数据规模很大时，在效率上优于手工处理方法。但是在很大程度上依赖于处理缺失数据的程序，缺乏灵活性和智能性，在处理少量缺失数据的时候不如手工处理准确度高[213]。

2．根据处理方法分类

（1）对于缺失数据最直接的做法就是直接忽略。直接忽略法是指，当有一个记录的属性值有缺失，则在数据分析中直接删除此记录，不予考虑。这种方法的好处是操作简便。但是当数据中遗漏的属性值比较多，且分散在不同的记录中时，这种方法的适用性有待商榷。因为一方面，它可能会造成现有数据的大量浪费；另一方面，由于类似的数据缺失在之后的补充数据中也会出现，因此这样会缺乏对数据收集规模的有效控制。例如，在问卷调查中如果只有极少量问卷的答题信息不完整，可以直接忽略该问卷；但是如果答题信息不完整的问卷占有很大比例，则完全忽略这些问卷势必会对数据规模和数据代表性产生很大的影响。如果采用补充调查的方法，则补充调查的问卷中也常常会出现答题信息不完整的问题，使得应该补充多少调查问卷变得很难控制。

（2）填补默认值法是对直接忽略法的改进，即对于那些对数据分析影响不大的缺失数据统一填补一个适当的默认值（Default Value），以避免浪费大量数据。例如，对于量化的属性可以采用一个极大的负值或正值作为默认值，对于非量化的属性可以采用“无”作为默认值。这种方法的好处是避免了数据的浪费而且操作相对简单。但是当数据中缺失的属性值比较多时，容易使整个数据集向默认值的方向偏重，给之后的数据处理造成麻烦。例如，数据挖掘算法可能会将这些默认值作为一个显著的属性值进行计算，从而挖掘出一些并无实际含义的模式。

（3）针对补充默认值法可进一步进行改进，即根据已有数据科学合理地推算缺失的数据，得到依据其他数据填补缺失值的方法。这样的方法是通过对于缺失数值进行纵向（缺失数值所在的属性）和横向（缺失数值所在记录的其他属性值）的数据分析，求出所缺失数值的可能取值。这样的数据处理方法有很多。例如，可以通过同属性平均值来填补缺失的数值。具体的方法是通过计算某属性在其他记录中的平均值，以此填补该缺失属性值的记录。比如，在信用评级数据库中，对于工资情况无记录的客户，可采用将有工资记录客户的工资平均值作为该客户工资的估计值。必要时，还可以进一步细化，通过该属性同类别的平均值来填补此属性在该类别中缺失记录的值。例如，在信用评级的数据库中，对于一个信用等级为“优”但工资情况没有记录的客户，可以采用信用等级同为“优”的有工资记录客户的工资平均值来填补缺失值；而信用等级为“差”且工资情况没有记录的客户，则采用信用等级同为“差”的有工资记录客户的工资平均值来填补缺失值。当然，根据问题不同，平均值并不一定是填补空缺值的唯一方法，可视具体情况利用回归分析、贝叶斯计算、决策树和人工神经网络等方法，结合纵向或横向信息计算出所缺失数值的最大可能值并进行填补。

上述方法是通过已知数据进行外推计算估计出缺失数据，具有一定的科学性和合理性。但合理应用这种方法的前提是已有较多数据，且已有数据能够较为全面代表所有数据的特征。如果缺失数据过多，无论平均值还是其他方法估计出的数值，都只是反映了已有数据的局部特征，而很难合理代表缺失值。

总之，对于缺失数据可以采用手工或自动、直接忽略或科学计算的方法。而所有这些方法在缺失数据过多时都会产生各种各样的问题。因此保证数据尽量不缺失、少缺失是得到有价值的数据分析结果的前提。

12.2.2 噪声数据处理

与数据缺失一样，错误数据也是真实数据中经常出现的问题。错误数据分为内错误数据（inlier）和外错误数据（outlier）[214]。其中内错误数据是指取值在整体数据的统计分布之内，但是数值是错误的数据；外错误数据是指在整体数据的统计分布之外的错误数据，也常称为异常数据。例如，在数据中，有两个属性：一个是“姓名”，另一个是“年龄”。一个叫“王强”的人的实际年龄是 25 岁，而数据库中的记录是 20 岁，20 岁属于人的正常年龄范围，这样的错误就是内数据错误；另一个叫“李明”的人的实际年龄是 50 岁，而数据库中的记录是 500 岁，500 岁已经远远超出了人的正常年龄范围，这样的错误就是外数据错误。

一般来讲，内数据错误非常难辨识，更不容易被改正[214]。对于外数据错误，一般情况下可以根据整体数据的分布进行识别，并进行适当的处理。外数据错误中最主要的是噪声数据。噪声数据一般是由于被测量变量的随机错误和偏差造成的[26]。

对于噪声的处理主要有两种方法：一种方法是直接平滑噪声。这种方法即假设数据中有噪声，但是不去专门识别噪声，只是通过将含有噪声的数据进行整体平滑处理，减小数据的方差；另一种方法是先辨别噪声，然后再根据具体情况处理。这种方法根据噪声和正常数据在数据分布上不同的特点，找出可能的噪声数据，再进行进一步的处理。前一种主要是分箱（Bin）方法，后一种方法主要包括了人工智能和人-机结合的方法。下面分别进行介绍。

1. 分箱方法

分箱方法利用噪声周围的数值来平滑噪声，达到减少噪声干扰的目的。第一步，对已有的数值进行排序后按照等深或等宽的规律分配到若干容器（称为“箱”（bucket/bin））中；第二步，对每一个容器中的数值通过均值法、边界法等方法进行平滑处理。经过处理后的数据与原数据相比更加平滑、波动更小，达到了减弱或消除噪声影响的目的。

例 12.1　假设一组成本数据为 3、12、18、20、22、24、27、28 和 35，通过分箱方法对数据进行平滑处理。

第一步，对已有的数值进行排序并划分。

（1）等深分箱，即每一个箱的数值个数相等。

Bin 1：3, 12, 18。

Bin 2：20, 22, 24。

Bin 3：27, 28, 35。

（2）等宽分箱，即每一个箱中的数值跨度相同，则分组情况如下。

Bin 1：3, 12, 18（跨度 15）。

Bin 2：20, 22, 24, 27, 28, 35（跨度 15）。

第二步，对每一个箱中的数值进行平滑处理。

（1）均值法，用每一个箱中的平均值代替这个箱中的所有值。

① 等深分箱。

Bin 1：11, 11, 11。

Bin 2：22, 22, 22。

Bin 3：30, 30, 30。

② 等宽分箱。

Bin 1：11, 11, 11。

Bin 2：26, 26, 26, 26, 26, 26。

（2）边界法，用每一个箱的边界值（最大值或最小值）代替这个箱中除边界以外的其他值。

① 等深分箱（最小值）。

Bin 1：3, 3, 18。

Bin 2：20, 20, 24。

Bin 3：27, 27, 35。

② 等宽分箱（最小值）。

Bin 1：3, 3, 18。

Bin 2：20, 20, 20, 20, 20, 35。

③ 等深分箱（最大值）。

Bin 1：3, 18, 18。

Bin 2：20, 24, 24。

Bin 3：27, 35, 35。

④ 等宽分箱（最大值）。

Bin 1：3, 18, 18。

Bin 2：20, 35, 35, 35, 35, 35。

2. 人工智能方法

人工智能的方法是指利用聚类、回归分析、贝叶斯计算、决策树和人工神经网络等人工智能方法对数据进行自动平滑处理。例如，通过多变量线性回归法获得多个变量相互间的关系，达到变量之间交互估计和修正的目的，从而实现平滑数据，去除其中噪声。这里着重介绍一下常用的聚类方法。

聚类方法的核心是把相似的数据集中在一起，形成类（或称类别）。这样，不属于任何类的数据就很有可能是异常的噪声数据。数据之间的聚合，主要靠数据之间的相似程度来判断，而对于相似程度的评价标准也很多，如距离法和密度法等。不同的评价标准可能会导致不同的聚类结果，进而影响对噪声数据的判断。因此，采用什么样的聚类方法也是一个非常重要的问题，必须结合实际问题的背景进行审慎选择。对于已经发现的噪声，可以采用直接去除的方式处理，也可以采用平滑噪声的方式处理。基于聚类分析的异常数据检查如图 12.1 所示。

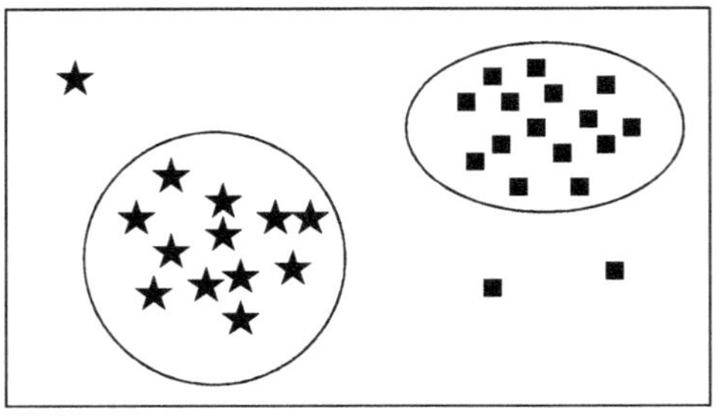

图 12.1　基于聚类分析的异常数据检查

如今，人工智能方法已广泛地应用在噪声剔除和平滑的领域中。但在最终决策的过程中往往需要人的参与，并结合领域知识进行判断，以避免出现纯粹依赖自动处理而造成噪声错误识别的问题。例如，把原本非噪声的有价值的正常数据错误地识别为噪声数据并剔除。

3. 人-机结合方法

人-机结合法是对人工智能方法的改进。它通过将计算机检查和人工检查相结合的方法来综合发现异常数据。例如，先通过人工智能方法帮助识别销售记录中的异常情况，如销售量的突变等；进而将识别出的异常情况自动输出到列表中，并由人工进行检查，并最终确定是否为噪声。这种检查方式与单纯的计算机检查相比，准确率高；与单纯的人工方式相比，效率较高。

12.3　数据集成与规范

通过数据清洗可以基本解决数据值的缺失和错误，提高了数据的准确性。但只是单纯准确的数据还不能满足数据挖掘的要求。合格的数据还需要满足实用性，即能够满足所要采用的数据挖掘算法的具体数据要求。由于所需处理数据规模的日益增大，不可能存在一个数据库能够涵盖所有的数据，因此从多个数据源获取信息并加以规范整合就变得非常重要。在这样的过程中可能会出现数据不一致和不规范的情况。数据集成与规范化方法的目的就是要科学合理地对多个数据源进行整合、并消除数据不一致和不规范现象。

12.3.1　数据集成处理

数据集成是将不同数据源的数据，如各种数据库文件、网页文件等结合在一起，形成一个统一的数据集合，并且为之后的数据处理（如聚合（aggression）、在线分析处理（OLAP）及知识发现）打下必要的数据基础。

如前所述，在数据合并的过程中，引发不一致数据的原因主要有两种：第一种是由不同的数据结构引发的数据不一致，第二种是由不同的语义结构引起的数据不一致。针对这两种原因，数据集成处理又分为结构集成（Structural Integration/Schematic Integration）和语义集成（Semantic Integration）[215]两种。

结构集成主要针对那些数据结构不相同的数据，目的是准确地匹配来自不同数据源的多个数据实体（实体识别问题）。例如，由于命名的不规范，可能一个数据库中的“姓名”属性与另一个数据库中的“名字”属性表示同一对象，“学号”属性与“ID”属性表示同一个对象。这样在数据集成的过程中就需要对不同的结构进行合理的匹配，以使异源的数据最终可被同一个数据结构所表达。语义集成主要针对相同数据值在不同数据源中表达含义不同的情况。例如，在同样的属性“温度”中，美国的数据库中大都使用华氏温度，而中国的数据库中大都使用摄氏温度。这样对于不同数据库中的“温度”属性中的相同值，如 30 度，其意义是不一样的。如果是摄氏 30 度，表示温度很高；如果是华氏 32 度，则表示近似于摄氏 0 度，温度则很低。语义集成，就是要将这样的不一致转换成一致。

当然，无论是结构集成还是语义集成，单靠数据信息远远不够。因为在许多情况下，只依靠数据信息，并不敢肯定“姓名”属性就一定对应“名字”属性，“学号”属性就一定对应“ID”属性。为了能够在数据集成时能准确地识别这样的信息，数据库与数据仓库通常包含一种特殊的数据，即元数据（Metadata）。元数据是一种关于数据的数据，它描述了数据集合中数据的类型、语义、关系及其环境等信息，起到了说明、维护和管理数据的作用。通过元数据，可以更好地理解数据结构和数据属性的意义，更好地完成多源数据的集成。

12.3.2 数据规范化处理

在解决多源数据不一致的问题以后，还需要对数据进行规范化处理[212]。由于数据来自不同的数据源，整合后的数据会打破原有数据源的结构和格式，这样所产生的新数据格式可能不再适应已有的挖掘方法，需要经过进一步处理，即把新数据集合中的数据按照数据挖掘算法的要求映射到规定的范围内，即规范化处理。

规范化处理是指将每个属性的取值范围按照一定的比例，映射到合适范围内，使不同属性自身特有的数值差异得以消除。规范化处理广泛地应用于分类、聚类、回归分析和神经网络等多种人工智能的信息处理方法中。在分类和聚类中，规范化后的数据可以使得数据在不同属性上的距离标准化，从而避免因为属性自身的特点引发绝对数值过大或过小，进而减小对结果正确性的影响。在回归分析和神经网络中，规范化后的数据能够起到缩短计算时间、提高准确率的作用。实际应用中经常采用最小最大化方法[26]、十基数方法和标准差方法[212]三种规范化处理方法。

1．最小最大化方法

最小最大化方法（Min-max Normalization）是对初始化后的数据进行线性映射。

例如，属性 A 的最小值和最大值分别为 $\min_A$ 和 $\max_A$。通过映射，将属性 A 映射到属性 A' 上，且最小值、最大值为 $\min_{A'}$ 和 $\max_{A'}$。这样，对于属性 A 的一个原始的值 v，映射后的值为

$$v' = \frac{v - \min_A}{\max_A - \min_A}(\max_{A'} - \min_{A'}) + \min_{A'} \tag{12.1}$$

例 12.2 假设职工数据库中，属性 age 的最大值和最小值分别是 20 和 60，如果

利用最小最大化方法将属性 age 的值映射到[0, 1]上，那么属性值 40 被转化为

$$\frac{40-20}{60-20}=0.5$$

最小最大化方法非常直观，也便于操作。但是，当有新数据加入数据集合时，如果其属性值超出最大最小值范围，会造成麻烦。

2．十基数方法

十基数方法（Decimal Scaling Normalization）通过移动属性值的小数点规范化属性的取值，确保其范围在[−1, +1]范围之内。例如，对于属性 A 的任意取值 v，若 $0.1<\frac{\max(|v|)}{10^j}\leqslant 1$，则其对应的映射值 $v'=\frac{v}{10^j}$。

例 12.3　设一个账户 A 中资金的变化范围是−9235～9765。属性 A 绝对值的最大值为 9765。

采用十基数方法，可以求得 j=4。将属性 A 的每一个值除以 10 000，此时−9235 映射为−0.9235。

与最小最大化方法相比，十基数方法中如果有新的值 v_new 加入，且 $|\mathrm{v\_new}|>\max(|v|)$，但如果 $\frac{|\mathrm{v\_new}|}{10^j}\leqslant 1$，则不会产生问题。可以说十基数方法比最小最大化方法有所改进。但是如果 $\frac{|\mathrm{v\_new}|}{10^j}>1$，还是会出现异常。

无论是最小最大化方法还是十基数方法，都存在的一个最大的问题：容易受到噪声的干扰。例如，一个取值很大的异常属性值可能会使其他记录的该属性值经转化后变得非常小，进而影响之后的挖掘算法。

3．标准差方法

标准差方法（Standard Deviation Normalization）现在在各种数据挖掘算法中被广泛使用。它通过使用属性的均值和标准差进行属性规范化。

根据下式可以得到属性 A 的原始值 v 的映射值（v'），即

$$v'=\frac{v-\overline{A}}{\sigma_A} \tag{12.2}$$

式中，$\overline{A}$ 和 σ_A 分别是属性 A 的均值和方差，即 $\overline{A}=\frac{\Sigma A}{n}$，$\sigma_A=\sqrt{\frac{\Sigma(A-\overline{A})^2}{n-1}}$，$n$ 是总记录数。

例 12.4　假设属性 age 的均值与方差分别为 40 和 16，使用零均值规范化方法将 50 的属性 age 值映射为

$$\frac{50-40}{16}=0.625$$

与前两种方法相比，这种方法适用于属性的最大值和最小值不确定的情形，而且由于采用了均值和标准差，因而受异常值的影响也很小，取值也更合理。

12.4　数据消减

数据消减的目的主要有两个：一个是消除无效信息，另一个是提取有效信息。其中，消除无效信息主要针对冗余数据，其基本思想是尽量多地去掉数据集合中的冗余数据。冗余数据有很多危害，它的大量增加可以严重地影响数据挖掘的结果，使结果偏于冗余数据的方向。与消除无效信息相对应，提取有效信息主要针对数据规模很大的去掉冗余数据的数据库，这些数据通常在 G 和 T 的数量级。数据分析时需要耗费大量的时间，严重地制约了分析方法的效率和可行性。通过数据消减使得原有数据在有效信息保持不变的情况下精简数据规模。这样既减小了数据的存储规模，又在保持了有效数据完整性的前提下提高了数据分析效率，达到了一举两得的目的。去除无效信息的主要方法就是去除冗余。提取有效信息的主要方法包括数据立方合计、属性选取与生成、数据压缩和离散化与概念分层。

12.4.1　清除冗余数据

在大规模的数据集合中，尤其是经过数据集成后的数据集合中，往往会出现冗余数据。冗余数据主要有两种。

一种是数据记录本身有重复（Duplicate Data），即同一个记录反复出现了多次[203]。例如，在一个国际会议数据库中，姓名为“Li Yang”、“Yang Li”和“Yang Lee”的参会者，通过其他信息的比较，发现实际上是同一个人。这样就出现了记录的重复，需要去掉其中的两个记录，达到清除冗余数据的目的。需要注意的是，这样的冗余数据有时并不容易发现，但非常有必要进行清楚的甄别，因为过多的冗余数据会使数据挖掘的结果偏向于冗余数据多的记录，从而影响模式的有效性。

另一种是属性冗余（Attribute Redundancy）[26]。冗余的属性是指那些可以从其他的属性中推演出来的属性。例如，根据学生的单科成绩和总学分可以计算出来平均学分成绩，因此与单科成绩和学分相比，平均学分成绩就是冗余属性。同时，属性命名不规范也可能出现冗余问题。例如，将原本相同但命名不同的属性“名字”和“姓名”在数据集成时重复地表示在数据库中。

概率统计中的相关性分析是一种发现数据冗余的方法。例如，给定两个属性 A 和 B，根据两个属性的数值分析出这两个属性的相关程度，即

$$r_{A,B}=\frac{\Sigma(A-\overline{A})(B-\overline{B})}{(n-1)\sigma_A\sigma_B} \tag{12.3}$$

式中，$\overline{A}$ 和 $\overline{B}$ 分别表示 A 和 B 的平均值，σ_A 和 σ_B 分别表示 A 和 B 的标准方差，即 $\overline{A}=\frac{\Sigma A}{n}$，$\overline{B}=\frac{\Sigma B}{n}$，$\sigma_A=\sqrt{\frac{\Sigma(A-\overline{A})^2}{n-1}}$，$\sigma_B=\sqrt{\frac{\Sigma(B-\overline{B})^2}{n-1}}$，$n$ 是总记录数。如果 $r_{A,B}>0$，则 A 与 B 正相关，且 $r_{A,B}$ 的值越大，A 与 B 之间的关系越密切；如果 $r_{A,B}=0$，则 A 与 B 相互独立；如果 $r_{A,B}<0$，则 A 与 B 负相关，且 $r_{A,B}$ 的绝对值越大，A 与 B 之间的关系越密切。对于多个属性之间的共线性，可以利用矩阵，通过概率统计中相应的公式计算。

12.4.2　采样

在大数据背景下，即使数据集在去冗余处理后，数据规模依然非常大。在一些应

用中，会需要从数据中提炼出部分数据以代表整体的数据，其中采样（Sampling）就是非常常用的一种方法。所谓采样是利用数据集的子集代表数据集本身，从而达到消减数据规模的目的。采样的方法主要包括无放回简单随机采样法、有放回简单随机采样法、聚类采样方法和分层采样方法等[203]。

（1）无放回简单随机采样法指从数据中等概率地抽取样本，每一个样本抽取完毕后不放回总体数据中。例如，用无放回简单随机采样法从自然数 1～50 中取 5 个数，得到的可能结果为 1、27、10、45 和 33。

（2）有放回简单随机采样法与无放回简单随机采样法非常相似，只是在每次被抽中的样本仍然放回到总体数据中，因此可能有一些样本被抽取多次。例如，用有放回简单随机采样法从自然数 1～50 中取 5 个数，得到的结果可能为 1、29、13、29 和 32。

（3）聚类采样法首先将总体数据分为若干个不相交的类，然后在每一个类中随机抽取，最终得到样本。例如，用聚类采样法从自然数 1～50 中取 5 个数，可以采用每 10 个自然数为一类的方法，得到[1, 10]、[11, 20]、[21, 30]、[31, 40]和[41, 50] 5 个类，结果可能为 1、12、29、37 和 43。

（4）分层采样法首先根据数据的性质将其分为若干个互不相交的层，然后根据各层数据规模的大小按比例随机抽取样本。例如，用分层采样法对 1（10）5（5）6（5）10（8）13（2）采样，其中前一个数代表商品的类型，后一个数代表商品的个数。按照商品的类型对商品分类，则各种层次的比例为 1:5:6:10:13 = 2:1:1:2:0（采用四舍五入），这样应该选择 1 号商品和 10 号商品各两件，5 号和 6 号商品各一件，13 号商品 0 件。对于销售数据集合，分层采样法经常根据年龄和收入对顾客进行分层后随机选择样本。

采样方法的最大好处是取样时间仅与样本规模成正比，因此在给定样本规模之后，时间规模不会无限地扩大。

12.4.3 数据立方合计

合计是统计中最常用的方法。通过合计，可以将大量的数据浓缩在一起，从整体上对数据有一个统一的认识。数据立方合计是指将原始数据库中的数据根据需要进行合计。

例如，原始数据库中的收入情况以年为单位，而对收入情况的分析需要以 10 年为一个周期。这样通过数据整合，将数据整理成以 10 年为单位，从而使得数据量减少而不影响分析任务的信息。假设某人年收入如表 12.1 所示。

表 12.1 某人年收入

年 份	地 点	年薪（万元）
1991	北京	1.00
1992	北京	1.10
1993	北京	1.50
1994	北京	2.00
1995	北京	1.90
1996	北京	1.50

续表

年　份	地　点	年薪（万元）
1997	北京	2.50
1998	北京	3.00
1999	北京	4.50
2000	北京	5.00
2001	北京	6.00
2002	北京	6.00
2003	北京	6.50
2004	北京	7.00
2005	北京	8.50
2006	北京	9.00
2007	北京	18.50
2008	北京	19.50
2009	北京	23.00
2010	北京	27.00

对年份属性以 10 年为一个周期合计后，变为表 12.2。

表 12.2　某人年收入合计

年　份	地　点	年薪（万元）
1991—2000	北京	24.00
2001—2010	北京	131.00

通过数据立方存放的信息可以方便地使用上述方法，每一个维度表示一个属性，合并后立方体的维度随之减少。

图 12.2 所示是一个对某银行信用评级为优的客户的合计处理的三维数据立方。它从客户年龄、客户年收入及客户职业三个角度描述相应的信用情况，每一个小立方块对应了该特征的客户信用评级为优的数目。在数据立方合计中，每一个属性都对应了一个概念层次树，用来进行多层次的数据分析。例如，年龄属性的层次树，可以提升到更高一层，到模糊概念（青年、中年、老年）；还有职业层次树，可以提高到营利性机构和非营利性机构。这样就可以将多个同一年龄段数据合并到一起。

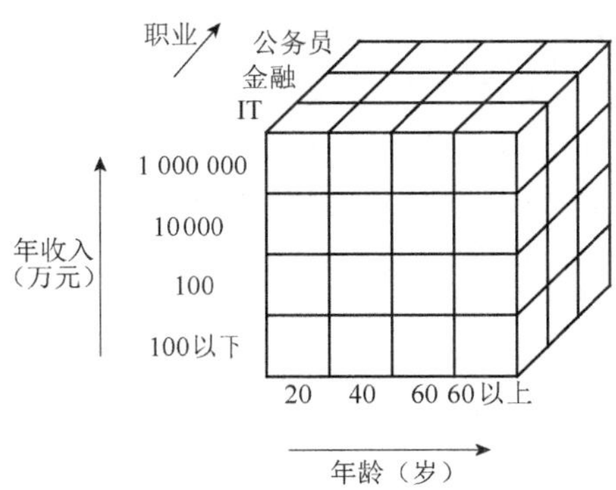

图 12.2　数据立方合计描述示意

在数据立方合计中，最低的层次树所建立的数据立方称为基立方，最高的层次树所建立的数据立方称为顶立方。在图 12.2 中，顶立方代表了某银行所有年龄段、不同收入、所有行业的信用评级为优的客户的数目。由于高层次的数据立方都是对低层数据进行的抽象和概括，因此它是一种有效的数据消减方法。

12.4.4 属性选取与生成

大型数据仓库和数据集合中常常包含成千上万的属性，对于具体的数据挖掘应用而言，很多属性都是客户不感兴趣或无用的。例如，分析顾客超市购物的特点时，顾客的联系方式（邮箱或电话号码）与顾客对商品的喜好可能没有多大关系，学生的住址与学生的学习成绩也没有太多的相关性。因此，去掉大量的无关或弱相关的属性对于提高数据挖掘的效率非常有帮助，但是如何能够合理地保留有用的属性并不容易。组织专家评价是一个十分费时费力的工作，特别是当面临新问题且没有太多专家经验的时候，不小心遗漏有用属性和添加无用属性都在所难免。

消除无关属性、保留相关属性，从而减小数据规模，这是属性选取的最终目的。属性选取中最常采用的方法是属性子集选择法[216]。通过属性子集的选择，有助于找出最小的且能够与原来的数据分布尽可能相似的子集。由于减少了属性个数，使得信息处理的效率更高，也更容易理解结果；同时由于基本保持了原始数据的分布，从而使得信息处理的结果更加接近真实数据。

然而，理论上来说，包含 d 个属性的集合共有 2^d 个不同的可能子集，随着 d 的增长，其对应的子集的个数成指数型增长，严重制约了选出最优子集的可行性。因此在维度消减时，一般不使用最优化方法，而是退而求其次，利用启发式的方法，减少搜索的空间和时间，获得满意的次优子集即可。

通常在假设各个属性之间是相互独立的前提下，可采用统计的方法来确定“最优”或“最差”属性[217]。另外，有时也会采用机器学习的方法，如决策树方法[218]、Boost方法[219]等来构造属性子集。下面简单介绍启发式方法的思路[26]。

构造满意的属性子集的启发式方法如下所述。

（1）逐步添加法。将选出属性子集初始化为空集，每次从原有的属性集合中选择出一个最优的属性添加到选出的属性子集中，直到选出的子集满足不再添加新属性的要求为止（可能是属性个数已经达到上限，或者是原属性集合中选不出比子集中属性更有价值的属性）。

（2）逐步消减法。将选出属性子集初始化为全集，每次从选出属性子集中去除一个最差的属性，直到满足了不再去除属性的要求为止（可能是记录分布已经到达最低要求，或者选不出最差属性）。

（3）添加消减法。此方法将逐步添加法和消减法相结合，选取一定数量的属性作为初始子集，然后从剩余的属性中选取最优的属性添加到选定的子集中，并从选定的子集中去除当前最差的属性，直到满足不再能添加或去除的条件为止。

例 12.5 假设属性集$\{A, B, C, D, E, F\}$的理论最优属性子集为$\{A, B, E\}$，且属性的优劣顺序为：$A > B > E > C > F > D$。

（1）采用逐步添加法的过程为如下：

最优集为

$$\{\} \Rightarrow \{A\} \Rightarrow \{A, B\} \Rightarrow \{A, B, E\}$$

（2）采用逐步消减法的过程为如下：

最优集为

$$\{A, B, C, D, E, F\} \Rightarrow \{A, B, C, E, F\} \Rightarrow \{A, B, C, E\}$$

$$\Rightarrow \{A, B, D\}$$

（3）采用添加消减法并假设初始集为$\{A, C, D\}$：

最优集为

$$\{A, C, D\} \Rightarrow \{ A, B, C, D\} \Rightarrow \{A, B, C\} \Rightarrow \{A, B, E, C\} \\ \Rightarrow \{A, B, E\}$$

如果在选取属性子集时还可考虑到属性类别信息，则可大大简化属性选取的难度。但对于没有明显类别的记录（即无监督学习的情况），如聚类和关联规则，则属性选择过程会比较困难，还需要进一步研究。

有的时候在属性选取的过程中还可根据需要构造新属性，从而更有利于后续的数据挖掘任务。例如，购买电子产品时，如分别考察性能和价格，则很难得到一个性能价格两者都最优的产品。但是通过引入“性能价格比”这样的新属性，可以方便地对产品排序，为进一步的数据处理和分析打好基础。

12.4.5 数据压缩

在计算机科学和信息科学中，数据压缩是指利用数据编码将原来的数据转化成一个相对较小的数据集合。如果压缩以后的数据可以恢复成原始数据，则称为无损数据压缩，否则称为有损数据压缩。

无损数据压缩之所以能够实现，是因为现实世界的数据大都有冗余的成分。例如，元音字母“a”、“e”在英语中比辅音字母“x”更常用；字母“q”之后是“u”的可能性比较大，是“z”的可能性则非常小。无损压缩算法通常就是利用了统计冗余模式，将冗余的东西去除，从而更加简练地，但依然完整地表示数据。例如，英文中经常使用的首字母缩写如“WTO”、“OPEC”，以及地址的简写如“dept.”、“bldg.”和“no.”等都属于无损数据压缩。

在允许一定程度的保真度损失的情况下，还可以实现进一步的有损数据压缩。有损数据压缩算法在容忍微小差别的前提下使用相对较少的数据表示了信息相对丰富的内涵，如图像、视频和音频压缩等。例如，多媒体数据的压缩过程就是利用了人们看视频或听声音的时候可能并不会注意到一些不完善的细节，从而对原始的采集数据中的过多细节进行了大规模的删除处理。

由于数据压缩可以帮助减少硬盘空间和带宽等资源的消耗，所以在大数据处理中非常有价值。然而数据压缩本身也同时需要消耗时间和信息处理等资源，有时也有较高的成本。所以数据压缩算法的设计需要在数据压缩能力、数据失真程度、压缩所需的计算资源及其他因素之间进行平衡。

下面介绍三种常用的数据压缩方法，即傅里叶变换、小波变换和主成分分析。

1. 傅里叶变换

傅里叶变换是由法国数学家 Jean Fourier 创立的。最早在其著名的《热的传播》一文中，推导出著名的热传导方程，并在求解该方程时发现解函数可以由三角函数构成的级数形式表示，从而提出任意函数都可以展开成三角函数的无穷级数。傅里叶级数（即三角级数）和傅里叶分析等理论均由此创始。

由于傅里叶变换方法可以将任何复杂的数据函数形式转换为有限个三角函数的

组合形式，因此可以在很大程度上减小数据的规模，并具有很高的压缩转化效率，因此得到广泛的应用。

2．小波变换

小波变换的概念最早由法国石油信号处理工程师 J. Morlet 于 1974 年率先提出，尽管其方法在工程上已经开始应用，但是并没有得到数学家们的广泛认可。1986 年著名数学家 Y. Meyer 利用一个偶然的机会构造出了一个真正的小波基。在他与 S. Mallat 合作并开始建立了构造小波基的同样方法及其多尺度分析之后，小波分析终于开始蓬勃发展起来。离散小波变换与傅里叶变换思路较为相近。通常采用离散小波变换的层次算法转换数据。该算法在一个循环的周期内，将需要处理的数据一分为二，从而获得更高的转化效率。

3．主成分分析

主成分分析（PCA，Principal Components Analysis）也称主分量分析，主要是利用降维的思想，把多属性转化为少数几个综合属性。在统计学中，主成分分析是一种压缩数据集的技术。它通过一个线性变换把数据从原始的坐标系（原始属性构成）变换到一个新的坐标系（新属性构成）中。在新的坐标系中，数据在第一个坐标（称为第一主成分）上投影的方差最大，在第二个坐标（第二主成分）上投影的方差次之，依此类推。

主成分分析通过保留低阶主成分，忽略高阶主成分，使得在保持数据集的对方差贡献最大的特征的前提下，降低数据集维数。在主成分分析中，通常假设低阶成分往往能够保留数据的最重要方面。但需要注意的是，这样的假设不一定完全正确，要视具体应用而定。

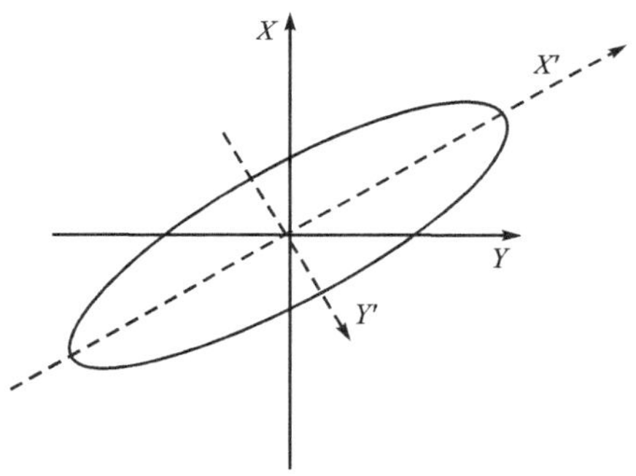

图 12.3　主成分分析示意图

例 12.6　如图 12.3 所示，椭圆区域为被挖掘的数据。利用主成分分析方法，通过坐标变换后，得到主成分为 X',Y'。其中，X',Y' 为 X,Y 的线性组合。X'与Y' 互不相关。主成分 X'与Y' 的方差是依次递减的，第一主成分的方差大于第二主成分的方差，这也说明第一主成分能充分反映个体间的差异。总方差不增不减，即 $V_{ar}(X')+V_{ar}(Y')=V_{ar}(X)+V_{ar}(Y)$。在实践过程中，一般会保留前几个主成分，忽略后几个，这样达到了降低数据维数的目的。

与离散小波变换对高维数据进行处理变换相比，主成分分析方法计算量不大且可以用于取值有序或无序的属性，因此更适于处理稀疏数据和异常数据。

12.4.6　离散化与概念分层方法

在决策树、关联规则等许多商务智能方法中，取值连续的属性往往占用的空间比较大，处理难度也较大。因此，将取值连续的属性进行离散化处理是一个极为有效的数据预处理步骤。离散化方法通过将取值连续的属性的取值范围分为若干区间，从而达到消减取值连续属性的取值个数的目的。与离散化的作用类似，通过概念分层可以用较高的概念来代替较低的概念，从而减少数据集规模。例如，在研究消费者的消费情况的例子中可以用青年、中年和老年的概念来代替消费者的具体年龄，如图 12.4 所示。

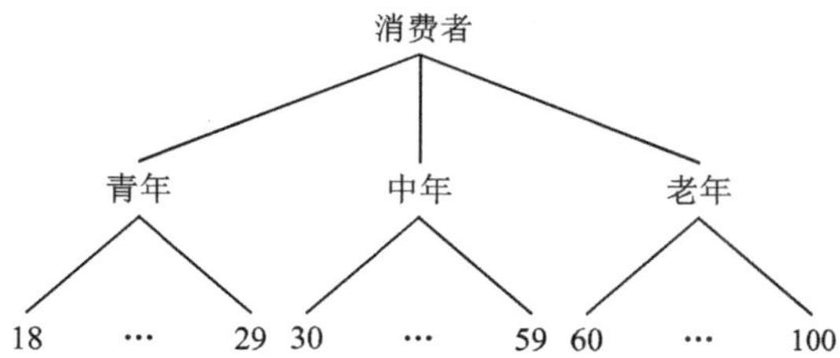

图 12.4　消费者年龄层次图

下面简要介绍一些常用的离散化与概念分层方法。

1. 分箱法

与之前介绍的用于平滑噪声的分箱法类似，将属性的值分配到各个箱中以离散化。用每一个箱中的平均值或中位数替换箱中的各个值，循环使用该方法直到满足停止的条件，最后得到一个概念层次树。

2. 直方图法

某一个特定属性的直方图法就是根据该属性数据的分布将其划分为几个不相交的子集。所有的子集沿水平轴显示，其高度或面积表示该子集代表的数值出现的频率。直方图分为等宽直方图和等高直方图。等宽直方图是指每一个子集的区间相同，等高直方图是指每一个子集的出现频率相同。直方图方法利用等宽、等高和其他形式的直方图对属性的区间进行划分。循环应用，直到满足用户指定层次水平后划分结束。

例 12.7　以下是一个超市的商品价格和出售商品个数（括号中的数）的清单：

1（10）5（5）6（5）10（8）13（2）

（1）等宽法，以 5 为一个宽度，等宽直方图如图 12.5 所示。

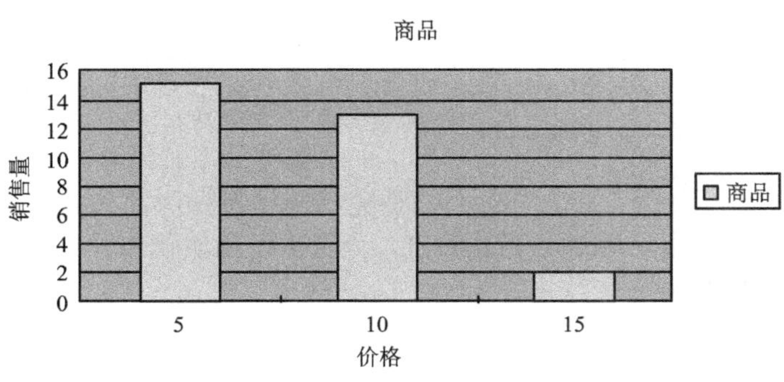

图 12.5　等宽直方图

（2）等高法，以 10 为高度，等高直方图如图 12.6 所示。

3. 自然划分法

自然划分法也是一种直观和易懂的方法。例如，区间[100, 200]要比区间[103, 215]

更加直观，尽管后者可能分割得更准确一些。

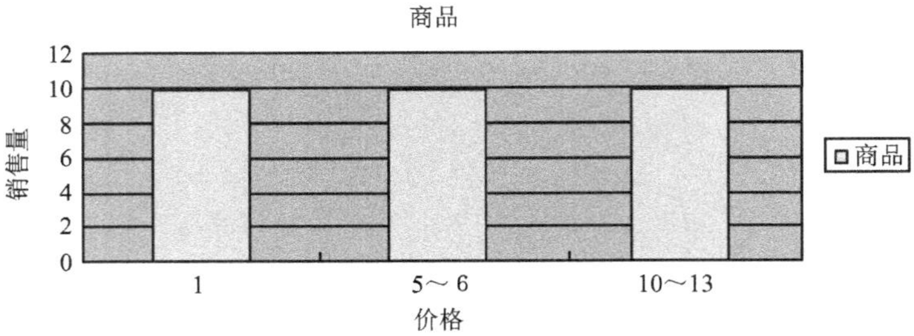

图 12.6　等高直方图

利用 3-4-5 规则可以将数值区间分解为相对自然的区间。对 3-4-5 的规则描述如下。

（1）如果一个区间包括 3、6 或 9 个不同值，则将此区间分解为 3 个等宽的小区间；如果包含 7 个不同的值，则将区间分割为 2 个、3 个和 2 个不同的小区间。

（2）如果一个区间包括 2、4 或 8 个不同的值，则将此区间分成 4 个等宽的区间。

（3）如果一个区间包括 1、5 或 10 个不同的值，则将此区间分成 5 个等宽的小区间。

对于属性的取值范围不断地应用 3-4-5 规则，可以构造出相应的概念层次树。

4．聚类法

聚类以多维空间的距离为基础，将相互靠近的对象聚合在一起形成类别，同类别的对象往往具有相同或相似特征值。聚类中一个类别的“质量”可以用其对象间的最大距离表示，也可以用“半径”（即同组各点与中心点的距离）来衡量。通过聚类的方法，将数据集合划分为若干组。通过相近类别之间的相互联合形成更高级的层次，同一个类别的数据再次细分形成低级的层次。聚类法表示如图 12.7 所示。

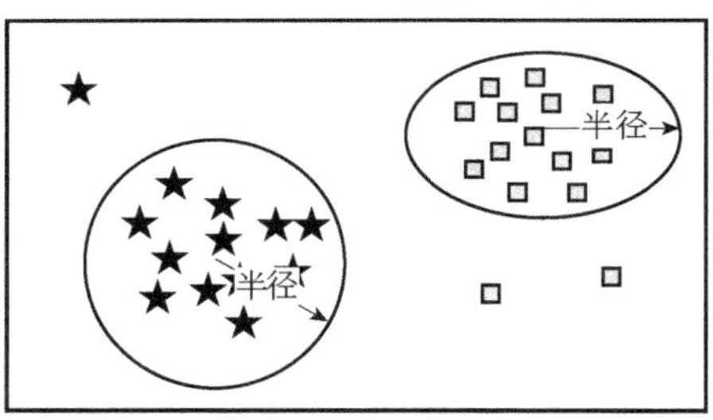

图 12.7　聚类法表示

5．基于熵的离散化方法

1948 年，香农提出了“信息熵”的概念，这在很大程度上解决了对信息的量化度量问题。简而言之，信息熵是对系统有序化程度的度量。一个系统越有序，信息熵就越低；越混乱，信息熵就越高。

一个属性的不确定性越大，其熵也就越大，搞清楚其分布特征所需的信息量也就越大。利用信息熵理论，可以递归地划分属性的值，分层次地离散化属性。设属性 A 的取值范围为 P，则基于信息熵的离散化方法如下：

（1）属性 A 的每一个值都是一个潜在的边界值。例如，A 的一个值 a 将 P 一分为二，得到两个不相交的子集，即 $A<a$ 和 $A \geqslant a$。

（2）对于给定的 P，所选择的边界值 a 需要满足一定的条件。在信息熵理论中，a 的选取要使得其划分 P 后得到的信息增益最大。其中信息增益为

$$\text{Info}(P,a)=\frac{P_1}{P}\text{Ent}(P_1)+\frac{P_2}{P}\text{Ent}(P_2) \tag{12.4}$$

式中，P_1 和 P_2 分别表示范围 P 中 $A<a$ 和 $A \geqslant a$ 的部分。给定数据集合，可以根据数

据集合中的类分布来计算熵函数 Ent 。

例如，给定 k 个类，P 的熵为

$$\mathrm{Ent}(P) = -\sum_{i=1}^{k} p_i \log_2(p_i) \tag{12.5}$$

式中，p_i 是类 i 在 P 中的概率。

（3）对划分后的数据集递归运用上面的方法，直到满足某种终止条件。例如，$\mathrm{Ent}(P) - \mathrm{Info}(P, a) > \delta$，其中$\delta$为信息熵的最小增益。

基于信息熵的划分可以将连续的数据离散化，进而压缩数据量。同时，由于其能够将区间定义在相对准确的位置，有助于提高分类的准确性，因而在分类中得到了广泛的应用。

之前讨论的都是数值型数据，对于非数值型数据（类别数据），也可以通过概念分层的方法减小数据规模。类别数据是一种离散型的数据。类别属性的特点是可以取有限个不同的且无序的值。这样的属性有很多，如颜色、城市、国家和民族等。类别属性的概念层次树的构造可以通过对属性建立偏序或全序关系完成。例如，一个介绍世界著名大学的数据库中包括以下属性：系、学院、学校、国家和大洲。相应的层次树可以构造为：系 < 学院 < 学校 < 国家 < 大洲。

12.5　小结

本章介绍了商务智能过程中一个重要环节：数据预处理。数据预处理方法包括了数据清洗、数据集成和规范化、数据消减等主要处理方法。

（1）数据清洗，包括填补缺失数据，识别并消除错误数据。其原理是通过分析“脏数据”的产生原因和存在形式，利用现有的技术手段和方法清洗“脏数据”，将其转化为满足要求的数据，从而提高数据集的数据质量和挖掘效率。

（2）数据集成与规范化。数据集成主要是将所用的各种不同源的数据统一存储在数据库、数据仓库或文件中，进而形成一个完整的数据集。这一过程也要消除多源数据中的不一致现象。数据规范化主要是对不同数据进行必要的标准化处理。对于一些有特殊要求的挖掘模式，需要数据满足一定的格式。这样的数据规范化能把原始数据转换为挖掘模式要求的格式，以满足数据挖掘的需求。

（3）数据消减。数据压缩和整合的目的是把那些不能够准确刻画系统关键特征的属性剔除掉，从而得到精练的并能充分描述被挖掘对象的属性集合。对于那些只能处理离散型数据的挖掘系统，应该先将数据中的连续型属性离散化，使之能够被系统处理。其主要的方法包括：数据立方合计、属性选取与生成、数据压缩和离散化与概念分层。其中重点是离散化与概念分层。离散化方法通过将取值连续的属性的取值范围分为若干区间，从而消减取值连续属性的取值个数。与离散化的作用类似，通过概念分层可以用较高的概念来代替较低的概念，从而减少数据集规模。

思考练习题

12.1　简述之所以要在进行数据挖掘之前进行数据预处理的主要原因。

12.2　简述数据预处理的目的及所采用的主要方法。

12.3　给定如下“年龄”属性的数据：13、15、16、17、19、20、20、21、22、24、25、25、25、25、30、32、32、33、34、35、35、35、37、41、46、48、56 和 8。请参考例 12.1 对其进行分箱处理。

12.4　请分别采用最小最大化法、十基数法和标准差法对练习题 12.3 中的数据进行规范处理。

12.5　参考表 12.1 中的数据，计算并建立如图 12.2 所示的数据立方合计图。

12.6　请简述数据消减的作用、主要方法及主要缺陷。

专 题 篇

摘 要

本篇将以专题的形式讨论商务智能的方法扩展和领域发展的若干问题。

本篇共由六章组成。第 13～17 章将从方法扩展视角，分别审视信息搜索的提取和推荐、数据的时间因素、分类的关联形式、知识的不确定性及复杂格式和类型等。

第 13 章将介绍信息搜索的若干概念和方法，主要包括信息提取和推荐服务中的代表性信息提取、产品评论一致性分析，以及购物浏览效益估计及其推荐等内容。第 14 章将针对时态数据的广泛应用领域和不同特点，主要讨论时态关联规则（TAR）、序列相似性、时态关系模式（如 DTP）等知识形式及其挖掘方法。第 15 章从分类器理解性和准确率角度出发，将分类规则作为关联规则的特例，讨论构造关联分类器的方法，并较详细地介绍了 CBA 和 GARC 方法的思想和特点。第 16 章针对管理决策过程中经常存在的不精确信息和部分知识的情形，重点介绍模糊信息的概念及在数据挖掘中如何解决离散化分区的边界问题、数据间的部分隶属问题和不完整数据依赖问题等。第 17 章将面向若干复杂的数据类型，概述多维分析及描述性知识、空间数据和多媒体数据等挖掘和分析方法。

第 18 章作为本书的最后一章，将从商务智能领域发展的角度，简要介绍大数据与新兴电子商务、市场价值和隐私安全等经济社会影响，以及移动化、社会化、实时化和标准化等商务智能技术和应用趋势。

第 13 章

信息提取与推荐

当你经过激烈的思想斗争完成一笔价格不菲的网络购物后，正准备心满意足的长出一口气，却无意中瞥见网站页面下方的“商品推荐”中有一款商品又撩动了你的购买欲，这样“贴心”的网商是否令人又爱又恨呢？事实上，这样可能比我们自己还了解自己想要什么的“贴心导购”离我们越来越近，它们靠的不是传统导购促销的察言观色，而是基于对有近似偏好和行为特征的海量个体行为数据的分析，这背后的核心就是信息的提取与推荐。本章将让你领略一下“贴心导购”们的看家本领。

本章学习重点

- 代表性评估测度；
- 代表性信息提取方法；
- 信息推荐评测指标与方法。

随着信息技术的发展与广泛应用，人们越来越多地利用信息技术所提供的快捷服务来满足其自身在学习、工作、生活和休闲娱乐等方面的需求。近年来中国网民总数剧增，互联网普及率迅速提高，其中手机成为了第一大上网终端[220]。搜索服务、网络购物等电子商务应用为人们满足其信息获取、商务交易、交流沟通和休闲娱乐等方面的需求提供了便利并被广泛使用。

搜索引擎通过对网络数据的搜集、整理和组织，为用户提供检索服务，成为人们在互联网中获取所需信息的重要工具，也是互联网的重要基础应用（有关信息检索与信息搜索服务的模型与方法，可以参见本书第 9 章的相关内容）。随着移动互联网的快速发展，移动搜索价值进一步凸显，并呈现出语音化、个性化和基于地理位置服务等发展趋势。同时，网络购物使得消费者通过在线浏览产品信息，发布购物订单即可足不出户完成整个购物环节，并逐渐成为一种新型的休闲方式和商务体验。越来越多的消费者通过网络购物平台来了解产品信息，并通过阅读在线评论来了解对于产品的使用体验。此外，网络音乐视频、网络新闻、博客/微博和网络社交等服务均得到了广泛应用。

然而，在数字化生活的时代，人们面临严重的信息过载（information overload）问题[221]。如何在海量数据中及时获取有用的信息，做出正确的商务分析和业务决策是一个重要的理论和实践挑战。本章将重点讨论新兴电子商务应用中的信息提取与推荐的相关概念和方法。

13.1　信息提取与推荐问题概述

在信息搜索服务中，当面对数目巨大的检索结果时，用户通常只查看排在前几页的检索结果[222]。这种用户行为模式对搜索服务提供者来说提出了新的挑战：将用户所需的信息在前几页检索结果中呈现，以满足用户的信息搜索需求。在网络购物服务中，消费者也面临着从数目巨大的产品中如何挑选出满意产品的挑战。通过浏览购物平台提供的产品信息，消费者可以发现价格更低、质量更好和更加个性化的产品并对购买决策更拥有信心。

但是，不管是阅读检索到的消息还是浏览检索出的产品，用户和消费者都将面对成本，包括时间、金钱、体力和脑力消耗以及可能的机会成本。为了最大化用户和消费者在搜索中的效用，信息搜索服务平台需要准确判断搜索需求，提供个性化的推荐（包括提供停止浏览的提醒），以提升平台的服务品质。

特别值得一提的是，移动搜索和移动商务的广泛应用，也是对服务推荐应用的一个挑战。相比于计算机等上网终端，手机具有屏幕尺寸小、导航功能不够便利等局限。在手机上通过滚动、翻页等方式来查看更多的检索结果显得相对不够灵活。因此，在前几页甚至第一页的前几条就提供满足用户信息需求的检索结果或满足用户购物需求的产品，在移动环境中显得尤为重要。

综上所述，从大量搜索结果中筛选出一小部分结果以有效地满足用户的需求是一个重要的理论和应用课题。代表性信息提取和信息推荐是两类相应的求解方案。

（1）代表性信息提取是指通过对检索结果的分析，发现整个结果集合的特征，并基于此进行结果的选择或排序。通过比较提取结果与整体结果集合的关系，信息提取方法可以通过提取少量结果来反映整体结果集合的特征，从而使得用户在阅读这部分结果后即可掌握总体的全貌，而不必阅读更多的结果。主流的信息提取方法主要包括

top-k 提取方法和代表性信息提取方法两大类。

top-k 提取方法是指通过设计评价函数对检索结果进行评价，并按评价值的高低进行排序，如根据创建时间、访问热度和 PageRank 值进行排序等[223, 224]。常见的 top-k 方法由于其优化目标通常是建立在单个结果对象之上，而存在结果冗余度高且信息覆盖不足的问题[225]。

代表性信息提取方法以提供高信息覆盖且低信息冗余的结果为目标，以获取对原始集合具有足够代表性的子集。代表性信息提取方法的具体实现策略有多种，比如聚类提取策略和启发式提取策略等。聚类提取策略是通过聚类方法将结果划分成不同的类别，并通过提取类别代表元素来获得子集[226]；而启发式提取策略则是通过形式化表达提取结果的目标，对每一个结果的提取效果进行评价，并主要通过启发式的方法确定提取子集[227, 228]。

（2）信息推荐是指根据用户以往的记录预测用户的偏好和需求，并基于此对用户当前提出的要求提供检索结果，按照用户对结果可能的评价进行由高到低的排序。这样，用户可以通过从前往后浏览的方式在提供的结果列表中以较低的成本获得满意的结果。主流的信息推荐方法包括基于内容的推荐（Content-based Recommendation）、协同过滤（Collaborative Filtering）和混合推荐方法（Hybrid Recommendation）等[229~231]。其主要思想是基于用户对于相关产品行为的历史数据来估计和判断该用户对特定产品的可能行为（包括浏览、购买或评分值）[232]。

本章首先从代表性信息提取方法的角度，讨论网络文本的代表性信息提取的目标和方法，并进一步针对在线产品评论的应用背景探讨相应的提取问题和求解思路；接着，从信息推荐方法的角度，介绍推荐系统的主流方法和评测指标，并围绕网络购物应用背景讨论消费者信息搜索的收益估计和相应推荐方法。

13.2 代表性信息提取方法

针对新兴电子商务背景下海量数据引发的信息过载问题，信息提取是一类有效的应对方法。当搜索引擎针对某一搜索请求从网络数据中返回海量搜索结果，或电子商务平台按照某种排序机制给潜在顾客展示大量的在线产品评论时，运用代表性信息提取方法可以从中提取一个规模较小的结果集合，使得用户通过阅读这一集合即可对全体结果有一个清晰的了解。

从全体结果的大集合中提取一个小集合，使得小集合对大集合有较好的代表能力，一般需要考虑三个重要角度[233, 234]：①信息内容覆盖，小集合中的结果需要覆盖大集合中尽可能多的信息内容，使得小集合在内容方面可以有效地代表大集合；②信息分布一致，小集合内的结果分布情况要与大集合内的尽可能一致，使得用户通过阅读小集合即可准确判断大集合内的结果分布情况；③自身信息冗余，小集合本身的信息冗余程度要尽可能低，使得小集合的信息尽可能紧凑。下面首先通过一个简单直观的例子来说明代表性提取问题的这几个关注角度。

例 13.1　有 1000 个大小相同的四种类别的小球构成一个大集合，分别是 100 个 a 类球，200 个 b 类球，300 个 c 类球和 400 个 d 类球。假设相同类别的小球完全一样（即相似度为 1），不同类别的球完全不一样（即相似度为 0）。按照四种策略从这 1000 个小球中提取若干，得到（1）、（2）、（3）、（4）四种结果，如图 13.1 所示[235]。

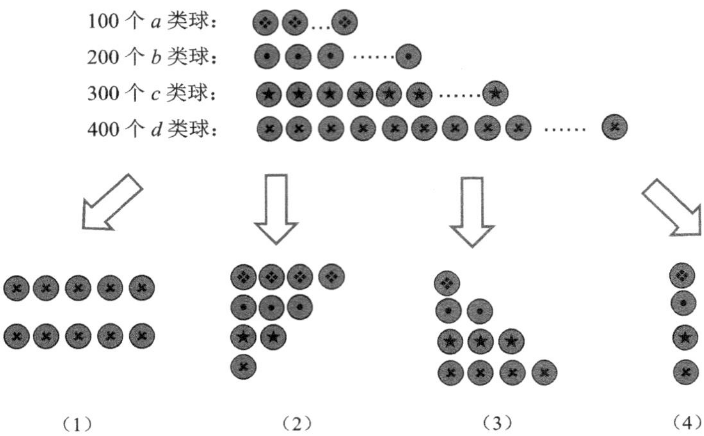

图 13.1　小球提取图示[235]

首先，直观上，图 13.1（1）的选取结果中只包含 d 类球，反映了多数球的数量。显然，这个结果虽然具有与大集合的相关性，但是多样性（如分布性）差且冗余度高。而图 13.1（2）、图 13.1（3）、图 13.1（4）的选取结果中均包含有四种类别的小球。其中，图 13.1（3）的结果不仅包含了四种类别的球，而且每一种小球所占的比例与大集合也完全一致，而图 13.1（2）和图 13.1（4）的结果中小球的比例与大集合有差异，并且图 13.1（2）的差异比图 13.1（4）的更大。抽象地来看，这里涉及到内容覆盖、分布一致和自身冗余三个方面：数量覆盖可以抽象为内容覆盖，小球比例关系可以抽象为分布的一致性；同类小球反映了结果集合自身的冗余程度。

值得说明的是，例 13.1 是一种较为简化的情形，即假定同种类别的小球彼此完全相同，不同类别的小球彼此完全不同。更具一般性，可以进一步考虑这样的扩展情形：每一种类别的小球虽然彼此仍然高度相似，但可能在球的颜色灰度上略有差别，而不同类别的小球之间也会有较低程度的相似度，如图 13.2 所示。这恰与现实中网络文本的情况类似：同类别的文本内容上可能高度相似，但一般不会完全相同；不同类别的文本一般相似程度较低，但也不会完全没有任何相似之处。在这种情况下，如图 13.2（3）中对于同种类别的小球取多个的做法，一方面可以反映不同类别小球的重要性，另一方面多个小球也可以带来比一个小球更丰富的信息。

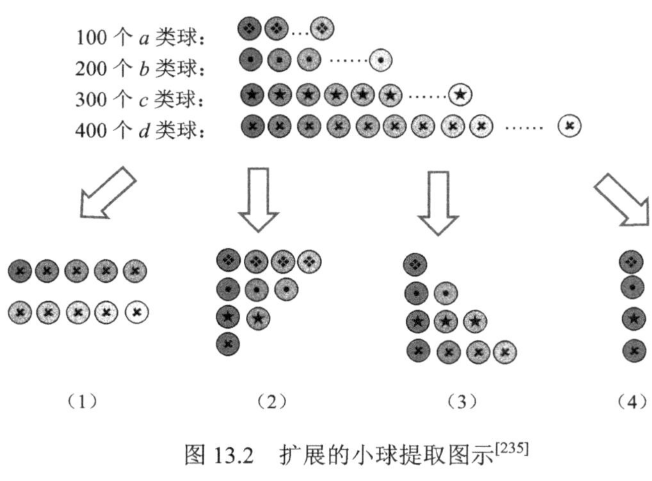

图 13.2　扩展的小球提取图示[235]

13.2.1　网络文本的代表性评估测度

对于一般的网络文本，想要从一个大集合（又称原始集合）中提取具有较好代表性的小规模结果集合，首先需要定义清楚什么样的结果集合才是具有“代表性”的，即需要定义代表性的评估测度。从上文介绍可知，提取获得的结果集合相对于原始集合的代表性，可以从信息内容覆盖度、信息分布一致性以及信息冗余度来进行衡量。其中，分布一致性反映了信息在结构上的覆盖程度，故而将信息内容覆盖度和信息分布一致性都归于信息覆盖度的范畴。值得一提的是，评估结果集合的代表性可以从多个角度入手，因而存在多种不同的评估测度。本节简要介绍信息覆盖度和信息冗余度两个具有代表性的测度。更详细的相关内容，感兴趣的读者可以参见文献[233]。

一般地，给定一个原始的非空网络文本集合 $D=\{d_1, d_2, \cdots, d_n\}$，$|D| = n$，$d_i$ (i=1, 2, ⋯, n)表示 D 中的第 i 个文本。使用某种提取方法从 D 中提取出的一个子集合（即结果集合）为 $D'=\{d'_1, d'_2, \cdots, d'_k\}$，$|D'|=k$，且 $k \leqslant n, D' \subseteq D$。

1. 信息覆盖度

1）信息内容覆盖度

给定 D 中的文本 d 和 D' 中的文本 d'，可以通过若干方法（如夹角余弦等，参见第 9 章）获得两者之间的相似度 $\mathrm{sim}(d, d')$，并满足 $\mathrm{sim}(d,d')=\mathrm{sim}(d',d)$ 且 $\mathrm{sim}(d, d') \in [0,1]$。可知 d 能够以 $\mathrm{sim}(d, d')$的程度覆盖 d' 的信息内容，反之亦然。由此，可以定义集合 D' 对文本 d 的信息内容覆盖程度为 d 与 D' 中文本的最大相似度，即为 $\max_{d'\in D'}\{\mathrm{sim}(d,d')\}$。在不了解 d 中的具体哪一部分信息被 D' 中的文本 $d'_j (1 \leqslant j \leqslant k)$ 所覆盖的前提下，$\max_{d'\in D'}\{\mathrm{sim}(d, d')\}$ 是对实际信息内容覆盖程度的下限值。基于此，可以定义 D' 对 D 的信息内容覆盖度（$\mathrm{Cov}_C(D', D)$）为[233]

$$\mathrm{Cov}_C(D', D)=\frac{\sum_{d\in D}\max_{d'\in D'}\{\mathrm{sim}(d, d')\}}{|D|} \tag{13.1}$$

$\mathrm{Cov}_C(D', D)$的取值范围为[0, 1]，具有自反性和单调性，即 $\mathrm{Cov}_C(D, D) = 100\%$，对于 $D'' \subseteq D'$ 满足 $\mathrm{Cov}_C(D'', D) \leqslant \mathrm{Cov}_C(D', D)$。此外，由于集合 D' 能够完全覆盖其本身包含的内容，故 $|D'|/|D| \leqslant \mathrm{Cov}_C(D', D) \leqslant 1$。

例如，考虑一个原始集合 $D=\{a, a, b, b, b, b, b, b\}$，以及基于 D 的两个提取结果集合 $D_1=\{a, b, b, b\}$和 $D_2=\{a, a, b, b\}$，并假定 a 与 b 之间的相似度 $\mathrm{sim}(a,b)=0$。可以很容易地计算出 $\mathrm{Cov}_C(D_1, D) = \mathrm{Cov}_C(D_2, D)=100\%$，说明 D_1 与 D_2 都覆盖了原始集合 D 的全部信息内容。然而直观感觉上，从提取结果的信息代表性角度看，D_1 的提取效果显然要优于 D_2。这就需要评测提取结果集合相对于原始集合的信息结构分布的一致性，即信息结构贴近度。

2）信息结构贴近度

对于结果集合内的信息结构，可以采用信息熵[236]的概念进行定义。假设任一集合 S 内的结果被分成了 k 个互不重叠的类别 $S_1, S_2, \cdots, S_k$，则集合 S 的信息结构可以通过信息内容的分布情况来表示，即 $-\frac{1}{\log_2 k}\sum_{j=1}^{k}\frac{|S_j|}{|S|}\log_2\left(\frac{|S_j|}{|S|}\right)$。因此，对于信息提取的情

形，结果集合 D' 对于原始集合 D 的信息结构贴近度（即信息分布一致性）可以通过对应信息熵的接近程度来表示。

首先，进行信息熵计算需要集合分类。对于结果集合 D'，可以以其中的每一个结果 d_j 作为一个类别。对于原始集合 D 中的结果 d_i，通过判断该结果与集合 D' 中每一个结果 d_j 的贴近程度，确定其类别归属。可以选择与结果 d_i 贴近程度最高的结果 d_j 作为其类别，即结果 d_i 的类别标签 $m = \arg\max_{d_j \in D'} \mathrm{sim}(d_j, d_i)$，其中 arg max 表示满足 d_i 与 d_j 相似度最大时 D' 中那个 d_j 取值。由此，得到集合 D 的类别划分 $D_1, D_2, \cdots, D_k$，从而可以定义 D' 对 D 的信息结构贴近度（$\mathrm{Cov}_S(D', D)$）为[233]

$$\mathrm{Cov}_S(D', D)=\begin{cases} 1 & \text{if } |D'|=1 \\ -\dfrac{1}{\log_2|D'|}\displaystyle\sum_{j=1}^{k}\frac{n_j^v}{n^v}\cdot\log_2\left(\frac{n_j^v}{n^v}\right) & \text{if } |D'|>1 \end{cases} \tag{13.2}$$

式中，$n_j^v=\sum_{d_i \in D_j}\mathrm{sim}(d_i, d_j)$ 表示以 d_j 为类标签的类别 D_j 所包含的信息量，变量 $n^v=\sum_{j=1,2,\cdots,k} n_j^v$ 表示集合 D 所包含的信息量。

$\mathrm{Cov}_S(D', D)$的取值范围为(0, 1]，具有自反性，即 $\mathrm{Cov}_S(D, D) = 100\%$。集合 D 中的信息量在类别间分布越均匀，$\mathrm{Cov}_S(D', D)$的值越大。当 $n_{j_1}^v = n_{j_2}^v$ $(j_1, j_2 = 1, 2, \cdots, m)$ 时，$\mathrm{Cov}_S(D', D) = 100\%$。

仍然针对上面的例子，即 D={a, a, b, b, b, b, b, b}，D_1={a, b, b, b}，D_2={a, a, b ,b}，则可以得到如下的结果

$$\mathrm{Cov}_S(D_1, D)=-\frac{1}{\log_2 4}\times[\frac{2}{8}\times\log_2\left(\frac{2}{8}\right)+\frac{2}{8}\times\log_2\left(\frac{2}{8}\right)+\frac{2}{8}\times\log_2\left(\frac{2}{8}\right)+\frac{2}{8}\times\log_2\left(\frac{2}{8}\right)]=100\%$$

$$\mathrm{Cov}_S(D_2, D)=-\frac{1}{\log_2 4}\times[\frac{1}{8}\times\log_2\left(\frac{1}{8}\right)+\frac{1}{8}\times\log_2\left(\frac{1}{8}\right)+\frac{3}{8}\times\log_2\left(\frac{3}{8}\right)+\frac{3}{8}\times\log_2\left(\frac{3}{8}\right)]=91\%$$

可以看出，D_1 在与 D 的信息结构分布一致性上要优于 D_2。

3）综合的信息覆盖度

综合考虑信息内容覆盖和结构贴近这两个方面，可以设计综合的信息覆盖度测度[233]为

$$\mathrm{Cov}(D', D)=\begin{cases} \mathrm{Cov}_C(D', D) & \text{if } |D'|=1 \\ \mathrm{Cov}_C(D', D)\times\mathrm{Cov}_S(D', D) & \text{if } |D'|>1 \end{cases} \tag{13.3}$$

式中，当 D' 中只有一个结果时，不需要考虑信息分布情况，故信息覆盖度即信息内容覆盖度；当提取的结果集合 D' 中有多于一个结果时，信息覆盖度表示为信息内容覆盖度和信息结构贴近度的乘积。$\mathrm{Cov}(D', D)$的取值范围为(0, 1]，具有自反性，即 $\mathrm{Cov}(D, D) = 100\%$。

针对上述的例子，可以很容易计算出 $\mathrm{Cov}(D_1, D)=100\%$，$\mathrm{Cov}(D_2, D)=91\%$，也说明了 D_1 相比于 D_2 对 D 的信息覆盖程度更好。

2. 信息冗余度

信息冗余度反映的是结果集合 D' 自身的一元关系。信息冗余也是由于文本之间的

相似造成的，因此给定 D' 中两个文本 d_1 和 d_2，可以称 d_1 以 $\mathrm{sim}(d_1, d_2)$的程度相对于 d_2 冗余，反之亦然。进一步，可以扩展此定义到集合 D' 中的任意一个文本 d_j 相对 D' 中其他所有文本的信息冗余程度，即

$$\mathrm{Red}(d_j, D') = 1 - \frac{1}{\sum_{d\in D'} \mathrm{sim}(d_j, d)} \quad (\forall d_j \in D') \tag{13.4}$$

式中，$\mathrm{sim}(d_j, d)$ 表示 D' 中的任意文本 d 相对 d_j 的信息冗余程度，$\sum_{d\in D'} \mathrm{sim}(d_j, d)$ 表示 D' 中与文本 d_j 冗余的总信息量（包含 d_j 本身的信息量），d_j 自身的信息量在其中所占的比例为 $\frac{1}{\sum_{d\in D'} \mathrm{sim}(d_j, d)}$，$D'$ 中其他文本与 d_j 冗余的信息在其中所占的比例为 $1-\frac{1}{\sum_{d\in D'} \mathrm{sim}(d_j, d)}$，即为 D' 中的其他文本相对于 d_j 的信息冗余程度。在此基础上，可以得到整个集合 D' 的信息冗余度 $\mathrm{Red}(D')$，即

$$\mathrm{Red}(D') = \frac{1}{|D'|}\sum_{d'_j\in D'} \mathrm{Red}(d_j, D') = \frac{1}{|D'|} \times \sum_{d'_j\in D'} \left(1 - \frac{1}{\sum_{d\in D'} \mathrm{sim}(d'_j, d)}\right) \tag{13.5}$$

由此可知，$\mathrm{Red}(D')$是衡量集合 D' 内所有结果与集合 D' 冗余程度的平均值。$\mathrm{Red}(D')$的取值范围为[0, 1)。当集合 D' 中只有一个结果时，集合不存在冗余，$\mathrm{Red}(D')=0$；当集合 D' 中包含的结果全部一样时，$\mathrm{Red}(D')=1-1/|D'|$。

在上述的例子中（即 $D=\{a, a, b, b, b, b, b, b\}$，$D_1=\{a, b, b, b\}$，$D_2=\{a, a, b, b\}$），也可以很容易地看到，$D_1$ 中有两个重复元素 b，D_2 中有两个重复元素，分别为 a 和 b。所以可计算得到 $\mathrm{Red}(D_1)=2/4=50\%$，$\mathrm{Red}(D_2)=2/4=50\%$。

13.2.2 网络文本的代表性信息提取方法

对于一般的网络文本进行代表性信息提取，通常可以有两种常用方法策略：一种直接的策略是将代表性评估测度作为优化目标，设计相应的优化提取方法；另一种间接的策略是采用先聚类，再对每一类别提取类代表元（或中心元）的方法。

1. 基于代表性测度的优化方法

围绕前面介绍的代表性评估的测度，可以直接将信息覆盖度和信息冗余度作为优化目标，设计相应的提取方法。

然而，可以从例 13.1 看到，信息覆盖和信息冗余的目标在很多情况下是无法完全统一的：保持了较高的信息覆盖可能会带来一定程度的信息冗余，维持了很低的信息冗余可能会牺牲一定程度的信息覆盖。比如，图 13.1（3）与图 13.1（4）相比，图 13.1（3）具有更高的分布一致性（结构覆盖），即不同类别球的 1:2:3:4 的比例与原始集合一致，不过多于 1 个的 b 类球、c 类球、d 类球还是反映出了一定程度的重复（冗余）。而图 13.1（4）中每种颜色球仅取 1 个，显然有着更低的冗余程度，不过这也同时损失了分布一致性。为进一步更形象具体地展示信息覆盖度与信息冗余度之间的权衡关系[235]，图 13.3 是将某搜索关键词的 1000 条 Google 提供的搜索结果作为原始集合，从中随机提取 1～1000 个结果分别计算得到的、相对于原始集合"信息覆盖度"和"1-信息冗余度"的散点图。可以清楚地看到，图中左上角的点（即随机提取结果集合的规模较

小）同时具有较小的信息覆盖度和较小的信息冗余度；随着提取结果集合的规模增大，信息覆盖度也随之相应增大，但同时也带来了冗余度急剧上升的代价（图中右下角的点）。因此，对信息覆盖度和信息冗余度同时进行优化，本质上是一个多目标优化问题。一种可能的解决方法是将代表性（Rep）表示为信息覆盖度和信息冗余度的线性组合（如式（13.6）所示），并作为最终的优化目标函数，即

$$\mathrm{Rep}(D', D \mid \lambda) = \mathrm{Cov}(D', D) - \lambda \cdot \mathrm{Red}(D') \tag{13.6}$$

式中，λ（$\lambda > 0$）表示对信息冗余度的惩罚因子，λ 的数值越大表示用户对信息冗余度的容忍度越低，λ 数值的确定可以依据经验或者通过大量数据训练得到。根据式（13.6）、式（13.3）和式（13.5）的定义，针对式（13.6）的优化问题是一个 NP-hard 问题[235]，通常需要设计启发式的优化提取方法，以在多项式级别时间内获得接近理论最优解的近似解。在方法的启发式策略的设计上，为了避免陷入目标函数局部最优的困境，可以考虑引入模拟退火算法、遗传算法和基因算法等方法中的随机优化策略。详细的方法设计及分析内容，感兴趣的读者可以参见文献[235]。

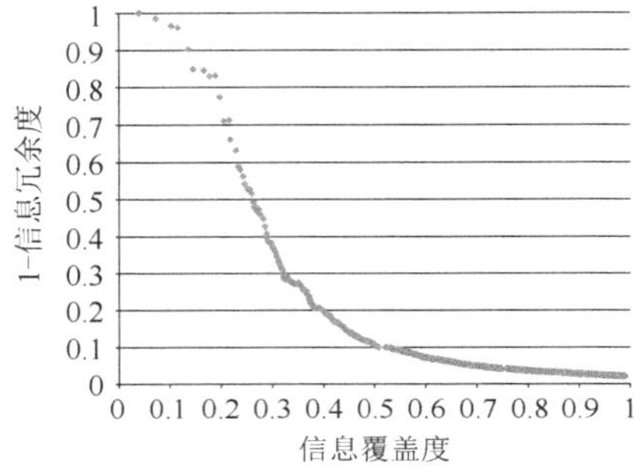

图 13.3　信息覆盖度和信息冗余度关系图[235]

2. 聚类并提取代表元方法

在本书的第 8 章中介绍了聚类方法的相关内容。聚类（Clustering）是按照一定的标准将一组对象聚成一定数目类别的无监督学习方法，其本质是一个优化过程，优化的目标是最大化类内对象之间的相似程度，最小化类间对象的相似程度[237~240]。而每一类别的类代表元，一般具有与类内其他所有对象的平均相似度最大的特点，这也就意味着类代表元是一个类中对其所有对象信息内容覆盖程度最大的对象，而同时不同类别的类代表元之间的相似程度也较小，也在一定程度上避免了信息冗余[241]。从这个意义上来说，聚类并提取类代表元的方法，直观上能够提取出对各自类内信息内容覆盖较大，而彼此之间冗余较小的一系列元素，这也在目标上与本节中所追求的高信息覆盖度、低信息冗余度的结果集合的目标有相对一致性。

对原始文本集合进行聚类操作，既可以使用经典的聚类方法，如 K-means[242]及其改进方法[243, 244]、凝聚层次聚类法（AHC）[245~247]以及基于图划分的聚类方法（Graph）[248, 249]，也可以使用建立在文本相似矩阵转化成的传递闭包基础上的等价类划分方法[250~253]。对于聚类结果中每一类别的代表元的提取操作，可以采用提取简单的类内中心元（与类内其他所有对象的平均相似度最大）的策略，也可以同时考虑类内平均相似度和类规模的双重影响策略[254]。有关聚类并提取代表元方法的详细内容，感兴趣的读者可以阅读文献[252, 253, 254, 233, 235]。

13.2.3　在线产品评论的代表性信息提取

近年来，在线产品评论作为一类重要的用户生成内容（UGC）在电子商务环境下迅速为广大消费者所接受。作为在线口碑的一种重要形式，在线产品评论为消费者了解产品信息提供了一种轻松、便捷的途径[255]。但同时，大量的在线产品评论也给消费者全面、准确地了解所有评论的意见带来了挑战，使得代表性评论的提取显得尤为重要。

在线产品评论是一类特定的网络文本，其中携带着更多的信息细节。比如，每个评论可能涉及多个内容（如价格、质量、服务等属性特征（feature）），而其中每个方面（属性特征）又可能具有不同的意见情感极性（如正面和负面等）。由于篇幅所限，本节将简要介绍代表性评论的提取问题，并概述代表性评论提取方法的思路。

1. 代表性评论提取问题

面对某一产品的大量在线评论，消费者往往只能从其所有评论的集合 $R=\{r_1, r_2, \cdots, r_n\}$ 中选择一小部分 S 进行阅读（$S \subseteq R$）。为了有效地辅助消费者的购买决策，为消费者提供最具代表性的评论子集，首先需要描述评论子集（即提取的结果集合）S 对所有评论集合（即原始集合）R 的代表性。

作为对产品意见的表达，每一条在线评论均蕴含了消费者对于所评价产品在不同方面的意见。如“价格实惠，味道不错，服务差了点”这一对餐馆的评论，表达了某一消费者对该餐馆在价格、味道方面的正面意见，以及在环境方面的负面意见。相应地，一组评论组成的集合即反应了一群消费者对某一产品在各个方面的全部意见情况。而其中消费者们在各个方面的意见分布情况，如对产品各个方面的好评率，即是这一评论集合蕴含的重要信息[256]。因此，代表性评论提取需要保证结果集合在产品各个方面的评价（如好评率）与评论全部集合对应的评价（如好评率）尽可能一致。

若以图形形象地表示，一条具体的评论仍可以表示为一个小球，该评论中所涉及的产品的不同方面可表示为小球中不同形状的图形。若该评论对某一方面持正面意见，则小球中对应的图形着黑色；否则，对应的图形着白色。如“价格实惠，味道不错，服务差了点”这一对餐馆的评论，可用图 13.4 表示。其中，三角形、正方形和十字形分别表示餐馆的价格、味道和服务属性，而黑色表示该评论者对餐馆的这一方面持正面意见，白色表示评论者对餐馆的这一方面持负面意见。相应地，一个产品的所有评论便可以表示为一组类似的小球。每条评论所评价的不同方面及不同意见可以通过小球中不同形状的图形及其颜色进行表示。例如，表 13.1 中的 5 条关于对某一餐馆的评论及其在各个方面的意见分布情况可以用图 13.5 表示。代表性评论提取的目标即是从这堆小球（原始集合）中选择一部分，使得选出来的小球（结果集合）所包含的各种形状的图形颜色比例尽可能与原始集合中的颜色比例保持一致。

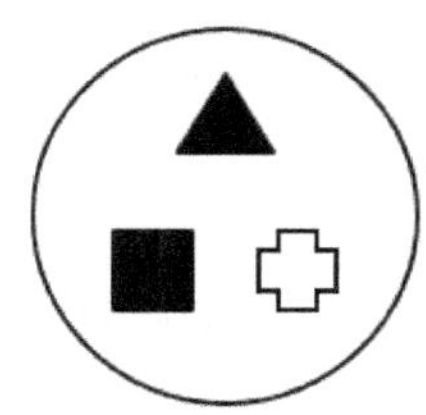

图 13.4　在线产品评论的图形化表达

图 13.5 中，对于所有评论 $R=\{r_1, r_2, \cdots, r_5\}$ 来讲，面向价格的正面意见比率为 75%（即 3/4），面向味道的正面意见的比率为 80%（即 4/5），面向服务的正面意见的比率为 50%（即 1/2）。那么，代表性评论提取的问题就是要确定一个评论集合 R 的子集 S，使得 S 在各个属性方面的意见倾向与 R 一致。

表 13.1　对某一餐馆评论的例子

评论 ID	内　容
r_1	味美价廉
r_2	味道棒极了
r_3	食物挺美味，但是价格贵了些，服务也不太好
r_4	食物很不错，服务也很好，值这个价
r_5	味道不好，价格也实惠

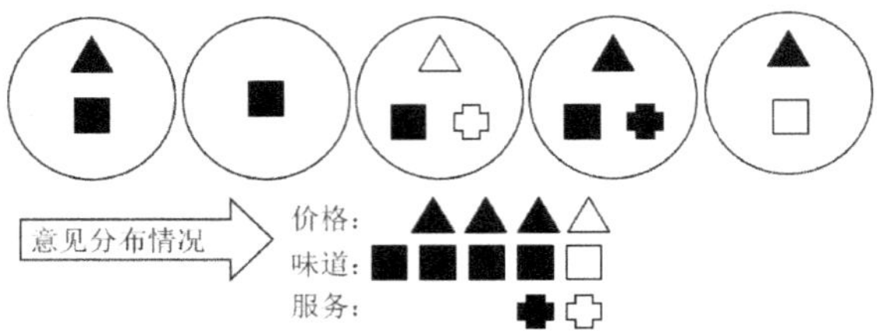

图 13.5　对表 13.1 中评论的图形化表达及其意见分布情况

这里，首先需要确定如何衡量 R 与 S 的一致性。可能存在着不同的评估测度，前面章节中提到的信息结构贴近度就是基于信息熵视角的一个思路。还可以基于其他视角来获得相应的测度。比如，一个比较直观的测度可以从基于比率差的视角获得。具体来说，给定某一产品的所有评论集合 R，可以得到该集合对产品任一方面 f 的好评率 p_f^R（如图 13.5 中例子的 $p_{价格}^R$=75%，$p_{味道}^R$=80%，$p_{服务}^R$=50%）。对于由部分评论组成的集合 S，其好评率 p_f^S 可以通过类似计算得到。比如，以图 13.5 为例，$S=\{r_1,r_3\}$ 的 $p_{价格}^S$=50%，$p_{味道}^S$=100%，$p_{服务}^S$=0%。这样，$|p_f^R-p_f^S|$ 反映了集合 S 和 R 中关于 f 的意见分布信息的差异。进而，结果集合 S 对原始集合 R 在 f 属性特征方面的一致性 $c_f(R,S)$ 可以表示为[257]

$$c_f(R,S)=\begin{cases}1-|p_f^R-p_f^S| & 若f在S中被点评\\ 0 & 若f在S中未被点评\end{cases}\qquad(13.7)$$

这里，一致性 $c_f(R,S)$ 即反映了 S 对 R 在 f 上的代表性的一种度量。设 F 为所有属性特征的集合（如图 13.5 中，F={价格, 味道, 服务}），则结果集合 S 对原始集合 R 在所有属性特征方面 F 的代表性可以由相应的一致性 $C(R,S)$ 表示，即 $C(R,S)=\sum_{f\in F}\text{weight}_f\times c_f(R,S)$。属性特征 f 的权重 weight_f 可以通过 f 在 R 中被点评的频率来衡量。如图 13.5 中，$\text{weight}_{价格}=4/5=0.8$, $\text{weight}_{味道}=5/5=1.0$, $\text{weight}_{服务}=2/5=0.4$。对于 $S=\{r_1,r_3\}$，其代表性为 $C(R,S)=0.8\times0.75+1.0\times0.8+0.4\times0.5=1.6$。相关计算如图 13.6 所示。如果将权重标准化为 0～1 之间的数，那么此时的 $C(R,S)=1.6/(0.8+1.0+0.4)=0.73$。显然，当评论子集 S 中各方面的好评率均与评论全集 R 的好评率一致时，则 S 对于 R 的代表性最强。假设存在一个 S'，其 $p_f^{S'}$ 等于 p_f^R，则 $|p_f^R-p_f^{S'}|=0$，标准化的代表性程度最大，即 $C(R,S')=1$。

以表 13.1 中的餐馆评论为例，若选择的评论子集 $S=\{r_1,r_3\}$，则该子集相对于评论全集 $R=\{r_1,r_2,r_3,r_4,r_5\}$ 的代表性得分的计算如图 13.6 所示。

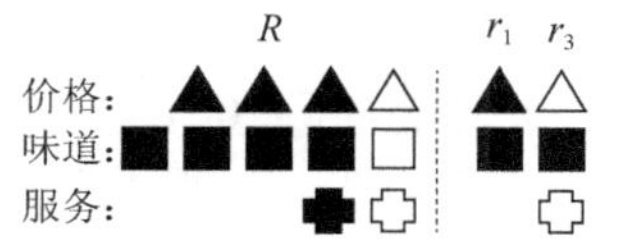

$$c_{价格}(R,S)=1-|75\%-50\%|=0.75 \quad \text{weight}_{价格}=4/5=0.8$$
$$c_{味道}(R,S)=1-|80\%-100\%|=0.8 \quad \text{weight}_{味道}=5/5=1.0$$
$$c_{服务}(R,S)=1-|50\%-0\%|=0.5 \quad \text{weight}_{服务}=2/5=0.4$$
$$C(R,S)=0.8\times0.75+1.0\times0.8+0.4\times0.5=1.6$$

图 13.6　评论子集代表性得分的计算示例

2. 代表性评论的提取方法

对于上述代表性评论的提取问题，以及不同的评估测度和应用场景，可以有多种不同的问题求解方法和策略。这里简单介绍一种应用场景及其相应的启发式方法思路。

对于某一产品的大量评论，电子商务平台往往通过排序的方式对评论进行组织与展现。而消费者一般对排序结果进行从前往后的阅读，且可能在阅读完任一评论后停止阅读[258]。因此，若消费者在阅读完前 i 条评论后离开，我们希望消费者所阅读到的评论子集 S_i 对评论全集 R 的代表性尽可能好。考虑到消费者停止前阅读的评论数 i 并不确定，可将问题转换为提供一个评论全集 R 的排序结果 L，使得消费者阅读到的评论子集 S_i 的期望代表性最好，即[257]

$$\max \sum_{i=1}^{n} p_i \times C(R,S_i) \tag{13.8}$$

式中，n 是 R 中的评论数，S_i 是排序结果 L 的前 i 条评论，p_i 是消费者阅读完前 i 条评论后离开的概率。

仍然以表 13.1 中该餐馆的评论为例，若排序结果 L 如表中所示（即 $L=\{r_1,r_2,\cdots,r_5\}$），且消费者阅读前 1、2、3、4、5 条评论后离开的概率分别是 0.3、0.2、0.2、0.15 和 0.15，则该排序结果 L 提供给消费者的期望代表性得分的计算如图 13.7 所示。

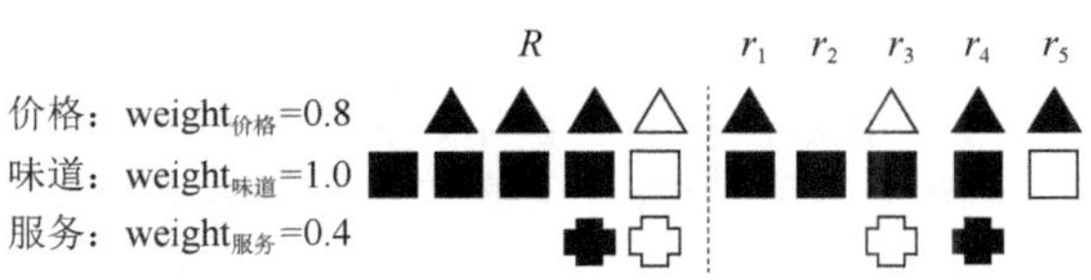

$$C(R,\{r_1\})=0.8\times(1-|75\%-100\%|)+1.0\times(1-|80\%-100\%|)+0.4\times0=1.4$$
$$C(R,\{r_1,r_2\})=0.8\times(1-|75\%-100\%|)+1.0\times(1-|80\%-100\%|)+0.4\times0=1.4$$
$$C(R,\{r_1,r_2,r_3\})=0.8\times(1-|75\%-50\%|)+1.0\times(1-|80\%-100\%|)+0.4\times(1-|50\%-0\%|)=1.6$$
$$C(R,\{r_1,r_2,r_3,r_4\})=0.8\times(1-|75\%-66.7\%|)+1.0\times(1-|80\%-100\%|)+0.4\times(1-|50\%-50\%|)$$
$$=1.9336$$
$$C(R,\{r_1,r_2,r_3,r_4,r_5\})=0.8\times(1-|75\%-75\%|)+1.0\times(1-|80\%-80\%|)+0.4\times(1-|50\%-50\%|)=2.2$$
$$\sum_{i=1}^{n} p_i\times C(R,S_i)=0.3\times1.4+0.2\times1.4+0.2\times1.6+0.15\times1.9336+0.15\times2.2=1.64$$

图 13.7　排序结果的期望代表性得分计算示例

现在的问题是要考察所有可能的排序结果，并找出期望代表性最好的排序结果。最直观的做法是穷举所有可能的排序结果，并逐一比较其期望代表值，从中选择期望代表值最大的排序结果。但对于具有 n 条评论的产品来说，穷举法的时间复杂度为 $O(n!)$，当产品的评论数较多时这显然是不现实的。另外，可以证明该优化问题在某些特殊场景下即是经典的加权最大覆盖问题（weighted maximum coverage problem），这也是典型的 NP-hard 问题[259]。因此，在可接受的时间内，得到在线评论代表性信息提取问题的最优解通常是不可能的，或者是不现实的。在这样的情形下，特别是面向大规模评论数据，通常的思路是通过求解该问题的近似解，以便在可接受时间内获得满意的提取结果。

一种直观的做法是运用贪婪策略，逐一从未选择的评论中选择一条加入到当前序列的末尾，使新得到序列的期望代表值最大。该方法的时间复杂度为 $O(n^2)$，在效率上较穷举法有了明显提升；但同时该方法求得的近似解往往容易因为陷入局部最优而与全局最优解有较大差距[260, 261]。为此，可设计一种介于穷举法与贪婪法的均衡策略，使得在末尾添加未被加入到序列中的评论时，保留一批期望代表值较好的序列用于下一步的操作。这样，通过对每一步保留的序列有所筛选，从而权衡了穷举法的效果优势与贪婪法的效率优势[257]。有关代表性评论提取方法的详细内容，感兴趣读者可参见文献[260, 261, 257]。

13.3　信息推荐方法

互联网的飞速发展使人们处于一个信息爆炸的时代，新的商业环境在为企业提供商机的同时也提出了新的挑战。如何在虚拟世界中吸引消费者，提高购物满意度并增加客户黏性，成为电子商务平台目前追求的首要目标。面对现阶段海量的信息/数据，对信息的筛选和过滤成为了衡量一个系统好坏的重要指标。搜索引擎的出现在一定程度上解决了信息筛选问题，但其局限性在于搜索引擎需要用户主动提供关键词来对海量信息进行筛选。当用户无法准确描述自己的需求时，仅依靠搜索引擎仍然无法帮助用户快速定位到感兴趣的信息。

在此背景下，推荐系统应运而生。推荐系统的任务是联系用户和信息：一方面帮助用户发现对自己有价值的信息；另一方面让信息能够展现在对其感兴趣的人群中，从而实现信息提供商与用户的双赢[262]。近年来，推荐方法和技术在多个领域中得到了广泛应用，包括电子商务、电影和视频、音乐、社交网络、阅读、基于位置的服务、个性化邮件和广告等。例如，亚马逊的商品推荐，Facebook 的好友推荐，Digg 的文章推荐，豆瓣的豆瓣猜，Last.fm 和豆瓣 FM 的音乐推荐，Gmail 里的广告等。在如今互联网信息过载的情况下，信息消费者想方便地找到自己感兴趣的内容，而信息生产者则想将自己的内容推送给最合适的目标用户。此时，推荐系统正是要充当这两者的中介，将正确的商品或服务推送给正确的人群。以电子商务领域为例，图 13.8 展示了推荐系统的整体框架。

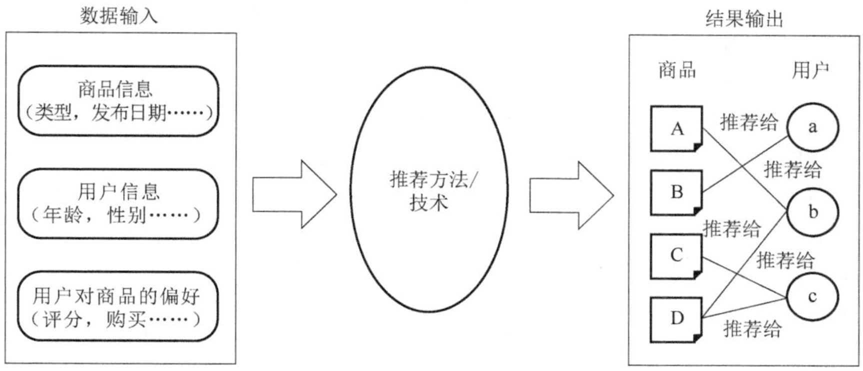

图 13.8　推荐系统的框架

13.3.1　推荐系统概述

在电子商务领域中，推荐系统是指建立在对海量的用户信息、产品信息以及用户对产品的偏好反馈信息（如点击、浏览、购买、评分等）挖掘基础上的一种商务智能技术，能够迅速准确地帮助消费者找到喜欢和感兴趣的商品[230]。主流的推荐方法通常分为三大类型：基于内容的推荐方法（Content-based Recommendation）、协同过滤方法（Collaborative Filtering）和混合推荐方法（Hybrid Recommendation），如图 13.9 所示。

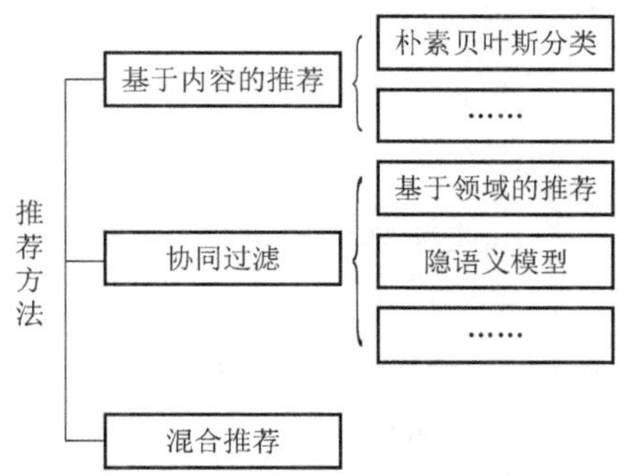

图 13.9　三大类主流的推荐方法

基于内容的推荐方法是指充分利用用户和商品的各种属性特征（如电影的上映时间、演员和题材等，用户的年龄、性别和地理位置等），分析其内容相似度，然后将最相似的商品推荐给用户。例如，在电影推荐中，系统首先分析用户评分较高的电影的共同特征，再将其他具有这些特征的电影推荐给用户，如图 13.10(a)所示；或者首先根据用户的属性（如性别、年龄和兴趣等）建模，根据这些特征计算用户间的相似度，然后向目标用户推荐与其相似用户喜欢的物品，如图 13.10(b)所示。

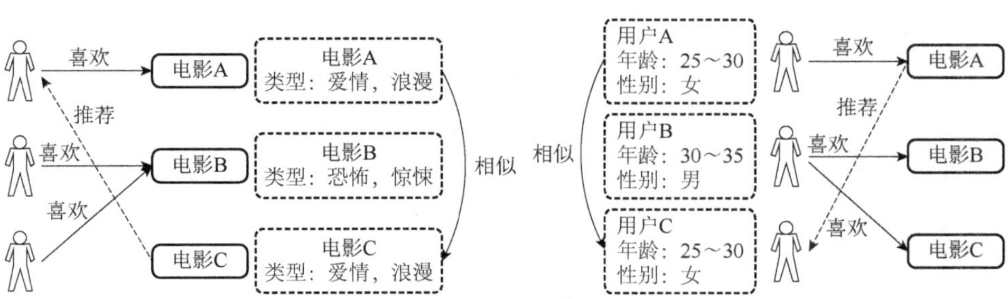

（a）　　　　　　（b）

图 13.10　基于内容的推荐方法图示

基于内容的推荐方法的优点是仅需要使用元数据，而不需要用户与系统的交互即可完成推荐，因此不会遭遇冷启动问题（即由于缺乏新用户或新产品的历史信息，很难为其进行合适的推荐）；缺点是推荐准确度较低，并且无法挖掘用户的潜在兴趣。

协同过滤方法是推荐方法中最经典的方法之一，主要使用用户与系统的交互而形成的反馈数据完成推荐，包括显性反馈（explicit feedback）行为和隐性反馈（implicit feedback）行为。显性反馈行为包括用户明确表示对物品喜好的行为，如评分；隐性反馈行为指的是那些不能明确反应用户偏好的行为，如页面浏览行为。协同过滤的主要思想在于过去具有相似偏好的用户将来也仍然会具有相似的偏好，是基于历史数据进行推荐的一种方法。因此该方法对新产品和新用户都会有冷启动的问题，且易受到数据稀疏性的限制。该方法进一步又可以分为基于邻域的推荐（分析用户或物品间的相似度）和隐语义模型（对用户和物品进行因式分解，得到各自的隐式特征）等方法。

由于不同的推荐方法都有各自的优/缺点，在实际应用中大部分推荐系统通常是混合使用各种推荐方法。具体的混合方法主要包括加权型混合推荐方法（将来自不同推荐方法生成的候选结果进一步组合加权）、转换型混合方法（采取一定的标准在不同的推荐方法之间变换，以达到更高的预测准确率）、瀑布型混合推荐方法（将不同的推荐方法视为不同粒度的过滤器，前一个方法的输出结果作为后一个方法的输入内容）等[231]。

13.3.2　两种协同过滤推荐方法

本节介绍基于邻域的推荐方法和隐语义模型方法这两种主流的协同过滤推荐方法的基本思想。

1. 基于邻域的推荐方法

基于邻域的推荐方法主要是根据消费者的历史行为数据（如购买历史、关注和收藏行为及打分等）分析用户间或者物品（如书、电影、音乐、食品、衣物和软件等各种网上商品及服务）间的相似性，从而形成推荐。其中包括基于用户的协同过滤方法（UserCF），以及基于物品的协同过滤方法（ItemCF）。下面以 ItemCF 为例介绍其主要思想。

基于物品的协同过滤方法主要有两个步骤[262]：

（1）计算物品之间的相似度；

（2）根据物品的相似度和用户的历史行为给用户生成推荐列表。

在计算物品的相似度时，一般可以利用欧几里得距离、皮尔逊相关系数、Jaccard 公式，夹角余弦相似度等方式计算得到。给定物品 i 和物品 j，$N(i)$ 表示喜欢物品 i 的用户集合，同理，$N(j)$ 表示喜欢物品 j 的用户集合，则一个简单的计算两者相似度的方法是使用 Jaccard 公式，即

$$w_{ij}=\frac{|N(i)\cap N(j)|}{|N(i)|} \tag{13.9}$$

式中，分母 $|N(i)|$ 是喜欢物品 i 的用户数，分子 $|N(i)\cap N(j)|$ 是同时喜欢物品 i 和 j 的用户数，则式（13.9）可以理解为喜欢物品 i 的用户中有多少比例的用户也喜欢物品 j。

为了避免总是推荐热门物品（物品 j 是热门商品而使得 j 与任何一个物品的相似度 w_{ij} 都很高），修正后的相似度计算公式可以表示为

$$w_{ij}=\frac{|N(i)\cap N(j)|}{\sqrt{|N(i)||N(j)|}} \tag{13.10}$$

该公式在分母中加入了对物品 j 的权重的考虑，因此缓解了热门物品与很多其他物品相似的可能性；而缺点在于消费者对物品的偏好仅仅是二值变量，没有考虑不同的偏好程度。当使用用户评分的数据时，一般用皮尔逊相关系数计算物品的相似性，即

$$\operatorname{sim}(i,j)=\frac{\sum_{u\in U_{ij}}\left(R_{ui}-\overline{R_i}\right)\cdot\left(R_{uj}-\overline{R_j}\right)}{\sqrt{\sum_{u\in U_{ij}}\left(R_{ui}-\overline{R_i}\right)^2}\cdot\sqrt{\sum_{u\in U_{ij}}\left(R_{uj}-\overline{R_j}\right)^2}} \tag{13.11}$$

式中，U_{ij} 表示同时喜欢物品 i 和 j 的用户集合，R_{ui} 和 R_{uj} 分别代表用户 u 对物品 i 和 j 的真实评分，$\overline{R_i}$ 是物品 i 的平均得分，$\overline{R_j}$ 是物品 j 的平均得分。

在得到物品之间的相似度后，ItemCF 使用式（13.12）来预测用户 u 对于物品 i 的评分，其中 NNs_i 表示与物品 i 相似度较高的物品集合，又称为邻居物品。

$$\hat{R}_{ui}=\overline{R_i}+\frac{\sum_{j\in \text{NNs}_i}\operatorname{sim}(i,j)\times\left(R_{uj}-\overline{R_j}\right)}{\sum_{j\in \text{NNs}_i}\left(|\operatorname{sim}(i,j)|\right)} \tag{13.12}$$

UserCF 方法与上述 ItemCF 方法类似，只不过将计算物品相似度修改为计算用户的相似度，由于电子商务网站中用户的数量一般要远远大于物品的数量，所以 UserCF 的时间效率要相对更低一些。

2. 隐语义模型方法

隐语义模型（LFM，Latent Factor Model）方法是目前信息推荐准确率较高的一种协同过滤方法，其最初是在文本挖掘领域中被提出，它的核心思想是通过对用户和物品的因式分解（MF，Matrix Factorization），找到各自的隐含特征，进而将两者联系起来。对于一个 N 行 M 列的用户评分矩阵 $\boldsymbol{R}$（R_{ui} 表示用户 u 对物品 i 的真实评分），将其分解成为一个 N 行 K 列的用户因子矩阵 $\boldsymbol{P}$（其中 P_{uk} 表示用户 u 对因子 k 的喜好程度）和一个 M 行 K 列的物品因子矩阵 $\boldsymbol{Q}$（其中 Q_{ik} 表示物品 i 的在因子 k 上的程度），即

$$R_{ui}=\boldsymbol{P}_u\boldsymbol{Q}_i^{\mathrm{T}}=\sum_{k=1}^{K}P_{uk}Q_{ik} \tag{13.13}$$

下面举例说明对评分矩阵 $\boldsymbol{R}$ 的因式分解过程（见图 13.11）。R_{ui} 的数值越大，表示用户 u 越喜欢对应的物品 i；P_{uk} 数值越大，表示用户 u 越喜欢对应的因子 k；Q_{ik} 数值越大，表示物品 i 在对应因子 k 的程度越高。分解完后，就能利用 $\boldsymbol{P}$ 和 $\boldsymbol{Q}$ 来预测原来评分矩阵中的缺失值（如图 13.11 中用户 A 对物品-c 的评分值）。

同时，消费者在给物品打分时还会受到评分者本身的打分习惯以及物品已有评分情况的影响。例如，一个严格的用户对所有物品的打分都偏低；某个物品已有评分都比较高，则新的用户也会倾向给较高的评分。因此，一些学者对因式分解模型进行了修正，不仅仅考虑用户与物品之间的相互作用，还在模型中引入了用户 u 和物品 i 各自的偏差。相关具体细节感兴趣的读者可以参考文献[263]。

评分矩阵***R***	物品-a	物品-b	物品-c
用户A	5	3	?
用户B	2	4	5

用户因子矩阵***P***	因子-1	因子-2
用户A	1	0.1
用户B	0.2	1

物品因子矩阵***Q***	因子-1	因子-2
物品-a	5	0
物品-b	3	3
物品-c	0	5

图 13.11　对评分矩阵 ***R*** 的因式分解

13.3.3　推荐系统评测指标

好的推荐系统应该在推荐准确的基础上，给所有用户推荐的物品尽量广泛，给单个用户推荐的物品尽量覆盖多个类别，同时不要给用户推荐太多热门物品。具体来说，首先推荐系统存在用户、物品提供者和网站平台三个参与方。因此在评测推荐方法时，应该同时考虑三方的利益，实现所有参与者的共赢，即首先需要满足用户的需求，给用户推荐那些令他们感兴趣的商品；其次，要尽量使各个供应商的产品都能被推送给合适的用户，而不是仅仅推荐畅销产品；最后，好的推荐系统应能够让系统本身收集到高质量的用户反馈，不断完善推荐的质量。

为了全面评测推荐系统对三方参与者的影响，需要使用不同的测度和指标对推荐方法评估，主要包括预测准确率、覆盖率、多样性、新颖性和惊喜度等。

1. 预测准确率（accuracy）

预测准确率是衡量一个推荐系统质量最重要的指标，是用来度量一个推荐方法预测用户行为的能力，一般通过离线实验来计算。常用的标准数据集包括 Netflix 大赛数据集和 MovieLens 数据等。首先将离线数据集分成训练集和测试集，然后通过在训练集上建立用户的偏好模型来预测在测试集上的行为，最后计算预测行为与实际行为的重合度并将其作为预测准确率。对推荐方法的评测通常有评分预测和排序预测两个方向，两者分别使用不同的测度。

1）评分预测

评分预测的准确率一般通过均方根误差（RMSE，Root Mean Square Error）和平均绝对误差（MAE，Mean Absolute Error）计算。令 R_{ui} 是用户 u 对物品 i 的实际评分，$\hat{R}_{ui}$ 是推荐方法得到的预测评分，T 表示测试集，则 RMSE 定义为

$$\text{RMSE} = \sqrt{\frac{\sum_{u,i \in T}\left(R_{ui} - \hat{R}_{ui}\right)^2}{|T|}} \tag{13.14}$$

MAE 采用绝对值计算预测误差，定义如下

$$\text{MAE} = \frac{\sum_{u,i \in T}\left|R_{ui} - \hat{R}_{ui}\right|}{|T|} \tag{13.15}$$

2）排序预测

网站在提供推荐服务时，一般是对每个用户提供个性化的产品排序列表，被称为

Top-k 推荐。对产品排序结果的评估一般是借鉴信息检索领域的传统测度，如查全率（recall）、查准率（precision）[264]、平均查准率（MAP）[265]和 Ndcg[266]等。

令 $R(u)$是预测得到的推荐列表，而 $T(u)$是用户真实的产品偏好列表，则推荐结果的查全率和查准率分别为

$$\text{recall}=\frac{\sum_{u\in U}\left|R(u)\cap T(u)\right|}{\sum_{u\in U}\left|T(u)\right|} \tag{13.16}$$

$$\text{precision}=\frac{\sum_{u\in U}\left|R(u)\cap T(u)\right|}{\sum_{u\in U}\left|R(u)\right|} \tag{13.17}$$

为了全面评测 Top-k 推荐的查全率和查准率，一般会选取不同的推荐列表长度 k，分别计算对应的 recall 和 precision，并画出 PR 曲线。其他测度的具体公式可参见文献[232]。

2. 覆盖率（coverage）

覆盖率是内容提供商较为关注的指标，它描述了一个推荐系统对网站平台上长尾商品的挖掘能力[232]。有多种指标可以来衡量推荐方法的覆盖率，如被推荐的商品占所有商品的比例。令系统的用户集合为 U，商品集合为 I，推荐系统给每个用户推荐一个长度为 N 的商品列表 $R(u)$，则覆盖率为

$$\text{coverage}=\frac{\left|\sum_{u\in U}R(u)\right|}{|I|} \tag{13.18}$$

此外，还可以使用信息熵和基尼系数来描述推荐系统覆盖率指标，具体可参见文献[232]。

3. 多样性(diversity)

多样性描述了推荐结果中商品两两之间的不相似性，以覆盖用户多个方面的兴趣点，增加用户找到感兴趣产品的概率。在定义多样性时，可以从相似性入手，假设 $\text{sim}(i,j)\in[0,1]$ 定义了商品 i 与 j 之间的相似度，则用户 u 的推荐结果集合 $R(u)$ 的多样性可以定义为

$$\text{diversity}\big(R(u)\big)=1-\frac{\sum_{i,j\in R(u),i\neq j}\text{sim}(i,j)}{\frac{1}{2}\left|R(u)\right|\left|R(u)-1\right|} \tag{13.19}$$

推荐系统整体的多样性可以由所有用户推荐结果的多样性的平均值得到，即

$$\text{diversity}=\frac{1}{|U|}\sum_{u\in U}\text{diversity}\big(R(u)\big) \tag{13.20}$$

4. 新颖性（novelty）和惊喜度（serendipity）

如果用户没有听说过推荐列表中的大部分物品，则说明该推荐系统的新颖性较好。最简单的方法是通过推荐结果的平均流行度来获得[267, 268]，如果推荐结果中物品的平均热门程度较低，则推荐结果拥有较高的新颖性。

惊喜度与新颖性的区别在于：如果推荐结果与用户的历史兴趣不相似，但让用户很满意，则可以说这是一个让用户惊喜的推荐，而推荐的新颖性仅仅取决于用户是否听说过这个推荐结果。目前还没有公认的惊喜度指标定义方式，一般是定性地通过推

荐结果与用户历史兴趣的相似度和用户满意度来衡量，具体可参见文献[269]。

13.3.4　消费者信息搜索过程中的推荐

本节围绕消费者信息搜索（CIS，Consumer Information Search）的在线购物场景，介绍消费者网上产品选择过程和相关推荐方法的简要思路。

1. 消费者网上产品选择过程

随着搜索引擎和推荐方法的广泛应用，在线购物平台能够根据消费者以往的购物经历或针对当前的搜索请求提供相应的产品列表。由于浏览产品成本的存在，消费者在做出购物决策前往往无法浏览并评估所有列表中的产品。一种通常的做法是：消费者在提供的产品列表中浏览一部分产品，在其中选择感兴趣的产品并进一步仔细评估，最后在经过仔细评估的产品中选择一件进行购买[358]。其中，平台提供的产品列表被称为推荐集合（Recommendation Set），消费者选择进一步仔细查看的产品集合被称为考虑集合（Consideration Set 或 Choice Set、Evoked Set）。在推荐集合中选择考虑集合的过程被称为考虑阶段（Consideration Stage），从考虑集合中选择最终购买产品的过程被称为选择阶段（Choice Stage）。这种二阶段的消费者网上产品选择过程可以用图 13.12 表示。

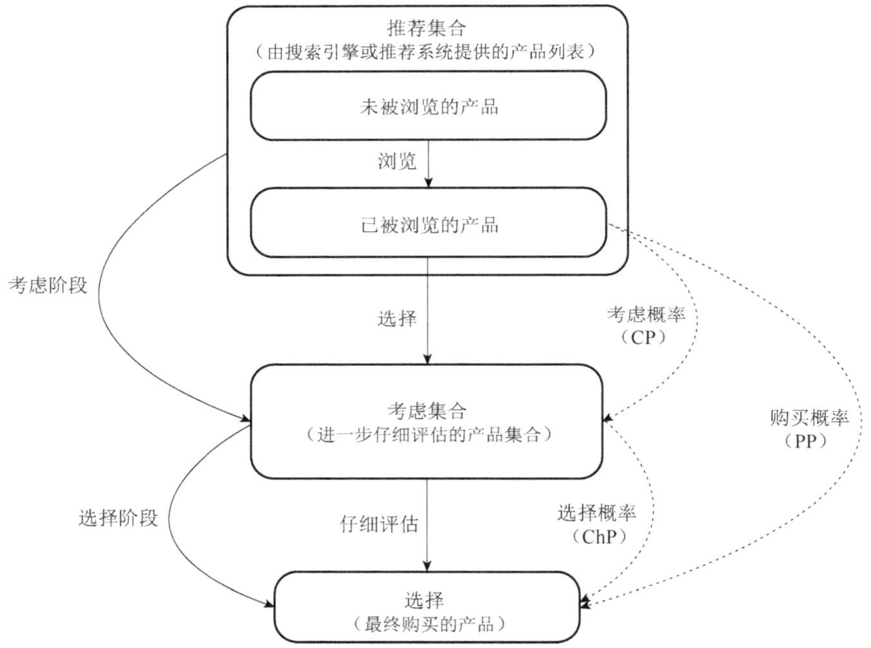

图 13.12　消费者对网上产品的选择过程[270]

在消费者对网上产品的选择过程中，推荐集合中未被浏览的产品在经过消费者的点击、查看等浏览行为后成为已被浏览的产品，并以一定的概率被选入考虑集合。这一概率被称为考虑概率（CP，Consideration Probability）。考虑集合中的产品会以一定概率成为最终购买的产品。这一概率被称为选择概率（ChP，Choice Probability）。产品在被浏览之后到最终成为被购买产品的概率被称为购买概率（PP，Purchasing Probability）。由定义可知购买概率即为考虑概率与选择概率的乘积，即 PP=CP×ChP [358]。

关于产品购买概率，也即购买转化率（Purchasing Conversion Rate）的预测在实践中具有重要意义。对于商家而言，购买概率可用于识别目标客户并评估投放广告的收益；对于购物平台而言，购买概率也可用于产品广告排序机制的设计从而使得广告收益最大化。由购买概率的计算公式可知，考虑概率是其重要影响因素。同时，考虑概率体现了消费者对于产品的体验兴趣，更能帮助商家识别目标客户。对于考虑概率的预测是消费者网上产品选择过程中的重要问题[270]。

另一方面，消费者在浏览搜索引擎或推荐系统提供的推荐集合时，往往面临数目巨大的产品。虽然浏览越多的产品可能使消费者获得更高的收益，但也会增加其成本。最理想的情况是消费者在净收益最大时停止浏览产品，从而使得网上产品选择过程的效用最大化。然而，实际中消费者往往浏览“过多”或“过少”的产品。因此，需要提供相应的网上互动决策辅助功能提供浏览停止策略，帮助消费者判断是否已经获得最大收益，从而判断是否需要继续浏览推荐集合。预测继续浏览产品的收益增益是设计停止策略的重要环节，也是消费者网上产品选择过程中的重要问题[271]。

2. 预测性推荐

针对上述消费者网上产品选择过程中的两个方面的问题，向消费者提供关于考虑概率的预测性推荐，以及提供继续浏览产品的收益增益的预测性推荐很有意义。相关预测性推荐方法包括消费者产品考虑概率预测和消费者信息搜索价值增益预测两种。

1）消费者产品考虑概率预测

在电子商务环境下，利用购物平台积累的用户历史记录，如对推荐产品的点击浏览及添加至购物篮等行为，可对产品的考虑概率进行预测，从而为消费者提供个性化的产品推荐排序[270]。以购物平台上的某一消费者 $c \in C$（某中 C 表示平台上所有消费者的集合）为例，平台向其提供推荐集合 S。根据消费者 c 的点击浏览等行为可以判断该消费者已浏览的产品集合 S_c 及尚未浏览的产品集合 $\overline{S}_c$。进而，该消费者对于任一已浏览产品 s 的考虑情况 a_{cs}，可以通过其对该产品的操作记录（如加入购物篮或比较矩阵等）进行判断。若消费者将产品加入考虑集合，则记 a_{cs}=1；否则为 0。消费者产品考虑概率预测的目标即是为消费者预测其对未被浏览产品 $s \in \overline{S}_c$ 的考虑概率 $P_r\left(a_{cs}=1\right)$。

产品考虑概率的预测是概率分布估计，可以通过潜在类别模型（LCM，Latent Class Model）[272]进行刻画。潜在类别模型假设：①根据消费者将产品选入考虑集合情况的不同，可将其归入不同的消费者群体中，即潜在类别；②同一类别中的消费者具有相似的偏好，即对同一产品的考虑概率服从相同的概率分布；③给定消费者的潜在类别，其对于未被浏览产品的考虑概率属于独立变量。因此，利用潜在类别模型进行考虑概率的预测，可以通过判断消费者所属的潜在类别并分析该潜在类别内其他消费者对于该产品的考虑概率来进行。在此基础上，可以采用一种两阶段预测策略。在第一阶段，可以设计一个增强的潜在类别模型（ELCM，Enhanced Latent Class Model），用于估计消费者 c 对于产品 s 的偏好程度；在第二阶段，根据估计出的偏好程度，可以建立一个生成函数来推测考虑概率。实验结果表明，此二阶段预测策略在预测精度上较传统的潜在类别模型方法有显著提升，进而可以更有效地帮助消费者进行产品考虑概率的预测，辅助消费者的网上产品选择过程。有关相关考虑概率预测的详细内容，感兴趣的读者可以阅读文献[270]。

2）消费者信息搜索价值增益预测

在电子商务环境下，利用购物平台积累的消费者评分记录，可对消费者购买或使用产品的效用进行预测，从而估计消费者继续进行产品搜索的收益增益，进而设计产品浏览的停止策略[271]。以购物平台上的某一消费者 c 为例，假设其浏览了推荐集合 S 中的一个子集 $S_1 \subset S$ 后，选择了其中的某一产品 s_1*，则认为该消费者浏览产品集合 S_1 的收益为最终选择产品 s_1* 对于该消费者的效用 u_{cs_1*}，即 $B(c,S_1)=u_{cs_1*}$。若该消费者在浏览了集合 S_1 后并未选择任何产品，而是继续浏览了产品集合 S_2 并最终选择了产品 s_2*，此时消费者浏览产品集合 $S_1 \cup S_2$ 的收益为 $B(c,S_1 \cup S_2)=u_{cs_2*}$。因此，消费者 c 在浏览了产品集合 S_1 后继续浏览产品集合 S_2 的收益增益是 $B(c,S_2 \mid S_1)=B(c,S_1 \cup S_2)-B(c,S_1)=u_{cs_2*}-u_{cs_1*}$。通常消费者在浏览产品后会选择对其效用最大的商品，即 $u_{cs_1*}=\max\limits_{s \in S_1}(u_{cs})$。

因此，预测消费者继续浏览推荐集合收益增益的主要问题在于估计消费者在浏览的产品集合中使用效用最高的产品评分 $\max\limits_{s \in S_1}(r_{cs})$，可以使用基于点估计和基于分布估计的方法。不过，两种方法均存在一些局限。为此，可以考虑采取一种基于消费者类别假设的搜索增益预测方法，以克服这些局限并获得满意的预测性推荐结果。对于更详细的相关内容，感兴趣的读者可以参见文献[271]。

13.4　小结

（1）随着数字化生活时代的到来，新兴电子商务呈现出了明显的移动性、极端数据、个性化和社会性等特征，进而极大丰富和拓广了相应的研究和应用空间。同时，人们也面临着严重的信息过载及如何进行深度分析和利用信息的挑战。在此背景下，如何从大量搜索结果中筛选出一小部分结果以有效地满足用户的需求是一个重要的研究与应用课题。信息提取与信息推荐即是两类相应的求解方案。

（2）信息提取是指通过对检索结果的分析，发现整个结果集合的特征，并基于此进行结果的选择或排序。通过比较提取的结果集合与原始集合的关系，信息提取方法可以通过提取少量结果来反映整体结果集合的特征，从而使得用户在阅读这部分结果后即可掌握总体的全貌，而不必阅读更多的结果。

（3）代表性信息提取是从全体结果大集合中提取一个小集合，使得小集合对大集合有较强的代表能力的过程，一般可以从信息内容覆盖、信息分布一致性和自身信息冗余三方面进行考虑。

（4）网络文本的代表性信息评估测度主要包括信息内容覆盖度、信息结构贴近度及信息冗余度，而与之相适应的提取方法通常可以分为直接的基于代表性测度的优化方法和间接的聚类并提取类代表元的方法。在线产品评论的代表性信息评估测度通常需要考虑，提取结果子集合在产品各个属性的好评率与评论全集对应的好评率的一致性，与之对应的提取方法可以采用穷举法、简单贪婪法和均衡方法。

（5）信息推荐是指根据用户以往的记录预测用户的偏好和需求，并基于此对用户当前提出的要求提供检索结果，按照用户对结果可能的评价进行由高到低的排序。主流的信息推荐方法包括基于内容的推荐、协同过滤方法和混合推荐方法等，其主要思想是基于用户对于相关产品行为的历史数据来预测该用户对特定产品的可能行为（包括浏览、购买或评分值）。

（6）为了全面评测推荐系统对三方参与者的影响，需要使用不同的测度和指标对推荐方法评估，这主要包括准确率、覆盖率、多样性、新颖性和惊喜度等。

（7）在新兴电子商务背景下，个性化推荐在消费者网上产品选择中扮演着重要角色。相应的预测性推荐包括消费者产品考虑概率预测、消费者信息搜索增益预测等，以帮助进一步判断购买转化率和浏览停止策略。

思考练习题

13.1　简述信息提取和信息推荐的含义，并结合自己日常生活和工作中的体验和感受，说明在互联网上进行有效、快速的信息提取和信息推荐的主要困难和挑战。

13.2　代表性信息提取方法主要的考虑角度有哪些？常见的代表性信息提取方法有哪些？

13.3　原始集合 D 以及它的四个提取结果小集合 D_1、D_2、D_3 和 D_4 的内容如下所示，并假设不同颜色的小球之间的相似度为 0，相同颜色的小球间的相似度为 1，试计算四个提取结果小集合相对与原始集合的信息覆盖度及各自的信息冗余度。

D：100 个红球，200 个黄球，300 个白球，400 个黑球；

D_1：1 个红球，2 个黄球，3 个白球，4 个黑球；

D_2：10 个红球，20 个黄球，30 个白球，40 个黑球；

D_3：1 个红球，1 个黄球，1 个白球，1 个黑球；

D_4：4 个红球，3 个黄球，2 个白球，1 个黑球。

13.4　根据表 13.1 中的餐馆评论数据，假设需要给消费者提供含两条评论的子集合，请问有多少种评论子集合可提供？请分别计算每个子集相对于评论全集的代表性得分，并求出其中代表性得分最高和最低的评论子集。

13.5　主流的信息推荐方法有哪些，各种方法有什么优/缺点？常用的信息推荐结果的评测指标有哪些？

13.6　简述消费者网上产品选择过程中，进行考虑概率预测和搜索收益预测的意义。

第 14 章

时态模式

时间，就像一列承载漫漫人生的定速列车，无法追赶，也不可阻挡。但是，在从蒙昧走向文明的进程中，人类却不曾放弃围绕时间坐标轴的探索和追寻：如痴地执着于探究历史，更如醉地幻想着预知未来。然而，科学的预测是以知识为基础的，诸葛孔明依靠其所掌握的云象与风向两种自然现象发生时间序列关系的知识，借东风、破曹兵，成为千年来中国文化中智慧的化身。而 1800 年后的今天，当海量时态数据的记录和存储不再成为瓶颈时，人们有机会掌握更多与时间序列有关的重要知识。深市和沪市的股指间是否存在着谁引导谁的关系？北方的冰雹是否总是伴着阵雨和大风天气出现？心脏病人早搏的频率是否与其肾脏活动有关？等等。有关时态数据的研究和应用将帮助人们去回答诸如此类的问题，在四维空间中探索海量数据带给人们的知识。

本章学习重点

- 时态数据类型与模式；
- 时态关联规则挖掘；
- 序列相似性；
- 时态数据模式分析。

如前所述，数据代表着对现实世界及业务活动的事实性记录。一般来说，数据代表的事实或对应的事件经常与时间相关。然而，出于决策分析和求解问题的具体需求，人们在数据采集或数据表达时会决定是否考虑时间因素。通常，将包含以显性形式表达时间状态的数据称做时态数据（Temporal Data），支持时态数据表达和存取的数据库称做时态数据库（TDB，Temporal Database）。由于时态数据的普遍性（如商品购买时间、疾病症状出现时间、银行交易时间、气候变化时间、客户服务时间、销售时间趋势、经济运行时序、股票价格变化和网页浏览日志等），关注时态数据在很多情况下不仅是有意义的而且是有必要的，可以帮助更好地诠释事件发生的过程、揭示事物发展的规律、进行更科学有效的决策。同样，在海量数据环境中，时间维度的引入虽然丰富了信息的表达，但也给相应的商务智能和数据挖掘方法带来了挑战，需进一步开发相应的数据挖掘方法。

基于时态数据的研究和应用在诸多领域（包括计量经济学、时间序列分析和时态数据库等）已进行多年[273~275]。本章针对大规模数据应用的背景，重点讨论时态关联规则、序列相似性和时态关系模式等知识形式及其挖掘方法，以及趋势分析，并简要介绍与之相关的时态数据的表达与转换方法。

14.1 时态数据类型与模式

时态数据挖掘旨在从大规模时态数据中发现具有时态特征的知识。本章把这些具有时态特征的知识称做时态知识，也称时态模式。通常，时态数据类型、时态模式及其挖掘方法之间存在着密切联系并且相互影响。时态数据类型在很大程度上决定了所要挖掘的时态模式，同时时态模式又决定了所需要采取的具体挖掘方法。

时间元素在数据集合或数据库中一般通过时间属性表示。属性取值可以有多种形式，包括时间点、时间区间、时间集合及较复杂的其他形式[如模糊集合等（可参见第 16 章）]。时间点就是时间轴上的一点，与时间粒度相关。例如，若时间粒度是“天”，3 月 1 日就是一个时间点，在这点上发生的事件成为基于时间点（Point-based）的事件，见表 14.1（a）。如果时间粒度是“小时”，3 月 1 日就是一个时间区间。所谓时间区间是指一段时间，有固定的起始点和终止点，对应的事件称做基于时间区间（Interval-based）的事件，见表 14.1（b）。时间集合是一些时间区间和时间点的并集，如{[1980, 1990], [2002, 2008]}。在时态数据库中，一个记录一般表示一个事件，如事件 T100 为（{旅游鞋, 浴巾, MP3}, 2008.10.2），事件 001 为（大雾, 01:00, 22:30），其含义分别为“2008 年 10 月 2 日，顾客购买了旅游鞋，浴巾和 MP3”，和“从 01:00 到 22:30，有大雾”。

表 14.1　时态数据库示例

（a）

TID	购买商品	购买时间
T100	旅游鞋，浴巾，MP3	2008.10.2
T200	浴巾，跑步机	2008.10.9
……	……	……

（b）

TID	气象发生	开始时间	结束时间
001	大雾	01:00	22:30
002	中雨	10:15	15:20
……	……	……	……

包含时间元素的时态模式具有多种形式，本章主要讨论下列几种。

1. 时态关联规则

根据传统关联规则的含义，$X \Rightarrow Y$ 表示“事件 X 发生的情况下，事件 Y 同时发生”。此时，可以看到存在着一个隐含的时间约束“同时”。如果沿着事件发生的时间维度进行扩展，可以得到形如 $X \overset{T}{\Rightarrow} Y$ 的时态关联规则（TAR，Temporal Association Rule）。时态关联规则 $X \overset{T}{\Rightarrow} Y$ 是一个具有显性时间元素的关联规则，其中 T 为延迟时间。$X \overset{T}{\Rightarrow} Y$ 反映的语义为“事件 X 发生的情况下，事件 Y 在 T 时间单位后发生”。这里，T 可为时间点（$T = t$）或时间区间（$T = [t_1, t_2]$）。换言之，$X \overset{t}{\Rightarrow} Y$ 表示在 X 发生的情况下，Y 在 t 时间单位后发生；$X \overset{[t_1,t_2]}{\Rightarrow} Y$ 表示在 X 发生的情况下，Y 在之后的$[t_1,\ t_2]$时间区间内发生。在许多应用中，这样的时态关联规则很有意义。如图 14.1 的超市商品延迟购买示例中的实线箭头所示，可能存在“购买猪肉两天后购买白菜”的模式（即“猪肉 $\overset{2}{\Rightarrow}$ 白菜”）。而传统关联规则关注的是同时购买的情形，正如图 14.1 中虚线箭头所示。另一个例子是“股票 A 价格上涨 3 天后股票 B 价格也上涨”（即“A 上涨 $\overset{3}{\Rightarrow}$ B 上涨”）。由于很多商业交易、网络访问记录、天气数据和产品处理都是时间序列数据，在针对金融市场、客户洞察、消费者在线行为和气象预报等的数据分析中，时态关联规则挖掘很有应用价值。

同一顾客购买记录	苹果	香蕉	猪肉	白菜
1	Y		Y	
2	Y			
3		Y	Y	Y
4			Y	
5	Y	Y		
6				Y
7			Y	Y
8			Y	Y
9	Y		Y	

图 14.1　超市商品延迟购买示例

2. 序列相似性

序列相似性也是一类典型的时态知识，反映了数据序列之间的类似程度。这里的数据序列主要指时间序列（Time Series）。通常，一个时间序列表示为一个数值变量（或属性）q 的取值随时间 t 值变化的函数：$q(t)$（或简记为 q_t）。例如，按日记录的销售数据、按小时变化的股票价格、按年统计的国民生产总值等都是时间序列。时间序列图描述了序列随时间变化的轨迹，如图 14.2 所示[其中图 14.2（a）和图 14.2（b）分别刻画了一个时间序列，图 14.2（c）刻画了三个时间序列]。

对于任意两个时间序列：$p\,(p_1, p_2, \cdots, p_n)$ 和 $q\,(q_1, q_2, \cdots, q_m)$，其序列相似性作为时态模式，可记为 $p \sim q$。序列相似性挖掘问题就是发现所有与要查询序列相似的数据序列（称为子序列匹配），或彼此相似的序列（称为全序列匹配）。换句话说，序列相似性挖掘问题是一类序列匹配问题。

全序列匹配主要是对不同序列进行整体匹配操作，以获得属性间的整体关系，如图 14.2（c）所示。这类匹配要求几个序列有相同的长度。子序列匹配根据滑动窗口的概念，在给定序列中查找相似的局部序列，如图 14.2（b）所示。这些相似序列可以在同一序列中，也可在不同序列中。

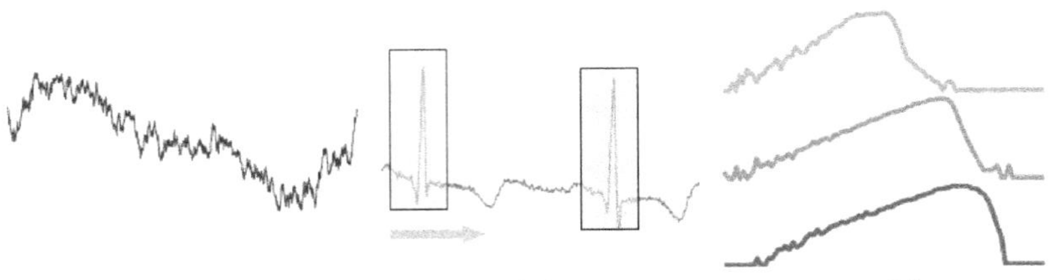

（a）　　　　（b）　　　　（c）

图 14.2　时间序列数据

值得一提的是，序列匹配与传统数据库查询的不同之处在于，传统数据库查询要求查询条件与数据库数据之间精确匹配，而序列匹配采用近似匹配，即要发现那些与查询序列稍微不同的数据序列。这在金融分析、医疗诊断、信息检索和文本挖掘等诸多领域中有广泛应用。图 14.3 给出了序列相似性搜索中的近似匹配的一个应用示例，其中发现序列 6 与给定查询序列之间存在一定相似性，即表示为“序列 6～查询序列”。

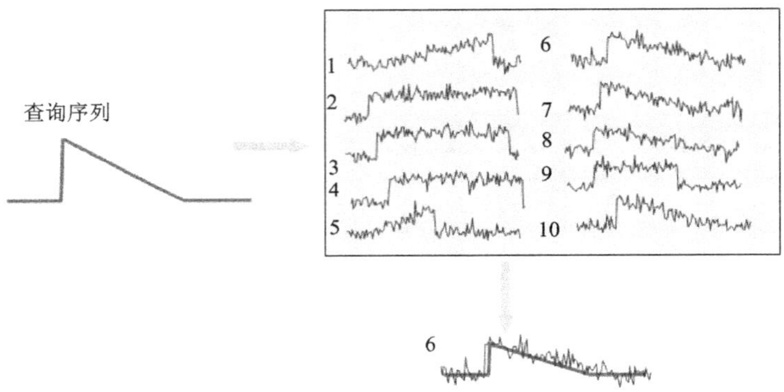

图 14.3　序列相似性搜索中的近似匹配[274]

3. 时态关系模式

时态关系模式是通过时态逻辑（Temporal Logic）表达事件之间联系的一类时态知识形式。时态逻辑有先后（before/after）、包含（contain/during）、同时（equal）和重叠（overlap）等，表达了事件发生之间的时间限定关系。例如，X after Y（或 Y before X）表示在 Y 发生之后 X 发生。

事件发生时间之间的关系具有丰富的语义内涵，也意味着存在着多种不同的知识表达和相应的挖掘方式。首先，从语义角度来看，传统关联规则、时态（延迟）关联规则、次序序列等都可以表示为特定的时态关系。传统关联规则 $X \Rightarrow Y$ 表示在事件 X 发生的“同时”事件 Y 也发生。例如，“{打印机，打印纸}⇒{文件夹}”反映了购买两组不同商品事件之间的并发性。也就是说，这两组商品购买是在一个特定的时间段中发生的。该时间段也称做时间窗口（window），反映了人们对该时间段内所共同发生事件的兴趣。如果人们关心在超市中顾客一次性购买的商品关联，那么时间窗口的长度通常不会超过超市每天的营业时间长度。如果经理关心每个月份期间的商品购买联动情况，那么时间窗口的长度就为一个月。在关联规则语义表达中，只要不同事件在同一时间窗口内发生就被看做“同时”。此外，时态逻辑中的“同时”还可表达绝对时间相等（equal）的情形。例如，“发烧 equal 头痛”是说发烧和头痛症状同时出现、同时消失。

可以将时态关联规则 $X \overset{T}{\Rightarrow} Y$ 看做是一类 after/before 关系，即$(X \text{ before } Y)_T$，或$(Y \text{ after } X)_T$。其中 T 为延迟时间约束。上述“猪肉 $\overset{2}{\Rightarrow}$ 白菜”就是一个例子。另一种表示事件发生的 after/before 关系的知识形式是次序序列。次序序列反映了事件之间在发生时间上的先后顺序，如业务/工作流程顺序和网页浏览路径等。

一般来说，通过时态逻辑表达的时态关系对于事件发生的时间具有明确限定。以 during 为例，记事件 A 发生的起始时间和结束时间分别为 st_A 和 et_A，事件 B 发生的起始时间和结束时间分别为 st_B 和 et_B，则 A during B 表示在事件 B 发生期间事件 A 发生。此时有 $\text{st}_B \leqslant \text{st}_A \leqslant \text{et}_A \leqslant \text{et}_B$。如在表 14.1（b）中，有“事件 002 during 事件 001”，表示的语义为“中雨 during 大雾”（“大雾期间有中雨”）。类似地，对于 A after B，有 $\text{st}_B \leqslant \text{et}_B \leqslant \text{st}_A \leqslant \text{et}_A$。对于 A equal B，有 $\text{st}_A = \text{st}_B \leqslant \text{et}_A = \text{et}_B$。图 14.4 给出了相应的示意图。

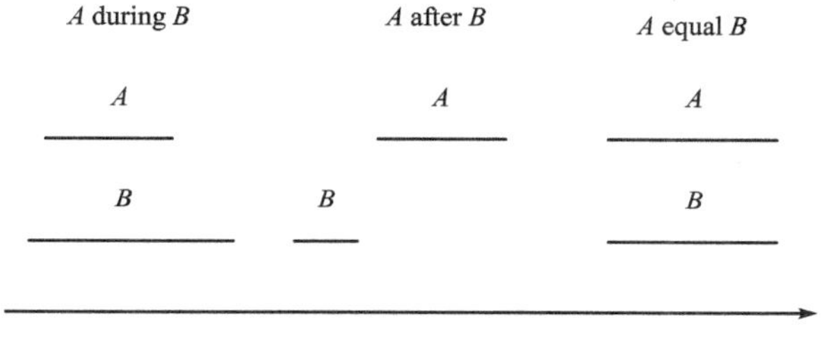

图 14.4　during、after 和 equal 示意图

在形如表 14.1（b）的时态数据库中，一条记录 i 反映一个事件 e_i，通常表示为一个三元组 e_i: $(a, \text{st}_i, \text{et}_i)$，其中 a 为一个状态值，是该元组在相应的数据库属性上的取值，st_i 和 et_i 分别为该状态值发生的起始时间和结束时间。例如，“大雾”、“中雨”均为状态值。事件 e_i 表示状态 a 在 st_i 开始，在 et_i 结束。对于状态 a 和 b，a during b 称做一个 during 时态模式（DTP，During Temporal Pattern）。类似地，对于 after、equal 和 overlap 等，可以分别表示为 ATP、ETP 和 OTP 等。

4. 趋势分析

趋势分析是时间数据序列分析的一个经典问题，特别是在传统统计学领域，得到大量研究。显然，趋势分析的目的是为了进行预测。例如，时序变量 Y 表示股票市场中一只股票的每日收盘价，它可以记为时间 t 的函数，即 $Y=F(t)$。此函数可图示为一个时序序列，它描述了一个观测变量随时间变化的情况。通过对时序数据的挖掘，能得到其序列趋势的潜在模式，并进一步用于对未来的预测中[26]。

结合随时间变化的不同规律，通常可以用四种方式来对时序数据进行描述。

（1）长期或趋势变化：常用于反映总体变化方向，其时序图表达了在较长时间间隔上的数据变化。这种变化反映为一种趋势曲线或趋势线。确定趋势曲线或趋势线的典型方法包括加权移动平均方法和最小二乘法。

（2）循环运动或循环变化：主要指循环性，即趋势线或曲线在长期时间内呈摆动迹象，它可以是周期性的也可能不是，即在等时间间隔后，循环不需要沿着完全相同的模式演进。

（3）季节性运动或季节性变化：常常用来反映按年重复出现的事件，如情人节前巧克力和鲜花的销量会突然上升，或者在圣诞节前贮藏商品的销售会突然增加。简而言之，季节性变动是指相同或类似的模式，在连续几年的有关月份期间重复出现。

（4）无规则或随机变化：它反映的是随机或偶然事件的零星时序变化，如突发的市场需求、自然灾害造成的供应链扰动或企业内发生的人事变动等。

以上是有关趋势、循环、重复和无规则的时序运动的简要说明。趋势分析也可以视为对以上四个基本运动规律的独立分析，或叠加后的汇总分析。如图 14.5 所示，实线表示某上市公司的股价波动情况，虚线代表其 10 日平均移动曲线。通过该移动平均曲线，可以消除每日由噪声引起的波动，从而可以了解其长期变化趋势。但是由于趋势的复杂性，如何选择合适的运动模式和适当的时间区间粒度，在很大程度上还取决于分析人员的经验。

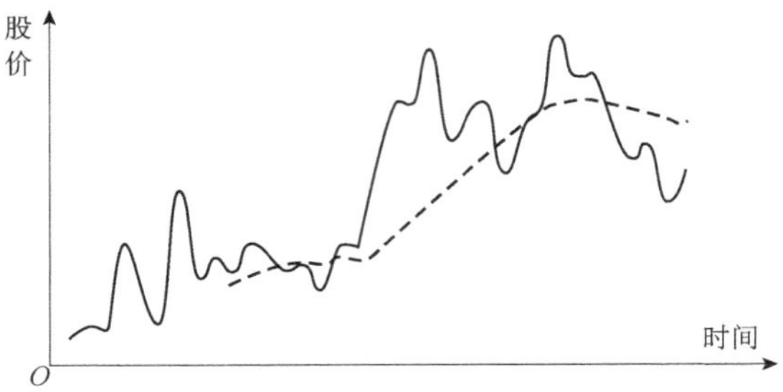

图 14.5　移动平均趋势线

此外，考虑到季节性波动，分析时还需引入季节变量来对拟合趋势曲线进行调整。考虑到周期性波动，还需引入循环变量来进行调整，如构建 ARMA 模型等。

14.2　时态关联规则

在本节中将重点讨论形如 $X \overset{t}{\Rightarrow} Y$ 的延迟时态关联规则，即在 X 发生的情况下，Y 延后 t 时间单位发生。具体来说，对于数据项（属性）的集合 $I=\{I_1, I_2, \cdots, I_m\}$，以及项集 X 和 Y（$X, Y \subseteq I$），称 $X \underset{t}{\cup} Y$ 为延迟项集，表示数据集合或数据库中某条记录支持 X，而在 t 时间单位后发生的事件记录支持 Y。与传统关联规则一样，这里所说某条记录支持 X，是指该记录包含 X。相应地，延迟项集 $X \underset{t}{\cup} Y$ 的支持度可以定义为

$$\mathrm{Dsupp}(X \underset{t}{\cup} Y) = \| X \underset{t}{\cup} Y \| / (|T|-t) \tag{11.1}$$

式中，$|T|$为数据集合 T 中所有记录的个数；t 为整数，表示时间单位数($t \geqslant 0$)；$\| X \underset{t}{\cup} Y \|$ 表示 T 中那些包含 X 的记录的个数，而这些包含 X 的记录之后第 t 个时间单位的记录必须包含 Y。换句话说，$\| X \underset{t}{\cup} Y \|$是 T 中存在的记录对（r, r'）的个数，其中 r 包含 X，r'包含 Y，且 $0 \leqslant \| X \underset{t}{\cup} Y \| \leqslant |T|-t$。基于此，可以定义延迟规则的支持度和置信度为

$$\mathrm{Dsupp}(X \overset{t}{\Rightarrow} Y) = X \underset{t}{\cup} Y / (|T|-t) \tag{11.2}$$

$$\text{Dconf}(X \overset{t}{\Rightarrow} Y) = X \underset{t}{\cup} Y / \ \|X\|' \tag{11.3}$$

因为$\| X \underset{t}{\cup} Y \|$只能统计到第$|T|-t$个记录，$\|X\|'$表示前$|T|-t$个记录中包含$X$的记录个数。

当数据量较大时（即$t << |T|$），t可以忽略，则$X \overset{t}{\Rightarrow} Y$的支持度和置信度可以近似为

$$\text{Dsupp}(X \overset{t}{\Rightarrow} Y) = \| X \underset{t}{\cup} Y \| / |T| \tag{11.4}$$

$$\text{Dconf}(X \overset{t}{\Rightarrow} Y) = \| X \underset{t}{\cup} Y \| / \|X\| \tag{11.5}$$

式中，$\|X\|$为T中包含X的记录个数。值得注意的是，当$t = 0$时，$X \overset{t}{\Rightarrow} Y$蜕化成传统关联规则$X \Rightarrow Y$。此外，在传统关联规则中，$X$和$Y$是不相交的（即$X \cap Y = \varnothing$），否则被认为没有意义，因为前项与后项（或其子集）相同意味着信息冗余。然而，在延迟时态关联规则中（即$t > 0$的情形），X与Y相交是允许的，因为此时的时态关联规则仍然有意义。例如，$X \overset{t}{\Rightarrow} X$表示事件$X$发生之后$t$时间单位再次发生。在图 14.1 中，"猪肉$\overset{3}{\Rightarrow}$猪肉"表示顾客购买猪肉之后第 3 天还会再次购买猪肉。显然，能挖掘得到这样的关联知识，对于超市的库存管理决策是很有帮助的。

对于延迟时态关联规则的挖掘，一个简单的方法是直接基于 Apriori 的增列法。其基本思路是进行数据转换，即对于延迟时间t，可以把各属性复制一份，并去掉前t个记录，并入原数据集，形成新的数据集。在此基础上再直接利用 Apriori 方法进行挖掘。

例 14.1　以股票价格数据为例，为了简化问题，将价格上涨记为 1，其他情况记为 0。原始数据如表 14.2 所示。

表 14.2　股价上涨数据

Day	Stock *A*	Stock *B*	Stock *C*
1	1	1	0
2	0	0	1
3	0	1	1
4	1	0	0
5	1	1	1
6	0	1	1
7	1	1	1

假设t=2，增加列后的数据集如表 14.3 所示。进而，可以根据式（14.1）至式（14.3）计算延迟项集的支持度及延迟规则的支持度和置信度。例如，可以得到

$$\text{Dsupp}(\text{Stock } A \underset{2}{\cup} \text{Stock } B') = \| \text{Stock } A \underset{2}{\cup} \text{Stock } B' \| / (|T|-t) = 3/(7-2) = 0.6$$

$$\text{Dsupp}(\text{Stock } A \overset{2}{\Rightarrow} \text{Stock } B') = \text{Dsupp}(\text{Stock } A \underset{2}{\cup} \text{Stock } B') = 0.6$$

$$\text{Dconf}(\text{Stock } A \overset{2}{\Rightarrow} \text{Stock } B') = \| \text{Stock } A \underset{2}{\cup} \text{Stock } B' \| / \|\text{Stock } A\|' = 3/3 = 1$$

具体挖掘过程可以采用 Apriori 方法。

表 14.3　增列后的股价上涨数据集

Day	Stock *A*	Stock *B*	Stock *C*	Stock *A′*	Stock *B′*	Stock *C′*
1	1	1	0	0	1	1
2	0	0	1	1	0	0
3	0	1	1	1	1	1
4	1	0	0	0	1	1
5	1	1	1	1	1	1
6	0	1	1			
7	1	1	1			

如上所述，基于 Apriori 的增列方法所对应的数据项的集合 $I=\{I_1, I_2,\cdots, I_m\}$被扩展成为 $I'=\{I_1, I_2,\cdots, I_m, I'_1, I'_2,\cdots, I'_m\}$，且$|I'|=2\times|I|=2m$。则直接应用 Apriori 方法会造成效率显著降低。为提高挖掘效率，研究优化及剪枝性质是必要的。

首先，对于延迟项集来说，如果 $X\subseteq X'$ and $Y\subseteq Y'$，则

$$\text{Dsupp}(X\underset{t}{\cup}Y)=\|X\underset{t}{\cup}Y\|/(|T|-t)\geqslant\|X'\underset{t}{\cup}Y'\|/(|T|-t)=\text{Dsupp}(X'\underset{t}{\cup}Y') \tag{14.6}$$

因为包含 $X'\underset{t}{\cup}Y'$ 的记录同时也包含 $X\underset{t}{\cup}Y$。该剪枝性质是应用 Apriori 方法的基础。这与挖掘传统关联规则的剪枝性质公式（6.4）作用类似，可以保证候选频繁延迟项集仅从频繁的延迟子项集中生成，以避免考虑生成由不频繁延迟子项集构成的超集，进而也大大节省了扫描数据集合的开销。

此外，根据延迟关联规则中 X 和 Y 的语义要求，对 X 和 Y 的选取不必考虑 I'中数据项的所有组合，而仅需要分别考虑 I'中的部分数据项即可，即

$$X\subseteq\{I_1, I_2,\cdots, I_m\}=I'-\{I'_1, I'_2,\cdots, I'_m\}=I\text{，且 }Y\subseteq\{I'_1, I'_2,\cdots, I'_m\}=I'-I$$

这样也可以帮助在延迟频繁集的生成中进行相应剪枝，从而提高挖掘效率。

延迟时态关联规则挖掘的进一步研究可以聚焦在两方面。一方面是在挖掘效率上尝试若干改进策略，如直接根据 t 值判断记录间延迟，而避免大规模存储性增列。也可以采用基于哈希（hash）函数的方法来改进效率。此外，还可以针对数值数据和类别数据设计相应的延迟规则挖掘方法等。另一方面，可以考虑在不同的应用领域中应用延迟事态关联规则挖掘方法，如宏观经济变量的联动分析、FDI（外国直接投资）区域差异、股票价格与网络舆情的相关性分析和交易策略设计等。

14.3　序列相似性

序列相似性反映了对象之间的类似程度，它的应用领域非常广泛。例如，在信息查询中，通过对于大规模时间序列的相似性搜索，可以挖掘出那些与给定的查询序列条件匹配的时间序列；在网络营销中，相似性可以作为测度，帮助确定具有类似网页浏览行为路径特征的对象客户，以设计更好的协同过滤推荐方法；在信用风险预警中，相似性匹配可以帮助甄别客户行为模式与历史记录轨迹之间的异同；在金融交易策略设计中，可以帮助发现股票价格之间伴随时间而变化的近似升降模式。

14.3.1 距离测度法

对于两个时间序列 $s{:}s_1, s_2, \cdots, s_m$ 和 $t{:}t_1, t_2, \cdots, t_m$（其中 s_j 和 t_j 分别表示序列 s 和 t 在时间点 j 上的取值，$j\in\{1, 2, \cdots, m\}$），有多种方式定义 s 与 t 的相似性测度。这些测度具有各自不同的长处和局限，因而在应用中需要根据测度的基本特征和应用背景来进行选取。这里仅列举若干常用测度。

首先，可以通过距离测度来衡量相似性。距离测度值小则相似性高，反之相似性低。序列 s 和 t 的距离 D（s, t）有如下五种[118,276~278]。

（1）海明（Hamming）距离，即

$$D(s,t)=\sum_{j=1}^{m}\left|s_j-t_j\right| \tag{14.7}$$

（2）欧氏（Euclidean）距离，即

$$D(s,t)=\sqrt{\sum_{j=1}^{m}\left|s_j-t_j\right|^2} \tag{14.8}$$

（3）闵可夫斯基（Minkowski）距离，即

$$D(s,t)=(\sum_{j=1}^{m}\left|s_j-t_j\right|^p)^{\frac{1}{p}},\ p>1 \tag{14.9}$$

式中，当 $p=1$ 时，退化为海明距离；当 $p=2$ 时，退化为欧氏距离；当 $p=\infty$时，可以看做下面的切比雪夫距离。

（4）切比雪夫距离，即

$$D(s,t)=\max_{1\leqslant j\leqslant m}\left|s_j-t_j\right| \tag{14.10}$$

（5）兰氏距离（用于非负指标），即

$$D(s,t)=\sum_{j=1}^{m}\frac{\left|s_j-t_j\right|}{\left|s_j+t_j\right|} \tag{14.11}$$

一般来说，距离越近的两个序列之间的相似程度越高。在许多应用中，往往将距离测度值标准化到[0, 1]区间。一个常用做法是先将时序数据预处理为[0, 1]区间中的值，这样利用上述距离测度得到的结果 $D(s, t)$就是 0～1 之间的实数。另一个常用做法是先计算 $D(s, t)$，然后将其标准化（映射）在[0, 1]区间，得到 d_{st}（$d_{st}\in[0, 1]$）。距离值 $D(s, t)$越大，映射值 d_{st}越接近于 1，反之越接近于 0。当 $s=t$ 时，$d_{st}=0$。同样，将距离进行标准化的方法很多，需要根据实际问题确定映射方式。

对于在[0, 1]区间取值的距离测度（即 $d_{st}\in[0, 1]$或 $D(s, t)\in[0, 1]$），可以得到序列 s 与 t 的相似程度。一个简单、直接的做法是：$1-d_{st}$ 或 $1-D(s, t)$。

在描述序列相似性时，除了上述介绍的通过距离测度进行定义之外，还可以直接定义序列之间的近似度 r_{st}（$r_{st}\in[0, 1]$）。经常使用的近似度有以下三种。

（1）夹角余弦法，即

$$r_{st}=\frac{\left|\sum_{j=1}^{m}s_jt_j\right|}{\sqrt{(\sum_{j=1}^{m}s_j^2)(\sum_{j=1}^{m}t_j^2)}} \tag{14.12}$$

（2）相关系数法，即

$$r_{st}=\frac{\sum_{j=1}^{m}\left|s_j-\bar{s}\right|\sum_{j=1}^{m}\left|t_j-\bar{t}\right|}{\sqrt{\sum_{j=1}^{m}(s_j-\bar{s})^2\sum_{j=1}^{m}(t_j-\bar{t})^2}} \tag{14.13}$$

式中，$\bar{s}=\frac{1}{m}\sum_{j=1}^{m}s_j$，$\bar{t}=\frac{1}{m}\sum_{j=1}^{m}t_j$。

（3）最大最小法，即

$$r_{st}=\frac{\sum_{j=1}^{m}(s_j\wedge t_j)}{\sum_{j=1}^{m}(s_j\vee t_j)} \tag{14.14}$$

式中，$\wedge=\min$，$\vee=\max$。

例 14.2　设有 1978—1998 年宏观经济数据，如表 14.4 所示。这里采用一个简单标准化的方法，即将各个数据都分别除以数据值中的最大值（41 989.3）。将转换后的时间序列“总消费”和“国民生产总值”分别记为 s 和 t。则通过欧氏距离（式（14.8））法计算可得 $D(s,t)=\sqrt{\sum_{j=1}^{m}\left|s_j-t_j\right|^2}=0.9697$（这里 $m=21$）。也就是说，序列 s 与 t 的相似程度很低，仅为 0.0303。这说明像欧氏距离这样的测度主要判断相同时间点对应的数据取值上的相似情况。顾名思义，它对序列之间的位差（坐标距离）很敏感。而对于宏观经济数据，因为其序列表示不同的经济变量且值域非常不同，所以导致序列之间的距离相似程度低。而事实上，对于宏观经济决策的很多分析而言，人们更关心的是变化趋势和轨迹形式，或更关心其在模式形状上是否相似。这也是考虑“总消费”和“国民生产总值”相似性的主要目的。显然，基于绝对距离的测度在这方面存在局限。进一步，如图 14.6（a）所示，序列 u 与 v 相似，因为它们遵循类似变化模式。但从距离视角看，u 与 w 的距离却更近。图 14.7 给出了一个宏观经济数据变化轨迹的实例。此时采用近似度来衡量，可得到较高相似性，如根据相关系数法，$r_{st}=0.9495$；如采用夹角余弦法，可得 $r_{st}=0.9954$。

表 14.4　宏观经济数据

年　份	总消费（不变价）（亿元）	国民生产总值（亿元）	s	t
1978	4849.7	6579.7	0.1155	0.1567
1979	5567.3	7079.8	0.1326	0.1686
1980	5884.0	7632.0	0.1401	0.1818

续表

年　份	总消费（不变价）（亿元）	国民生产总值（亿元）	s	t
1981	6383.3	8028.9	0.1520	0.1912
1982	6879.5	8759.5	0.1638	0.2086
1983	7453.7	9714.3	0.1775	0.2314
1984	8473.8	11 190.8	0.2018	0.2665
1985	9534.3	12 701.6	0.2271	0.3025
1986	10 145.8	13 819.3	0.2416	0.3291
1987	10 769.2	15 422.4	0.2565	0.3673
1988	11 387.0	17 165.1	0.2712	0.4088
1989	10 884.1	17 868.9	0.2592	0.4256
1990	11 365.2	18 547.9	0.2707	0.4417
1991	12 713.6	20 254.3	0.3028	0.4824
1992	14 499.3	23 130.4	0.3453	0.5509
1993	15 993.4	26 253.0	0.3809	0.6252
1994	17 379.4	29 560.9	0.4139	0.7040
1995	18 829.4	32 664.8	0.4484	0.7779
1996	20 664.4	35 800.6	0.4921	0.8526
1997	21 928.0	38 951.1	0.5222	0.9276
1998	23 108.1	41 989.3	0.5503	1.0000

上述基于距离和近似度来衡量序列相似性程度的方法中，通常是对两个序列同一时间点的对应数据进行考量。然而，有些应用中还需综合考虑“绝对距离”和“序列形状”之间的相似性问题，以设计合适的相似性测度。此外，由于延迟效应，实际问题中也经常存在序列之间在不同时间点的近似对应，如图 14.6（b）中所示的情形。

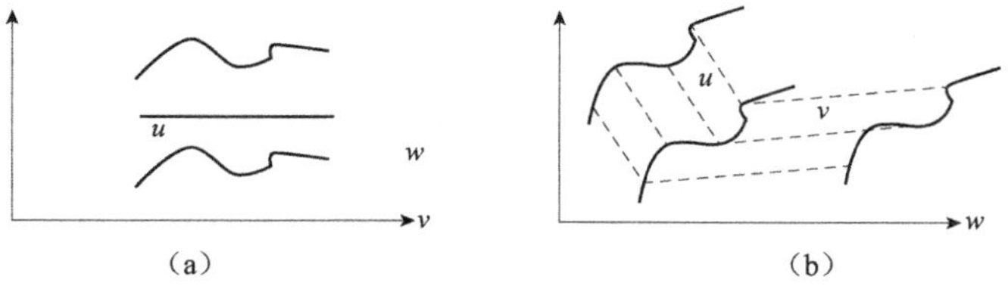

图 14.6　序列轨迹变化（序列形状）

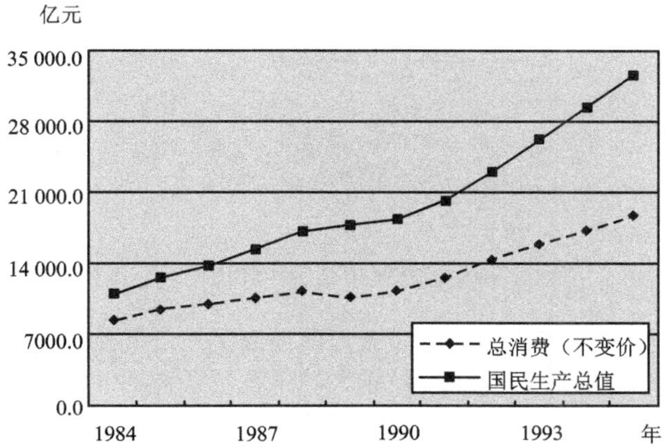

图 14.7　宏观经济数据变化轨迹（序列形状）

14.3.2　模式匹配法

人工智能中的模式匹配（Pattern Matching）法也常常应用于序列相似性的判断。例如，动态时间变形法（Dynamic Time Warping）就是根据语音识别原理通过动态规划的方式来进行模式匹配。它寻求序列在不同时间点的动态距离匹配以获得一个最佳匹配效果。如图 14.8 所示，这两个序列虽然相似性很高，但是其数据点并不是按照时间点一一对应（这种情况在实际应用中相当普遍）的。针对这种情况，可采用 DTW（Dynamic Time Warping）方法。

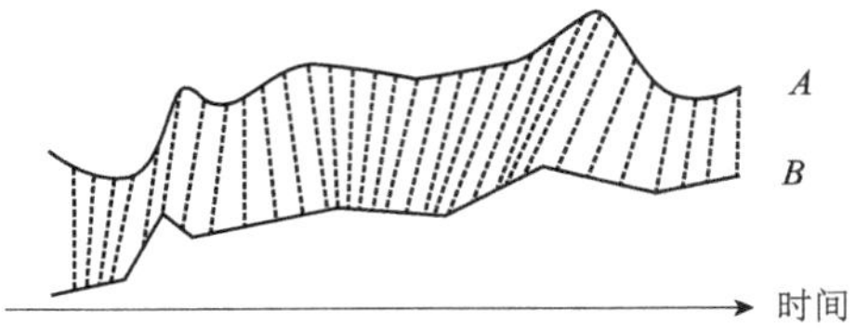

图 14.8　DTW 序列模式匹配

DTW 方法是在语音识别领域广泛应用的经典方法之一。其基本思路是采用“自下而上”动态规划的思路，利用一个滑动窗口对子序列进行分别比较，且可根据需要对子序列的局部数值进行复制而调整序列长度，从而得到调整后的序列，最后计算出其相似水平。图 14.9 给出了使用 DTW 方法转换过程的思路示意图[279, 280]。

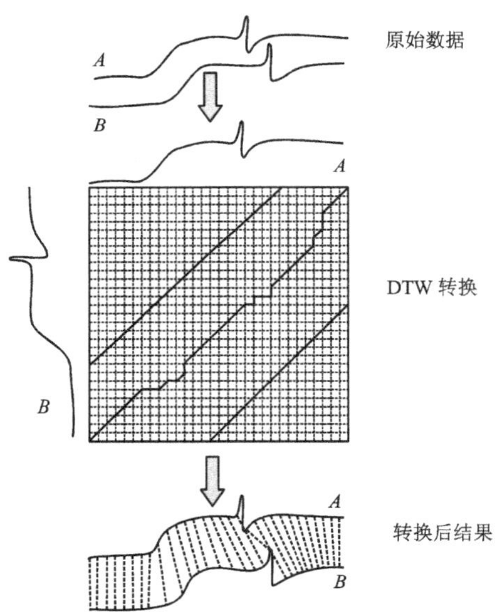

图 14.9　DTW 方法转换过程

上述的 DTW 方法因具有较好的适应能力而得到了广泛应用。但仍然可以根据不同的应用场景进一步优化，使其能在差异较大的情况下仍能对相似性进行合理评估。例如，通过用户或专家预设一些经验参数，如滑动窗口尺寸、相似范围的宽度、最大间隙和匹配片段等。该方法的细节介绍可参见文献[281, 282]。

14.4　时态关系模式

通过时态逻辑表达的时态关系有多种类型，如 during、after、equal 和 overlap 等。Allen[283]曾经定义了 13 种时态关系形式。本节进一步重点关注 during 时态关系，并且讨论在大规模数据环境下的 during 时态模式（DTP）的挖掘问题。

给定形如表 14.5 所示的时态数据库 T_D，设 $I = \{a_1, a_2, \cdots, a_m\}$为状态集合。每条记录对应一个事件 e，可表达为一个三元组（状态(a)，起始时间(st(e))和结束时间(et(e))），$a \in I$。

表 14.5　时态数据库 T_D

事件标号	状　态	起始时间	结束时间
e_1	a_1	1	10
e_2	a_2	2	8
e_3	a_3	5	8
e_4	a_1	12	15
e_5	a_1	19	25
e_6	a_2	19	20
e_7	a_3	22	24

如前所述，对于任两个事件 e_1 和 e_2，如果两个事件的起始时间和结束时间满足：$\mathrm{st}(e_2) \geqslant \mathrm{st}(e_1)$、$\mathrm{et}(e_2) \leqslant \mathrm{et}(e_1)$ 且 $\mathrm{et}(e_1) - \mathrm{st}(e_1) > \mathrm{et}(e_2) - \mathrm{st}(e_2)$，则称 e_2 during e_1，表示事件 e_1 的发生时间包含事件 e_2，记做长度为 2 的包含事件序列（DES，During Event Series）$e_1 \overset{d}{\lessgtr} e_2$。进一步，如果还存在 e_3 during e_2，即 $e_2 \overset{d}{\lessgtr} e_3$，则可以得到 e_3 during e_1，即 $e_1 \overset{d}{\lessgtr} e_3$。这是因为 $e_1 \overset{d}{\lessgtr} e_2$ 表示 $\mathrm{st}(e_2) \geqslant \mathrm{st}(e_1)$ 且 $\mathrm{et}(e_2) \leqslant \mathrm{et}(e_1)$，同时，$e_2 \overset{d}{\lessgtr} e_3$ 表示 $\mathrm{st}(e_3) \geqslant \mathrm{st}(e_2)$ 且 $\mathrm{et}(e_3) \leqslant \mathrm{et}(e_2)$，那么 $\mathrm{st}(e_3) \geqslant \mathrm{st}(e_2) \geqslant \mathrm{st}(e_1)$且 $\mathrm{et}(e_3) \leqslant \mathrm{et}(e_2) \leqslant \mathrm{et}(e_1)$。这就意味着 $e_1 \overset{d}{\lessgtr} e_3$。换句话说，事件的传递性质成立，即如果

$$e_1 \overset{d}{\lessgtr} e_2，\ e_2 \overset{d}{\lessgtr} e_3，\text{则} e_1 \overset{d}{\lessgtr} e_3 \tag{14.15}$$

也可记为事件序列 $e_1 \overset{d}{\lessgtr} e_2 \overset{d}{\lessgtr} e_3$。推广到一般情况，对于 k 个事件：$e_1, e_2, \cdots, e_k$，如果对于所有 $i=1, 2, \cdots, k-1$，都有 $e_i \overset{d}{\lessgtr} e_{i+1}$，则有长度为 k 的事件序列 $e_1 \overset{d}{\lessgtr} e_2 \overset{d}{\lessgtr} \cdots \overset{d}{\lessgtr} e_{k-1} \overset{d}{\lessgtr} e_k$。

一个事件 e 描述的是一个状态 a 在某特定时间区间[st, et]中出现的事实。事件的包含关系（during）即是状态出现时间之间的包含关系。也就是说，如果多个事件的发生都反映了某两个状态 a_i 和 a_j 出现的时间包含关系，那么这种状态间的关系就可能具有一般性。例如，很多感冒症状事件都出现了发烧期间咳嗽的情况，很多气象现象都出现了大雾期间下雨的情况，等等。无疑，这种具有一般性状态间的时态知识是有意义的，对决策有帮助，值得进行挖掘分析。

具体来说，对于 I 中的任意两个不同状态 a_i 和 a_j，状态关系 a_i during a_j 表示状态 a_j 的发生时间包含 a_i，称为长度为 2 的 during 时态序列（DTS，During Temporal Series），简记为 a_ja_i。对于事件 e_1 和 e_2，如果 e_1 的状态为 a_j，e_2 的状态为 a_i，且 $e_1 \overset{d}{\lessgtr} e_2$，则称 $e_1 \overset{d}{\lessgtr} e_2$ 为序列 a_ja_i 的一个实例，或称 $e_1 \overset{d}{\lessgtr} e_2$ 支持序列 a_ja_i。

进一步扩展可得，一个长度为 k ($k \geqslant 1$)的 DTS 表示为 $\alpha : a_1 a_2 \cdots a_{k-1} a_k$ ，记做 DTS_k。当 k =1 时，α 的长度为 1，退化为一个独立状态。如果对于 α 中的任意状态 a_i（i = 1, 2, ⋯, k）都存在一个事件 e_{j_i} ($j_i = 1,2,\cdots,n$; $i = 1,2,\cdots,k$)，使得 a_i 为 e_{j_i} 的状态，且事件序列 $e_{j_1} \overset{d}{\gtrless} e_{j_2} \overset{d}{\gtrless} \cdots \overset{d}{\gtrless} e_{j_{k-1}} \overset{d}{\gtrless} e_{j_k}$ 成立，那么则称 $e_{j_1} \overset{d}{\gtrless} e_{j_2} \overset{d}{\gtrless} \cdots \overset{d}{\gtrless} e_{j_{k-1}} \overset{d}{\gtrless} e_{j_k}$ 支持 during 时态序列 $\alpha : a_1 a_2 ... a_{k-1} a_k$ ，也称前者是后者的一个实例。其中 n 为时态数据库 T_{D} 中事件（记录）的个数。例如，在表 14.5 中，$e_1 \overset{d}{\gtrless} e_2 \overset{d}{\gtrless} e_3$ 是时态序列 $a_1 a_2 a_3$ 的一个实例；$e_1 \overset{d}{\gtrless} e_2$ 和 $e_5 \overset{d}{\gtrless} e_6$ 为时态序列 $a_1 a_2$ 的两个实例。

对于时态序列 $\alpha : a_1 a_2 \cdots a_{k-1} a_k$ ，可以定义其支持计数 support 为

$$\mathrm{support}(\alpha) = \| \alpha \| \tag{14.16}$$

式中，$\| \alpha \|$为支持时态序列 α 的事件序列的个数（也即时态序列的实例个数）。以表 14.5 为例，$\mathrm{support}(a_1 a_3) = 2$ （即 $e_1 \overset{d}{\gtrless} e_3$ 和 $e_5 \overset{d}{\gtrless} e_7$ 支持时态序列 $a_1 a_3$ ）。如果 α 的支持计数不小于用户事先设定的最小支持计数阈值，则称 α 为一个频繁 during 时态序列（FDTS，Frequent DTS）。

频繁时态序列在一定程度上反映了显著的语义内涵。一个时态序列 $\alpha : a_1 a_2 \cdots a_{k-1} a_k$ 是频繁的，也就是说有足够多相应的事件序列 $e_{j_1} \overset{d}{\gtrless} e_{j_2} \overset{d}{\gtrless} \cdots \overset{d}{\gtrless} e_{j_{k-1}} \overset{d}{\gtrless} e_{j_k}$ 发生。换句话说，若状态 a_1 包含 a_2 包含⋯a_{k-1} 包含 a_k（即 a_k during a_{k-1} during⋯a_2 during a_1）的情况出现得非常频繁，则这种时态序列可以作为一类时态知识用于决策分析。

进一步，对于频繁的 during 时态序列 $\alpha : a_1 a_2 \cdots a_{k-1} a_k$ ，关注状态之间 during 关系的显著程度往往也是有意义的。举例来说，表 14.6 所示的时态数据库 T_{D}' 中 during 时态序列 a_1 a_2 的支持计数与表 14.5 中时态数据库 T_{D} 相同，同样为 2，但表 14.5 中数据库 T_{D} 表达的 a_1 a_2 更令人感兴趣，因为该数据库中 2/3 的 a_1 都包含 a_2，而 T_{D}' 中对应的（条件）概率仅为 40%。再者，状态之间的 during 关系也体现了一定的预测力，反映某些状态发生条件下的与另一些状态的发生在时间包含上的关联关系。

表 14.6　时态数据库 T_{D}'

事件标号	状　态	起始时间	结束时间
e_1	a_1	1	10
e_2	a_2	2	8
e_3	a_1	5	8
e_4	a_1	12	15
e_5	a_1	19	25
e_6	a_2	19	20
e_7	a_1	27	29

在此，引出 during 时态模式（DTP，During Temporal Pattern）的概念。给定两个 during 时态序列 α（$\alpha : a_1 a_2 \cdots a_{k-1} a_k$）和 β（$\beta : b_1 b_2 \cdots b_{g-1} b_g$），设 A_α 和 A_β 分别表示两个序列中的状态集合，且 $A_\alpha \cap A_\beta = \varnothing$，则称 $\alpha \overset{d}{\Rightarrow} \beta$ 为 during 时态模式，表示时态序列 α 发生期间时态序列 β 也发生。

与关联规则类似，时态模式$\alpha \overset{d}{\Rightarrow} \beta$要有意义，首先要求序列 $\alpha\beta$（$\alpha\beta: a_1a_2\cdots a_{k-1}a_kb_1b_2\cdots b_{g-1}b_g$）的出现足够频繁。其次，要求在序列$\alpha$出现的情况下，序列$\beta$与之关联的出现是显著的。这样，可分别定义时态模式$\alpha \overset{d}{\Rightarrow} \beta$的支持计数 support（$\alpha \overset{d}{\Rightarrow} \beta$）和置信度 Dconf（$\alpha \overset{d}{\Rightarrow} \beta$）为

$$\text{support}(\alpha \overset{d}{\Rightarrow} \beta) = \text{support}(\alpha\beta) = \|\alpha\beta\| \tag{14.17}$$

$$\text{Dconf}(\alpha \overset{d}{\Rightarrow} \beta) = \|\alpha\beta\| / \|\alpha\| = \text{support}(\alpha\beta)/\text{support}(\alpha) \tag{14.18}$$

仍以表 14.5 所示的时态数据库T_D为例，support($a_1 \overset{d}{\Rightarrow} a_2$)=2，Dconf($a_1 \overset{d}{\Rightarrow} a_2$) = support($a_1 \overset{d}{\Rightarrow} a_2$) / support($a_1$)＝2/3 ≈ 67%。与表 14.6 所示的时态数据库T'_D的数据进行比较，可知 Dconf($a_1 \overset{d}{\Rightarrow} a_2$) =support($a_1 \overset{d}{\Rightarrow} a_2$)/support($a_1$)=2/5 = 40%。

对于用户或专家设定的最小支持计数阈值 ms 和最小置信度阈值 mc，如果 support($\alpha \overset{d}{\Rightarrow} \beta$)≥ms，且 Dconf($\alpha \overset{d}{\Rightarrow} \beta$)≥mc，则称$\alpha \overset{d}{\Rightarrow} \beta$为合格 during 时态模式（DTP）。

类似于关联规则，对于时态序列，其支持计数存在如下重要性质，即

$$\text{support}(\alpha\beta) = \|\alpha\beta\| \leqslant \|\alpha\| = \text{support}(\alpha) \tag{14.19}$$

这与关联规则挖掘中项集的性质类似，即长度越短的时态序列越容易被更多的实例支持，这也符合实际情况。当序列长度不断增加时，原来支持它的实例集合中，必然会有一部分集合会因不满足条件而退出，因此实例个数会越来越少，即支持计数越来越低。因此，该性质可以作为剪枝策略，使得采用 Apriori 思路有效挖掘频繁 DTS 和合格 DTP 成为可能。具体的挖掘过程和方法细节（即 DTP 算法）请参见文献[284]。

例 14.3 根据来自 2002 年荷兰某气象站记录的气象数据，对 17 个属性分别每小时记录一次。属性包括风向、平均风速、气温、相对湿度、地面辐射、日照持续时间、每小时降雨量、能见度、雾和雪等。这些属性的值大多都是连续的，通过数据离散化并转换为如表 14.5 所示的时态数据库形式。采用基于上述方法思路的 DTP 算法进行频繁时态序列和合格时态模式的挖掘，获得若干有意义和感兴趣的气象 DTP。首先，得到一些比较简单的基于包含关系的时态模式，如风和雨，相对湿度和地面辐射，气温、地面辐射和日照持续时间等事件之间的时态关系。例如，“强风$\overset{d}{\Rightarrow}$雨”，即下雨之前会有强风天气，雨停后一段时间风也会停止；再如，“大雾/下雪$\overset{d}{\Rightarrow}$低能见度”，即在大雾或下雪期间，能见度较差。此外，也发现了一些形式更为复杂的时态关系，如“低能见度 during 无地面辐射 during 无日照 during 温度降低”，其语义为，如果温度开始下降，说明正在接近日落，当日照时间缩短为 0 时，地面无辐射，夜幕降临了，能见度变差。这个挖掘得到的时态模式反映出一种有价值的复杂气象现象规律。

除了表达和挖掘诸如 during 时态模式之外，还可以对多个时态关系的模式（称做混合时态模式）进行挖掘。例如，混合时态模式“A 上涨$\overset{O}{\Rightarrow}$$B$ 下跌$\overset{B}{\Rightarrow}$$C$ 持平”（其中O＝Overlap，B＝Before）表示“在 A 上涨期间 B 下跌并且 A 上涨结束后 B 继续下跌一段时间后才停止，在此之后一段时间内 C 股价保持持平”。该方法的细节可参见文献[357～360]。

总之，时态模式的研究和应用领域非常广阔，存在着很多具体的时态知识形式及相应的模式分析和挖掘方法。例如，基于傅里叶变换和小波变换的序列变换方法[281, 282, 285, 286]、

R-tree 等相似搜索和索引技术[287~290]、其他时态模式（包括周期模式、日历模式和情景模式等）的挖掘[291~293]。在信息技术与组织活动深入融合、集成时间维度数据积累日趋丰富的背景下，时态模式分析与挖掘将引起更多的关注，在理论和实践方面都将具有更大发展。

14.5　时态数据的表达与转换

如前所述，时态数据集的规模通常非常大，这与数据采集的频率相关。例如，一个手机 App 每天新积累的访问日志数据量一般能达到 GB 的规模。因此如果要直接采用统计方法或采用传统数据挖掘技术来进行处理，有可能会产生运行时间大大延长而无法快速响应的问题。另一方面，由于时态数据集的原始数据通常因采集时间频率非常高，而且是连续数据，所以也会使得许多数据挖掘技术难以直接应用。因此，适当的数据表达和转换是确保后续时态数据挖掘和有效分析取得成功的必要条件。

一些常用的时态数据表达与转化的方法包括离散傅里叶变换（Discrete Fourier Transform）、离散小波变换（Discrete Wavelet Transform）、奇异值分解（Singular Value Decomposition）、分段线性拟合（Piecewise Linear Approximation）、分段聚合拟合（Piecewise Aggregate Approximation）和自适应分段常量拟合（Adaptive Piecewise Constant Approximation）等。由于这些方法都涉及较为复杂的理论和技术，因此本章仅简要介绍离散傅里叶变换、离散小波变换和分段线性拟合方法的基本思想。

1. 离散傅里叶变换

离散傅里叶变换是一类得到广泛应用于序列数据分析的方法。其基本思想类似于光谱分析，即无论何种信号模式，即使再复杂，都可以表示为有限个 sin/cos 函数曲线的叠加，其中每一个曲线通过一个复数系数来表达，此系数称为傅里叶系数[281, 294]。

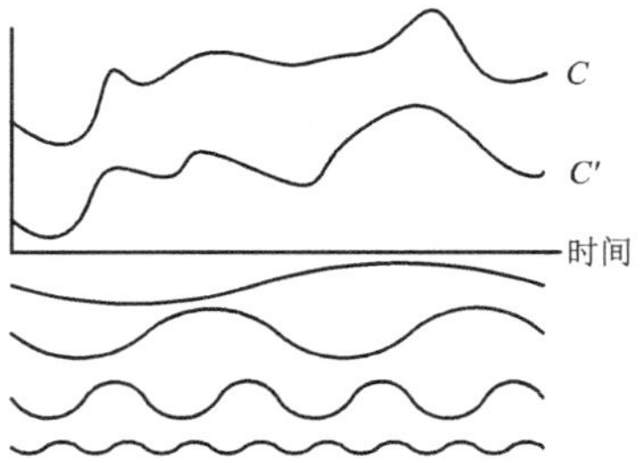

图 14.10　离散傅里叶变换

例如，图 14.10 所示的就是对序列 C（采样样本个数为 n）进行的傅里叶变换，即将其变换为 N 个 sin/cos 函数曲线（在此例中，N=4），进行叠加后可得到变换后的 C'。可以看到 C'与 C 的形状非常相近。

傅里叶变换的优势在于，由于 sin/cos 函数在数值分析中具有良好的数学性质，因此对所变换得到的曲线更加容易进行分析和处理。此外，通过傅里叶变换还能将数据的维度从原始数据的 n 降为 N（通常 $n >> N$），这也大大提高了后续分析处理的效率。

当然，此方法的缺陷也很明显，首先这样的变换必然带来信息的损失，此外如何选择合适的 sin/cos 函数也取决于问题的背景及分析者的经验。

2. 离散小波变换

小波是一种函数，用于通过原型函数的加/减操作来表示数据或其他函数。在处理时态数据变换的问题时，与离散傅里叶变换较为相似。但是，它是将时间因素作为系数来考虑的，并通过多层小波函数不断细化来逼近原始数据。例如，将第一层函数对整个数据进行初步近似；第二层再通过对分对局部进行近似；第三层再进一步对分，进行近似……以此类推，直到经过有限层的变换，得到满意的变换结果[294]。

图 14.11 给出了一个离散小波变换的例子。时间数据曲线 C 可以通过小波变换为 8 个函数的叠加，其变换后的结果为 C'。

离散小波变换的优势在于：由于可以选择形式非常简单的原型函数，如图 14.11 所示就选用了一个简单脉冲函数。因此给后续的处理和分析会带来便利。同样，它也有离散傅里叶分析常见的信息损失和在复杂情况下小波函数难以构建的缺点。

3. 分段线性拟合

分段线性拟合方法则充分体现出其基于简单数值运算的优势，并广泛应用于中数据压缩和噪声过滤上。分段线性拟合方法的思路非常直观，即对原始时间数据根据需要进行分段处理，将每段分别拟合为一个线性函数。图 14.12 给出了一个分段线性拟合的例子。在该例中，将原有的时间数据序列根据需要分为 8 段，每段分别拟合出一个线性函数，最后得到变换后的数据序列 C'[295]。

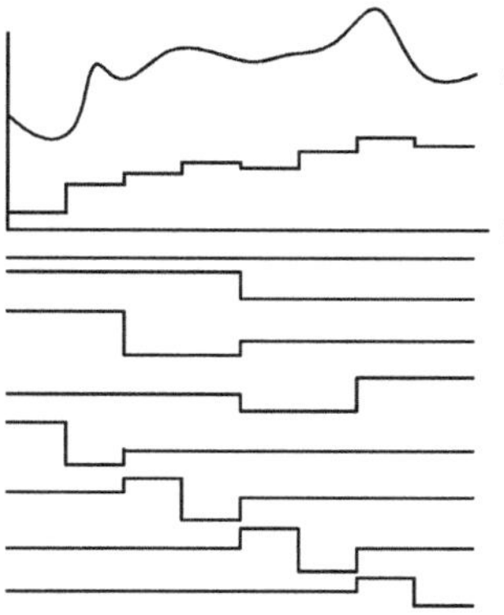

图 14.11　离散小波变换

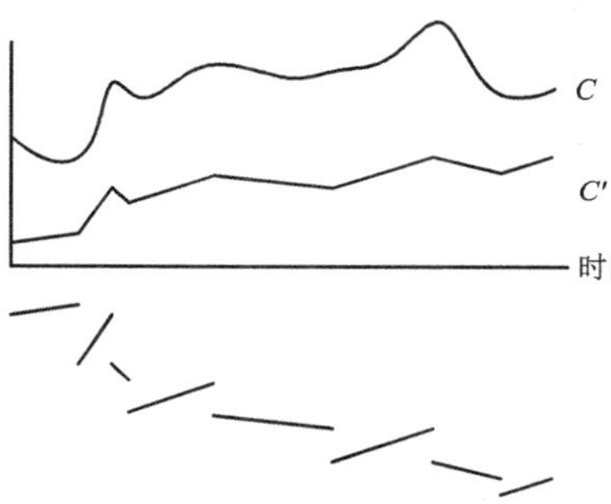

图 14.12　分段线性拟合示例

分段线性拟合具有简单和易于操作的特征，是最早提出的序列数据分析和处理的方法之一。但是其缺点也很明显，即对原始数据的线性拟合容易造成大量复杂原始信息的丢失。而且由于分段的不均匀性，如何有效合理地进行分段也是一个棘手的问题。

综上所述，在对时态数据进行挖掘之前，必要的数据表达和转换非常重要。本质上，这种表达与转换过程是关键信息提取的过程，即为了进行后续分析而去芜存菁。因此表达和转换对于时态数据挖掘来说，不仅是必要的，而且是关键性的。另外，对于相同的原始数据，分析目标不同，转换方法的选择、转换过程以及转换结果也会不同。

14.6　小结

（1）由于时态数据的普遍性（如商品购买时间、疾病症状出现时间、银行交易时间、气候变化时间、客户服务时间、销售时间趋势、经济运行时序、股票价格变化和网页浏览日志等），关注时态数据在很多情况下是有必要且有意义的，可以帮助诠释事物发生的过程，揭示事物发展的动态规律，支持更科学有效的决策。

（2）时态关联规则 $X \stackrel{T}{\Rightarrow} Y$ 是一个具有显性时间元素的关联规则，其中 T 为延迟时间。$X \stackrel{T}{\Rightarrow} Y$ 反映的语义为“在事件 X 发生的情况下，事件 Y 在 T 时间单位后发生”。

可以采用基于 Apriori 的增列方法来进行挖掘。

（3）序列相似性也是一类重要的时态知识，反映了数据序列之间的类似性。定义相似性测度有多种方法，各有优劣，需要根据测度的基本性质和应用背景审慎选取。衡量序列相似性程度有基于距离（如海明距离和欧氏距离等）和近似度（如余弦夹角法和相关系数法等），以及基于模式匹配（如动态时间变形法等）等方法。

（4）时态关系模式是通过时态逻辑（Temporal Logic）表达事件之间联系的一类时态知识形式。时态逻辑有先后（before/after）、包含（contain/during）、同时（equal）和重叠（overlap）等，表达了事件发生之间的时间限定关系。

（5）during 时态序列（DTS）$\alpha: a_1a_2\cdots a_{k-1}a_k$ 反映了相互时间包含的语义模式。during 时态模式（DTP）$\alpha \overset{d}{\Rightarrow} \beta$ 表示时态序列α发生期间时态序列β也发生了。满足给定支持计数和置信度阈值的 DTP 为合格 DTP。可以对 Apriori 方法进行扩展来实现时态模式的挖掘，如采用 DTP 算法。

（6）由于时态数据的规模非常大且具有连续性，因此在进行时态数据挖掘之前，有必要进行适当的数据表达和转换。本章介绍了离散傅里叶变换、离散小波变换和分段线性拟合这三种最为常见的方法。

思考练习题

14.1　某商店销售四种电子产品：电视机（TV）、数码录放机（DVD）、洗衣机（WM）和笔记本电脑（LC）。有某顾客购买记录如下所示。

日　期	产　品
#1	WM、TV、DVD
#2	WM
#3	WM、TV、LC、DVD
#4	TV
#5	WM、DVD
#6	LC、DVD
#7	WM、TV、DVD
#8	DVD
#9	WM、TV、DVD
#10	LC

计算该顾客 DVD$\overset{2}{\Rightarrow}$DVD 的支持度和置信度（表示某顾客购买 DVD 后，再过两天仍然会购买 DVD）。

14.2　两个时间点事件间的时态关系有几种？

14.3　一个时间点事件和一个时间区间事件之间的时态关系有几种？

14.4　有如下表所示的时态数据库，计算所有合格的包含时态模式（给定最小支持度=3，最小置信度=60%）。

事件标号	状态	开始时间	结束时间
e_1	a_1	1	20
e_2	a_3	1	4
e_3	a_5	2	10
e_4	a_2	2	8
e_5	a_8	2	3
e_6	a_7	4	6
e_7	a_4	5	7
e_8	a_3	10	13
e_9	a_1	22	28
e_{10}	a_5	22	24
e_{11}	a_3	23	28
e_{12}	a_8	24	26
e_{13}	a_4	25	27
e_{14}	a_6	25	26
e_{15}	a_5	27	35
e_{16}	a_7	28	32
e_{17}	a_1	30	40
e_{18}	a_3	30	38
e_{19}	a_8	32	37
e_{20}	a_4	34	38
e_{21}	a_7	36	38
e_{22}	a_6	37	37

14.5 两个时间区间事件之间的 contain/during 关系是否存在传递性？after 关系呢？overlap 关系呢？

第 15 章

关联分类

之前的章节已介绍了关联规则分析与分类分析，关联规则能帮助找到看似无关的事物间的联系，分类分析则能使人们看清原本杂乱无章的数据。那么如果“双剑合璧”，是否会事半功倍呢？本章所介绍的相关知识正是从融合两种分析方法精华、发挥其各自优势的思路出发的。关联规则的分析结果能为人们提供关于目标数据的宝贵先验知识。基于这些知识构建的分类器就像一个经验丰富的老向导，能够带领大家在分类分析的道路上少走弯路，快速到达目的地。

本章学习重点

- 分类关联规则的剪枝方法；
- 基于关联规则的分类器构建；
- GARC 方法。

在方法篇中提到，关联规则与分类均是商务智能领域关注的重要知识形式。近年来，关联分类（即将关联规则应用于分类当中，构建基于关联规则的分类器）引起了人们研究和应用的兴趣并获得了很好的效果。关联分类方法的主要思想是将分类规则视为关联规则的特例，利用关联规则挖掘方法进行全局数据扫描，力图反映数据结构特征的性质，将关联规则所具有的“语义丰富性”优势应用于分类算法中。关联分类方法的分类准确率不但能够达到用户满意的水平，同时其规则表达形式也易于决策者理解。

关联分类一般包括三个步骤：第一，从训练集中挖掘出分类关联规则；第二，对分类关联规则进行剪枝；第三，构建分类器。

15.1 生成分类关联规则

在关联分类中，分类关联规则（CAR，Class Association Rules）可以表示为形如 $X \Rightarrow C$ 的规则，其中 X 为属性集合，C 为类别。可见，如果将 C 看做一种特殊属性，那么分类规则其实是关联规则的一种特例。进而，生成分类关联规则有两种思路：一种思路是首先挖掘出所有的关联规则（满足阈值限制），然后从中挑选出后项为类别属性的规则；另一种思路是直接挖掘后项为单个类别属性的分类关联规则。

前者的思路简单，易于实现，但显然没有必要，因为这样会得到大量不能应用于分类的关联规则。而且规则越多，挖掘耗费时间越长，因此目前常见的方法都使用后者。

用于挖掘分类关联规则的方法主要基于 Apriori 算法，它将关联规则挖掘过程分解为两个子问题：

（1）找到所有支持度大于最小支持度的项集（Itemset），这些项集称为频繁集（Frequent Itemset）；

（2）基于所获得的频繁集生成规则。

关联分类的一个经典方法是 CBA [296]。在 CBA 方法中，数据集 D 中的每个记录由 n 个条件属性和一个类别属性组成。一个候选频繁集可以描述为 $X \cup C_i$ 及对应的两个指标 lcount 和 wcount。其中 X 是这 n 个条件属性中任意 m（$m \leqslant n$）个属性取值的组合，lcount 是 D 中包含 X 的记录个数，wcount 是同时包含 X 和类别值 C_i 的记录的个数。基于上述概念可以给出支持度和置信度的概念如下

$$\text{Dsupp}\left(X \cup C_i\right) = \text{wcount} / |D|$$

$$\text{Dconf}\left(X \cup C_i\right) = \text{wcount} / \text{lcount}$$

根据 CBA 方法中的 lcount 和 wcount 计算该候选频繁集的支持度后，则可得到满足最小支持度的候选集 L_k，然后生成新的候选集 C_{k+1}，是一个典型的 Apriori 过程。进而计算候选规则的置信度，最终可得到满足最小支持度和最小置信度的分类规则集。

这里需要提到的是，由于 Apriori 算法本质上只能处理布尔取值的属性（即取值为 0 或 1），对于包含数量型属性的训练集，在挖掘规则前要对该属性进行离散化处理，即给定一个属性 A，将其值域 U 划分为互不存在交集的 m 个集合：$U_1, U_2, \cdots, U_m$，且 $U_1 \cup U_2 \cup \cdots \cup U_m = U$。其中 U 可以是连续的实数集合（如某物的重量等），也可以是有序的离散数的集合（如自然数），如一个人的年龄。这部分内容一直是研究和应用的热点。详细讨论请参见第 12 章和第 16 章的相关内容和参考文献。

例 15.1　对于表 15.1 所示的数据，采用 Apriori 生成分类关联规则如下。

表 15.1　样本数据集

序　号	食　肉	产　奶	有　鳍	有　毒	类　别
1	1	0	1	0	鱼类
2	1	1	0	0	哺乳动物
3	0	0	1	0	鱼类
4	0	1	0	1	哺乳动物
5	1	0	1	1	鱼类
6	1	0	0	1	爬行动物
7	1	0	1	0	鱼类
8	1	0	0	1	爬行动物
9	1	1	0	0	哺乳动物
10	0	0	0	1	爬行动物
11	0	0	0	1	爬行动物

该数据集包含三个类别：鱼类（C_1）、爬行动物（C_2）和哺乳动物（C_3）；四个属性：食肉（P）、产奶（M）、有鳍（F）和有毒（V）。设最小支持度为 2/11，即每个项集至少出现两次才算频繁；最小置信度为 75%。

（1）计算 1-项集的 lcount 和 wcount 值，即有

$$\text{lcount}(C_1)=4,\ \text{lcount}(C_2)=4,\ \text{lcount}(C_3)=3$$

计算每一个类别的支持度是因为，如果某一类别，如 C_3，其支持度小于最小支持度，那么接下来将不再生成后项为 C_3 的分类规则，即

$$\text{lcount}(P)=7,\ \text{lcount}(M)=3,\ \text{lcount}(F)=4,\ \text{lcount}(V)=6$$

由于 P、M、F 和 V 的 lcount 均不小于 2，因此计算对应的 wcount 为

$$\text{wcount}(P\cup C_1)=3,\ \text{wcount}(P\cup C_2)=2,\ \text{wcount}(P\cup C_3)=2$$

$$\text{wcount}(M\cup C_1)=0,\ \text{wcount}(M\cup C_2)=0,\ \text{wcount}(M\cup C_3)=3$$

$$\text{wcount}(F\cup C_1)=4,\ \text{wcount}(F\cup C_2)=0,\ \text{wcount}(F\cup C_3)=0$$

$$\text{wcount}(V\cup C_1)=1,\ \text{wcount}(V\cup C_2)=4,\ \text{wcount}(V\cup C_3)=1$$

（2）计算 2-项集的 lcount 和 wcount 值，即有

$\text{lcount}(P\cup M)=2$, $\text{lcount}(P\cup F)=3$, $\text{lcount}(P\cup V)=3$, $\text{lcount}(M\cup F)=0$, $\text{lcount}(M\cup V)=1$, $\text{lcount}(F\cup V)=1$

选择其中满足阈值限制的项集计算 wcount 为

$$\text{wcount}(P\cup M\cup C_1)=0,\ \text{wcount}(P\cup M\cup C_3)=2$$

这里无须计算 $P\cup M\cup C_2$ 的 wcount，因为 $\text{wcount}(M\cup C_2)=0$，故 $P\cup M\cup C_2$ 不可能为频繁集，下面对于项集 $P\cup F$ 和项集 $P\cup V$ 同样仅计算部分 wcount 即可，因而有

$$\text{wcount}(P\cup F\cup C_1)=3$$

$$\text{wcount}(P\cup V\cup C_2)=2$$

（3）计算 3-项集的 lcount 和 wcount 值。

由（2）的结果可知，不存在 3-项频繁集。结束。

下面，利用上面的结果计算分类关联规则的置信度。

从 1_项频繁集中得到

$$\text{Dconf}(P \Rightarrow C_1)=3/7<75\%$$

$$\text{Dconf}(P \Rightarrow C_2)=2/7<75\%$$

$$\text{Dconf}(P \Rightarrow C_3)=2/7<75\%$$

在后面的过程中可以发现，对于一系列频繁集 $P \cup C_i$，仅需考虑 lcount($P \cup C_i$)值最大的频繁集 $P \cup C_i$ 所对应的分类关联规则，因为其他 $P \cup C_i$ 形成的规则对分类没有贡献。这里，为了阐明生成分类关联规则的过程，下面列举出所有规则为

$$\text{Dconf}(M \Rightarrow C3)=3/3 >75\%$$

$$\text{Dconf}(F \Rightarrow C1)=4/4 >75\%$$

$$\text{Dconf}(V \Rightarrow C2)=4/6 <75\%$$

从 2_项频繁集中得到

$$\text{Dconf}(MP \Rightarrow C3)=2/2 >75\%$$

$$\text{Dconf}(PF \Rightarrow C1)=3/3 >75\%$$

$$\text{Dconf}(PV \Rightarrow C2)=2/3 <75\%$$

于是，最终得到如下分类关联规则为

$$M \Rightarrow C3 \text{ with Dsupp=3/11, Dconf=100\%}$$

$$F \Rightarrow C1 \text{ with Dsupp=4/11, Dconf=100\%}$$

$$MP \Rightarrow C3 \text{ with Dsupp=2/11, Dconf=100\%}$$

$$PF \Rightarrow C1 \text{ with Dsupp=3/11, Dconf=100\%}$$

此外，分类关联规则挖掘方法还可以采用 FP-tree 方式[106]。在本书第 6 章关于关联规则的介绍中提到，Apriori 算法能够有效地生成关联规则，但需要多次扫描数据集。FP-tree 算法将数据库压缩到一棵频繁模式树中，通过设计有效的数据结构，避免了逐层生成候选集的过程。基于 FP-tree 的分类方法首先进行第一次数据库扫描，生成一项频繁集集合并按照支持度大小降序排列，得到频繁项列表 L。在第二次进行数据集扫描的时候，对每条记录中的项按照 L 中的次序处理，创建新节点或更新现有节点计数，由此形成 FP-tree 结构。FP-tree 结构在压缩数据库内容的同时，保存了项集间的关联信息，求解频繁项集的问题相应转化为递归地找出树中最短频繁模式并连接其后缀构成长频繁模式的问题，由此避免了大量候选集的生成和频繁的数据库扫描。CMAR 分类器也是使用 FP-tree 方式的一种典型分类器[297]。当然，基于 FP-tree 方式的关联分类方法在处理属性很多的大型数据集时存在一定的局限。

15.2　分类关联规则剪枝

一般说来，虽然得到的分类关联规则仅是数据集对应的规则的一部分，但其规模仍然非常庞大。数量过多的分类关联规则不但会影响分类器的分类准确率，也会减弱分类器对结果的解释能力。而且在得到的所有分类关联规则中，有的可能对分类不会产生任何作用（如没有记录适用于该规则），有的可能会对分类产生负作用（错误地对记录分类），称这些规则为冗余/冲突规则，它们会影响分类器性能。规则剪枝正是针对这种现象而提出的。

通常，有两种对冗余/冲突规则剪枝的方式，它们分别是后剪枝方式和先剪枝方式。

15.2.1　后剪枝方式

后剪枝方式的思路是，先得到所有满足阈值限制的分类关联规则，然后删除冗余/冲突规则。具体方式因分类器的设计思想而异，下面介绍悲观错误率法和 χ^2 检验法两种常见的剪枝方法。

1. 悲观错误率法

悲观错误率法的基本想法是，记录每一条分类规则在整个训练集学习过程中的分类准确率贡献，依次删除贡献最小的规则；不断重复上面的过程，直到显著影响到训练集的分类准确率为止。该方法与给定记录如何选择对应的分类规则紧密相关。下面，以 CBA 分类器的剪枝过程为例，解释该方法如何进行。

首先，将所有规则按以下标准设定优先级并降序排列：如果规则 R_i 的置信度高于 R_j，或两者置信度一致，而 R_i 的支持度高于 R_j，或两者置信度和支持度都一样，但是 R_i 比 R_j 先生成，那么规则 R_i 的优先级高于 R_j。这样，任意两个规则都可以进行优先级对比，最后所有规则都可按优先级高低排成一个队列。

接下来，使用规则队列对训练集的记录进行分类。CBA 分类器按照规则的优先级从高到低的顺序进行逐个判断，一旦有某个规则适用于该记录（即规则条件项的属性完全被该记录的属性项集包含），则应用该规则对此记录进行分类。如果没有任何一条规则适用于该记录，则将该记录归于预设好的默认类别。

CBA 方法基于一种对数据集合进行覆盖的思路对规则集合进行剪枝，它按照规则的优先级依次检验每一条规则是否应该加入到分类器中，最后分类器中的规则和所设定的默认类别满足两个条件：对于训练数据集而言，每条规则至少有一次是正确分类的（如果记录满足分类器中优先级更高的规则的条件项，则该记录不再适用于这条规则进行分类），整个分类器在训练集上错误率最小。在所有剩余的不能满足任何一条规则的记录中，占比例最大的类别被设定为该分类器的默认类别。图 15.1 所示为 CBA 算法构建分类器步骤伪码，即列出了对得到的初始规则集剪枝的过程。

```
按照样本的优先级进行降序排列;
For 队列中每一条规则 r ∈ R do
        temp = ϕ;
        for 每一个样本 d ∈ D do
    if d 满足规则 r 的条件 then
        存储 d 的 id 到 temp 中，如果 r 正确地预测了 d 的类别，则标记该规则;
    end
        end
        if r 被做了标记 then
    将 r 插入到分类器 C 的最后;
    从数据库 D 中删除所有 temp 中所记录的样本;
    为当前的分类器选择一个默认的类别;
    计算当前分类器 C 的总错误率;
        end
end
找出分类器总错误率最低时所对应的那条规则 p，并删除它之后的所有规则;
将 p 所对应的那个默认类别作为最终分类器 C 的默认类别
```

图 15.1　CBA 算法构建分类器步骤的伪码

2. χ^2 检验（规则前后项相关性检验）法

经过分类关联规则的挖掘，可得到所有置信度和支持度满足阈值限制的分类关联规则，虽然置信度确实在一定程度上反映了分类关联规则的预测能力，但是它仍然存在一些缺陷。

首先，规则 $X \Rightarrow Y$ 的置信度可以视为是一个条件概率，但是该条件概率对于$\|Y\|$和$|D|$并不敏感，因为置信度是$\|XY\| / |X|$，其中$\|X\|$、$\|Y\|$和$\|XY\|$表示包含项集（属性集）X、Y 和 XY 的记录个数，$|D|$表示数据集 D 的记录个数。也就是说，如果保持该式的分子和分母不变，则当$\|Y\|$的大小或$|D|$发生变动时，规则的置信度是不变的。记 $s(X)$和 $s(Y)$分别为包含项集 X 和 Y 的记录集，则如图 15.2 所示，当 $s(Y)$增大（即$\|Y\|$增大）或数据集 D 的规模变小时，规则 $X \Rightarrow Y$ 的预测能力会下降，即能覆盖的记录减少。例如，当 $s(Y)$足够大以至于与数据集 D 本身非常接近的时候，包含项集 X 的记录也更可能同时属于记录子集 $s(Y)$。另外一种情况是分子和分母同比例增加时，规则的置信度保持不变，但显然人们对那些从较大的数据集中获得的同样置信度的规则更感兴趣。图 15.2 直观地显示了上述的内容，说明仅仅是置信度不一定能很好地描述规则的预测能力。

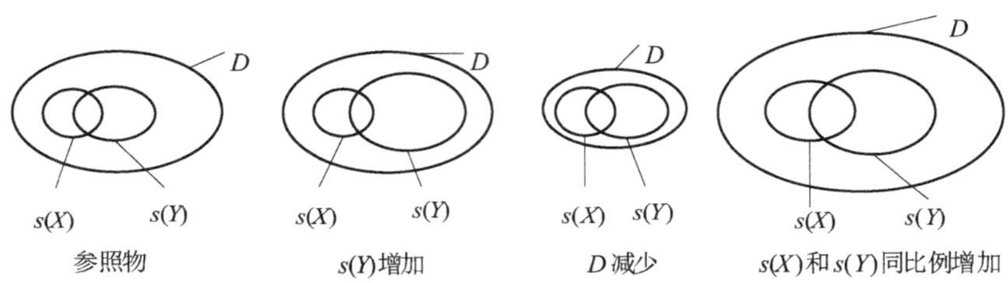

图 15.2　保持置信度不变的三种情况

置信度还存在另外一个局限。在大数据环境下，考虑到数据的庞杂性和多样性，将最小支持度设置为 1%甚至更小。这样很有可能生成一些规则具有非常高的置信度，但是它们只能覆盖其中很少的一部分记录，而这些记录也许仅是噪声造成的。因此，过于重视那些具有高置信度和低支持度的规则可能存在潜在危险，仅仅选择具有最高置信度的规则并不总是最佳的策略。而 χ^2（卡方）检验可以在一定程度上克服这些缺点。

χ^2 检验是统计学中常用的检验方法之一，通常用来评估变量之间的相关程度。从本质上来看，它是基于观测频率和期望频率之间的比较。设 f_0 表示观测到的频率，f 表示期望频率。卡方统计值可以定义为

$$\chi^2 = \sum \frac{(f_0 - f)^2}{f}$$

它可用来测试观测值与期望值之间偏差的程度。对于每条规则 $X \Rightarrow Y$ 及给定的训练集 D，可以得到一个 2×2 的列联表，如表 15.2 所示。

表 15.2　规则 $X \Rightarrow Y$ 的 2×2 列联表

	Y	$\neg Y$	行和
X	m_{11}	m_{12}	$\|X\|$
$\neg X$	m_{21}	m_{22}	$\|D\| - \|X\|$
列和	$\|Y\|$	$\|D\| - \|Y\|$	$\|D\|$

其中，$\|X\|$表示包含项集（属性集）X 的样本个数。这样，规则 $X \Rightarrow Y$ 的卡方统计值可以用下式计算，即

$$\chi^2 = \frac{(m_{11}m_{22} - m_{12}m_{21})^2 |D|}{(m_{11}+m_{12})(m_{21}+m_{22})(m_{11}+m_{21})(m_{12}+m_{22})}$$

在分类关联规则剪枝中，一些方法（如 CMAR 方法）使用 χ^2 检验来剪除规则前项和后项负相关的分类规则。对于挖掘出的分类规则 $R: X \Rightarrow C$，使用 χ^2 检验来判断属性项 X 是否与类别项 C 正相关，如果是负相关，则剪除该条规则。

以上两种剪枝方法体现了目前多数分类器的剪枝思想，当然可以将两者结合起来，即使用 χ^2 检验值作为分类规则的排序标准，按照悲观错误率的思路进行剪枝。

上面两种方法虽然具体操作不同，但都体现了**数据集覆盖策略**的思想。数据集覆盖策略一般在规则被创建和排序后使用，其剪枝思路如下：逐条按规则排列顺序，完整扫描数据集寻找当前训练集中是否有适用当前规则的数据记录，一旦找到使用该规则的数据记录，就将该条规则加入分类器，并将适用于该规则的所有数据记录从当前训练集中删除，然后循环进行此过程，直到当前训练集为空集或所有规则都已检验完毕停止。在现有关联规则分类算法中，CBA、CBA(2)[298, 299]和 CMAR 等方法都采用了数据集覆盖方法进行剪枝。

与数据库覆盖策略不同的是**懒惰剪枝策略**，该策略认为只有那些对分类没有帮助的规则才应该删除，而在理想最小支持度阈值未知的情况下，设置其他任何基于出现频率（大于零）的剪枝规则都可能失去一些有用信息，这是一种相对保守的减枝策略。与数据集覆盖策略一样，懒惰剪枝策略也是在规则被创建和排序后使用。按照排序规则逐条对训练集数据进行扫描，去除那些分类错误的规则，将适用于这些规则的数据记录进行下一个循环和下一条记录的检测。最终留下来的规则包括两种：一种为至少在训练集数据中有一条记录适用于该规则，另一种为在剪枝过程中没有使用到的规则。而后者在数据集覆盖方法中会被剪除。

15.2.2　先剪枝方式

先剪枝方式的思路是，提前停止产生不需要规则的处理过程，即挖掘出少量的分类关联规则。这种方法本身并非完全实现剪枝的目的，在得到较少的分类关联规则后，同样需要进行筛选，但由于产生的规则较少，能够提高生成分类器的速度。另外，这种方法得到的结果通常与后剪枝方式得到的结果不同，可能会在挖掘过程中省略后剪枝方式中一些被看做非冗余/冲突的规则。先剪枝的典型例子是 GARC 方法及其扩展[300~302]方法。GARC 方法及其扩展方法从整个算法框架上进行了重新设计，在保持和提高分类准确率（分类精度）的前提下，以获得更加简约的分类器并提高可理解性为目的，同时消除规则中可能存在的冲突和冗余。

具体来说，GARC 方法的剪枝思路包括两个要点：首先，引入信息增益的概念来选取最佳分类属性（包含分类信息最多的属性），并且要求所有的规则都必须包含该属性。通过这个步骤可以大大缩小候选集的规模，同时尽可能地减少信息损失。其次，GARC 设计了一系列先剪枝策略，一方面用以消除规则的冗余和冲突，另一方面则可以根据存储的规则集和排除集来有效减小后续候选频繁集的规模。

1. 最佳分类属性

GARC 利用信息增益的概念选择其最佳分类属性，并且要求所有的候选频繁集都必须包含该最佳分类属性。由于在经典关联规则算法中，候选频繁集的生成和存储是一个瓶颈。特别是 2-项候选频繁集的规模会非常庞大。因此 GARC 引入最佳分类属性，一方面可以有效地避免分类信息的损失，另外一方面可以有效控制候选频繁集的规模。

假设属性 A 总共有 n 个不同的取值，并依次将数据集 T 分割成 n 个不同的子集 $T_1, T_2, \cdots, T_n$。对于一个数据集 $S \subseteq T$，$\text{freq}(C_k, S)$表示 S 中类别标记为 C_k 的记录数目，则 $\text{info}(S)$用来衡量鉴别数据集 S 中某个记录的类别标记所需的平均信息量，即

$$\text{info}(S) = -\sum_{k=1}^{g} \frac{\text{freq}(C_k, S)}{|S|} \times \log_2\left(\frac{\text{freq}(C_k, S)}{|S|}\right)$$

式中，$|S|$表示 S 中记录的个数，g 表示数据集中类别的个数。

当数据集 T 按照属性 A 的 n 个属性值被分割成 n 个子集之后，它们的平均信息量为

$$\text{info}_A(T) = \sum_{i=1}^{n} \frac{|T_i|}{|T|} \times \text{info}(T_i)$$

则按照属性 A 分割数据集 T 所获得的信息增益被定义为

$$\text{gain}(A) = \text{info}(T) - \text{info}_A(T)$$

GARC 选择能获得最大信息增益的属性作为其最佳分类属性。遍历数据集后，GARC 将对所有的 1-项集进行统计并计算它们的置信度和支持度。因此，$\text{info}_A(T)$可以按照下面的公式进行计算，即有

$$\begin{aligned}
\text{info}_A(T) &= \sum_{i=1}^{n} \frac{|T_i|}{|T|} \times \text{info}(T_i) \\
&= -\sum_{i=1}^{n} \frac{|T_i|}{|T|} \times \left(\sum_{k=1}^{g} \frac{\text{freq}(C_k, T_i)}{|T_i|} \times \log_2 \frac{\text{freq}(C_k, T_i)}{|T_i|}\right) \\
&= -\sum_{i=1}^{n} \text{Dsupp}(A = v_i) \times \left(\sum_{i=1}^{g} \text{Dconf}(A = v_i \Rightarrow C_k) \times \log_2 \text{Dconf}(A = v_i \Rightarrow C_k)\right)
\end{aligned}$$

式中，Dsupp 和 Dconf 分别代表的是项集/规则的支持度和置信度。

例 15.2 给定如表 15.3 所示的训练数据集，假设最小支持度阈值 Min_supp= 0.21，最小置信度阈值 Min_conf=0.8。首次扫描数据集后，可以得到属性 Outlook 为最佳分类属性。第二轮扫描数据集时，记录 TID1 支持以下三个候选集: {Sunny, Mild, Play}、{Sunny, Normal, Play}和{Sunny, True, Play}。注意{Mild, Normal, Play}、{Mild, True, Play}和{Normal, True, Play} 不会被选为候选集，因为它们不包括最佳分类属性。

表 15.3 训练数据集

TID	Outlook	Temperature	Humidity	Windy	Class
1	Sunny	Mild	Normal	True	Play
2	Sunny	Hot	High	True	Don't play
3	Sunny	Hot	High	False	Don't play
4	Sunny	Mild	High	False	Don't play
5	Sunny	Cool	Normal	False	Play
6	Overcast	Mild	High	True	Play
7	Overcast	Hot	High	False	Play
8	Overcast	Cool	Normal	True	Play
9	Overcast	Hot	Normal	False	Play
10	Rain	Mild	High	True	Don't play
11	Rain	Cool	Nomal	True	Don't play
12	Rain	Mild	High	False	Play
13	Rain	Cool	High	False	Play
14	Rain	Mild	High	False	Play

2. 先剪枝策略

GARC 同样采用先剪枝策略。从分类的角度看，所生成的大量分类规则之间可能会存在冗余和冲突。例如，可能会同时存在相互冲突的规则 $X\Rightarrow C_i$ 和 $X\Rightarrow C_j$，它们具有相同的前项，但是却预测为不同的类别；或者同时存在两条规则 $X\Rightarrow C_i$ 和 $XY\Rightarrow C_j$，并且 $\text{Dconf}(X\Rightarrow C_i) \geqslant \text{Dconf}(XY\Rightarrow C_j)$，从语义上来看，后者是冗余的，没有必要包含在规则集中。为此 GARC 方法提出了简洁规则集的概念。

一个分类规则集 ψ 如果满足如下条件，则它是一个简洁规则集 ψ_c (compact set)：

（1）规则集 ψ 中不同时包含形如 $X\Rightarrow C_i$ 和 $X\Rightarrow C_j$ 的规则；

（2）若规则集 ψ 中包含规则 $X\Rightarrow C_i$，则形如 $XY\Rightarrow C_i$ 的规则不同时包含在规则集中；

（3）规则集 ψ 中不存在形如 $XY\Rightarrow C_j$ 的规则，其优先度低于该规则集中已经存在的规则 $X\Rightarrow C_i$。（优先级的定义与 CBA 方法中相同。）

显然，对于任何一个规则集 ψ，按照上述三个条件反复剔除冗余和冲突的规则，最终都可以获得一个与其对应的简洁规则集 ψ_c，该最简集由于消除了冗余和冲突规则，则不但仍能保持满意的精度水平，且规则数大大减少，显著提高了对分类器的可理解性。

3. GARC 方法扩展

在本章后续讨论中可以进一步看到，GARC 方法与其他方法相比具有一定优势，主要体现在：在分类准确率与其他方法基本相当的前提下，GARC 规则集的规则数目显著少于其他关联分类方法，且消除了一定的规则冲突和冗余。沿着这个思路进一步扩展，近年来出现了 GARCII[301] 和 GEAR 方法[302]。与 GARC 中不同类别的规则均包含相同的最优分类属性的做法不一样，GARCII 考虑不同类别规则的最优分类属性存在不同的情形。因此，GARCII 设计了一个新颖的兴趣度：类信息熵。类信息熵可以为不同类别的规则选择出最适合该类别的最优分类属性，称为“类最优分类属性”，在规则生成时各个类别的规则分别包含对应类别的类最优分类属性。

具体做法为：对于某一个类别 C_k，所有其他类别的记录均被认为属于类别 $C_{\neg k}$。此时，原数据集转变为只包含两个类别（C_k 和 $C_{\neg k}$）的数据集，则数据集 T 中某个类别所需的平均类信息量为

$$\text{info}_k(T) = -\frac{\text{freq}(C_k,T)}{|T|}\times\log_2\left(\frac{\text{freq}(C_k,T)}{|T|}\right) - \frac{\text{freq}(C_{\neg k},T)}{|T|}\times\log_2\left(\frac{\text{freq}(C_{\neg k},T)}{|T|}\right)$$

相应地，对于具有 n 个不同取值的属性 A，其关于类 k 的信息量为

$$\begin{aligned}\text{info}_{Ak}(T) &= \sum_{i=1}^{n}\frac{|T_i|}{|T|}\times\text{info}_k(T_i)\\ &= \sum_{i=1}^{n}\frac{|T_i|}{|T|}\times\left(-\frac{\text{freq}(C_k,T)}{|T|}\times\log_2\left(\frac{\text{freq}(C_k,T)}{|T|}\right) - \frac{\text{freq}(C_{\neg k},T)}{|T|}\times\log_2\left(\frac{\text{freq}(C_{\neg k},T)}{|T|}\right)\right)\\ &= -\sum_{i=1}^{n}\text{Dsupp}(A=v_i)\times(\text{Dconf}(i_k)\times\log_2\text{Dconf}(i_k) + (1-\text{Dconf}(i_k))\times\log_2(1-\text{Dconf}(i_k))\end{aligned}$$

式中，Dsupp 和 Dconf 分别表示相应项集或规则的支持度和置信度，i_k 表示规则 $A=v_i \Rightarrow C_k$。因此，根据属性 A 对数据集 T 进行划分之后对于类别 C_k 所得的类信息增益为

$$\text{gain}_k(A) = \text{info}_k(T) - \text{info}_{Ak}(T)$$

根据类信息熵的计算方法，对数据集进行一次扫描之后便可计算得出类信息熵，从而得到各个类别选择类最优分类属性。

例 15.3　仍然使用表 15.1 中的数据集 T，经过对数据集的第一轮扫描之后，可以得到表 15.4。

表 15.4　1-项集/规则的支持度和置信度信息

freq(C_1, T)=4	freq(C_2, T)=3	freq(C_3, T)=4
Dsupp(P=0)=4/11	Dsupp(P=1)=7/11	Dsupp(M=0)=8/11
Dsupp(M=1)=3/11	Dsupp(F=0)=7/11	Dsupp(F=1)=4/11
Dsupp(V=0)=5/11	Dsupp(V=1)=6/11	
Dconf(P=0⇒C_1)=1/4	Dconf(P=1⇒C_1)=3/7	Dconf(P=0⇒C_2)=2/4
Dconf(P=1⇒C_2)=2/7	Dconf(P=0⇒C_3)=1/4	Dconf(P=1⇒C_3)=2/7
Dconf(M=0⇒C_1)=4/8	Dconf(M=1⇒C_1)=0	Dconf(M=0⇒C_2)=4/8
Dconf(M=1⇒C_2)=0	Dconf(M=0⇒C_3)=0	Dconf(M=1⇒C_3)=1
Dconf(F=0⇒C_1)=0	Dconf(F=1⇒C_1)=4/7	Dconf(F=0⇒C_2)=3/7
Dconf(F=1⇒C_2)=1	Dconf(F=0⇒C_3)=0	Dconf(F=1⇒C_3)=0
Dconf(V=0⇒C_1)=3/5	Dconf(V=1⇒C_1)=0	Dconf(V=0⇒C_2)=2/5
Dconf(V=1⇒C_2)=1/6	Dconf(V=0⇒C_3)=4/6	Dconf(V=1⇒C_3)=1/6

GARCII 为每一个类别分别计算其最优分类属性。以“鱼类”为例，计算过程为

$$
\begin{aligned}
\text{info}_{C_1}(T) &= -\frac{\text{freq}(C_1,T)}{|T|}\times\log_2\left(\frac{\text{freq}(C_1,T)}{|T|}\right)-\frac{\text{freq}(C_{\neg 1},T)}{|T|}\times\log_2\left(\frac{\text{freq}(C_{\neg 1},T)}{|T|}\right)\\
&= -\frac{4}{11}\times\log_2\left(\frac{4}{11}\right)-\frac{7}{11}\times\log_2\left(\frac{7}{11}\right)\\
&= 0.9457
\end{aligned}
$$

$$
\begin{aligned}
\text{info}_{PC_1}(T) &= \sum_{i=1}^{n}\frac{|T_i|}{|T|}\times\text{info}_{C_1}(T_i)\\
&= \sum_{i=1}^{n}\frac{|T_i|}{|T|}\times\left(-\frac{\text{freq}(C_1,T)}{|T|}\times\log_2\left(\frac{\text{freq}(C_1,T)}{|T|}\right)-\right.\\
&\qquad\left.\frac{\text{freq}(C_{\neg 1},T)}{|T|}\times\log_2\left(\frac{\text{freq}(C_{\neg 1},T)}{|T|}\right)\right)\\
&= 0.9220
\end{aligned}
$$

同理， $\text{info}_{MC_1}(T)$=0.7273, $\text{info}_{FC_1}(T)$=0, $\text{info}_{VC_1}(T)$=0.7960 。

通过计算类信息增益，可以得到“鱼类”的类最优分类属性为“有鳍”(F)。同理可以计算得到类别“爬行动物”和“哺乳动物”的类最优分类属性分别为“有毒”(V)和“产奶”(M)。

GARC 的另一个扩展方法是 GEAR 方法。GEAR 方法进一步分析了冗余规则的情形及相应的处理方式。进而，在 GARC 剪枝策略基础上，GEAR 又引入了若干其他先剪枝策略。这使得生成的分类规则集不但保持了较理想的分类精度，而且更为简约。

15.3 构建分类器

在对分类关联规则进行剪枝后，分类器需要使用规则集对（类别）未知记录进行分类。从分类方式上，可以将分类器划分成单一规则分类器和多规则分类器两种。

15.3.1 单一规则分类器

顾名思义，给定分类规则集合 ψ 与（类别）未知记录 d，分类器从 ψ 中选出一条规则对 d 进行分类。单一规则预测思路很简单也很直观，经过前面诸多过程的筛选和“学习”，分类规则已经按照优先级排序，所以采用分类器中适用于待分类记录的数据项中优先级最高的分类规则来进行预测是很自然的解决方法。若测试集中有一条记录在分类器中不适用任何规则，则该记录被分到默认类别。

除了前面所介绍的 CBA 与 GARCII 外，如 ADT、L^3G 等方法[303, 304]都采用了单一规则进行预测。通常，单一规则分类需要对分类规则集 ψ 中所有规则进行排序，选择优先级最高的并且“适用”未知记录 d 的规则。在此，“适用”程度需要通过规则兴趣度进行度量。显然，支持度与置信度是最基本也常见的兴趣度指标。

在多数算法中，无论规则的后项是何类别，分类器的生成过程均设置相同的最小支持度，但数据中很有可能类别分布不均匀，导致所得到的每个类别对应的规则数量也分布不均，这样有可能降低分类器的准确率。有一种改进方式是，为每一类别记录设置不同的最小支持度。用户只需要设定一个全局最小支持度，系统自动根据各类别记录所占

比例给出各类的最小支持度。此外，在 15.2 节提到置信度有时不能完全反映数据属性之间的相关性，因此一些分类器会采用其他兴趣度对规则进行排序。除了已经介绍过的 χ^2 检验外，还有蕴涵强度等兴趣度也常常作为分类规则优先级判别的依据。

蕴涵强度作为一种衡量关联规则兴趣度的测度[305]，它测量的是符合规则前项记录的类别分布与随机抽取记录的类别分布之间的偏差。换句话说，与随机抽样相比，那些符合规则前项的记录被分类到其他类别的概率应该比较低，蕴含强度就是衡量两者之间这种差异的程度。如图 15.3 所示，令 U 和 V 分别代表从数据集 D 中随机抽取的两个子集，并且它们包含的记录数分别与 $s(X)$和 $s(Y)$相等，即$|U| = n_a$ ，$|V| = n_b$。

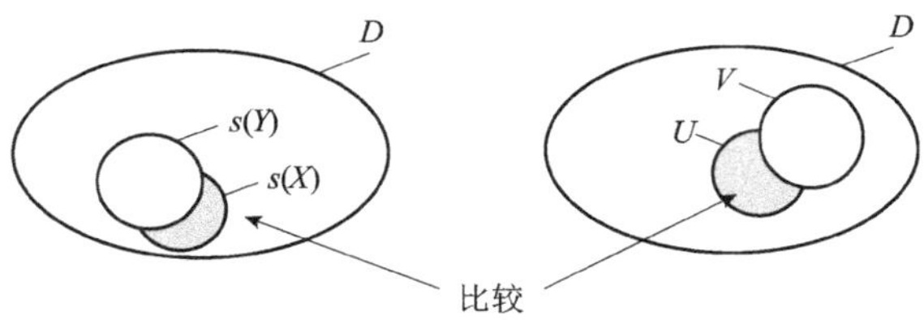

图 15.3　符合规则前项记录的类别分布与随机取样时记录分布的比较

假设数据集 U 和 V 之间是独立的，$N_{u\bar{v}} =|U\cap\bar{V}|$ 代表数据集 U 中不属于数据集 V 的记录个数的期望值，$n_{a\bar{b}}$ 代表符合规则前项 X 的记录中不属于规则所预测的类别 Y 的记录个数。如果 $n_{a\bar{b}}$ 显著小于随机抽样获得的期望值 $N_{u\bar{v}}$ ，那么可以认为规则 $X\Rightarrow Y$ 具有很强的蕴涵强度。或可以认为，$\Pr[N_{u\bar{v}} \leqslant n_{a\bar{b}}]$的值越小，则规则 $X\Rightarrow Y$ 的蕴涵关系就越强。因此蕴涵强度可定义为 $1-\Pr[N_{u\bar{v}} \leqslant n_{a\bar{b}}]$。随机变量 $N_{u\bar{v}}$ 符合超几何分布，即表示 $\Pr[N_{u\bar{v}} =k] = \Pr$[随机抽取$|U|$个样本，恰好有 k 个样本不在 V 内]。令 $n_u = |U|$，$n_v = |V|$，$n_{\bar{v}} =|\bar{V}|$，因此 $N_{u\bar{v}}$ 等于

$$\frac{C_{n_{\bar{v}}}^{k} \times C_{n_v}^{n_u-k}}{C_n^{n_u}}$$

由于 $n_v = n_a$ ，$n_v = n_b$，蕴涵强度则可以表示为

$$1-\sum_{k=\max(0,n_a-n_b)}^{n_{a\bar{b}}} \frac{C_{n_{\bar{b}}}^{k} \times C_{n_b}^{n_a-k}}{C_n^{n_a}}$$

一般情况下，如果数据集规模$|D|$不特别大，采用上式来计算蕴涵强度是非常合适的。但是一旦数据集规模$|D|$比较庞大，上式中排列组合的值就会呈爆炸性增长，从而计算时间也会大大延长，且不利于实际问题的处理。因此在大数据集的情况下，需要对上式进行近似计算。如果 $n_{a\bar{b}}$ 相对较小（这在规则挖掘中通常成立），那么可以使用泊松分布来获得一个近似的估计值。这样前面用来计算蕴涵强度的公式可以用下式替换 [113]，即

$$\begin{aligned}
&1-\sum_{k=\max(0,n_a-n_b)}^{n_{a\bar{b}}} \frac{C_{n_{\bar{b}}}^{k} \times C_{n_b}^{n_a-k}}{C_n^{n_a}} \\
&\approx 1-\sum_{k=0}^{n_{a\bar{b}}} \frac{\lambda^k}{k!} e^{-\lambda}
\end{aligned}$$

式中，$\lambda = n_a \times (n-n_b)/n$ 。

如前所述，保持分类关联规则 $X \Rightarrow Y$ 的置信度不变，如果仅变动 $s(Y)$的大小或数据集的记录数 n，则规则的蕴涵强度也会发生变化。此外，在 n 增大的同时保持 n_a/n, n_b/n 和 n_{ab}/n 不变，其蕴含强度也会调整。具体的变动趋势如图 15.4 所示。

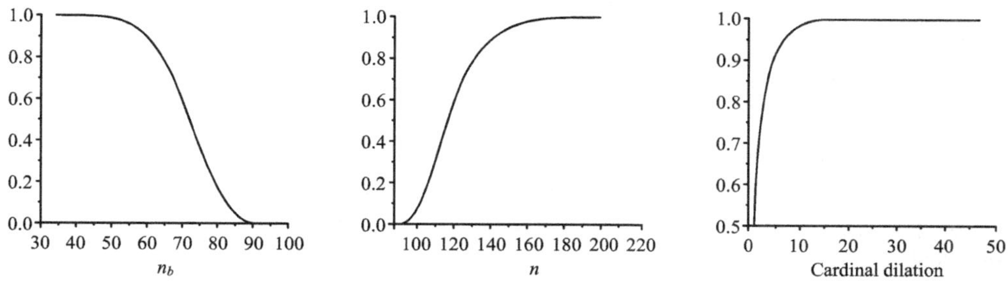

n_a=20, n_{ab}=15, n=100, n_b=[35,95]　　n_a=20, n_{ab}=15, n_b=85, n=[90,220]　　n_a=3, n_b=5, n_{ab}=2, n=10

图 15.4　蕴涵强度的敏感性分析

15.3.2　多规则分类器

仅仅使用一条规则进行分类，不但忽视了其他分类规则所蕴含的丰富信息，而且当很多规则在所有指标上都十分接近时，单一规则分类容易做出错误判断。因此，在有些情况下，选择多条规则进行预测就有其必要性。多规则分类的思路是选择分类关联规则的全部或部分（如高兴趣度的），对类别未知记录进行预测。如果预测分类到同一类，则将该记录标记为相应类别；如果得到的类别多于一个，则需采用一个判断指标，将具有最大指标值的类别标记为该测试记录的预测分类。常用的判断指标可以是 χ^2，也可以是拉普拉斯（Laplace）期望正确率等[306]。

CMAR 和 CPAR[306]是两种比较典型的多规则分类器。对于未知记录，CMAR 可选出所有适用于该记录的规则，如果这些规则类别相同，则将该类别赋予此记录；如果所选规则类别不一致，则将规则按照类别分组，利用加权 χ^2 计算各组的“组合强度”（Collective Strength），且采用多条规则共同分类。CPAR 方法则首先选出所有适用于该记录的规则，对规则按类别分类后，再分别在各类中选出 k 条最优规则，计算各类规则的 Laplace 平均期望正确率，将期望正确率最高的类别赋予该记录。CPAR Laplace 平均期望正确率的计算公式为

$$\text{LaplaceAccuracy} = (n_c + 1) / (n_{\text{tot}} + k)$$

式中，k 是类别数，n_{tot} 是规则满足的所有记录数，n_c 是规则满足的类别为 c 的记录数。

15.4　混合型关联分类

在关联分类方法中，有一大类是将关联规则分类方法与其他分类方法相结合构造的混合分类方法，如 ADT（Association based Decision Tree）、ART（Association Rule Tree）和 LB 方法等[307, 308]。

基于关联规则的决策树（ADT，Association based Decision Tree）方法在生成关联规则时，不设置最小支持度，只生成符合最小置信度的规则，称为置信规则。规则生成，构造相应的规则决策树，并采取悲观错误率法对决策树进行剪枝。

由于没有最小支持度的设定，不存在基于下闭合性（即 Dsupp(XY) ≤ Dsupp(X)）的剪枝策略，因此 ADT 不能直接采用 Apriori 思想来生成关联规则。于是 ADT 方法相应提出了基于置信度的性质，并在置信规则生成过程中剪枝。接着，就利用生成的置信规则构造 ADT。置信规则集中的每一条规则均为树中的一个节点。在对树进行剪枝时，则采用基于悲观错误率的方法首先对子规则进行剪枝，之后再对父节点剪枝。如果一个节点的子节点均被剪枝，则该节点退化为叶子节点，并覆盖原子节点包含的所有记录。

ART 方法也是一种将关联规则分类方法与决策树方法相结合的混合方法。它与一般的决策树方法每次利用一个属性进行数据划分不同，关联规则树可以同时利用多个属性进行划分，从而在某些情况下可提高判定树的分类准确率并降低计算复杂度。ART 方法从下向上生成关联规则，在某一层生成满意规则之后，其中的最优规则及次优规则被用来作为树的 IF 分枝。没有被这些规则覆盖的剩余记录应用同样的方法生成 ELSE 分枝。在规则选择上，则设置了置信度的“容忍程度”，所有置信度高于 MaxConf − $\varDelta$ 的规则均为次优规则，其中 MaxConf 为置信度最高的规则，即最优规则的置信度，$\varDelta$ 为“容忍程度”。ART 采用 TBAR 算法[307]生成关联规则，能够减小候选集规模。

15.5 GARC 方法解析

本节进一步介绍 GARC 方法的一些思路细节，包括主要算法框架，并且讨论与其他相关方法的比较。同时，从方法论的视角，进一步探讨在设计新的关联分类方法时应考虑的若干问题。

15.5.1 GARC 思路与算法框架

GARC 方法的思路可以归纳为下列四点。

1）最佳分类属性

如前所述，GARC 引入信息增益的概念来确定最佳分类属性，作为生成候选集的组成属性之一，以期在保有信息量的情况下减少生成候选集的数量。

2）排除项集

GARC 将生成频繁集和产生规则合并在一个步骤里面，用于重点发现和存储规则项集（可生成规则的频繁集）和排除项集（支持度小于阈值的候选项集）。

（1）**规则项集**：若一个候选项集 XC_i 的支持度不小于最小支持度α，则称该候选项集为频繁集（Frequent Itemset）。若一个频繁集 XC_i 的置信度不小于最小置信度β，则称该频繁集为规则项集（Rule Itemset），并可生成规则 $X \Rightarrow C_i$。

（2）**排除项集**：若一个候选项集的支持度小于最小支持度α，则称它为排除项集（Excluded Itemset）。

GARC 根据规则项集和排除项集的信息来控制候选项集的规模。由于任何包含排除项集的候选项集也是排除项集，则任何包含规则项集的候选项集所产生的规则为冗余分类规则，所以可以在生成频繁集的过程中忽略这些候选项集，进而减少相应的存储和计算开销。

3）简洁规则集

GARC 定义了如下冲突和冗余规则。

（1）**冲突规则：** 若存在分类规则 $r_1: X\Rightarrow C_i$ 和 $r_2: X\Rightarrow C_j$ 均满足最小支持度α和最小置信度β，且 $i\neq j$，则称 r_1 与 r_2 冲突。

若有数据记录 t 包含属性 X，则根据 r_1，该记录 t 将被分到 C_i 类，而根据 r_2，记录 t 则将被分到另一个不同类别 C_j。则这两个规则冲突。

（2）**冗余规则：** 若存在分类规则 $r_1: X\Rightarrow C_i$ 和 $r_2: Z\Rightarrow C_i$ 均满足最小支持度α和最小置信度β，且 $Z\supset X$，则称 r_2 相对于 r_1 冗余。

分类规则 r_1 意指：若有数据记录 t 包含属性 X，则 t 将被分到 C_i 类。显然，如果 t 满足 r_2，则 t 也将满足 r_1。从这个意义上讲，r_2 是冗余的。

（3）**简洁规则集：** 满足最小支持度和最小置信度且不包含上述冲突和冗余的分类规则的集合，就称做简洁规则集（Compact Set）。即记$\psi=\{r\mid r$ 为关联分类规则且 $\mathrm{Dsupp}(r)\geqslant\alpha$，$\mathrm{Dconf}(r)\geqslant\beta\}$为满足最小支持度和最小置信度的分类规则的集合，则简洁规则集为ψ_{c}，则有

$$\psi=\psi-\psi_{\mathrm{co}}-\psi_{\mathrm{re}}$$

式中，$\psi_{\mathrm{re}}=\{Z\Rightarrow C_i|Z\Rightarrow C_i\in\psi, \exists X\Rightarrow C_i\in\psi$ 有 $X\subset Z\}$，$\psi_{\mathrm{co}}=\{Z\Rightarrow C_j|Z\Rightarrow C_j\in\psi, \exists X\Rightarrow C_i\in\psi$，有 $X\subseteq Z, j\neq i$ 且 $\mathrm{Pre}(Z\Rightarrow C_j)<\mathrm{Pre}(X\Rightarrow C_i)\}$，其中 Pre 表示规则的优先度：规则 r 被称做优先于规则 r'，记作 $\mathrm{Pre}(r')<\mathrm{Pre}(r)$，当 $\mathrm{Dconf}(r)>\mathrm{Dconf}(r')$时成立，或者 $\mathrm{Dconf}(r)=\mathrm{Dconf}(r')$ 且 $\mathrm{Dsupp}(r)>\mathrm{Dsupp}(r')$时成立。

4）剪枝性质与策略

GARC 除了利用信息熵和排除项集减少候选项集的生成之外，上述冲突和冗余的去除也可以作为先剪枝策略融入频繁集生成的过程中。此外，GARC 又提出了下列三条与冲突相关的性质，并可以用于先剪枝策略中。

性质 1： 如果最小置信度β大于 50%，则规则 $X\Rightarrow C_i$ 和 $X\Rightarrow C_j$ 不可能同时在 D 中成立。

性质 2： 假设规则 $X\Rightarrow C_i$ 在数据库 D 中成立，若满足 $1-\mathrm{Dconf}(X\Rightarrow C_j)<\alpha$，则任何项集 XYC_j 都是排除项集。

性质 3： 假设规则 $X\Rightarrow C_i$ 在数据库 D 中成立，若满足$\|X\|<2|D|\alpha$，则任何项集 XYC_j 都是排除项集。

将上述思路要点系统整合起来，就得到 GARC 方法的算法框架，GARC 算法如图 15.5 所示。

具体来说，图 15.5 中第（1）～（3）行是对数据集进行的第一次扫描。它完成了下述功能：产生所有的 1-项候选频繁集，从中选择出所有的 1-项规则项集和排除项集。根据 1-项项集的统计数据计算信息增益，从中选择最佳分类属性。第（6）～（24）行表示的是每次扫描数据集所做的操作。其中 Coverall（rule）检验当前产生的规则是否已经覆盖了所有的训练数据，如果是，则停止扫描数据集，退出循环。对于每条数据记录，CandidataeGen（t, bestattr, k）生成所有包含最佳分类属性的 k-项集。然后根据已有的规则项集和排除项集及相关的性质，有选择地将这些 k-项集加入到候选频繁集中，这由 maintCand（rule, exclue, c, cand）完成。这个步骤的主要目的在于尽量减少生成不必要的候选频繁集，减少存储量和提高算法效率。在完成一遍数据集扫描和统计之后，满足最

小支持度和最小置信度的项集加入到规则项集中，而不满足最小置信度的项集加入到排除项集中。另外，第（4）～（5）行和第（17）～（20）行代码用于剔除可能存在的冗余和冲突的规则，以生成简洁的分类规则集。最后所有的规则按照优先级进行排序。

```
GARC 算法
（1）rule = { r | r is an 1-itemset, Dsupp(r) ⩾ α and Dconf(r) ⩾ β};  //初始化规则项集 //
（2）excluded ={ e | e is an 1-itemset, and Dsupp(e) < α};          //初始化排除项集//
（3）bestattr = gain;
（4）if (β⩽0.5) and (∀r:X⇒Ci ∈ rule, ∃r′:X⇒Cj ∈ rule such that r′ does not precede r) then
（5）    rule = rule – {X⇒Cj};                                       //删除冲突规则//
（6）for k from 2 to m do                        // m 条件属性的个数//
（7）    empty(cand);                            // 清空候选项集 cand//
（8）    if coverall(rule)
（9）        break;
（10）    for each transaction t in T do
（11）        Ct = CandidateGen(t, bestattr, k);
（12）        for each c ∈ Ct do
（13）            maintCand(rule, excluded, c, cand);
（14）        end for;
（15）    end for;
（16）R={r | r ∈ cand, Dsupp(r) ⩾ α and Dconf(r) ⩾ β};
（17）    if (β⩽0.5) and (∀r:X⇒Ci ∈ R, ∃r′:X⇒Cj ∈ R such that r′ does not precede r) then
（18）        R = R – {X⇒Cj};                                    //消除冲突规则//
（19）    if (∀r:X⇒Ci ∈ R, ∃r′:XY⇒Cj ∈ R such that Y≠∅, X∩Y=∅, and r′ does not precede r) then
（20）        R = R – {XY⇒Cj};                                   //消除冗余规则//
（21）    rule = rule ∪ R;
（22）    E = {e | e ∈ cand, Dsupp(e) < α};
（23）    excluded = excluded ∪ E;
（24）end for;
（25）sort(rule);
```

图 15.5　GARC 算法

GARC 算法中所调用的关键函数 maintCand(rule, excluded, c, cand)的伪码如图 15.6 所示。该函数用于控制候选频繁集的规模。只有那些不包含任何排除项集和规则项集的项集，以及按照性质 2 和性质 3 不能确定是排除项集的项集才被加入到候选频繁集中。其中 addToCand 函数的伪码如图 15.7 所示。

```
maintCand(rule, excluded, c, cand)
begin
    if ¬∃r ∈ rule, (c ⊃ r) and ¬∃e ∈ excluded, (c ⊃ e) then
        if ¬∃r∈ rule, (c ⊃ ancetedent(r)) then
            addToCand(c, cand);                          //将 c 加入到 cand 中//
        else
            if ∃r∈ rule, (c ⊃ ancetedent(r)) and ((1–Dconf(r) ⩾ α) and (Dsupp(X) ⩾ 2α)) then
                addToCand(c, cand);
            else                                         //当 c 是排除项集的时候//
                excluded = excluded ∪ {c};
            end if;
        end if;
    else
        if ∃e∈ excluded, (c ⊃ e) or ∃r∈ rule, (c ⊃ r) then
            c′ = ancetedent(e) ∪ {q};     //q is a fixed mark different from any class in G//
            addToCand(c′, cand);                         //将 c′加入到 cand 中//
        end if;
    end if;
end
```

图 15.6　maintCand 的伪码

```
addToCand(c, cand)
    begin
      find = 0; count = 1;
      for each candidate itemset c_i in cand do
         if c = c_i then
              c_i.wcount= c_i.wcount + 1;
              c_i.lcount= c_i.lcount + 1;
              find = 1;
         else
              if ancetedent(c) = ancetedent(c_i) then
              c_i.lcount = c_i.lcount + 1;
              count = count + c_i.lcount;
           end if;
      end for;
      if find = 0 and (consequent of c is not equal to q) then
           c is included in cand with c.lcount = count and c.wcount = 1;
      end if;
    end;
```

图 15.7 addToCand 的伪码

这样，GARC 算法最终产生的规则都满足事先设定的最小支持度和最小置信度，并且不存在冲突和冗余。此外，算法最多对训练集扫描 m 遍后停止（m 是属性的个数）。

15.5.2 数据实验与方法比较

一般来说，对于商务智能方法的评估，除了进行理论性质分析外，更重要的是进行全面的数据实验，以进一步检验其性能和效果。可以使用通用基准（benchmarking）数据来进行实验，便于说明和比较。在此，为了能更好地说明 GARC 算法的价值，所使用的实验数据是在商务智能领域比较通用的 UCI 基准数据库中的 30 个数据集[309]。实验包括四部分内容：第一部分是 GARC 方法与其他方法的分类准确率比较；第二部分是探讨阈值对 GARC 分类准确率的影响；第三部分检测信息熵的作用；第四部分是比较 GARC 与 CBA 分类器的规则数目。更为详细的实验细节和环境参数等请见参考文献[300]。

1. 分类准确率

将 GARC 方法与当前若干主流分类方法（如 CBA、决策树（C4.5 类）、神经元网络（NN）、支持向量机（SVM）、CMAR、RIPPER、RSES 类和 RIONA 等 [300~302]）的分类准确率进行比较，可知 GARC 方法也能获得满意的分类准确率，这与其他方法在分类准确率方面没有显著性差异。以与 CBA 和 C4.5 的比较为例，表 15.5 所示的算法准确率均值显示了 GARC 与 CBA 的准确率类似，比 C4.5 略高；而方差则显示 GARC 比 CBA 和 C4.5 稳定。GARC 与其他方法分类准确率均值差的置信区间如表 15.6 所示，它给出了基于 t 检验的准确率均值差在 95%水平上的置信区间。结果显示，从统计意义上讲，GARC 与其他分类器在分类准确率上无显著区别。

表 15.5 C4.5、CBA 和 GARC 的算法准确率

	数 据 集	C4.5	CBA	GARC
1	anneal	88.70%	98.00%	89.30%
2	australian	87.00%	86.96%	87.39%
3	auto	62.70%	72.46%	71.32%

续表

	数 据 集	C4.5	CBA	GARC
4	breast	95.70%	96.57%	94.85%
5	cleve	77.20%	81.19%	80.13%
6	crx	83.00%	83.50%	82.50%
7	diabetes	69.10%	74.22%	71.03%
8	german	73.40%	76.35%	75.20%
9	glass	62.50%	65.28%	68.06%
10	heart	83.30%	83.33%	80.57%
11	hepatitis	80.80%	76.92%	86.69%
12	horse	85.30%	80.88%	75.00%
13	hypothyroid	99.20%	98.20%	94.79%
14	ionosphere	88.00%	93.16%	90.64%
15	iris	92.00%	94.00%	94.01%
16	labor	82.40%	88.24%	82.35%
17	led7	67.50%	57.67%	56.53%
18	lymph	70.00%	84.00%	77.56%
19	pima	76.60%	76.17%	73.83%
20	sick	99.00%	96.50%	93.83%
21	sonar	74.30%	64.29%	74.30%
22	tic-tac-toe	82.20%	99.06%	100.00%
23	vehicle	67.70%	70.21%	61.89%
24	waveform	70.40%	75.66%	71.15%
25	wine	85.00%	86.67%	83.46%
26	zoo	85.30%	79.41%	82.35%
27	balance	77.50%	72.73%	71.29%
28	lenses	62.50%	62.50%	75.32%
29	Monk2	65.00%	67.13%	65.74%
30	vote	97.00%	95.56%	89.67%
	均值	79.68%	81.23%	80.03%
	方差	1.23%	1.40%	1.15%
	标准差	11.09%	11.84%	10.72%

注：GARC 的阈值设定为 Min_supp =0.01, Min_conf =0.7。

表 15.6　GARC 与其他方法分类准确率均值差的置信区间

	置 信 水 平	置 信 区 间	均值差显著性
GARC—CBA	95%	[−6.92%，4.51%]	No
GARC—C4.5	95%	[−5.17%，5.87%]	No

2. GARC 阈值的设定

针对同一个数据集，不同的置信度和支持度阈值会影响分类准确率，由此可以得到最大化分类准确率的阈值。显然，不同的数据集，最佳的阈值也不同。实验显示，在阈值不断增加的过程中，准确率会首先增大，然后减小。这是因为，阈值过低，会产生大量富含噪声信息的规则，干扰分类效果；阈值过高，则分类器包含的规则太少，很多记录会被分到默认类别，降低准确率（见表 15.7）。此外，出于方便考虑，需要采用单一阈值设置（如选择 Min_supp=0.01 和 Min_conf=0.7）。

表 15.7　阈值对准确率的影响

数 据 集	最高准确率			Min_supp = 0.01 时的最高准确率		Min_supp = 0.01, Min_conf = 0.7 时的准确率(%)
	%	Min_supp	Min_conf	%	Min_conf	
anneal	96.67	0.01	0.95	96.67	0.95	89.33
australian	87.39	0.01	0.7	87.39	0.7	87.39
auto	71	0.01	0.7	71	0.7	71.07
balance	73.21	0.01	0.85	73.21	0.85	71.29
breast	95.71	0.01	0.95	95.71	0.95	94.85
cleve	81.19	0.01	0.9	81.19	0.9	80.2
crx	85.5	0.05	0.9	84.5	0.9	82.5
diabete	74.61	0.01	0.85	74.61	0.85	71.48
german	76.35	0.01	0.75	76.35	0.75	76.05
glass	68.06	0.01	0.7	68.06	0.7	68.06
heart	88	0.01	0.5	88	0.5	81.11
hepatitis	86.54	0.01	0.7	86.54	0.7	86.54
horse	88.24	0.01	0.85	88.24	0.85	75
hypo	94.79	0.01	0.7	94.79	0.7	94.79
ionosphere	94.87	0.01	0.95	94.87	0.95	91.45
iris	96	0.01	1	96	1	94
labor	82.35	0.01	0.7	82.35	0.7	82.35
led7	67.47	0.02	0.5	66.33	0.5	57
lenses	87.5	0.07	0.8	75	0.7	75
lymph	80	0.02	0.8	78	0.8	78
monk2	74.54	0.01	0.95	74.54	0.95	67.13
pima	76.17	0.01	0.85	76.17	0.85	73.83
sick	93.83	0.01	0.7	93.83	0.7	93.83
sonar	74.3	0.01	0.7	74.3	0.7	74.3
tic-tac-toe	100	0.01	0.7	100	0.7	100
vehicle	67.36	0.01	0.7	67.36	0.7	67.36
vote	96.3	0.01	0.95	96.3	0.95	89.67
waveform	71.55	0.02	0.7	69.51	0.9	71
wine	86.67	0.09	0.7	83.33	0.7	83.33
zoo	85.29	0.05	0.95	82.35	0.7	82.35

3. 信息熵的影响

进一步的数据实验表明，使用信息熵（IG）与不使用信息熵（NIG）对 GARC 的分类准确率没有显著影响，但是对分类器规则数目则有显著影响。以规则数目比较实验为例，表 15.8 显示了使用信息熵得到的分类规则要少于不使用信息熵的情况。这主要是因为信息熵能大幅减少候选集的个数。平均来看，使用信息熵后得到规则数只是不使用信息熵的 39%，而平均运行时间的比值为 3.2%，而分类准确率没有显著变化。

表 15.8　使用信息熵与否对应的规则数及运行时间

	规 则 数 目	
	IG	NIG
anneal	72	85
australian	17	17
auto	650	2156
balance	4	10
breast	21	25
cleve	23	37
crx	21	64
diabete	11	13
german	78	188
glass	17	21
heart	12	12
hepatitis	23	23
horse	26	26
hypo	48	48
ionosphere	67	67
iris	7	10
labor	15	42
led7	33	51
lenses	12	13
lymph	17	17
monk2	2	2
pima	6	6
sick	56	56
sonar	16	33
tic-tac-toe	26	26
vehicle	112	543
vote	32	96
waveform	25	168
wine	16	16
zoo	90	151
均值	51.83	134.07
IG/NIG	39% （运行时间比：3.2%）	

4. 规则数目

规则数目显著影响到分类器的可解释性，较少的规则会更易于解释与理解。与经典的关联分类器 CBA 比较，GARC 生成的关联分类器的规则数目要少得多。表 15.9

显示了两者在 30 个数据集上的规则数目的比较。很明显，GARC 分类器的平均规则数目仅为 CBA 的 4.3%左右，在保持了分类准确率不降低的前提下，展现出更强的可解释性。

表 15.9　CBA 与 GARC 的规则数目的比较

	GARC	CBA
anneal	72	533
australian	17	1518
auto	650	4505
balance	4	147
breast	21	21
cleve	23	478
crx	21	2686
diabete	11	40
german	78	1501
glass	17	32
heart	12	166
hepatitis	23	700
horse	26	988
hypo	48	1557
ionosphere	67	2891
iris	7	14
labor	15	52
led7	33	533
lenses	12	12
lymph	17	2172
monk2	2	397
pima	6	21
sick	56	1659
sonar	16	883
tic-tac-toe	26	200
vehicle	112	3043
vote	32	1953
waveform	25	3851
wine	16	738
zoo	90	2869
均值	51.83	1205.33
GARC/CBA	4.3%	

15.6　小结

（1）关联分类是关联规则应用于分类的产物。分类关联规则是关联规则的特例，

可以表示为 $X \Rightarrow C_i$ 的形式，其中 C_i 为类别属性值。关联分类通常包括三个步骤：第一，从训练集中挖掘出分类关联规则；第二，对分类关联规则进行剪枝；第三，构建分类器。生成分类关联规则可以使用 Apriori 的扩展算法，也可以采用 FP-tree 的方式。有两种规则剪枝策略（方式），它们分别是后剪枝策略和先剪枝策略。

（2）CBA 是经典的关联分类方法，采用悲观错误率法作为后剪枝策略。CMAR 采用 χ^2 检验法作为后剪枝策略，而 GARC 采用信息增益和冲突、冗余消除手段作为先剪枝策略。CMAR 和 CPAR 是两种比较典型的多规则分类方法，ADT、ART 和 LB 是将关联分类方法与其他分类方法相结合的混合分类算法。

（3）与 χ^2 检验相似，蕴涵强度是一种衡量关联规则兴趣度的测度，它表示的是符合规则前项样本的类别分布与随机抽取样本的类别分布之间的偏差。

（4）GARC 与其他方法相比具有相似的分类准确率。GARC 的剪枝策略可以在保证分类准确率的同时显著减少规则数目，从而提高分类器的可解释性。GARC 的扩展方法（即 GARCII 和 GEAR）进一步使此优势更加突出。

思考练习题

15.1　决策树分类方法同样可以表示为规则的形式，其规则与关联规则分类中的规则有何不同？

15.2　概述使用 Apriori 方法挖掘满足阈值限制的分类关联规则的步骤。

15.3　某分类训练集如下所示。

obj.	*a*	*c*	*d*	*e*	Class
1	1	1	2	2	1
2	2	2	2	1	1
3	2	2	2	1	0
4	1	1	2	2	1
5	1	2	1	1	1
6	2	1	2	1	1
7	1	1	1	1	1
8	2	1	1	1	0
9	1	2	1	2	1
10	2	2	2	1	1
11	1	1	2	2	1
12	1	2	2	1	1
13	2	1	2	1	0
14	1	1	1	1	1
15	2	1	2	2	1
16	1	2	1	1	1
17	2	1	1	1	0
18	1	2	1	1	1
19	2	1	1	1	0
20	1	2	2	2	1

基于该数据，计算分类关联规则。(给定最小支持度为 0.2，最小置信度为 0.8)。

15.4 使用 GARC 中简洁规则集的概念对练习题 15.3 的结果进行剪枝。

15.5 根据 GARC 方法得到练习题 15.3 中数据的分类关联规则。

15.6 根据 GARCII 方法得到练习题 15.3 中数据的分类关联规则。

15.7 对比练习题 15.5、练习题 15.6 的结果，证明：当分类数据中类别种类为 2 时，GARC 方法与 GARCII 方法得到的结果相同。

15.8 证明，当最小置信度大于 50%时，不可能同时存在合格的 $X \Rightarrow C_i$ 与 $X \Rightarrow C_j$ ($i \neq j$)。

第 16 章

不确定性知识发现

“月朦胧，鸟朦胧，帘卷海棠红。”朱自清先生曾用这充满诗意的词句为人们勾勒出优美而独特的意境。朦胧即一种模糊不清的状态，人们之所以为之所动是因为它既虚幻又真实，似乎触手可及，却又难以名状，这似乎才是生活的本来面目。我们的生活中充满着各种模棱两可、似是而非的事物和关系，用语言尚无法准确地表达它们，更不要说用数据来描述了。然而，信息时代的发展又对数字化表达真实世界提出了更高的要求。如果计算机也能无障碍地存储并识别人类语言中诸如“年轻”、“不错”、和“干净”等这些天天使用的词汇，商务智能必然迈向新的台阶。基于模糊集理论和隶属函数概念恰恰为上述对不确定信息和知识的表达和处理提供了一系列模式和方法。

本章学习重点

- 不确定性信息表达；
- 分区中的边界问题；
- 数据间的部分隶属性问题；
- 不完整数据依赖问题。

人们在进行商务活动和业务决策时会经常面对不确定性的情形，如在投资决策中影响收益水平的风险，市场对开发新产品的接受程度、竞争对手可能采取的博弈动作，客户信息及其行为认知的不完整性，网络信息搜索中的近似匹配，管理实践中语言表达的概括性和不精确性等。这些不确定性反映了现实世界表象和本质的部分特征，也是企业信息化中业务建模和分析的重要内容。

在信息和通信技术飞速进步，移动和社会网络广泛应用，经济和社会生活日益数字化的今天，许多传统的商务活动和业务决策变成了信息活动和基于信息的决策。换句话说，现实世界的现象和特征大量地通过数据和信息反映出来，使得管理和决策过程越来越依赖于数据存取、信息分析和知识发现。无庸置疑，表达和处理数据、信息和知识中的不确定性是大数据环境下商务智能领域需要关注的重点。

不确定性有多种形式。本章将围绕随机性和模糊性两种不确定性形式，侧重讨论相关的知识表达和知识发现方法。值得一提的是，通常不确定性表达和处理的相关理论和方法是传统理论和方法的扩展（Generalization），因而本章介绍的不确定性知识发现理论和方法是传统商务智能相关理论和方法的扩展。换句话说，传统商务智能理论和方法是不确定性知识发现理论和方法的特例。具体说来，本章主要内容包括：

（1）不确定性信息表达。关注不确定性的两种主要形式（即随机性和模糊性），并重点介绍模糊信息的表达方式。

（2）分区中的边界问题。关注连续数据属性情形下的关联知识发现问题，首先考虑将连续数据通过分区方式离散化时区间边界的确定（如是“明晰”划分还是“渐进”边界）。进而讨论关联规则及蕴涵关联知识形式的表达（如“高”收入$\Rightarrow_{\text{蕴涵}}$“高档”住房）和挖掘方法。

（3）数据间的部分隶属性。关注数据层级结构及其隶属关系，特别是部分隶属关系（如西红柿属于蔬菜还是属于水果）。同时，讨论在这种部分隶属关系下，关联规则知识形式的表达（如“热带”水果 ⇒ “高档”饮料）和挖掘方法。

（4）不完整数据依赖。关注不完整数据（如噪声、冲突和空值等）情形下的依赖关联知识形式，重点讨论函数依赖（如身份标识$\rightarrow_{\text{大致}}$住址）容忍不完整数据的表达和挖掘方法。

16.1　不确定性信息表达

不确定性的两种最常见和重要的形式是随机性（Randomness）和模糊性（Fuzziness）。简单来说，随机性的不确定性特征体现在：对于一个事件来讲，人们知道此事件发生后的各种可能的结果，但是此事件发生前不确定知道将会出现哪一种结果。以掷硬币事件为例，在投掷硬币之前，人们知道可能出现两种结果（即正面和反面），但是在一次投掷之前却不能确定出现硬币的哪一面。为了反映这种现象，通过伯努利实验和频率逼近刻画事件的概率特征，以及描述随机变量和抽样设计获得在统计意义上的群体典型特征。现代概率论和数理统计是表达和求解随机性问题的重要和有效的理论方法[310, 311]，并且在经济、金融、企业管理、工程和社会科学等诸多领域获得了广泛和成功的应用。

模糊性作为另一种不确定性形式，其不确定性特征主要体现在概念上的模糊性，并通常通过“边界问题”反映出来。简单说来，当人们定义一个概念时（如“奇数”），实际上是在一个特定的论域（如自然数集合 **N**）上定义一个子集。概念的定义就是描述概念语义，以便可以将论域中的符合概念语义的元素辨别出来。从这个意义上讲，定义“奇数”是“确定”的，因为论域中元素的辨别可以是完全“明晰”的。换句话说，“奇数” $=\{1, 3, 5, 7, 9, \cdots\} \subset \mathbf{N}$。此时，不存在概念上的模糊性。然而，如果人们希望定义“大数”这个概念时，却很难自然地在论域上划定一个边界，使得符合“大数”概念语义的元素构成 **N** 的一个子集。因为，此时元素的辨别存在不完全“明晰”的情形。例如，如果认为 10^{10} 是一个大数，那么 $10^{10}-1$ 似乎也应该是大数，那么 $10^{10}-2$ 呢？如果认为 100 是一个大数，那么 99 呢……依此类推。这就是所谓的“边界问题”，即在概念定义中，由于难以在论域中完全“明晰”地辨别那些符合概念语义的元素，则难以在论域上自然划定一条“明晰”的边界以定义相应的子集。这里，边界的划定强调自然且符合常理及概念语义。显然，如果硬性规定 10^{10} 为边界就不是这样一个自然划定了。

概念上的模糊性普遍存在于人们的认知、推理过程和语言表达中。“高档电器”、“时尚青年”、“良好业绩”、“中年客户”、“大量、非常、可能和大致”等概念和语义都具有模糊性的特点。描述模糊性的主要思路是通过一种渐进隶属关系刻画论域元素与概念语义的符合程度。例如，人们可以把 $10^{10}, 10^{10}-1, \cdots, 100, 99$ 等都看做属于“大数”，但程度不同。1965 年 Zadeh 教授提出的模糊集合理论（Fuzzy Set Theory）[312,313]是表达和求解模糊性问题的重要和有效的理论和工具。例如，在控制、决策、语言处理和模式识别等智能应用方面，涉及经济、管理、工程和数理等广阔领域。具有模糊性的应用例子包括数据的不精确性（如网上购物客户的年龄值为“年轻”、收入值为“中等”），数据的相似程度（如网上评论的相似程度，关键词搜索的相关程度，图片比对的贴近程度），规则的近似匹配（如某商城规定“如果客户的购买金额超过 10 万元，则对该客户进行 VIP 服务”；假定有客户购买了 9.99 万元，应该对其提供什么服务？），语言的概括性（如基层经理拟对销售业绩超过 100 万元的销售员进行奖励，根据的是中层经理对于销售业绩好的销售员进行奖励的指示，而高层经理的意思是对工作表现好的员工进行奖励），模式的关联性（如网上浏览轨迹的归类，信用卡消费行为的联系，不同股票价格间的联动），等等。这些都反映了在大量现实生活中，人们在观察现象和决策过程中的部分认知性和不同的关注粒度。

近十余年来，人们把表达和求解各种不确定性问题的理论和方法统称为软计算（Soft Computing）[314]。软计算是一个领域集成，它涵盖神经元网络、遗传算法、贝叶斯推理、证据理论、粗糙集理论和模糊集合理论等。

本节将介绍模糊集合理论的一些初步思路和概念，以简要反映模糊信息表达的若干基础知识。读者可通过其他课程或教材学习概率统计的相关知识。

1．模糊集合

模糊集合是普通集合的一种扩展。给定论域 U，定义在 U 上的模糊集合（Fuzzy Set）F 可以由一个隶属函数 μ_F 来刻画。这里 μ_F 是从 U 到[0, 1]的映射，将 U 中的每一个元素 u 都对应到一个 0～1 之间的值 $\mu_F(u)$ 上。$\mu_F(u)$ 表达 u 隶属于 F 的程度，也就是说，$\mu_F(u)$ 是 u 符合 F 语义的程度。$\mu_F(u)=0$ 表示不隶属，$\mu_F(u)=1$ 表示完全隶属，而 $0<\mu_F(u)<1$ 则表示部分隶属。用符号表示，模糊集合 F 可以为

$$F=\{\mu_F(u)/u \mid u\in U\}$$

式中，μ_F: $U\to[0, 1]$，$\forall u\in U$, $\mu_F(u)\in[0, 1]$。如果$\exists u_0\in U$，使得$\mu_F(u_0)=1$，则称 F 为一个规范模糊集合。

以定义“大数”为例，可以通过在 **N** 上定义模糊集合 L 来表示。一个可能的隶属函数为μ_L: $\mathbf{N}\to[0, 1]$，$\forall n\in\mathbf{N}$，即

$$\mu_L(n)=\frac{1}{1+\left(\dfrac{1000}{n}\right)^2}$$

此隶属函数曲线如图 16.1 所示。

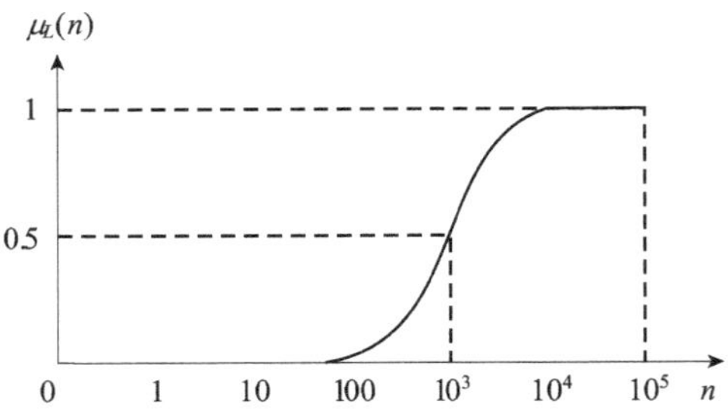

图 16.1　模糊集合“大数”的隶属函数

在此，论域 **N** 中的每一个元素 n 都可以被看做是“大数”，但各自作为“大数”的程度不同。根据图 16.1 所刻画的“大数”语义，1000 属于“大数”的程度为 0.5，10^5 属于“大数”的程度为 10000/10001。

另一个模糊集合的例子是定义（年龄）“年轻”。设 A 为年龄的论域，则“年轻”具有概念上的模糊性，因为明显存在“边界问题”。表达这种模糊性的方法仍是通过定义一个渐进取值的隶属函数来获得相应的模糊集合。具体说来，模糊集合“年轻”（Y）的隶属函数可以定义为μ_Y: $A\to[0, 1]$，$\forall a\in A$，即

$$\mu_Y(a)=\begin{cases}1 & a<40\\ 1-2\left[(a-40)/20\right]^2 & 40\leqslant a\leqslant 50\\ 2\left[(60-a)/20\right]^2 & 50<a\leqslant 60\\ 0 & a>60\end{cases}$$

其隶属函数曲线如图 16.2 所示。此模糊集合“年轻”的语义表示，不足 40 岁被看做完全年轻，60 岁（含）以上被看做完全不年轻，而 40～60 岁均被看做年轻但程度不同。例如，根据隶属函数μ_Y，50 岁属于年轻的程度为 0.5，55 岁的年轻程度为 0.125。

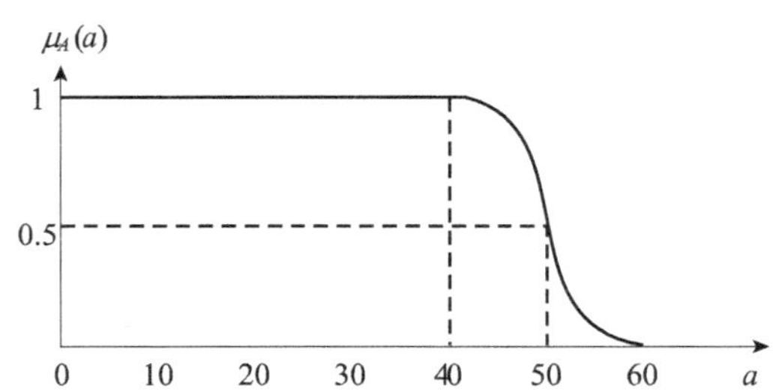

图 16.2　模糊集合“年轻”的隶属函数

有时为表达和应用方便，人们常采用直线线段函数表示隶属函数，如图 16.3 所示中 Y、MA 和 O 的情形。相应的隶属函数可以直接通过折点参数表示，如 Y(30, 45)、MA（25, 40, 50, 65）和 O（50, 65）。此外，值得指出的一点是，模糊集合的语义是“背景相关（Context-dependent）”的。意思是说模糊集合所定义的概念语义与问题背景和人们的认知有关。例如，不同职业背景的人对于大数有不同的理解和看法（如天文学科中的“大数”与人口学科中的“大数”的区别），不同个人对于年轻也会有不同理解和看法（如 60 岁还是 70 岁为完全不年轻）。这是现实生活中的常见现象，而隶属

函数为体现这些理解和看法的差异提供了表达手段。这种表达能力无疑是符合实际常理且有意义的，也具有智能特点，是模糊集合理论的一个长处。

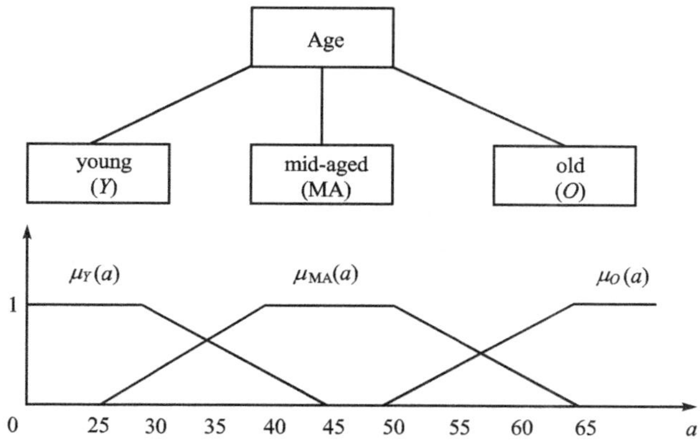

注：参数为 $Y(30, 45)$、$MA(25, 40, 50, 65)$和 $O(50, 65)$

图 16.3　语言变量“年龄”及其语言词取值

此外，可以看到，将传统集合论中的普通（子）集合看做是模糊集合的一个特例，因为在传统（非模糊）情形下隶属函数退化成从论域映射到 0、1 两点，即 $U \to \{0，1\}$。

模糊集合提出之后，传统集合运算也得到了扩展[315, 312]。设 A 和 B 为论域 U 上的模糊集合，其隶属函数分别为μ_A和μ_B，则有如下结论：

（1）并集 $A \cup B$ 为 U 上的模糊集合，其隶属函数$\mu_{A \cup B}$: $U \to [0，1]$，即有

$$\forall u \in U，\ \mu_{A \cup B}(u) = \max(\mu_A(u), \mu_B(u))$$

（2）交集 $A \cap B$ 为 U 上的模糊集合，其隶属函数$\mu_{A \cap B}$: $U \to [0，1]$，即有

$$\forall u \in U，\ \mu_{A \cap B}(u) = \min(\mu_A(u), \mu_B(u))$$

（3）补集 A'为 U 上的模糊集合，其隶属函数$\mu_{A'}$: $U \to [0，1]$，即有

$$\forall u \in U，\ \mu_{A'}(u) = 1 - \mu_A(u)$$

（4）模糊集合的包含关系可被定义为

$$A \subseteq B:\ \forall u \in U，\ \mu_A(u) \leqslant \mu_B(u)$$

（5）设 A 和 B 分别为论域 U 和 V 上的模糊集合，其隶属函数分别为μ_A和μ_B，则笛卡儿积 $A \times B$ 为 $U \times V$ 上的模糊集合，其隶属函数$\mu_{A \times B}$: $U \times V \to [0，1]$，即有

$$\forall (u,v) \in U \times V，\ \mu_{A \times B}(u,v) = \min(\mu_A(u), \mu_B(v))$$

进而，人们可以证明得到模糊集合的一系列性质。例如，设 A、B 和 C 为 U 上的模糊集合，可以得到

$(A \cup B)' = A' \cap B'$　　$(A \cup B) \cup C = A \cup (B \cup C)$

$(A \cap B)' = A' \cup B'$　　$(A \cap B) \cap C = A \cap (B \cap C)$

$A \cup A = A$　　$A \cup (A \cap B) = A$

$A \cap A = A$　　$A \cap (A \cup B) = A$

$A \cup B = B \cup A$　　$A \cup (B \cap C) = (A \cup B) \cap (A \cup C)$

$A \cap B = B \cap A$　　　　　　$A \cap (B \cup C) = (A \cap B) \cup (A \cap C)$

此外，对于有限离散论域及其模糊集合 $F = \{\mu_F(u_i)/u_i \mid u_i \in U, i = 1, 2, \cdots, m\}$，模糊集合的秩（元素个数）$|F|$通过$\sum$count 来计算，即

$$\sum \text{count}(F) = \sum_1^m \mu_F(u_i) \leqslant m$$

2. 模糊蕴涵算子

模糊集合理论的一个重要应用领域是近似推理。这主要基于模糊集合理论在传统布尔逻辑上的扩展，其中模糊蕴涵算子（FIO，Fuzzy Implication Operator）的作用举足轻重。

首先，回顾布尔逻辑中的蕴涵算子（$\rightarrow$）的真值表（见表 16.1），可以看到"$\rightarrow$"是一个从{0，1}×{0，1}到{0，1}的映射。换句话说，a 的取值为"假"和"真"两个值，记做 $a \in$ {0，1}，同样，$b \in$ {0，1}，则"a 蕴涵 b"（即 $a \rightarrow b$）的取值也为"假"和"真"两个值，记做（$a \rightarrow b$）$\in$ {0，1}。而模糊蕴涵算子（FIO）可以表达 a 和 b 及（$a \rightarrow b$）可能"部分为真"的情形，也就是说，$a \in$[0，1]，$b \in$[0，1]，（$a \rightarrow b$）$\in$[0，1]。在此，FIO 是一个从[0，1]×[0，1]到[0，1]的映射。

表 16.1　蕴涵算子（→）真值表

a	b	$a \rightarrow b$
0	0	1
0	1	1
1	0	0
1	1	1

将取值范围从{0，1}扩展到[0，1]，可能产生不同形式的模糊蕴涵算子，这主要是由人们具体进行扩展时采用的角度和手段可能不同所造成的。举例来说，在传统布尔逻辑中，有下列真值等价关系

$$(a \rightarrow b) \equiv (\neg a \vee b)$$

基于此等价关系角度，使用"max"扩展逻辑"或"（即$\vee$），"1-"扩展逻辑"否"（即$\neg$），则可以获得 Kleene-Dienes 模糊蕴涵算子，记做 KD

$$\text{KD}(a,\ b) = \max(1-a,\ b)$$

如果仍然出于同样的等价关系角度，但对于"或"采取不同的扩展手段（即使用"＋"），则可以获得 Lukasiewicz 模糊蕴涵算子，记做 L，即

$$L(a, b) = \min(1, 1-a+b)$$

如果从 a 和 b 的相对关系角度出发，有 Gödel-Brower 模糊蕴涵算子 GB 如下

$$\text{GB}(a,b) = \begin{cases} 1 & a \leqslant b \\ b & a > b \end{cases}$$

此外，可以验证上述这三个模糊蕴涵算子满足下列重要性质：

（1）$\text{FIO}(1,\ 0) = 0,\ \text{FIO}(0,\ 1) = \text{FIO}(1,\ 1) = \text{FIO}(0,\ 0) = 1$；

（2）$\text{FIO}(1,\ b) = b,\ \forall b \in [0,\ 1]$；

（3） $\text{FIO}(0, b)=1, \forall b\in[0, 1]$；

（4） $\text{FIO}(a, 1)=1, \forall a\in[0, 1]$；

（5） $\text{FIO}(a, \bullet)$ 是减函数（给定 a）；

$\text{FIO}(\bullet, b)$ 是增函数（给定 b）；

（6） $\text{FIO}(a, \text{FIO}(b, c))=\text{FIO}(b, \text{FIO}(a, c))$；

（7） $\text{FIO}(a, b)\geqslant \min(a, b)$。

对于其他模糊蕴涵算子及其他性质的详细讨论，请进一步参见文献[315]。

3. 语言变量

语言变量的提出旨在表达自然语言所反映出来的概念上的模糊性及语言的语义概括和数据不精确的特点。语言变量是一种以自然语言词句为取值的变量。通过模糊集合理论对语言变量进行表达和处理，使得自然语言词句具有“可计算性”，进而大大提升了其在应用领域的智能化程度。很显然，在面向管理决策的商务智能领域，对语言变量的表达和处理尤为重要。

为简单说明起见，下面通过举例来解释语言变量。考虑论域 U 上的属性“年龄”，由于其取值可以为语言词（Linguistic Term）（如年轻、中年和老年等），则“年龄”可以被看做是一个语言变量 $X=$“年龄”。通常，X 的取值（语言词）可以是通过定义在 U 上的模糊集合来描述的。图 16.3 所示是语言变量 $X=$“年龄（Age）”及其三个语言词取值“年轻（young）”、“中年（mid-aged）”和“老年（old)”的示意图，其中，μ_Y、μ_{MA} 和 μ_O 分别为描述语言词的模糊集合的隶属函数。

在自然语言中，语言词常常可以被进一步修饰，如“非常年轻”、“大致中年”等。这些修饰词（modifier/hedge）（如非常、大致、稍微和类似等）本身通常不像语言词那样通过模糊集合来描述，而是作为作用在模糊集合上的算子来描述。具体说来，设 $F(U)$是论域 U 上模糊集合的全体，修饰词算子 H_λ（$\lambda\in[0, \infty)$）是一个从 $F(U)$到 $F(U)$ 的映射，使得$\forall A\in F(U)$，即有

$$H_\lambda(A)=A^\lambda\in F(U)$$

或$\forall a\in U$

$$\mu_{H_\lambda(A)}(a)=\left[\mu_A(a)\right]^\lambda\in[0,1]$$

当$\lambda>1$ 时，被修饰的模糊集合的隶属函数值被减少，H_λ被称做浓缩算子（CON, concentration operator）。以$\lambda=2$ 为例，$\text{CON}(A)=H_2(A)$，则

$$\mu_{H_2(A)}(a)=\left[\mu_A(a)\right]^2$$

通常被用来描述“非常（very)”，即 H_2（A）的语言语义为“非常 A”。在 A=“年轻”的情况下，$H_2(A)$表达了“非常年轻”的含义。

当$\lambda<1$ 时，被修饰的模糊集合的隶属函数值被增加，H_λ被称做膨胀算子（DIL, dilation operator）。以$\lambda=1/2$ 为例，$\text{DIL}(A)=H_{1/2}(A)$，则

$$\mu_{H_{1/2}(A)}(a)=\left[\mu_A(a)\right]^{1/2}$$

通常被用来描述“大致（more-or-less)”，即 $H_{1/2}$（A）的语言语义为“大致 A”。在 $A=$“年轻”的情况下，$H_{1/2}$（A）表达了“大致年轻”的含义。

对 CON 和 DIL 性质及其他语言修饰词感兴趣的读者，可以进一步参考文献[315]。

4．相近性

传统普通集合之间“相等（equality: =）”的概念可以被扩展到模糊集合领域，以表达模糊集合之间“相近（closeness: ≈）”的概念。这个扩展工作是非常重要的，因为许多智能方法的应用需要解决模糊集合之间的相近“匹配（matching）”的问题。

对于论域 U 上两个模糊集合 A 和 B，两者之间的相近性度量“≈”是一个从 $F(U)\times F(U)$ 到[0，1]的映射，即 $\forall A, B\in F(U)$，$\approx(A,B)\in[0, 1]$，其中 $F(U)$ 是 U 上所有模糊集合的全体。与其他模糊扩展的情形一样，“≈”对“=”的扩展也有多种形式。下面简单介绍两种扩展形式：基于距离的相近性度量（$\approx_D$）与基于高度的相近性度量（$\approx_H$）。

（1）基于距离的相近性度量，即有

$$\approx_D (A, B) = \inf_{x\in U}(1-|\mu_A(x)-\mu_B(x)|)$$

式中，inf 为下确界（或在离散情况下为 min），μ_A 和 μ_B 分别为在 U 上的模糊集合 A 和 B 的隶属函数。图 16.4 给出了 $\approx_D$ 的一个图示描述。例如，在图 16.4 中的 x_0 点，可以得到：$\approx_D (A,B) = 1-(\mu_A(x_0)-\mu_B(x_0)) = 1-b = a+c$。

（2）基于高度的相近性度量，即有

$$\approx_H (A,B) = \sup_{x\in U}\min(\mu_A(x), \mu_B(x))$$

式中，sup 为上确界（或在离散情况下为 max），μ_A 和 μ_B 分别为在 U 上的模糊集合 A 和 B 的隶属函数。$\approx_H(A, B)$ 也经常被称做 A 与 B 的交集 $A\cap B$ 的高度。图 16.5 给出了相应的示意，即 $\approx_H(A, B) = e$（见 x_2 点）。相比较，可以看到 $\approx_D(A, B) = d$（见 x_1 点）。

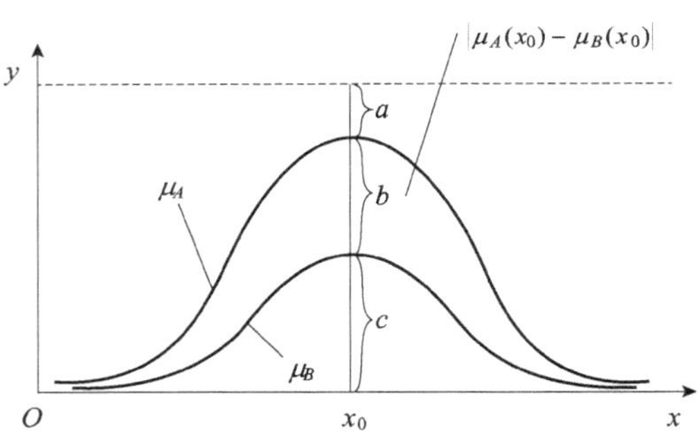

图 16.4　基于距离的相近性度量

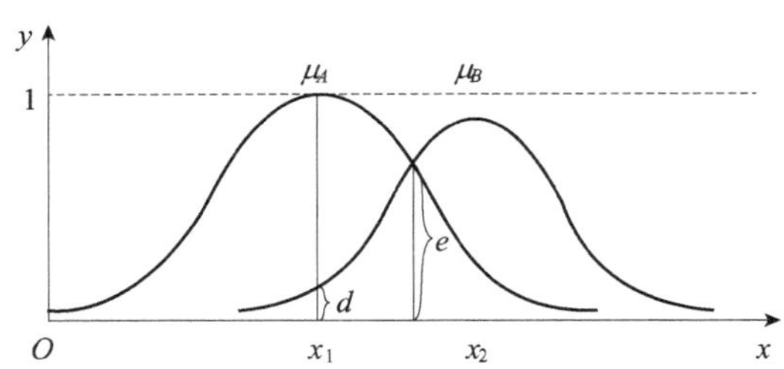

图 16.5　$\approx_D (A,B) = d$ 与 $\approx_H (A,B) = e$

相近性度量的性质是理论与应用领域都很关注的问题。例如，① $\approx(A, B)\in[0, 1]$；② $\approx(A, B) = \approx(B, A)$（对称性）；③ $\approx(A, A) = 1$（自反性）等。很容易验证，$\approx_D$ 满足这三个性质，$\approx_H$ 对于规范模糊集合也满足这三个性质。对于其他性质及其他相近性度量形式的讨论，可以参见文献[316, 313]。

16.2　分区中的边界问题

在前面讨论关联规则（AR，Association Rule）时可以看到，关联规则反映的是事件之间发生与否的关联情况。以超市为例，$X\Rightarrow Y$ 的语义表明“购买 X 商品（即事件 X）

的客户会同时购买 Y 商品（即事件 Y）”。从关系数据库的角度说，关联规则涉及的数据取值是二值的，即 1（事件发生）或 0（事件没有发生）。如果数据库中数据的取值非 1 即 0，则称这样的数据库为二值数据库（Binary Database）。针对二值数据库的关联规则为布尔关联规则(Boolean Association Rule)。本书前面讨论的关联规则和 Apriori 方法都是关于布尔关联规则的，并基于二值数据库。

通常，关联规则挖掘所使用的实际数据存储在关系数据库中，或者存储于日常事务数据集(Transaction Dataset)中。事务数据集可以被转换到关系数据库，并易于使用 Apriori 方法进行挖掘。表 16.2 是这种数据转换的一个示例，说明事务数据集 T 有 5 条记录（也称为元组），分别涉及不同的数据项（I_1, I_2, I_3, I_4）。如超市数据中的 5 次客户分别购买不同商品的记录。该数据集可以被转换到关系数据库 D 中，其中数据项（I_1, I_2, I_3, I_4）成为数据库的属性，而对应于 5 条记录的属性值均是 0 和 1，反映这些记录在 T 中对应事件（包含相应数据项）发生的真值。这里，数据库 D 是一个二值数据库。

虽然布尔关联规则在许多管理决策中是很有意义的知识形式，但实际问题中还经常存在着多值和连续数据属性的情形。月份、年龄、收入、产品数量和股票价格等例子比比皆是。表 16.3 就是一个年龄（Age）与收入（Income）的数据库例子，其中属性 Age 与 Income 的值域可以是实数域（或其子集）。

表 16.2　事务数据集与二值数据库

T			
ID1	I_1	I_3	
ID2	I_2		
ID3	I_1	I_3	I_4
ID4	I_2	I_3	
ID5	I_3	I_4	

D	I_1	I_2	I_3	I_4
ID1	1	0	1	0
ID2	0	1	0	0
ID3	1	0	1	1
ID4	0	1	1	0
ID5	0	0	1	1

表 16.3　年龄与收入数据库

D	Age	Income
ID1	30	8890
ID2	25	12500
ID3	31	7900
ID4	47	21500
ID5	68	3500
ID6	29	16000
ID7	56	4800

这里把基于多值和连续数据属性的关联规则称做数量关联规则（QAR，Quantitative Association Rule）。显然，基于二值数据库的 Apriori 方法无法直接应用于数量关联规则的挖掘。一个解决方案仍是进行数据转换[118]。转换的基本思路是对连续（包含多值）属性的值域进行划分（Partitioning）。例如，将表 16.3 中属性 Age 的值域（0, ∞）划分为（0, 30]、(30, 60]和（60, ∞）三个区间，以形成三个新属性：Age（0, 30]、Age（30, 60]和 Age（60,∞）。同样，将属性 Income 的值域[0, ∞）划分为[0, 5000)、[5000, 15000）和 [15000, ∞）三个区间形成新属性：Income[0, 5000)、Income[5000, 15000）和 Income[15000, ∞）。进而，根据表 16.3 中初始数据库 D 的属性值是否落在这些划分的

区间的情况，获得一个相应的以 0 和 1 取值的二值数据库 D'（见表 16.4）。这种数据转换的结果是将挖掘数量关联规则的问题转换成挖掘布尔关联规则的问题，使得人们可以应用 Apriori 方法。此时，获得的关联规则仍反映了事件发生与否的关联情况，但是事件本身具有数量的含义。以超市为例，$X \Rightarrow Y$ 的语义表明"购买一定数量范围 X 商品的客户会同时购买一定数量范围 Y 商品"。以表 16.4 所示的数据库 D'为例，可能发现的关联规则知识形式如：Age(0, 30] ⇒ Income(5000, 15000]，表明"30 岁以下人的收入在 5000～15000 之间"（Dsupp = 2/7，Dconf = 2/3）。D 与 D'的属性值的区别在于，对于 D 中的任意元组 d 和属性 I_k，$d[I_k] \in \{0, 1\}$；而对于 D'中的任意元组 d'和属性 I_k'，$d'[I_k'] \in \{0, 1\}$。其中，$I_k \in I$，$I_k' \in I'$，I 和 I'分别为 D 和 D'的属性全体，I_k' 对应着 I_k 值域（即 U_{I_k}）的一个子集。

表 16.4 通过区间划分转换连续数据

D'	Age (0, 30]	Age (30, 60]	Age (60, ∞)	Income [0, 5000]	Income (5000, 15000]	Income (15000, ∞)
ID1	1	0	0	0	1	0
ID2	1	0	0	0	1	0
ID3	0	1	0	0	1	0
ID4	0	1	0	0	0	1
ID5	0	0	1	1	0	0
ID6	1	0	0	0	0	1
ID7	0	1	0	1	0	0

区间划分的方式有等区间划分、平均划分和聚类划分等。从上述例子中很容易看到，划分值域的方式不同会影响转换后的数据库 D'的数据库模式和属性取值，进而影响数据挖掘的结果。实际上，这种数据转换是一种离散化的过程，因此在粒度和信息保持方面需要平衡考虑。在此，区间的"明晰"边界是一个问题，可能导致对边界附近数据的高估或低估，从而影响对关联知识语义的准确表达。

如前所述，可以引入模糊集合理论来解决这类边界问题。一个基本思路是在值域上定义模糊集合。例如，对于年龄属性 Age，可以在其值域 U_{Age}上定义模糊集合"年轻（Y）"、"中年（MA）"和"老年（O）"，由此将原连续数据属性数据库 D 转换为模糊数据库 D''。D''与 D 的属性值的区别在于：对于 D''中的任意元组 d''和属性 I_k''，$d''[I_k''] \in [0, 1]$，其中，$I_k'' \in I''$，I''为 D''的属性全体，I_k'' 对应着 I_k 值域（即 U_{I_k}）上的一个模糊集合。表 16.5 给出了这样的数据转换的示例，其数据库 D''由表 16.3 中的数据库 D 转换而成，D 中属性 Age 在 D''中由三个新属性 Young-Age、Middle-Age 和 Old-Age 表示，分别反映图 16.3 定义的模糊集合 Y、MA 和 O 的语义。以 ID3[Young-Age] 的取值为例，ID3[Young-Age] $= \mu_Y(31) = 0.93$。

表 16.5 通过模糊集合转换连续数据

D''	Young-Age	Middle-Age	Old-Age	……
ID1	1.00	0.33	0.00	……
ID2	1.00	0.00	0.00	……
ID3	0.93	0.40	0.00	……
ID4	0.00	1.00	0.00	……

续表

D''	Young-Age	Middle-Age	Old-Age	……
ID5	0.00	0.00	1.00	……
ID6	1.00	0.27	0.00	
ID7	0.00	0.60	0.40	

针对 D''这样的模糊数据库进行数据挖掘，首先需要扩展布尔关联规则中的支持度（Dsupp）和置信度（Dconf）的概念，因为这两个测度都是基于传统集合的计数（如$\|X\|$表示数据库中包含属性集合 X 的记录个数）来计算的。为便于说明，考虑单个属性（即 $X=\{I_i\}$），则在二值数据库中，I_i 作为属性对应着一个普通子集，该子集包含在此属性上取值为 1 的那些数据库记录。求和计算这些“1”值，就得到了支持属性 I_i 的记录个数，也就是计数$\|\{I_i\}\|$。而在模糊数据库（即 $D''(I'')$，$I''=\{I''_1,I''_2,\cdots,I''_{m''}\}$）中，$I''_i$（$i$=1, 2, …, m''）作为属性对应着一个模糊集合，I''_i 的取值不仅为 0 和 1，也可以为 0 和 1 之间的数，以反映一个记录部分支持属性 I''_i 的程度。这样，通过$\sum$count（I''_i）可以得到支持属性 I''_i 的记录个数“之和”。由于有的记录对属性 I''_i 的支持是完全的，有的记录对属性 I''_i 的支持是部分的，$\sum$count（I''_i）的计算结果不一定是整数，而是一种“等价个数”的计量。举例说明，根据表 16.5，$\sum$count(Middle-Age) = 0.33 + 0.40 + 1.0 + 0.27 + 0.60 = 2.60。

以此可以得到一个支持度的扩展为 Dsupp($\{I''_i\}$) = $\|\{I''_i\}\|/|D''|$ = $\sum$count(I''_i)/$|D''|$，即

$$\text{Dsupp}(\{I''_i\}) = \sum_{t\in D''} t[I''_i]/|D''| \tag{16.1}$$

式中，$|D''|$为数据库 D''的记录数总和，I''_i 为模糊数据库 D''的一个属性，$t[I''_i]$为数据库中记录 t 在 I''_i 上的取值，$t[I''_i]=\mu_{I''_i}(t)\in[0,1]$。仍以表 16.5 为例，Dsupp(Middle-Age) = 2.6/ 7。更具一般性，对于 X 包含多个数据属性的情形，即 $X=\{I''_{i_1},I''_{i_2},\cdots,I''_{i_p}\}\subseteq I''$，$X$ 的支持度为

$$\text{Dsupp}(X) = \sum_{t\in D''} \bigwedge_{J\in X} t[J]/|D''| \tag{16.2}$$

式中，$\wedge$ 为模糊“且”算子，是一个[0, 1]×[0, 1]到[0, 1]的映射，如取最小（min）和算术乘（×）等。

进而，给定 $X, Y\subseteq I''$，关联规则 $X\Rightarrow Y$ 的支持度和置信度的扩展形式可分别定义为[317]

$$\text{Dsupp}(X\Rightarrow Y) = \sum_{t\in D''} \bigwedge_{J\in X\cup Y} t[J]/|D''| \tag{16.3}$$

$$\text{Dconf}(X\Rightarrow Y) = \sum_{t\in D''} \bigwedge_{J\in X\cup Y} t[J] \Big/ \sum_{t\in D''} \bigwedge_{J\in X} t[J] \tag{16.4}$$

这里有两点值得注意：一是 Dconf($X\Rightarrow Y$) = Dsupp($X\Rightarrow Y$)/Dsupp(X) 仍然成立；二是在二值数据库下，$t[J]$仅取值 0 和 1，此扩展形式将还原为传统支持度和置信度的情形。

基于扩展的支持度（见式（16.3））和置信度（见式（16.4）），人们可以进一步扩展 Apriori 方法。这里的一个重点是考察导致 Apriori 方法非常便捷有效的一个性质在扩展后是否仍然成立。具体说来，Apriori 方法利用 Dsupp(XY) = $\|XY\|/|D|$ ≤ $\|X\|/|D|$ =

$\mathrm{Dsupp}(X)$ 这样一个性质来作为算法剪枝策略，使得在候选项集生成过程中只考虑那些子项集均为频繁项集的超集。这是因为，如果一个项集是频繁的（即 $\mathrm{Dsupp}(XY)\geqslant\alpha$）则其子集也是频繁的（即 $\mathrm{Dsupp}(X)\geqslant\alpha$）。等价的逆否命题为：如果一个项集不是频繁的，则其超集也不是频繁的。这样，当发现有项集不是频繁项集之后，所有包含此项集的超集就都不必在后面的挖掘过程中考虑了，从而大大减少了扫描数据库进行支持度计数的次数，提高了方法的效率。

通常，定义模糊“且”算子∧满足：$\forall a, b\in[0, 1], a\wedge b \leqslant \mathrm{b}$ （如 min 和×）。则对于 t 有 $\bigwedge_{J\in X\cup Y} t[J]\leqslant \bigwedge_{J\in X} t[J]$，即 $\mathrm{Dsupp}(XY) \leqslant \mathrm{Dsupp}(X)$。这是一个重要结果，使得在模糊数据库下，基于扩展的支持度和置信度测度（见式（16.3）和式（16.4））可以有效地对 Apriori 方法进行扩展，从而保证关联规则挖掘过程便捷有效。由于此时的 X 和 Y 包含由模糊集合描述的属性，通过数据挖掘方法发现的关联规则知识形式 $X\Rightarrow Y$ 就具有了语言概括特征。例如，Young-Age ⇒ Middle-Level Income，表明“年轻人具有中等收入”。此时的关联规则称为模糊关联规则（FAR，Fuzzy Association Rule）。

这里讨论的关联规则 $X\Rightarrow Y$，通过支持度和置信度来反映在频繁意义上包含 X 的数据同时包含 Y 这样一种关联。X 与 Y 的同时发生（即数据包含 XY）是用“且”（∧）进行连接的。从 X 与 Y 的连接关系出发，人们试图分析在 X 与 Y 发生之间是否存在着某种逻辑上的蕴涵关系。针对模糊数据库 D''，下面给出一个蕴涵度（Dimp，Degree of implication）描述，即

$$\mathrm{Dimp}(X \Rightarrow Y) = \sum_{t\in D''} \mathrm{FIO}(\bigwedge_{J\in X} t[J], \bigwedge_{J\in Y} t[J]) / |D''| \tag{16.5}$$

式中，FIO 是模糊蕴涵算子，∧是模糊“且”算子。基于测度 Dsupp（见式（16.3））和 Dimp（见式（16.5））得到的关联规则称做基于支持蕴涵的关联规则（ARsi，support-implication-based Association Rule）。显然，ARsi 也是一类模糊关联规则。

从扩展 Apriori 及优化算法的角度考虑，FIO 和∧的选择很重要。首先，对于 ARsi 和∧（∧满足：$\forall a, b\in[0, 1], a\wedge b \leqslant b$），性质 $\mathrm{Dsupp}(XY) \leqslant \mathrm{Dsupp}(X)$ 成立。这可以大大减少在计算 Dsupp 生成频繁项集时对数据库的扫描。其次，若干∧和 FIO 组合可以产生一些良好的性质[318]。特别是可以用于减少在计算 Dimp 生成 ARsi 时对数据库的扫描。以组合（$\wedge = \min(a, b)$，$\mathrm{FIO} = L(a, b) = \min(1, 1-a+b)$）为例，可以获得下列性质

$$\mathrm{Dimp}(X\Rightarrow Y) = 1 - \mathrm{Dsupp}(X) + \mathrm{Dsupp}(XY)$$

该性质说明在已知 $\mathrm{Dsupp}(X)$ 和 $\mathrm{Dsupp}(XY)$ 的情况下，$\mathrm{Dimp}(X\Rightarrow Y)$ 可以通过直接计算获得，而不必根据定义扫描数据库获得。

16.3　数据间的部分隶属性

在商务智能领域关注的应用中，数据之间通常存在着一定的隶属关系，如产品目录、图书分目、行业划分和组织机构等。以超市数据为例，客户购买的商品都属于最基本的数据项。布尔关联规则（AR）挖掘发现的知识就是客户同时购买这些商品的关系，即对应的数据项在支持度和置信度意义上的联动。由于在超市中，这些商品一般

都按类别进行隶属关系分目，如“苹果”和“香蕉”都属于“水果”，“Levi’s”和“Lee”都属于“牛仔服装（jeans）”。这种数据关系被称做“数据层次结构（taxonomy）”。上下层之间多为超类/子类（superclass/subclass）或“isa”关系。在具有数据分类结构的关联规则挖掘中，不仅低层数据间的关联是有意义的，高层数据间的关联也是有意义的。一方面，高层数据间的关联同样是管理决策知识；另一方面，低层数据间的关联不明显时（如相对于阈值），高层数据间关联则可能明显。例如，如果 Lee⇒EMI（“购买 Lee 牌牛仔服的客户也购买 EMI 唱片”）和 Guess⇒Deca（“购买 Guess 牌牛仔服的客户也购买 Deca 唱片”）均不满足最小支持度和最小置信度阈值，但是它们有可能在其超类语义层面上出现得足够频繁，进而导致 Jeans⇒MusicCD（“购买牛仔服的客户也购买音乐唱片”）成立。一般来说，包含高层数据间关系的关联规则称做广义关联规则（GAR，Generalized Association Rule）。图 16.6 给出了 AR 与 GAR 的一个示例。

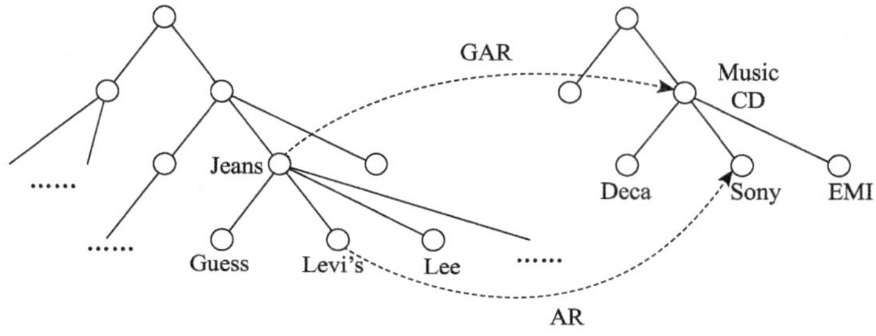

图 16.6　AR 与 GAR 示例

对于 $I=\{I_1, I_2, \cdots, I_m\}$ 和二值数据库 D: $\boldsymbol{R}(I)$，给定与 I 对应的数据层次结构全体 G，则 $I_1, I_2, \cdots, I_m$ 构成 G 的叶子节点。将 G 中的非叶子节点（即高层节点）也加到 I 中可以形成一个新的属性集 I_G 和数据库 D_G（$\boldsymbol{R}(I_G)$），使得 $\forall d\in D$，及其对应元组 $d'\in D_G$，考虑任意一个 I_G 中的属性 J，如果 J 属于 I，则 $d'[J]\in d[J]$；如果 J 不属于 I（即：$J\in I_G-I$），则① $d'[J]=1$，当存在 J 的一个后代 J_0 时有 $d[J_0]=1$；② 否则 $d'[J]=0$。显然，D_G 也是二值数据库。不失一般性，$\forall X\subseteq I_G$，当对于任意 X 中的属性 J 都有 $d'[J]=1$ 时，则称 d' 支持 X。此时，在具有数据层次结构 G 的二值数据库 D 上挖掘关联规则的问题就转换成了在二值数据库 D_G 上挖掘传统布尔关联规则的问题。由此 Apriori 方法可以方便地被应用。

以图 16.7 表示的数据层次结构为例，表 16.6 是一个数据转换后的数据库 D_G，其中 Apple、Cabbage、Mutton 和 Pork 是叶子节点，其他属性是高层节点。根据叶子节点的数据值及数据关系，可以得到高层节点的数据值。例如，由于 ID1(Apple) = 1，Apple 是 Vegetable-dishes 的后代，则 ID1(Vegetable-dishes) = 1。

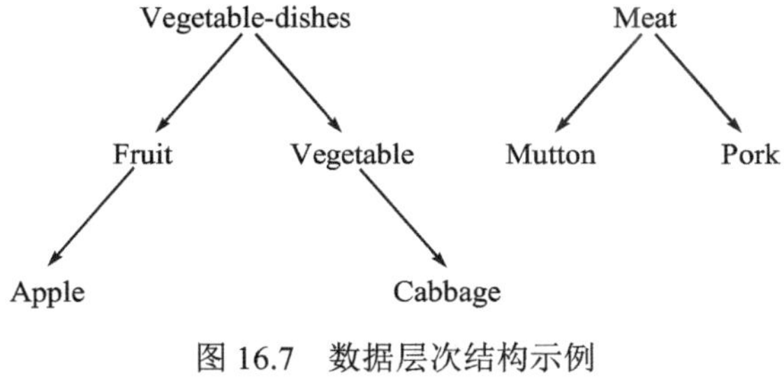

图 16.7　数据层次结构示例

表 16.6　基于数据层次结构的数据库 D_G 示例

D_G	Apple	Fruit	Cabbage	Vegetable	Vegetable-dishes	Mutton	Pork	Meat
ID1	1	1	0	0	1	1	0	1
ID2	0	0	1	1	1	0	0	0
ID3	1	1	0	0	1	1	1	1

上述讨论通过引入数据层次结构来体现实际问题的情况和发现广义关联规则的意义。更进一步，考虑数据间的隶属关系，可能还会存在部分隶属或不唯一隶属的情况。例如，西红柿是水果还是蔬菜？《生物化学原理》是生物书还是化学书？虽然人们可以硬性地或按习惯分类，但是在概念认知上往往可以具有程度的成分。这就使得渐进和柔性知识表达成为智能建模的重要组成部分。

通过在[0，1]区间中取值的隶属度来描述数据之间的隶属关系就构成了数据模糊结构 G^f（fuzzy taxonomy）。如图 16.8 所示，在特定情况下，西红柿既是蔬菜又是水果，但隶属的程度不同。香肠也并不被完全认为是肉类。

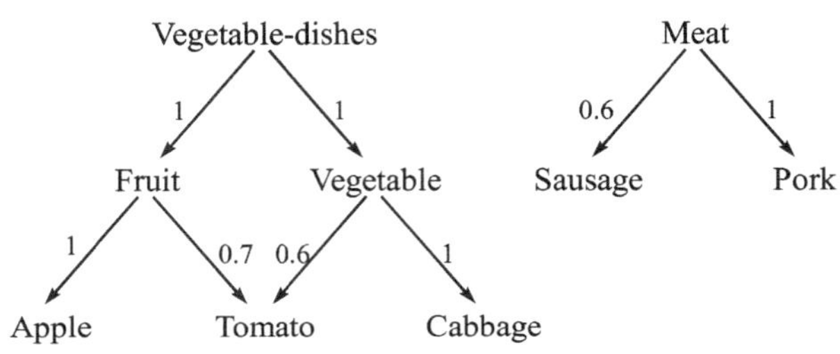

图 16.8　数据模糊结构 G^f 示例

进一步用形式化表述[317, 206]，在 G^f 中任意一个节点 y 属于其前辈 x 的程度可以定义为

$$\mu_{xy} = \underset{\forall l:x\to y}{\oplus}\left(\underset{\forall e \text{ on } l}{\otimes}\mu_{le}\right) \tag{16.6}$$

式中，$l: x\to y$ 是从 x 到 y 的路径，e 是路径 l 上直接连接两个节点的一个边，μ_{le} 是边 e 在 l 上的程度（$\mu_{le}\in[0, 1]$），⊕与⊗分别为“或”和“且”算子。如果 x 和 y 之间没有路径，则 $\mu_{xy} = 0$。 此外，⊕与⊗算子的具体形式通常根据现实问题的性质来决定，如 max 和 min。这样，G^f 中任何一个高层节点都可以被看做是一个关于叶子节点的模糊集合，如 Fruit = {1/Apple, 0.7/Tomato}, Vegetable-dishes = {1/Apple, 0.7/Tomato, 1/Cabbage}。

给定数据项的全体 I，二值数据库 D 及数据模糊结构 G^f，人们可以用 16.2 节中讨论 I_G 的方式来生成 I_{G^f}，不过一个不同是 I_{G^f} 中的属性可以是模糊集合。此时得到的数据库 D_{G^f} 成为了一个模糊数据库，其中 $\forall t \in D_{G^f}$　$\forall J \in I_{G^f}$，$t[J] = \max\limits_{\forall L\in I}(\mu_{JL})$。与表 16.6 比较，表 16.7 给出了一个基于模糊层次结构 G^f（见图 16.8）的模糊数据库 D_{G^f} 的示例。

值得注意的一点是，模糊数据库 D_{G^f} 与 16.2 节中的模糊数据库 D'' 在表现形式上是相同的，但是一个不同之处是它们的属性（即 I_{G^f} 与 I''）来自不同的模糊扩展。

表 16.7　基于模糊层次结构 G^f 的模糊数据库 D_{G^f} 示例

D_{G^f}	Apple	Fruit	Tomato	Cabbage	Vegetable	Vegetable-dishes	Sausage	Pork	Meat
ID1	1	1	1	0	0.6	1	1	0	0.6
ID2	0	0.7	1	1	1	1	0	0	0
ID3	1	1	0	0	0	1	1	1	1

对模糊数据库 D_{G^f} 进行关联规则挖掘，可以首先如式（16.3）和式（16.4）那样扩展支持度 Dsupp 和置信度 Dconf（即式（16.7）和式（16.8）），即

$$\text{Dsupp}(X \Rightarrow Y) = \sum_{t \in D_{G^f}} \bigwedge_{J \in X \cup Y} t[J] / |D_{G_f}| \tag{16.7}$$

$$\text{Dconf}(X \Rightarrow Y) = \sum_{t \in D_{G^f}} \bigwedge_{J \in X \cup Y} t[J] \Big/ \sum_{t \in D_{G^f}} \bigwedge_{J \in X} t[J] \tag{16.8}$$

进而相应扩展 Apriori 方法以获得方便有效的挖掘算法。

由于引入了数据模糊结构，高层节点就可以表达概念上的模糊性，并通过模糊集合描述。此时的扩展首先是扩展数据层次结构，即从 G 到 G^f，进而从二值数据库 D_G 到模糊数据库 D_{G^f}。从关联规则知识表达形式的角度（如 Vegetable⇒Meat）看，此时的扩展从基于 G 和 D_G 的广义关联规则（GAR）到基于 G^f 和 D_{G^f} 的模糊广义关联规则（FGAR，Fuzzy Generalized Association Rule）。

进一步，一个相关的扩展尝试是通过引入语言修饰词来进一步描述数据模糊结构中的模糊集合，这些模糊集合通常是以语言词的形式标识的。这样做的好处是丰富了知识表达的概括性和语言特征，符合管理决策的特点，特别是一些高层决策者的宏观概括性和定性表述习惯。

对于数据模糊结构 G^f 和与此相对应的一组语言修饰词集合 H，扩展的基本思路是修饰 G^f 中的语言词，进而获得一个新的数据模糊结构 G^H，被修饰的语言词（如 Sort of Fruit（大致是水果），Very Fresh Vegetable（非常新鲜的蔬菜））作为新的节点加入到层次结构中，并通过修饰词计算得到相应的隶属程度。如图 16.9 所示是基于语言修饰词的数据模糊结构 G^H 的一个示例。

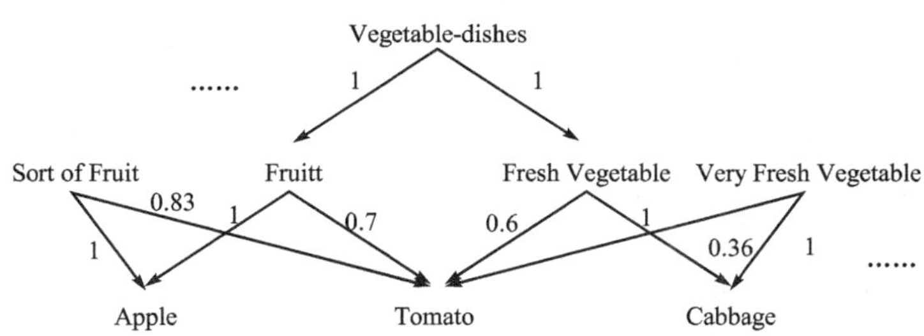

图 16.9　基于语言修饰词的数据模糊结构 G^H 示例

进而可以得到模糊数据库 D_{G^H}。以这种方式表达和挖掘的关联规则具有一般形式，如 $H_X X \Rightarrow H_Y Y$，其中 H_X 和 H_Y 是分别作用在 X 和 Y 上面的语言修饰词。

上述讨论主要围绕数据层次关系存在部分隶属性，并介绍了涉及广义关联规则的相应的模糊扩展。此外，数据间的部分隶属性还存在于聚类中，即某个元素不一定惟

一隶属于一个类别，而是可能以不同的程度属于不同的类别（比如：如果把用户的产品评论分成强正面评论、弱正面评论、中性评论、弱负面评论、强负面评论五类，那么一篇评论（根据语气、用词、情感、语境和用户特征等）可能会以不同程度分别隶属于不同的类别）。相关概念和应用可以进一步参考模糊聚类的文献[319]。

16.4　不完整数据依赖

数据依赖（Data Dependency）是一类关联知识，在数据建模中有着非常重要的作用[316, 320]。一方面，数据依赖作为数据间的完整性约束（Integrity Constraint），对数据库设计和避免数据库使用中的修改异常（Update Anomaly）问题具有举足轻重的作用；另一方面，数据依赖本身是一种语义知识，通常反映一定的领域业务规则（Business Rules）。在数据依赖中（如函数依赖、多值依赖、连接依赖、包含依赖和存在依赖等），函数依赖（FD，Functional Dependency）最受人们关注。首先，函数依赖是关系数据库规范化设计的重要概念，并与第二范式（2NF）、第三范式（3NF）和 Boyce-Codd 范式（BCNF）密切相关。其次，函数依赖反映的数据间关系是“决定关系”，即 $X \to Y$ 表示“相同的 X 值决定相同的 Y 值”，其中 X 和 Y 是属性集合。换句话说，给定 m 元关系数据库模式 $R(I)$，$I = \{I_1, I_2, \cdots, I_m\}$为属性集合，$X, Y \subseteq I$，$r$ 是模式 $R(I)$的一个关系实例。若$\forall t, t' \in r$，如果 $t[X] = t'[X]$则 $t[Y] = t'[Y]$，那么对于 r，X 决定 Y（或称 Y 依赖 X），记为 $X \to Y$。此时，也称 r 满足 $X \to Y$。如果关系模式 $R(I)$的所有关系实例 r 都满足 $X \to Y$，则 $X \to Y$ 称做在此关系模式上的函数依赖。函数依赖的例子很常见，如职员号码→部门，（学生号码，课程代码）→成绩，等等。

对于一个数据库来讲，一个理想的状态是：① 人们在模式设计时知道所有的相关函数依赖；② 在数据库使用中时时刻刻都能够保证相关的函数依赖所表达的完整性约束被关系实例 r 满足。显然，这通常不容易。数据库领域中多年来围绕函数依赖挖掘和模式演化（Schema Evolution）的研究就旨在寻求一些答案。

特别值得指出的是，在大数据背景下，数据的超规模、非结构化和富媒体等特征不仅给分布式数据库、对象数据库和多媒体数据库的理论和应用带来了许多新挑战，也催生了新型数据库理论、体系结构和技术的新探索。然而，在当前的大数据应用中，数据存取的主流数据库模型仍离不开关系数据库。虽然许多数据前台模式和客户端支持 Web 方式和富媒体形态，包括大量不精确和近似匹配等不确定性信息，其数据后台处理、视图转换以及数据仓库技术等还是基于成熟的关系数据库平台的。不过，在此新形势下，函数依赖对于关系数据库的作用就不仅是规范化设计，而是更广泛意义上的数据分析。换句话说，一方面，针对单个数据库或整合全局视图，函数依赖仍然可以作为数据完整性的重要概念；另一方面，函数依赖可以被独立看做关联关系或业务规则，作为数据挖掘和分析的一类知识模式。

下面，将主要考虑函数依赖挖掘在容错和效率方面的问题。具体来说，在商务活动大量、频繁地进行数据生成、分发、管理和利用的今天，数据质量变得日益关键。面对海量数据，数据缺失、错误和噪声等问题似乎不可避免。在这样的背景下，函数依赖的挖掘需要考虑容错性和效率两个方面。容错性是指函数依赖在数据库中可以部分被满足，而效率是指挖掘方法对于海量数据应该方便有效。

以一个学生数据库 S 为例（见表 16.8）。共有五个元组，三个属性分别为证件代码（ID）、系别（Department）和系址（Location）。#代表噪声数据（如 N/A 等）。

表 16.8　带有噪声的学生数据库

S	ID	Department	Location
t_1	001	CS	#
t_2	002	IS	Building 2
t_3	003	CS	Building 2
t_4	004	CS	Building 2
t_5	005	CS	Building 2

这里有许多候选函数依赖需要在数据库 S 上检验以判断是否满足。仅 X 和 Y 只含单项属性的情况，就有六个候选函数依赖（即 ID→Department, ID→Location, Department→ID, Department→Location, Location→ID, Location→Department）。以此为例，根据传统函数依赖的定义，可以得到 S 满足 ID→Department 和 ID→Location。此外，根据语义常理，Department→Location 应该成立，但是却不被 S 中的数据所满足。这是因为并不是所有的元组对（t, t'）都满足若“$t[X] = t'[X]$则 $t[Y] = t'[Y]$”。例如，t_1[Department] = CS = t_3[Department]]，但 t_1[Location] = # ≠ Building 2 = t_3[Location]。注意：当数据库规模很大时，哪怕存在一个微小的不完整数据（如噪声数据＃），就会导致至少一个元组对出现这样的问题，进而使相关的函数依赖不成立。

为解决这个问题，人们引入了函数依赖满足度的概念[321]。给定 $X, Y\subseteq I$ 及模式 $R(I)$ 的一个关系实例 r，$X\to Y$ 被 r 满足的程度定义为 $d_r(X\to Y)$，则

$$d_r(X\to Y) = \frac{\sum\limits_{\substack{\forall t_i, t_j\in r\\ t_i\neq t_j}} d_{(t_i,t_j)}(X\to Y)}{\text{NTP}} \tag{16.9}$$

式中，NTP 表示 r 中元组对（t, t'）的个数（即 NTP = $n(n-1)/2$），$d_{(t_i,t_j)}(X\to Y)$是对于元组对（t_i, t_j），Y 依赖于 X 的程度，则

$$d_{(t_i,t_j)}(X\to Y)=\begin{cases}0 & t_i[X]=t_j[X]\text{且}t_i[Y]\neq t_j[Y]\\ 1 & \text{其他}\end{cases} \tag{16.10}$$

对于 $d_r(X\to Y) = \alpha \in[0, 1]$，这里记为$(X\to Y)\alpha$，并将$(X\to Y)\alpha$称做具有满足度（$\alpha$）的函数依赖（$FD_d$，Functional Dependency with degree of satisfaction）。给定最小满足度阈值θ，$0\leqslant\theta\leqslant1$，如果 $d_r(X\to Y)\geqslant\theta$，则 $X\to Y$ 被称做一个满意的 FD_d。

考虑数据库 S(见表 16.8)，针对上述六个候选函数依赖，按照 FD_d 定义(见式(16.9)和式（16.10)），可以得到学生数据库 S 相应的 FD_d 如表 16.9 所示。具体以 Department→Location 为例，d_S(Department→Location) = ($d_{(t_1,t_2)}+d_{(t_1,t_3)}+d_{(t_1,t_4)}+d_{(t_1,t_5)}+d_{(t_2,t_3)}+d_{(t_2,t_4)}+d_{(t_2,t_5)}+d_{(t_3,t_4)}+d_{(t_3,t_5)}+d_{(t_4,t_5)}$)/(5×4/2) = (1+0+0+0+1+1+1+1+1+1)/10 = 0.7 = (Department→ Location)$_{0.7}$。

表 16.9　学生数据库 S 相应的 FD_d 示例

FD_d	α
ID→Department	1.0
ID→Location	1.0
Department→ID	0.4

续表

FD_d	α
Department→Location	0.7
Location→ID	0.4
Location→Department	0.7

概括来说，给定一个元组个数为 n 的数据库实例 r，如果需要验证一个 FD_d : $X \to Y$（$X \cap Y = \varnothing$）是否在 r 上成立，进行元组对比较的计算复杂性级别为 $O(n^2/2)$。根据元组对比较的方法，需要扫描数据库 r 的次数最差情况也为 $O(n^2/2)$（改进的空间可以为 $O(n)\sim O(n^2/2)$）。如果数据库的属性个数为 m，则挖掘中需要验证的候选函数依赖的总数在 $O(3^m)$级别上。显而易见，如果仅从定义直接出发挖掘函数依赖 FD_d，其计算复杂性为 $O(3^m)\times O(n^2/2)$。这是从海量数据中进行知识发现所必须解决的问题。

与关联规则挖掘类似，由于扫描数据库非常耗时，人们总是试图通过优化策略来减少在挖掘过程中扫描数据库的次数。一个优化方向是根据已经挖掘出来的 FD_d 推导出新的 FD_d。例如，通过对 FD_d 性质的分析，可以得到下列一组推理规则，以构成一个 FD_d 推理系统（A1′, A2′, A3′），即

A1′: 若 $Y \subseteq X$，则 $d_r(X \to Y) = 1$；

A2′: 若 $d_r(X \to Y) \geqslant \alpha$，则 $d_r(XZ \to YZ) \geqslant \alpha$;

A3′: 若 $d_r(X \to Y) \geqslant \alpha$且 $d_r(Y \to Z) \geqslant \beta$，则 $d_r(X \to Z) \geqslant \alpha + \beta - 1$。

其中，X、Y 和 Z 为属性集合，$\alpha, \beta \in [0, 1]$。此时细心的读者可能会注意到，这里的 FD_d 推理系统（A1′, A2′, A3′）是传统关系数据库中 Armstrong 公理系统（A1, A2, A3）的一个扩展。为比较方便，给出 Armstrong 公理系统，即

A1： 若 $Y \subseteq X$，则 $X \to Y$;

A2： 若 $X \to Y$ 则 $XZ \to YZ$;

A3： 若 $X \to Y$ 且 $Y \to Z$，则 $X \to Z$。

根据给定的满意度阈值θ，$\theta \in [0, 1]$，在挖掘满意的 FD_d 的过程中，可以知道基于该推理系统可以推导出许多函数依赖，并直接与θ比较进行判断。这大大有效地减少了通过扫描数据库计算 FD_d 的次数。

在相关的挖掘算法设计中，FD_d 传递性推导采用了近似关系的传递计算方法。一个从 V 到 W 的近似关系 p 是从 $V \times W$ 到[0, 1]的映射，即$\forall v \in V$, $\forall w \in W$, $p(v, w) \in [0, 1]$。在利用推理系统（A1′, A2′, A3′）计算推导 FD_d 的过程中，传递推导是根据 A3′ 进行的。对于属性集合 $I = \{I_1, I_2, \cdots, I_m\}$，可以定义一个近似关系 $p: I^2 \times I^2 \to [0, 1]$（$I^2$ 是 I 的幂集），$\forall X, Y \in I^2$，$d_p(X \to Y) \in [0, 1]$。设$\otimes$为对应于传递性质 A3′ 的关系运算，则运算 $p \otimes q$ 为：$\forall X, Y, Z \in I^2$，即

$$d_{p\otimes q}(X \to Z) = \max_{Y \in I^2}\{d_p(X \to Y) + d_q(Y \to Z) - 1\} \tag{16.11}$$

式中，p、q 和 $p \otimes q$ 均为 $I^2 \times I^2$ 到[0, 1]的映射。具体的关系运算采用了分层关系矩阵的思想，算法（MFDD）细节请进一步参见文献[321]。

仍以数据库 S 为例（见表 16.9）。给定满意度阈值$\theta = 0.6$，如果已经获得 $(\text{ID}\to\text{Department})_{1.0}$ 和 $(\text{Department}\to\text{Location})_{0.7}$，那么根据 A3′有 $d(\text{ID}\to\text{Location}) \geqslant d(\text{ID}\to\text{Department}) + d(\text{Department}\to\text{Location}) - 1 = 1 + 0.7 - 1 = 0.7 > \theta$。换句话说，通

过推导而不用扫描数据库就可以得到满意 FD_d：ID→Location。显然，如果数据库规模非常大（即 n 和 m 非常大），这种扫描数据库次数的减少是人们非常希望的。

在上述推理系统的基础上，可以获得一个进一步算法优化的思路。这源于存在下列重要性质：如果有$(A\to B)_\alpha$ 则有$(B\to C)_\beta$，$\beta\geqslant 1-\alpha$。一方面，此性质本身可以直接作为一个推导规则，能够计算得到相关的 FD_d 而不必扫描数据库；另一方面，此性质有助于得到若干其他算法优化策略，进而大大提高挖掘效率。感兴趣的读者可以参见文献关于 e-MFDD 的讨论[322]。

16.5　小结

（1）在商务智能领域，不确定性是常见现象，也是管理决策过程的重要特征。不确定性在一定程度上反映了人们的认知局限，包括事件的随机性、概念的模糊性等，并常常体现在数据的不完整性、信息的不精确性和知识的部分性等方面。同时，柔性、自然地表达和处理不确定性使得知识的语义内涵和表现形式（如知识概括能力和语言表达特点）更加丰富，进而大大提升了商务活动和业务运作的智能化水平。

（2）概率统计理论和方法广泛应用于解决随机性问题，模糊集合理论和方法旨在有效解析模糊性现象。模糊性现象随处可见，其典型特征是概念定义中的"边界问题"。

（3）模糊集合提供了论域元素与概念语义之间的一种渐进匹配。相关理论和方法对传统数学的诸多方向进行了深入扩展，实践应用遍及工程、信息科学、经济和管理等领域。模糊蕴涵算子、语言变量和相近性等是与本章其他内容相关的几个基本的概念和方法。

（4）连续数据域的分区等离散化处理可能产生对数据作用的高估或低估，进而影响关联规则的挖掘结果。采用分区模糊化一方面解决了"边界问题"，另一方面丰富了知识表达的语言概括能力。此外，数据之间可能存在部分隶属关系，这在传统的数据层次结构中无法表达。引入模糊的数据层次结构不仅可以解决这种知识表达问题，而且可以通过修饰词丰富语言表达特点。再者，数据不完整性（如噪声数据等）往往会影响人们对依赖关联的判断。在函数依赖中引入满足度的概念，旨在解决对部分真值的容忍问题，同时可以为数据建模与模式演化以及业务模式分析提供一定的更新与知识支持。

（5）不确定性的表达和处理通常是对传统理论和方法的扩展。因而扩展中对传统背景下的性质和对扩展背景下性质的验证和探讨就显得十分重要。此外，审视扩展中性质的另一个角度是普适性和特定性，也就是说，既需要关心性质在普遍意义上的特征，也需要关心性质在特定问题意义上的特征。性质应用的一个非常关键的方面是效率优化，这在面向大规模数据的商务智能领域中举足轻重。例如，通过构建优化策略来减少扫描大规模数据库的次数是许多数据挖掘方法关注的焦点。总之，在大数据环境中，不确定性扩展在知识表达和发现领域的诸多优势和特色，只有在便捷和有效的挖掘方法的支撑下才能发挥效果，进而达到智能化业务分析和管理决策的目的。

思考练习题

16.1　为什么在商务智能应用中需要考虑不确定性知识发现？

16.2　试分别举例说明随机性和模糊性。

16.3　设课程成绩的论域为[0, 100]，假定成绩“优秀”的概念的描述如下：

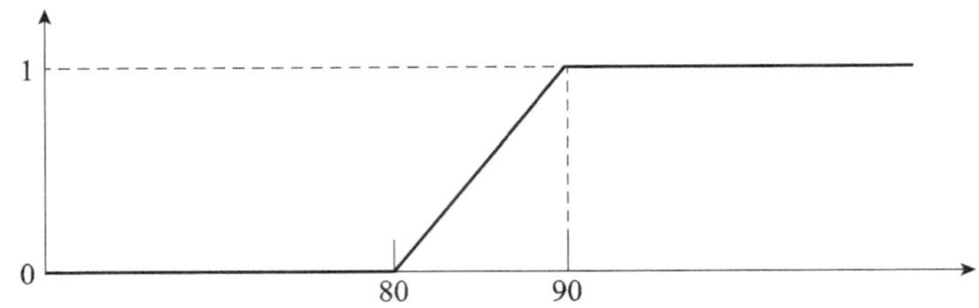

试给出你对成绩“中等”这一概念的描述，并解释其含义。假如需要你比较一下你所定义的“中等”概念与给定的“优秀”概念之间的相似度（假定相似度在[0, 1]区间取值），你会如何进行比较呢？

16.4　对于本章中的模糊蕴涵算子（FIO）KD、L 和 GB，试验证是否满足下列性质：

（1）如果 a≤b，则 $\mathrm{FIO}(a, b) = 1$；

（2）如果 $\mathrm{FIO}(a, b) \geqslant \theta$，则 $\mathrm{FIO}(a', b') \geqslant \theta$，其中 $a' = \min(a, c), b' = \min(b, c)$；

（3）如果 $\mathrm{FIO}(a, b) \geqslant \alpha$，且 $\mathrm{FIO}(b, c) \geqslant \beta$，则 $\mathrm{FIO}(a, c) \geqslant \min(\alpha, \beta)$。

这里，a, b, c, a′, b′, $\alpha, \beta, \theta \in [0, 1]$。

16.5　试在收入（Income）的论域上定义“高收入（High Income）”、“中等收入（Medium Income）”和“低收入（Low Income）”三个模糊集合，并将表 16.3 中的收入（Income）数据转换到表 16.5 所示的数据库 D″中。进而，试分别计算支持度 Dsupp（High Income）、Dsupp（Medium Income）和 Dsupp（Low Income）。

16.6　如果在图 16.8 中，西红柿（Tomato）隶属于水果(Fruit)和蔬菜(Vegetable)的程度分别为 0.6 和 0.8，试生成表 16.7 的模糊数据库 D_{G^f}。进而，试分别计算支持度 Dsupp(Fruit)、Dsupp(Vegetable)和 Dsupp(Vegetable dishes)。

16.7　简述挖掘不完整函数依赖（$\mathrm{FD_d}$）的意义。

16.8　试证明 $\mathrm{FD_d}$ 推理系统中的性质 A2′：若 $d_r(X \to Y) \geqslant \alpha$，则 $d_r(XZ \to YZ) \geqslant \alpha$。

16.9　在传统关联规则挖掘 Apriori 方法中，性质 6.4（即 $\mathrm{Dsupp}(XY) \leqslant \mathrm{Dsupp}(X)$）起到了重要的剪枝优化作用。试讨论在考虑数据间的部分隶属的情形下，该性质是否仍然成立。

第 17 章

复杂类型数据的挖掘

随着信息通信技术的不断发展，人类生活正经历着全方位的数字化变革：网络媒体以其时效性冲击着纸媒体在新闻出版业的统治地位；不断推陈出新的高压缩率、高清晰度数字媒体格式极大地促进了各类影像资料的传播和保存；即使你驾车奔驰在野外，GPS 导航系统也能为你准确地指明方向，而省去停车查阅地图的麻烦……然而，支持这些便捷服务的却是背后规模越来越庞大的数据采集、数据存储、数据传输和数据处理技术。与传统意义上的表单数据相比，这些围绕新兴技术和服务产生的数据，除了规模上成几何倍数增长外，也呈现出与特定应用场合相关的内在特点。随着这些复杂数据与人们生活关系的日益密切，相应挖掘与分析将是商务智能未来发展的重点。

本章学习重点

- 复杂类型数据；
- 多维分析和描述性挖掘；
- 空间数据挖掘；
- 多媒体数据挖掘；
- Web 挖掘。

随着信息技术融合的深入，业务应用系统的一个重要特征是交叉信息服务。而大数据时代的重要特征之一即是数据的多源异构性，而基于大数据的商务智能应用就必须面对复杂多态的数据进行整合、处理和分析。以智能手机为例，通信联络、业务处理、娱乐时尚、虚拟体验、消费服务和网络冲浪等诸多功能的整合集成体现出电信、软件、电子、网络、传媒和制造等行业围绕企业业务和各种商机的交叉服务支持及信息对接。这就使得人们面临的数据类型的"频谱"变得更加宽阔，从传统的单一低维、规范平展的一端，穿越到复合高维、多样复杂的另一端。进而，极端数据（extreme data）成为当前学界和业界研究与应用的一个关注焦点。极端数据是在上述交叉信息服务背景下日趋呈现的数据新特征，尤其是由新设备产生的以新的方式使用的新型数据。

无庸置疑，商务智能面向大规模数据应用，既需要分析和处理传统文件数据和结构化数据，也不可避免地需要分析和处理多样复杂类型的数据，以应对新形势下决策分析的机遇和挑战。

17.1　复杂类型数据

当前一些面向多样复杂数据类型的商务智能应用能处理空间数据（如 GPS 和地图）、工程设计数据（如建筑图纸、系统部件和集成点照相版）、超文本和多媒体数据（文本、图像、视频和音频等）、与时间相关的数据（如高频股票交易数据和流程历史数据等）和互联网的数据（网络日志、用户生成内容（UGC）、链接结构和网络浏览数据等）。这些应用首先需要定制合理的数据结构和具有扩展性的方法，以更有效地处理复杂的对象结构、变长记录、半结构化或无结构的数值型、文本、多媒体以及高维数据等，并能应对复杂结构和动态变化的数据记录存储模式。相应的数据库、数据仓库或数据管理系统包括面向对象的数据库系统和对象-关系数据库系统、空间数据库系统、时态数据库系统、文本和多媒体数据库系统、互联网数据系统等。需要说明的是，由于大数据的快速发展，传统意义上的关系数据库技术也面对新的挑战，而且很多商务智能应用并不一定是基于传统关系数据库来构建的。因此本章所说的数据库泛指各种能存储、管理和处理大规模数据的系统，而不仅限于关系数据库系统。

1．面向对象的数据库

面向对象的数据库是基于面向对象的方法而设计的。在面向对象的数据库中，每个实体被看做一个对象，对象可以是客户、工作人员和商品等。涉及一个对象的数据和代码封装在一个单元中，且每个对象都绑定一个变量集、一个消息集及一个方法集。这样一个对象的所有静态特征和动态操作，以及与其他对象的信息沟通方法和沟通细节都封装在一个对象类中。

面向对象的方法，相对来说，更加符合人类理解世界的方式，在处理复杂问题时具有更大的优势。目前面向对象的数据库也逐渐得到推广和应用。

2．对象-关系数据库

对象-关系数据库是基于对象-关系数据模型构造的。该模型通过提供处理复杂对象的丰富数据类型和对象定位，对关系模型进行了有益扩展。对象-关系数据库在业界和应用中日趋流行。与传统关系数据库挖掘相比，针对面向对象数据库和对象-关系数据库的商务智能应用通常需要开发新的技术——处理复杂对象结构、复杂数据类型、类和子类层次结构等的方法和技术。

3．空间数据库

空间数据库包含涉及空间对象的信息，如地理信息数据库、GPS 导航数据库、大规模集成电路芯片设计数据库、医疗成像和卫星图像数据库等。空间数据可能以光栅格式或以 n 维位图或像素图构成。例如，一个地区的降雨量、三维地图的表示、全球定位系统中的地址等。

随着基于位置服务（LBS，Location Based Service）的广泛应用，空间数据库得到了大量的应用，而采用商务智能方法时，要针对空间数据库的特点，来对原有的方法进行扩展和调整。

4．时态数据库

时态数据库存放以显性形式表示时间变量的数据。常见的时态数据包括时序数据和序列数据。例如，股票交易数据就是一种典型的时序数据，而序列数据可能不会反映每个对象和事件的具体时间，但是会通过序列方式表示各个事件发生的先后顺序，如医疗档案数据和工作流数据等。

采用数据挖掘技术来发现时态数据库中对象随时间变化的演变特征，以及对象的变化规律和趋势，是商务智能的一个重要应用领域。例如，通过银行服务序列数据的挖掘，可以更好地优化服务人员的调度；对高频股票交易价格数据的分析，可以用于预测未来 1 分钟的价格变化趋势；对气象数据的挖掘，可以用来归纳最近的天气变化状态，等等。关于时态数据和时态数据挖掘方法更详细内容，请参见第 14 章，在此不再赘述。

5．文本数据库和多媒体数据库

文本数据库是包含对象文字描述的数据库。通常这种文本不是关键词的结构化表达形式，而是自然语言表达的长句子和段落的汇总，如产品说明、用户在线评论和汇总报告等。文本数据库可能是半结构化的（如 Email 消息），但更有可能是高度非结构化的（如 Word 文档和微博条目）。因此，需要开发新的挖掘技术来应对文本数据库。

多媒体数据库存放的是图像、视频和音频数据。多媒体数据库必须能够支持大对象及特殊的存储和搜索技术。对于多媒体数据挖掘，通常需要将存储和搜索技术的相应方法进行集成应用。

随着互联网上用户生成内容越来越多——占每天互联网上新增内容比例一半以上，且这些内容蕴含了大量有价值的信息，但这些内容的形式多是自然语言文本，或是音频和视频等类型，因此如何设计和开发相应的分析和挖掘方法，具有十分重要的应用前景。

6．Web 数据

目前，真正最大规模的数据不是在某个单一数据库中保存着，而是在整个互联网本身。互联网上的信息及与之关联的分布式信息服务提供了丰富的、世界范围的联机信息。这里，数据对象通过网页链接而连在一起。这样的系统和数据存储方式为数据挖掘提供了大量的机会和挑战。例如，通过对用户点击链接序列模式的挖掘，可以有助于改进系统设计；通过网页重要程度的排序，可以有助于改进广告投放策略；通过对网页链接耦合度的挖掘，可以提炼出最佳的网页链接结构，并能对网站设计进行优化等。

17.2　多维分析和描述性挖掘

目前市场上有许多用于多维分析的商品化数据仓库和 OLAP 工具，其主要局限在于，其多维分析和度量只限定于特定的数据类型。例如，大部分数据立方体的维度类型限定为非数值数据，度量只能是简单的聚集值。为引入针对复杂数据的数据挖掘和多维数据分析，通常需要进行复杂数据对象的概化（generalization），以及进行对象立方体的构造[323, 324, 325]。

复杂结构化数据的存取方法在对象-关系数据库系统和面向对象数据库系统中已有研究。在这些系统中，将大量复杂数据对象组织为类，又按多项子类的层次加以构造。类中的每个对象都具有：① 一个对象标识；② 一组属性，它们可以具有复杂的数据结构，如集合值或列表值数据、类复合层次和多媒体数据等；③ 一组方法，用于说明与对象类相关的计算程序或规则。

为在对象-关系数据库和面向对象数据库中引入概化和归纳（induction），需重点讨论对象数据库中数据的概化方法，以及概化数据用于多维分析和数据挖掘的方法。

1．结构化数据的概化

对象-关系数据库和面向对象数据库的主要特征是对复杂结构数据的存储、访问和建模的能力。因此，要针对集合值和列表值的概化。

一个集合值属性可以是同构类型，也可以是异构类型。通常，集合值数据概化方法包括：

（1）将集合中的每一个值概化为其对应的更高级别的概念；

（2）导出集合的一般特征，如集合中元素的个数、集合中类型、值的区间分布或数字数据的加权平均，而且同一概化可以基于不同的概化操作得到不同的概化路径。在此情况下，概化结果为一个异构集合。

列表值或序列值属性的概化方法类似于集合值属性，所不同的是概化中要保持元素的次序。列表中的每一个值可以概化为其对应的高级别概念。或者，把一个列表概化为一般特征，如列表长度、列表元素类型、值区间和数字值的加权平均或删除列表中不重要的元素。一个列表可以概化为列表、集合或单一值[161]。

2．空间和多媒体数据概化中的聚集和近似计算

聚集和近似计算是概化的另一个重要方面，它对于大量集合值、复杂结构、空间和多媒体数据属性尤为重要。

对于一个空间数据库，通常需要将一组具体的地理点概化为某类特征区域，如根据土地使用状态聚类为商业区、居民区、工业区或农业区等。这种聚类方法称为空间聚类方法。同样，对于多媒体数据库来说，为了便于数据的引用，也需要根据数据的基本特征和一般模式来提取有关信息并进行聚类和近似计算，以得到概化结果。

然而，概化通常避免不了信息的损失，因此在空间和多媒体数据中进行适当概化是一项非常具有挑战性的工作。

3．类/子类层次的概化

根据具体应用的需要，有时可将一个对象的属性定义为另一个对象。因此就形成

了类层次结构，如超市中的产品名录，除了可以分为食品、电器、卫生用品等几大类，还可以进一步将食品细分为水果、蔬菜、肉类等下一层对象，以此类推。这种类层次结构可以视为是反映了知识相互关系的层次结构框架。而从底层对象开始，一层层来构建类层次结构的过程也是一种典型的概化过程。在这个过程中，如何计算相似性非常必要。

4. 对象立方体的构造与挖掘

通过上述的概化和层次构建方法，最后可以采用类似于标准数据仓库中数据立方体的形式，来构建对象立方体。对象与数据不同点在于，对象通常包括多个属性和方法。因此对一组大对象的处理，可以采用前面所介绍的面向属性的归纳方法。同时，为了能高效实现这一概化过程，可以将每一个属性先概化为简单数值数据，并据此构建一个多维数据立方体，也就达到了构建对象立方体的目的。

总的来说，由于复杂数据类型的多样性，难以有一个标准化的多维分析与概化方法和过程。在实际应用中，需要具体结合所处理的问题背景、所掌握的数据情况及所需实现的目标来综合考虑。由于在很多时候，复杂数据的多维分析与概化是后续进一步数据挖掘的基础，其重要性不言而喻。

17.3　空间数据挖掘

由于雷达、红外、GIS、广电、GPS 卫星、电视摄像、电子显微成像和 CT 成像等各种宏观与微观传感器的使用，空间数据库中存储了大量与空间有关的数据，如地图、遥感图片、医学成像及大规模集成电路照相版等。空间数据库有许多与关系数据库所不同的显著特征，它通常不是以传统的数值数据进行表示的。特别是，空间数据库包含了地理拓扑和距离信息，并按照复杂多维的空间索引结构组织数据，经常需要采用拓扑推理、地理计算和空间知识表达等技术，而难以直接采用传统数据表达方法和数据挖掘技术进行处理。空间数据在进行存储和表示时，要考虑更多的空间属性。空间属性包括空间位置、距离、几何形状和大小等内容，并且可引申为空间个体之间的相互关系，如拓扑关系、方位关系和度量关系等，从而使得空间数据比其他类型的数据要更为复杂，其主要表现在：空间属性之间的非线性关系；空间数据的多尺度特征，即空间数据在不同观察层次上所遵循的规律，以及所体现出的特征不尽相同；空间信息的不确定性，即空间位置、空间相关性及其他属性均可能存在不确定性；空间数据属性空间的超高维性，如遥感传感器波段的数目可能多达上百个，从而使属性空间的维数非常高；空间数据的不完备性，在数据获取和加工过程中，都有可能发生数据丢失或无法获取的现象，导致空间数据缺失的现象非常严重；海量数据、空间数据库或数据仓库中存储着各种类型的栅格数据、矢量数据和空间个体属性数据等，数据量异常巨大。空间数据的这些特点使其中隐含着更多、更复杂的知识，因而也使空间数据挖掘的研究更加困难和更具挑战性[290, 161, 160]。

空间数据挖掘是指对空间和数据中非显式存在的知识、空间关系或其他有意义的模式进行提取。空间数据挖掘需要综合数据挖掘和空间数据库技术。目前，空间数据挖掘在许多领域取得一定的理论和应用成果，如空间决策支持、智能地理信息系统（GIS）、可持续能源与环境、知识驱动的影响翻译、机器人动作规划、计算机辅助设计（CAD）、遥感、全球定位和导航系统（GPS）、天气预报、交通管理、环境保护、地质、农业和生物等，常用的方法如空间数据立方体构造和空间 OLAP、空间关联分析、空间聚类分析和空间分类等[26, 326, 327]。

1．空间数据立方体构造和空间 OLAP

首先，采用基于关系数据库构造数据仓库的技术，可将空间数据集合起来构成一个数据仓库，以便空间数据挖掘的处理。与关系数据仓库相比，空间数据仓库更加关注面向主题、集成性、空间三维特征及随时间变化的特征。

例如，对于一个省份的气象探测数据库而言，一共有 2000 个气象探测器来采集每日的气温变化数据。用户可以在地图上按日期、地点和温度等条件来观测气象的变化情况。通过对这些特征属性的提取和整合，可以构建空间数据仓库和数据立方体，以实现 OLAP 功能。而且根据不同的维度，所得到的分析结果也不尽相同。

事实上，这种环境下的处理，就是将空间数据库中的数据根据需要进行提炼和抽取，并整合到数据库和数据仓库中，再采用 OLAP 技术进行分析。但是最后除了要给出一般的分析结果，如表格和饼图等，还需要给出可视化的空间结果，如地形线地图（见图 17.1）等。而传统 OLAP 一般只需给出表格或饼图等。图 17.1 给出了空间数据 OLAP 分析的一般流程图[328]。

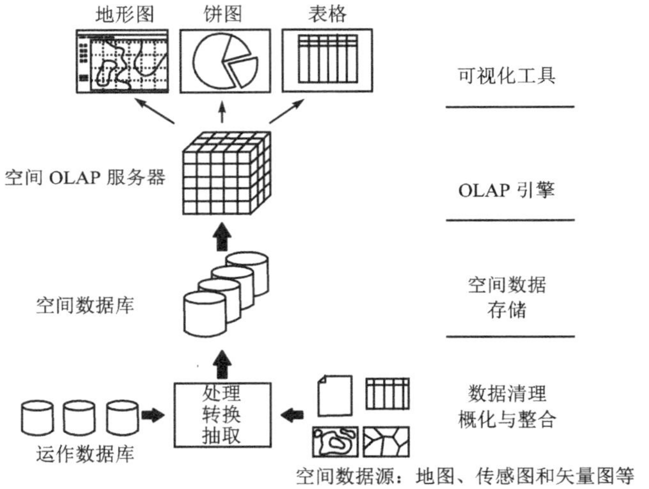

图 17.1　空间数据 OLAP 分析流程图

2．空间关联分析

与标准关联规则挖掘一样，从空间数据库中也可以挖掘关联规则。但是在空间关联规则挖掘中，所关注的属性经常是空间属性，如对于一个集成了 LBS 服务的餐饮社交手机应用（Apps）来说，则可能希望通过对用户空间数据的挖掘得到如下的关联规则：“在午餐时候查询 ABC 区域附近餐厅信息的用户，会去 DEF 餐厅”，支持度为 2%，置信度为 80%。这样就可以在午餐时间对 ABC 区域查询餐厅信息的用户，有针对性地推荐 DEF 餐厅或推送相应的广告，以提升服务体验。

在进行空间关联分析时，一种常用的方式是首先将空间数据库中所关心的属性提取出来，并形成一个关系数据库，进一步可以采用标准关联规则挖掘方法来进行处理[329]。

同样，空间关联分析所得到的结果也需要通过可视化工具表示出来。如图 17.2 所示，可知在不同的支持度和置信度水平上，美国得克萨斯州地表硝酸盐污染水平与地域相关的关联规则的可视化结果。其中深色区域表示该地域在相应的支持度和置信度水平上硝酸盐浓度污染水平偏高[330]。

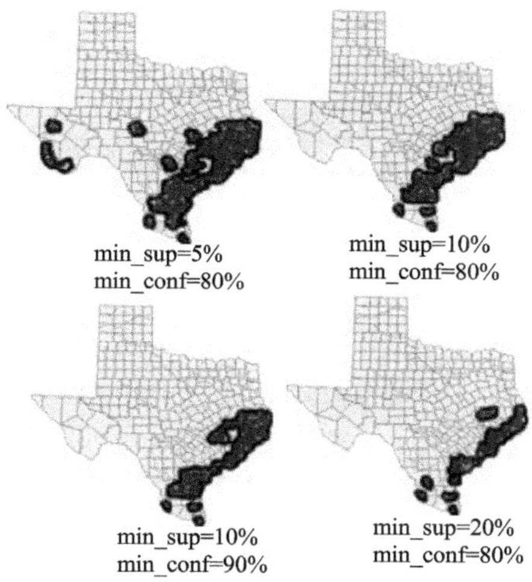

图 17.2 空间关联分析实例

3. 空间聚类分析

空间聚类分析是根据给定评估度量标准对空间对象进行聚类，将高度相似的对象聚集在一起，而将低相似性的对象相互区分。空间聚类方法的基本思路与之前介绍的聚类方法类似，这里不再赘述。但是由于空间特征的特殊性，在空间聚类分析中，一个重要功能就是要提供足够强大可视化工具，以帮助用户控制和评估空间聚类过程。

图 17.3 给出的是一个汉他病毒（Hantavirus）在瑞典各地传染情况（1991—1998 年）的聚类分析。图中的每个点代表一个被传染的患者（共 862 人），而几条闭合曲线表示在不同条件下聚类的结果[331]。

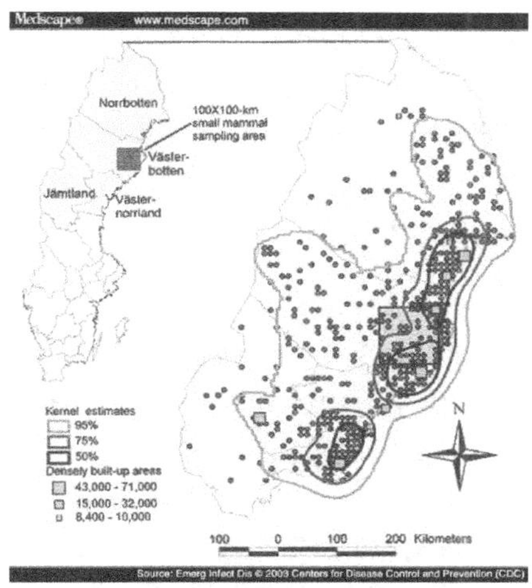

图 17.3 空间数据聚类实例

4. 空间分类分析

空间分类是指分析空间对象，以得出与一定空间特征有关的分类模式，如地区、高速公路或河流区域等。如图 17.4 所示的著名黑河—腾冲分界线就是一种典型的空间分类分析的结果。这条分界线是一条假想直线段，该线从中国东北边境的黑龙江省黑河市一直延伸到中国云南省的腾冲县，大致划分出来中国人口在区域上的分布，体现了中国人口分布在东南和西北区域之悬殊差异[332]，最近对 QQ 在线人群的地理位置进行分析也进一步证实了该分界线的合理性。

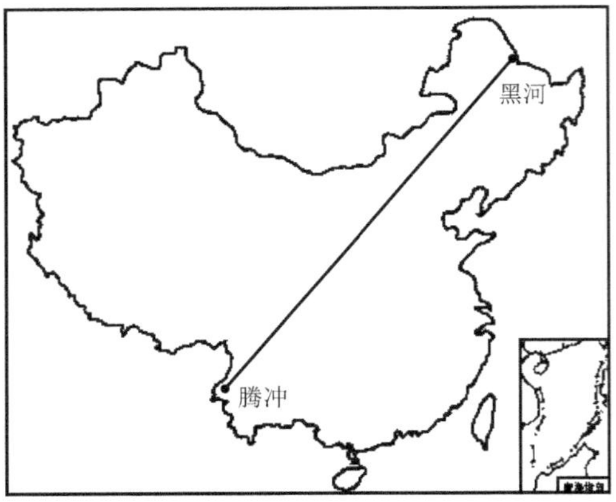

图 17.4 黑河—腾冲分界线

特别是在 2008 年四川大地震后，对于地震空间分类和预测的研究逐渐增多。其中一种重要的分类研究方法，就是根据地址情况，按最近 100 年以来的地震强度进行分类，以期提炼出地震地域的分布特征。

一般来说，分类的结果要用于预测。对于空间分类来说，通常需要对空间趋势进行深度分析。例如，根据地震和地址情况的分类结果，可以预测各地区可能发生地震的趋势，并借此作为相应防范措施的参考。在对空间趋势进行分析的过程中，由于时间属性和空间特征是一起变化的，如上述的地震分类的例子就很好地说明了这一点，因此需要对空间分类方法进行扩展，考虑时间属性的影响，即综合时空因素进行分析。

17.4 多媒体数据挖掘

多媒体数据库是指存储和管理大量多媒体对象的数据库，如音频数据、视频数据、图像数据及超文本数据。在网络时代，多媒体数据广泛存在于各个领域。例如，YouTube.com 之类的网站是专门来存储、搜索和处理视频数据的网站。

对于多媒体数据挖掘，应用得比较多的方法如多媒体数据相似性搜索、多媒体数据的多维分析和多媒体数据的关联规则挖掘等。根据应用需求，多媒体数据在经过预处理之后，可转化为结构化或半结构化数据，并建立起相应的元数据库和特征库。一旦确定了挖掘任务后，即可抽取与之相关的特征矢量，建立多维特征矢量空间。在此基础上，可以对多媒体数据进行多维分析，以发现有用的视听和结构模式。

1. 多媒体的搜索

多媒体（如音频与图像）的模式匹配与搜索一直都是人工智能和机器学习领域的研究热点。而在搜索引擎研究和应用中，如何进行多媒体数据的搜索一直是各大搜索引擎公司的重点努力方向。但是鉴于多媒体数据的复杂性和高维特征，目前难以像文本搜索引擎那样建立一个强大的搜索引擎。目前对多媒体数据的搜索基本上有两种方法：一种是基于描述的搜索，另一种是基于内容的搜索[26, 333]。

所谓基于描述的搜索，是指对多媒体进行描述并建立检索信息，如关键字、标题、尺寸和创建时间。这种搜索方法目前得到主流搜索引擎的广泛应用，如 Google 的 Image 搜索、百度的图像搜索等。由于这种搜索方法将多媒体数据的主要信息进行提炼并建立检索，因此在搜索方法上与文本搜索是一致的，只需在展示搜索结果时，以可视化的方法予以呈现，如图片和声音等。这种搜索方法的优点是速度快；但缺点也很明显，即搜索的质量完全取决于描述的质量。由于多媒体数据的高维特征，如何全面和准确地进行描述并提炼出相应的检索信息仍然是一个棘手的问题。

基于内容的搜索，是指通过模式匹配技术来找到所有与给定多媒体对象相似的结果。这是一个非常困难的过程，因为如何定义相似，对于各种各样的多媒体数据而言无法给出唯一的标准。目前常用的解决方法是根据原型库中的特征原型，从样本中提炼出相应的特征向量，并与多媒体库中对象的特征向量进行对比。这种搜索方法的优点是直接对内容进行分析，避免了因描述质量差而产生的问题；其缺点是速度慢，而且针对于不同的问题，如何构建合理的特征原型库也存在大量的问题。因此，这种方法更多地被一些标准化程度高的专业领域采用，如基因库和 DNA 匹配分析以及军事多媒体数据库等。

随着互联网的蓬勃发展，多媒体数据的存储量和处理量早已大大超出了基于文本的数据，因此如何进行有效的多媒体数据搜索的研究和应用的重要意义不言而喻。

2. 多媒体数据分类

多媒体数据分类是通过与给定的样板特征进行比较，将多媒体对象分成预订义类的过程。它可按如下两步进行：

（1）建立一个模型用于描述预订义类集合。分类通常是根据媒体数据的某一个或某几个特性来确定，该特性在元数据库中表现为视听描述。通过分析元数据库中相关数据的描述值可构造模型，并将用于建立模型的媒体数据作为训练集。训练样本可以随机选取，并预先给出类标号。

（2）利用模型进行分类。首先要评价分类模型的分类准确率，采用测试数据集来检测模型的准确率，然后用于对未知类型的数据进行分类。

分类是一个逐步细化的过程，对具有同一类标号的媒体数据集还可以按照上面的步骤继续分类，从而构造出相应的分类树。分类方法有多种，如决策树分类、贝叶斯分类和关联分类等。相关方法的详细介绍请参见第 7 章和第 15 章。

利用分类方法对多媒体数据进行挖掘可以得到非常有价值的结果。但是多媒体数据分类之前的数据预处理相当重要（见第 12 章相关内容），由于多媒体数据的大规模、非结构化特征明显，以及通常会存在大量的噪声干扰，因此必须采用数据清洗、数据聚焦和特征提取来提炼关键变量，以提高分类的质量和效率。

3. 多媒体数据聚类

多媒体数据聚类就是运用某种聚类方法，将多媒体对象集中具有相似特征的对象聚成组或类的过程。如第 8 章详细讨论所述，经过聚类，同一类别对象之间的相似性值应尽可能大，而不同类别的对象之间的相似性值应尽可能小。

聚类分析可以有助于发现全局模式，获得数据的整体分布情况。观察每个类的特点，对某些有价值的类进行深度分析，可以进一步得出有价值的知识。例如，在医学上对大量 CT 照片进行聚类，找出某一疾病的显著特点帮助诊断；对心脏病人的废弃心电图数据进行聚类，可以归纳出心脏病复发的显著心电图模式；在气象科学中，可以将大量的卫星云图进行聚类，找出同一类天气情况的特征，帮助提高天气预报和灾害预报的准确性。其他聚类应用包括网络图片搜索和精准营销策略等领域。

4．多媒体数据的关联规则挖掘

多媒体数据的关联规则挖掘是在相关的多媒体对象集中，找到一组关联规则，显示一组对象或特征的模式或相互关系的发生频率。图像的关联规则是指图像对象或特性之间频繁出现的模式[334]。设有如下的医疗 B 超成像数据集，则通过一些步骤，挖掘出如下的关联规则，即

$$\text{（阴影面积} > S\text{）AND（边界不清晰）AND（年龄} > A\text{）}$$
$$\Rightarrow \text{肿瘤变异 （支持度} = x\%\text{，置信度} = y\%\text{）}$$

多媒体数据关联规则一般来说包括三类规则：图像内容与非图像内容特征间的关联规则、与空间关系无关的图像内容的关联规则、与空间关系有关的图像内容的关联规则。但不管是哪一类，都需要在挖掘关联规则之前，对多媒体数据的特征进行抽取和提炼。这是因为多媒体对象天然就具有高维特征，必须要根据分析目的的不同，在进行有效分析前提炼和概化出必要的对象和特征，如颜色、纹理、形状、关键字和空间位置等。而在进行概化和提炼时，必然会造成信息损失，因此需要在进行挖掘之前，结合问题背景、所采取的工具及分析目标仔细评估，从而更加合理地对特征进行提取和概化。

17.5　Web 挖掘

互联网目前是一个巨大、分布广泛、全球性的信息服务中心，它涉及新闻、广告、消费信息、金融管理、教育、政府、电子商务和许多其他信息服务。Web 还包含了丰富和动态的超链接信息及 Web 页面的访问和使用信息，这为数据挖掘提供了丰富的资源。然而，围绕 Web 的有效资源利用和知识发现仍然具有极大的挑战性，具体体现在以下四个方面[361]：

（1）全球互联网的庞大规模使得任何其他数据源与之相比都相形见绌。

（2）互联网上的数据高度复杂，具体表现在数据结构化水平差，数据来源极其复杂。

（3）互联网上的数据具有极强的动态性。一方面，随着各国信息化水平的提高，每天都有成千上万个新网站连入互联网并带来了新的内容；另一方面，大量的网页不断被用户、网站管理人员及智能代理机器人更新。

（4）用户对互联网的要求不断提高。一方面，随着各种基于 Web 的应用不断被开发出来，大量用户使用网络的时间长度和应用强度都很快增加；另一方面，用户对在庞大的互联网上迅速寻找到所需信息的需求也不断增强。

上述这些挑战正在推动着高效且有效地发现和利用互联网上资源的研究和应用工作。同时，上述这些挑战为数据挖掘和商务智能的研究和应用提出了新的问题，特别是如何在网络环境下有效挖掘并提取到有用的信息。

Web 挖掘是一个更具挑战性的课题，它要对 Web 存取模式、Web 结构、规则和动态的 Web 内容进行查找，需要采用包括信息检索、统计、机器学习和自然语言处理等

多方面的技术。一般地，Web 挖掘主要分为以下四类[26, 335]。

（1）Web 内容挖掘：对网络上的非结构化/半结构化数据（如 HTML 文档）进行分析。

（2）Web 结构挖掘：采用图论的研究方法对网络的链接结构进行分析，但根据侧重点的不同，可以分为以下两个领域：

① 搜索引擎，将整个网络视为一个信息源，对网络中的链接结构进行分析，以分析出最符合查询条件的重要网页；

② 社会网络分析，对基于信息网络的社会结构进行分析。

（3）Web 使用记录挖掘：对 Web 服务器上的用户交互信息进行分析。

（4）基于语义网络（Semantic Web）的挖掘：基于语义网络本体论来挖掘具有语义模式的知识。

1. Web 内容挖掘

Web 内容挖掘指从 Web 内容/数据/文档中发现有用信息。Web 上的信息五花八门，Internet 由各种类型的服务和数据源组成，包括 WWW 和 FTP 等。现在有更多的数据和端口可以使用，如政府信息服务、数字图书馆、电子商务数据及其他各种通过 Web 可以访问的数据库。Web 内容挖掘的对象包括文本、图像、音频、视频、多媒体和其他各种类型的数据。由于在对网络多媒体数据进行挖掘前，都会通过必要的预处理形成结构化或文本形式。因此，针对 Web 文本内容的挖掘是 Web 挖掘中非常重要的技术领域，也引起了许多研究者的关注。

在 Web 应用中，特别在移动互联网和社会媒体环境下，文本类信息占了相当的规模（如文档、文献、博文、评论和意见等）。因此，如何有效地对文本数据进行检索并提炼出隐藏在其中的知识模式，具有十分重要的意义。与传统数据不同，文本数据都是半结构化或非结构化的数据。首先，文本数据中经常存在大量的噪声，因此完全准确的检索经常会丢失重要的信息。其次，绝大多数文本都是以自然语言的形式进行表达的，自然语言具有模糊性、歧义性、智能性和上下文相关等特点，再加上语法结构的变化多端，传统的检索技术在这方面显得未免捉襟见肘。目前，用户需要更智能的工具来完成不同文档的比较，以及文档重要性和相关性排列，或者找出多文档的模式或趋势。因此，如何进一步更新检索技术以适应文本检索的需求是一个重要的研究领域[336, 26]。

总的来说，Web 内容挖掘的任务是从用户的角度出发，提高信息质量和帮助用户过滤信息。由于互联网上的信息绝大多数都是非结构化/半结构化的文本形式，因此基于文本内容的信息搜索和信息检索是一个非常重要的研究和应用领域，详细内容参见第 9 章。

2. Web 结构挖掘

Web 结构挖掘的对象是 Web 本身的超链接，即对 Web 文档的结构进行挖掘。对于给定的 Web 文档集合，应该能够通过算法发现它们之间链接情况的有用信息，文档之间的超链接反映了文档之间的包含、引用或从属关系，引用文档对被引用文档的说明往往更客观、更概括和更准确。这也是目前主流搜索引擎所采用的技术。

其中最具有代表性的就是 Google 所采用的 PageRank 算法。其思路参见第 10 章。虽然其思路很直观，但是由于互联网上高达数百亿且仍在不断快速增长的网页数，如何对于全球互联网这一超级庞大的连通图进行运算以得到每个网页的 PageRank 值仍然是一个高度复杂的问题。而且如何综合考虑更多的评价因素，如网速、链接可见性和更新速度等，来构建更加合理和适用的网络结构挖掘方法仍然是一个研究和应用的热点问题。

Web 结构挖掘中另一个重要应用是社会网络分析。随着社会化应用的普及，特别是基于智能手机的社会化 App 的广泛流行，如何深度挖掘出一个社交网络中的隐藏价值，从而支持更好的管理决策，具有十分重要的研究和应用意义。例如，如何通过微信的信息传播，来研究口碑效应（Word of Mouth）对产品/服务营销的效果；如何通过企业内班组微博的博文撰写和阅读访问记录，来分析得到哪些班组/员工具有更强的创造力；等等。社会网络挖掘主要的研究内容一般包括对一些重要的测度进行评估和分析，如度、介度和中心性等。详细内容可参阅第 10 章。关于社会网络分析，目前在研究上是一个热点问题，在具体应用中，也是 Web 2.0 及社交网络社区发展的重要理论基础。

3．Web 使用记录挖掘

Web 使用记录挖掘在新兴的电子商务领域有重要意义，它通过挖掘相关的 Web 日志记录来发现用户的 Web 页面访问模式。通过分析日志记录中的规律，可以识别用户的忠实度、喜好和满意度，可以发现潜在用户，增强站点的服务竞争力。Web 使用记录数据除了包括服务器的日志记录外，还包括代理服务器日志、浏览器端日志、注册信息、用户会话信息、交易信息、Cookie 中的信息、用户查询、鼠标点击流等一切用户与站点之间可能的交互记录。可见，Web 使用记录的数据量是非常巨大的，且数据类型也相当丰富。

根据对数据源的不同处理方法，Web 使用记录挖掘可以分为两类：一类是将 Web 使用记录的数据转换到传统的关系数据库中，再使用数据挖掘算法对其进行常规挖掘；另一类是直接将 Web 使用记录的数据进行预处理再进行挖掘。通常来讲，经典的数据挖掘算法都可以直接用到 Web 使用记录挖掘上来，但为了提高挖掘质量，研究人员在扩展算法上进行了努力，包括复合关联规则算法、改进的序列发现算法等。

根据数据来源、数据类型、数据集合中的用户数量和数据集合中的服务器数量等，可将 Web 使用记录挖掘分为两个方面[26, 337]。

第一，针对单个用户的使用记录对该用户进行建模，结合该用户基本信息分析他的使用习惯和个人喜好，目的是在电子商务环境下为该用户提供与众不同的个性化服务，并实现个性化挖掘。进一步，通过客户的网页访问数据，结合用户数据来挖掘分析其行为模式，乃至通过知识库来分析其可能的动机，进而更好地优化商务模式和合理安排销售策略，如在线商品/服务推荐系统就是一种典型的 Web 使用记录挖掘应用。

第二，Web 服务（数据库、网络等）的性能和其他服务质量是衡量用户满意度的关键指标，Web 使用记录挖掘可以通过用户的拥塞记录发现站点的性能瓶颈，以提示站点管理者改进 Web 缓存策略、网络传输策略、流量负载平衡机制和数据的分布策略。此外，可以通过分析网络的非法入侵数据找到系统弱点，提高站点安全性，这在电子商务环境下尤为重要。进一步，在网站结构和内容的设计上，可以继续通过挖掘得到的结果来对网站进行优化。

4．基于语义网络的挖掘

互联网的发展十分迅猛，如何有效处理这些海量信息一直是学界和业界探讨和努力的方向，也取得了不少可喜的结果。但是，由于 Web 数据绝大多数都是非结构化的，因此导致应用传统上基于关系数据库的数据挖掘技术无法得到令人满意的结果。造成这种现象的重要原因之一就是大量的 Web 数据只能通过人工手段进行分析，而难以采用计算机系统自动处理。例如，人类可以在网络上有目的地搜索“某个价格最低的 DVD 大片”，而计算机系统则难以完成这样的工作。其根本原因在于计算机系统难以理解和解析这样查询的语义。

2001 年，Berner-Lee 提出了语义网络的概念，想通过此模型来使得语义类信息可被计算机系统处理[338]。其基本思路是采用以本体论（Ontology）形式所表达的可被计算机处理的知识来丰富现有的网页。所谓本体论，简而言之，即定义了一些特定类型的对象及其之间的相互关系，而这些对象和相互关系是标准化且可通过多层解析被计算机系统理解和加工。一旦本体得到定义和构建，且网页是基于本体进行构建的，则计算机程序即可采用它们来对网页上的信息进行处理和理解，即信息可被计算机系统处理。一旦设计和实现了基于本体的网络内容，则计算机系统可以处理和加工具有语义特征的信息[339, 338]。例如，搜索引擎可以回答如“谁在 X 大学教 Y 课？”或“X 大学有多少学生？”等这样的查询。

要具体实现语义网络，则需要一整套解决方案。得到广泛采用的 HTML 由于其数据和文档难以表达具体的语义，因此无法作为语义网络的实现手段。目前的语义网络的解决方案包括 Unified Resource Identifier（URI）、Resource Description Framework（RDF）、Web Ontology Language（OWL）及 Extensible Markup Language（XML）等[340]。语义网络结构示意图如图 17.5 所示。

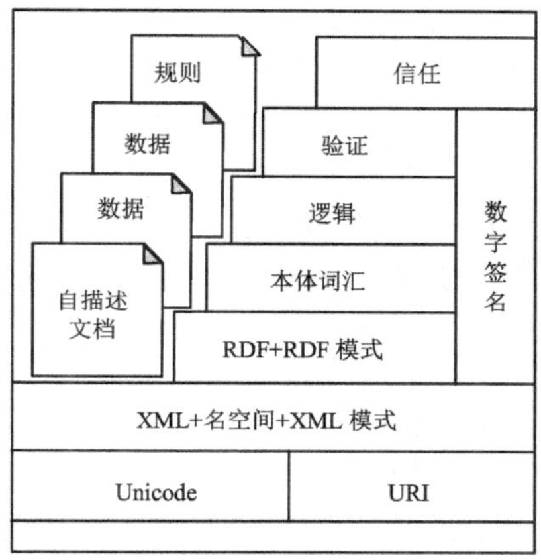

图 17.5　语义网络结构示意图

相对于 HTML 智能描述文档及文档之间的相互链接而言，这种语义网络的解决方案可以描述不同的对象，如人类、会议或机场等。图 17.6 就分别给出了基于非语义网络的网页中的标签代码，以及在语义网络解决方案下同一个标签的代码。

```
非语义网络的代码：
    <item>BI</item>
语义网络代码：
    <item rdf:about="http://KnowledgeBase/resource/BI">BI</item>
```

图 17.6　非语义网络与语义网络的标签代码

图 17.6 中的语义网络代码中不但包含标签的名称（BI），而且还有其 RDF，以指明其对象的来源，这样就传达了更多的语义知识，从而使得在后续的基于计算机系统的分析乃至数据挖掘中，可以更加有效地分析。例如，利用用户访问路径上页面的语义，可以有效改善网络挖掘的结果，因为语义可以帮助分析者理解什么是用户所寻找的内容。更为重要的是，可以通过采用一个本体来描述整个站点，而且通过把用于动态生成页面的查询字符映射到相应的概念即可生成一个分类模式，而此分类模式是计算机系统和传统数据挖掘方法能够自动处理的。因此，通过语义网络的建模方式，使得原来大量无法被计算机系统处理的信息可以得到有效的加工和处理。

随着互联网络的飞速发展，传统 Web 中信息显示和处理上的不足也更加凸显，而语义网络作为一种新型的网络结构，较好地解决了这些问题，因此语义网络也是下一代互联网设计和建设的发展趋势之一。而基于语义的 Web 挖掘作为与这一趋势相适应的技术，也逐渐成为学界和业界研究和开发的新热点。

17.6 小结

（1）大量数据具有各种各样的复杂形式，如结构化或非结构化、超文本和多媒体等。因此复杂数据类型的挖掘，包括对象数据、空间数据、多媒体数据、时序数据、文本数据和 Web 数据，已经成为数据挖掘中日益重要的研究内容。

（2）在对象-关系和面向对象数据库中，可以对于复杂数据对象进行多维分析和描述性挖掘，其方法包括：复杂对象类的概化，构造对象数据立方体，基于概化的挖掘等。此外，基于对象-关系和面向对象数据库的 OLAP 分析技术也较为成熟。

（3）空间数据挖掘是指从大量的地理空间数据中发现有意义的模式。可以构造出包含空间维及其度量的空间数据立方体。并根据需要采用不同的空间数据挖掘方法来进行分类、关联、聚类和空间趋势分析等。

（4）多媒体数据挖掘是指从多媒体数据库中发现有意义的模式。多媒体数据库存储和管理大量多媒体对象，包括音频数据、图像数据和视频数据等。多媒体数据挖掘包括基于描述的检索和基于内容的检索、概化和多维分析、分类和预测分析，以及多媒体数据的关联挖掘。总的来说，多媒体数据挖掘的关键之一在于前期对特征信息的提炼和抽取。

（5）互联网作为一个规模巨大、分布广泛的全球信息服务中心，服务内容涉及新闻、消费信息、金融管理、教育、政府、电子商务及许多其他服务。它还包含了丰富和动态的超链接信息，以及访问和使用信息，这为数据挖掘提供了丰富的资源。Web 挖掘包括 Web 内容挖掘、Web 结构挖掘和 Web 使用记录挖掘等。其中，Web 结构挖掘包括搜索引擎及社会网络分析两个重要的领域。这两个重要的领域也是目前驱动互联网经济发展的热点。此外，语义网络及基于语义网络的 Web 挖掘，通过其对语义知识建模和分析的优势，逐渐受到更广泛的关注。

思考练习题

17.1　结合日常生活和工作中的观察，列举出复杂类型数据的具体例子。

17.2　多媒体搜索是目前得到广泛关注的互联网技术。目前所采用的搜索和挖掘方法主要是基于特征分析和提取，如关键字、大小和内容描述等。请结合自己的知识和经验，说明在互联网上进行有效、快速的多媒体搜索的主要困难和挑战。

17.3　请设计一个在 E-mail 邮箱中根据关键字快速检索相关邮件的系统，并分别计算相应的准确率、查全率和误检率，建议依次考虑以下两个层次的系统的实现：

（1）按给定关键字进行精确匹配查询；

（2）按给定关键字进行模糊匹配查询。

17.4　请基于图论中的最短路径算法，实现在一个社会网络中信息传播的算法。

17.5　请简述语义网络模型与传统 HTML 模型的不同。

第18章

商务智能的经济社会影响与发展

商业领域数据分析处理能力和数据挖掘技术的飞速发展为商务智能的开花结果提供了肥沃的土壤。物联网（Internet of Things）、云计算（Cloud Computing）、大数据（Big Data）等技术概念的兴起标志着计算能力瓶颈一再被突破，这必将使商务智能的应用场景进一步扩展和延伸，并逐渐浸润人们的日常生活。在这样的背景下，企业掌握信息资源的多寡、分析信息资源能力的强弱、利用得到知识辅助决策手段的丰富程度将成为判别企业竞争实力的新标尺。“世界是平的”，当关税壁垒、资源壁垒、渠道壁垒一一被打破后，基于商务智能的知识发现能为企业提供立于不败之地的长久竞争优势。让我们在这样的历史潮流下为从大数据中获取和发现知识而不断前进吧！

本章学习重点

- 商务智能对社会发展的影响；
- 商务智能的发展趋势。

随着商务智能技术的不断成熟，其在各行各业的应用也得到了广泛的普及和迅速的渗透。这一发展趋势向人们展示了商务智能的巨大商业价值，同时也给经济和社会的方方面面带来了深刻的影响，推动着产业结构与竞争环境的持续变化和不断革新，给现代企业带来了种种新的机遇和挑战，也冲击着人们的生活习惯与思维方式。另一方面，现代经济环境的全球性与动态性特征，也不断给商务智能技术与应用创造着新的要求和新的发展空间。本章中，将从经济与社会的视角讨论商务智能所带来的影响，并对未来的主要发展方向进行介绍。

18.1　商务智能的经济社会影响

在本书前面的各个章节中，分别介绍了商务智能的各类主要技术及各种典型应用。尽管这些技术和应用有其各自不同的特点，其适用的领域和环境也存在着种种差异，但从本质上看，它们都具有一个共同的特点，即通过对数据的有效驾驭与深度利用，获取那些能够支持商务决策并创造竞争优势的信息和知识。换句话说，商务智能可以被看做是借助现代计算机及通信技术，实现从数据到信息、从信息到知识、从知识到决策、从决策到竞争优势的过程和结果。以下将从市场和社会的角度，探讨商务智能所带来的深刻影响。

18.1.1　“长尾”与“利基”市场

在经济学和管理学领域中，帕累托法则（Pareto Principle）一直为人们所广泛接受。该法则也被称为 80/20 法则。最初，意大利经济学家维弗雷多 • 帕累托（Vilfredo Pareto）在 1906 年对意大利社会财富的分布情况进行考察时，发现 20%的人口拥有 80%的财富，由此现象而得出 80/20 法则。后来，管理学思想家约瑟夫 • 朱兰（Joseph M. Juran）和其他人把它概括为帕累托法则。该法则认为，在一组事物中，最重要的只占其中一小部分，约 20%，其余 80%的尽管是多数，却是次要的。对于管理者而言，帕累托法则意味着企业 80%的利润来自于 20%的项目、产品或客户。因此，人们致力于将经营的焦点集中在那些最畅销、最受欢迎的产品或领域。在数十年的实践发展中，帕累托法则已经深入人心并产生了广泛的影响，成为主导人们理解产品市场价值的一个核心理念。

例如，在传统的书店或音像制品商店中，经营者总是力图在货架上摆放那些最畅销的书籍或唱片，因为帕累托法则告诉人们，占图书种类 20%的畅销书能够带来 80%的利润。因此，那些冷门的、不畅销的图书或唱片，往往就会被认为缺乏价值，从而被忽视。

对于图书、唱片之类的产品而言，80/20 规律存在的原因，实际上只是因为它们还需要以实物为媒介。而物理空间（如一家书店所能够保存和展示的图书数量）总是有限的，因此人们必须尽可能将这些空间用于畅销的产品，才能够获取最大的利润。同时，顾客在大量产品当中进行选择，也会带来不可忽视的搜索成本，因而商家将销售的重点集中于畅销产品，也起到了缩小顾客的搜索范围、降低其搜索成本的作用。

然而，随着信息技术的广泛应用与互联网的发展，特别是在商务智能技术迅速兴起之后，这一根深蒂固的市场规律开始出现了深层次的变化。信息产品逐渐摆脱了物理媒介的约束。例如，在 Amazon、“当当网”之类的在线书店中，其用于展示图书的空间几乎是无限的，因此无论是畅销书还是冷门书，都能够在这类书店中占有一席之地。更为重要的是，以搜索、推荐和精准营销为代表的商务智能应用，使得顾客即使在极为巨大的选择范围之中，也能够以很快的速度和简单的操作找到自己所需要的产品。在这样的条件下，不但畅销产品能够大量销售，冷门产品也能够持续地获得自己的市场。

图 18.1 显示了这种条件下的产品市场价值状况。仍以图书为例，横坐标为书籍种类，纵坐标是销售数量的曲线。从图中可以看出，在由畅销书构成的高高的“头部”的后面，形成了一条由冷门书构成的“长尾”。落在这条“长尾”当中的产品，其销售数量虽然很小，但并不为零。如果把由这些“长尾”冷门书带来的销售总额加起来，就会惊奇地发现，它们所带来的收益其实比人们想象的要大得多。从而，帕累托 80/20 法则已不再有效，“长尾”现象成为信息时代中新的市场法则[341, 342]。

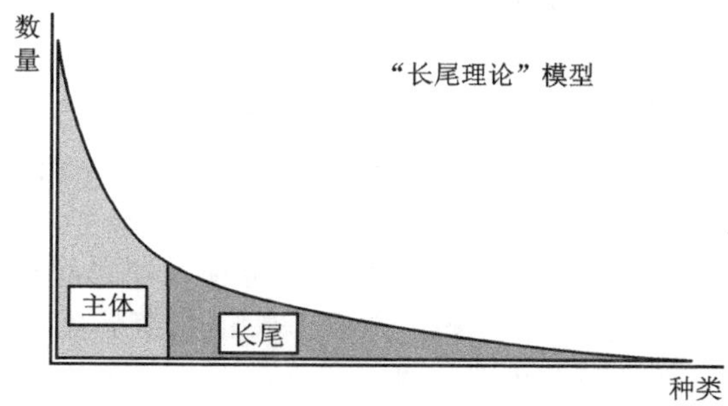

图 18.1 “长尾”理论

长尾（Long Tail）是 2004 年 Chris Anderson 在连线（Wired）杂志的文章中首次使用的词汇，其基本原理可以概括为：只要存储和流通的渠道足够大，需求不旺或销量不佳的产品所共同占据的市场份额可以与那些少数热销产品所占据的市场份额相匹敌甚至更大，即众多小市场汇聚成可与主流大市场相匹敌的市场能量[341]。通过对许多网络商店的深入考察，Chris Anderson 发现，在现代信息技术条件下，一种新的经济模式已经成为可能。这种模式正渐渐开始显示它的威力。例如，Netflix 的网上 DVD 租赁、Yahoo! LaunchCast 的 MTV、iTunes 的网上音乐商城、Rhapsody 的在线音乐订阅等，由于有几乎无穷多的产品可以选择，用户真正喜好的产品被挖掘出来。这使得传统商家如 Blockbuster 录像租赁连锁店、Tower Records（CD 零售连锁店）和 Barnes & Noble（书店）望尘莫及。这种前所未有的选择让用户越来越远离传统的购买模式，并满足其千差万别的欣赏口味，从而也对以往那种由强大的市场营销和狭窄的产品选择所塑造的流行文化和主流意识受到了根本性的冲击[341]。

“长尾”现象的支撑力来源于现代信息技术所具有的海量数据获取及存储的能力，同时也依赖于商务智能的发展所创造的搜索和知识发现的能力。这种能力导致的供需关系的高度透明化，把隐藏在传统经济海洋下面的“利基”市场彻底激活，并让它发挥了比传统市场更加巨大的作用。

利基（Niche）指的是在更小的范围内锁定客户群体，“利基”市场意味着尚未得到充分服务的小市场，在这样的市场区域中企业可以找到获取利益的基础[343, 253]。企业在确定利基市场后往往可以用更加专业化的经营来获取最大限度的收益，以此为手段在强大的市场夹缝中寻求自己的出路。“利基”营销是一种特殊类型的市场细分策略，是指企业为了避免在市场上与强大的竞争对手发生正面冲突而受其攻击，而采取的一种利用自身特有的条件和优势，选取竞争对手获利甚微或力量薄弱甚至忽视的一小块市场（称为利基市场）作为其专门服务的对象，全力予以满足该市场的各种实际需求，以达到牢固地占领该市场的目的。“利基”市场事实上是被无限细分的“长尾”市场。在“长尾”现象的作用下，这种“小众”市场的价值得到了进一步的凸显。例如，美国第二大音乐下载网站 eMusic 就一直将力量集中在非主流的、年纪较大的用户群当中，提供大量的古典音乐和老歌。该网站保存了三百万以上的歌曲可供下载，这些歌曲中绝大部分下载频率都很低，但其中有 67%的歌曲每个季度都会至少被下载一次[344]，这足以给该网站带来持续而丰厚的利润。

18.1.2　大数据与新兴电子商务

随着企业信息化进程的不断深入、电子商务以及社会网络等新兴应用的不断发展，全球数据量正呈现出前所未有的爆发式增长态势[11]。国际数据公司（IDC）的数字宇宙研究报告预计 2020 年全球被创建和被复制的数据总量将达到 35ZB[21]。与此同时，数据复杂性也急剧增长，其多样性（多源、异构、多模态、不连贯语法或语义等）、低价值密度（大量不相关信息使知识“提纯”难度高）、实时性（数据需实时生成、存储、处理和分析）等复杂特征日益显著，“大数据”时代已经到来[13]。

对于大数据的概念，企业和学术界目前尚未形成公认的准确定义。维基百科将大数据定义为“无法在一定时间内用常规软件工具对其内容进行抓取、管理和处理的数据集合”，权威 IT 研究与顾问咨询公司 Gartner 将大数据定义为“在一个或多个维度上超出传统信息技术处理能力的极端信息管理和处理问题”，美国国家科学基金会（NSF）则将大数据定义为“由科学仪器、传感设备、互联网交易、电子邮件、音视频软件、网络点击流等多种数据源生成的大规模、多元化、复杂、长期的分布式数据集”。尽管存在着这些不同的表述，但一个普遍的观点是，大数据与“海量数据”和“大规模数据”相比，其在数据体量、数据复杂性和产生速度三个方面均超出了现有技术手段的处理能力，并带来了巨大的产业创新的机遇[345]。

从另一种角度上来说，“大数据”可以被理解为海量数据与商务智能方法的紧密结合。这种结合催生了大量新的商业机遇，从而也推动了新兴电子商务的应用模式与商务智能方法及技术的日益融合。例如，在大数据环境下，企业对市场的理解和洞察需求正在日益地走向全面化和精准化。快速积累的海量数据使企业难以及时洞察出有用的信息来作出营销决策，但同时也为企业营销带来前所未有的机遇。在网络条件下，企业能够记录或搜集顾客在各个渠道（比如社会化、移动化的媒体与渠道）、生命周期各个阶段（顾客产品感知、品牌参与、产品购买、购买后的口碑和社会互动）的行为数据，从而设计出高度精准、绩效可高度定量化的营销策略[346]。与此同时，消费者异质性也在不断增大，这种异质性体现在消费者在购物、交友、阅读等生活方方面面的兴趣偏好的不同。大数据为个性化商业应用提供了充足的养分和可持续发展的沃土，基于交叉融合后的可流转性数据，以及全息可见的消费者个体行为和偏好数据，未来的商务智能，将可以精准地根据每一位消费者不同的兴趣和偏好，为他们提供专属性的个性化产品和服务[345]。

大数据环境的出现和发展也使得现代企业组织呈现出“内/外部数据融合”的新兴发展趋势。一般而言，企业组织内部产生的数据包括，企业 ERP 系统产生的人员管理、财务记录、仪器设备和市场交易等以结构化信息为主的数据；企业组织外部产生的数据则包括，互联网企业相关新闻、各大社会媒体和社交网络中与企业运营、产品评价、服务反馈相关的、以半结构化或非结构化信息为主的数据，以及从互联网或第三方咨询机构中可获取的与经济、产业、技术创新和竞争对手相关的数据。对于典型的企业组织而言，来自于企业组织外部的市场、用户和公众所产生的数据，通过电子商务系统、信息通信工具以及社会化媒体，从各个层面上渗入企业组织内部，并与企业组织内部的业务数据源全方位融合，从而对企业组织的运作形式、价值形成方式以及竞争力来源，都将带来深刻的影响。内外融合使得企业组织的商务决策更加依赖于深度数据分析，同时也使得内/外部数据中所蕴含的巨大潜在价值日益凸显出来，在企业数据的“资产化”和企业决策的“智能化”两个方向上不断加速发展。一方面，企业组织内/外部融合的数据资源已经成为辅助企业实现智能决策、奠定竞争优势的重要战略资源，以及与企业实物资本和人力资源同等重要的生产要素；另一方面，内/外部融合的数据资源促使现代企业的战略决策由传统的“业务驱动”转变为“数据驱动”，基于数据的企业智能决策能够有效地辅助企业实现数据盈利、知识盈利和决策盈利。

18.1.3　隐私与安全

信息化衍生出许多如隐私权、信息存取权、智能财产权及信息错误责任归属等各种因利益冲突所带来的伦理议题。随着信息化脚步的加快，信息产品不仅使得一些原本就存在的伦理议题慢慢地在社会中发酵、扩散，同时它也带来了一些新的伦理议题[3]。在这些问题之中，隐私和安全问题与以数据挖掘为代表的商务智能的发展最为息息相关。

早在 1998 年，Ann Cavoukian 发表了一篇题为《数据挖掘：以破坏隐私为代价》的报告，引起了很大的轰动。该报告剖析了数据挖掘和隐私的关系，指出数据挖掘可能是个人隐私提倡者未来 10 年所要面对的“最根本的挑战”，从那时起隐私问题就成为数据挖掘所必须正视的一个关键性问题[347]。进行数据挖掘固然需要先进的算法、技术及各项硬件设施，但如果缺乏一定数量和质量的数据，数据挖掘就会成为无源之水。而当这些数据的来源是他人隐私时，则可能造成对隐私权的侵犯。当前，公众对个人隐私权的保护日益关注。美国的一项民意调查显示：70%以上的被访者反对将医疗记录不受制约地应用于研究，78%的被访者认为计算机技术代表了对个人隐私的威胁。《时代周刊》、英国广播电视和其他的研究表明：至少有 93%的被访者认为公司在出售个人数据之前必须获得个人的允许。另一项调查显示，96%的被访者认为私人信息不应该在没有被允许的情况下使用，超过 20%的被访者亲身体验过隐私被侵犯[348]。2013 年，美国人爱德华 •斯诺登（Edward Snowden）所披露的关于美国政府“棱镜”（Prism）计划（一项由美国国家安全局自 2007 年起开始实施的对互联网上电子邮件、语音和视频等数据进行监听的绝密计划）的秘密文档，更是在全世界范围内引发了巨大的反响以及对隐私问题的新一轮广泛的讨论。

企业在利用数据挖掘进行有针对性的市场活动时，常常会为了实现个性化的服务而冒侵犯隐私的风险。英国电信公司在名为“朋友和家庭”计划的首次尝试中，向所有客户发送了“五个最常拨电话清单”。据报道，这个计划导致一场婚外情的意外揭发，致使一个家庭因此解体，出轨的丈夫要将英国电信公司告上法庭。更为典型的案例是华盛顿地区的 CVS 和 Giant 等药店，未经客户同意便将其个人医药记录发送给 Elensys 公司，Elensys 公司使用这些数据标识出没有替换处方的客户，发送信件督促对方，并以药品厂商的名义向患有特殊疾病的用户发送相关药品的材料。在公众的反对声中，CVS 等药店被迫进行公开道歉并切断了与 Elensys 公司的联系[348]。对于以 Google 为代表的搜索服务商而言，其核心技术完全建立在对海量互联网数据的智能化分析之上，因而也不断面临着隐私保护问题的挑战。通过对用户网络浏览行为的分析，Google 能够以精准的方式向用户投放广告，而这种“精准”实际上是建立在占有了用户私人行为信息的基础上才能够实现的。因而针对 Google 隐私问题的质疑也屡有出现。2008 年 9 月，当 Google 推出了浏览器产品 Chrome 之后，许多人因担心该浏览器能够详细地记录用户在网络上的一举一动以用于 Google 的数据分析而排斥该产品。

为了解决数据挖掘与个人隐私的冲突，美国联邦商务委员会（FTC，Federal Trade Commission）曾经提出一些指导原则，规定企业必须在采集任何个人信息之前公开信息的使用途径，客户可以选择其个人信息允许被采集和使用的方式，并能了解到自身被采集的数据的精确性和完整性。但是这一理想化程度较高的原则在实践中遭遇到了很多困难。在进行数据挖掘之前，采集者对于信息的使用途径通常并不十分明确，因此难于向用户事先声明；而向用户提供个人信息的查询和更正需要相当的技术支持，也相应地需要大量的开发成本；一旦采集者发生任何改变，如企业被兼并或破产，甚至仅仅是经营方向的更改，那么原有信息资料将何去何从；条款的制定是希望缓和用户对提供个人信息的顾虑，但复杂的提示可能会起到相反的作用[348]。

目前很多商家在客户协议中添加用户声明以表示用户允许商家进行数据挖掘，但是这种声明的效果并不明显，因为即便商家有足够的信用，用户也很难切实了解到允许自己的隐私被利用的模式，也很难理解其产生的后果。事实上，商家在收集信息时，往往自己也不能确定信息的使用模式和目的，新的想法和目的总会不断产生。因此，对用户来说，商家的信用和隐私声明是远远不够的。2000 年 3 月，BusinessWeek 和 Harris Poll 围绕隐私权问题进行了一次调查，结果显示有 57%的被调查者希望能通过法律的形式来规范商家对其个人数据的使用[348]。

一般而言，商务智能应用中的隐私保护包括三个主要的方向：一是从社会、法律的角度加以保护。数据挖掘中牵涉到的隐私权问题归根结底还是基于网络隐私权保护问题的延伸。有学者呼吁要通过在民法典中明确隐私权保护的法律地位，制定相关的隐私权保护法，在制定法律的过程中还强调增强常规法规的技术性，即与高科技的网络技术接轨。二是从技术实现方式上通过改进挖掘算法、关联规则等方面来优化数据库。为了保护顾客的隐私，Agrawal 等人早在 2000 年就提出隐私保护数据挖掘的新算法[349]，其他的一些研究也使用了分布式数据挖掘来保护信息用户的隐私权[350]。目前，数据挖掘技术中的隐私保护方法主要包括在挖掘算法中建立隐私约束规则，在应用挖掘算法之前对挖掘数据集应用随机化方法，对隐私建立度量评估，取代样本真实数据，对记录进行交换等；同时还有在分布式环境下的数据挖掘（数据元组水平分布和属性垂直分布）隐私保护及通过对原始数据的混乱或扭曲进行隐私保护，以及敏感数据隐藏算法、规则混乱和取样法等。三是从行业自律的角度去尊重客户隐私，避免信息非法泄露。2000 年 5 月，Amazon、e-Bay、AOL 和 Lycos 等联名向 400 多家同行发出倡议，强调要以行业自律的方式尊重客户的隐私权，要让客户清楚地知道其个人数据究竟是何时及如何被使用的。

尽管通过上述三个方面的努力，仍很难做到既挖掘出有价值的信息，又不会牵涉到用户的隐私，但随着对基于隐私保护数据挖掘研究的成型及大量研究组织的出现，我们有理由相信隐私保护问题能够得到逐步的解决。

商务智能应用的发展中另一个广受关注的问题是安全性。随着信息技术和信息系统应用的不断深入，商务活动与信息系统的融合越来越紧密，信息安全对于企业的重要性也随之上升，对信息资源的安全性保护已经成为一个足以影响企业生存能力的问题[2]。在组织间的电子商务中，信息传递的安全性也是交易得以实现的基本要求之一[351]。从这种意义上说，信息系统的管理者应当对信息技术安全问题保持自始至终的高度关注。

商务智能系统提供给人们及时、全面掌握商务信息的能力，同时也给这些与商务竞争息息相关的数据带来了新的安全威胁。系统安全漏洞、黑客攻击、系统滥用等破坏性问题可能给企业的经营活动带来巨大的风险。尽管现阶段信息安全相关的各个层面中，商务智能系统所面临的威胁并不十分突出，但随着商务智能对企业关键信息掌控能力的提升，这方面的问题应当得到各方的进一步重视。在商务智能系统的设计与建设过程中，应综合运用技术与管理手段，保证商务信息的机密性（Confidentiality）、完整性（Integrity）和可用性（Availability）。

18.2 商务智能的发展趋势

作为一个新兴的领域，商务智能仍然处于日新月异的发展和变化之中。可以将商务智能看做是技术融合的统一体，携载着主流技术与管理决策的诸多元素。一方面，商务智能的研究和应用与社会活动和组织运作联动，面向实际问题和决策分析需求，不仅涉及传统行业和各类运作模式，也涉及新兴行业和组织形态；另一方面，商务智能的研究和应用与技术演进和信息化进程联动，面向学科交叉和方法创新，不仅关注传统和成熟技术领域，也关注新兴技术和前沿动向，包括新兴的学科和领域，诸如万维学（Web Science）、服务科学（Service Science）和云计算（Cloud Computing）等。

商务智能的发展趋势涵盖许多方面的内容，本节将重点讨论商务智能的四个主要发展趋势，即移动化、社会化、实时化和标准化。

18.2.1 移动商务智能

随着移动通信技术和应用的普及和多样化，移动商务是电子商务发展的一个新的方向，具有广阔的应用前景。移动商务利用移动互联网技术，通过笔记本电脑、智能手机、平板电脑等移动终端进行商务活动。与传统的电子商务相比，移动商务将在很大程度上改变商务和运作的模式，从而也将给企业的组织结构带来深刻的变革。随着3G/4G 网络的实施，移动商务市场开始进入高速成长期。

在此背景下，商务智能应用也开始向移动网络的方向发展，进一步迈向“随时随地的商务智能”。功能强大的移动终端设备，以及带宽不断提升的移动通信网络，使得以往只能通过固定设备访问的商务智能系统获得了在各种不同地点、不同环境下接入并访问的能力。移动商务智能的发展，使得商务智能应用获得了巨大的灵活性。

无线终端设备的连接方式大体上可以分为三类：一是移动电话网络，目前处于应用中的包括第二代（2G）的 GSM 网络，第二代扩展（2.5G）的 GPRS、EDGE、CDMA1X 网络，第三代（3G）的 WCDMA、CDMA 2000、TD-SCDMA 网络，以及第四代（4G）的 LTE-FDD、LTE-TDD 等网络；二是无线计算机网络，包括用于短距离接入的 WiFi（IEEE 802.11）技术及用于长距离互联的 WiMAX（IEEE 802.16）技术；三是近距离设备连接技术，包括红外线连接和蓝牙（Bluetooth）等。这几类技术都处于迅猛的发展之中，为移动条件下的商务智能系统访问提供了可能性。以移动电话网络接入方式为例，图 18.2 显示了 BusinessObjects 的移动商务智能系统解决方案，是移动电话终端的商务智能应用。

通过移动终端设备，用户可以随时随地地访问企业商务智能门户，获得各种实时信息并进行快速的查询分析；可及时获得系统根据预设的模型及分析条件主动发出的预警信息，从而快速掌握企业经营状况的动态变化，并在第一时间内做出响应和决策。如

图 18.3 所示，在一部移动设备终端上，汇集了数据钻取、图表展示、趋势分析、绩效监控和指标预警等全方位的功能。从而，商务智能的强大威力就被掌控在这一部移动终端设备当中了。

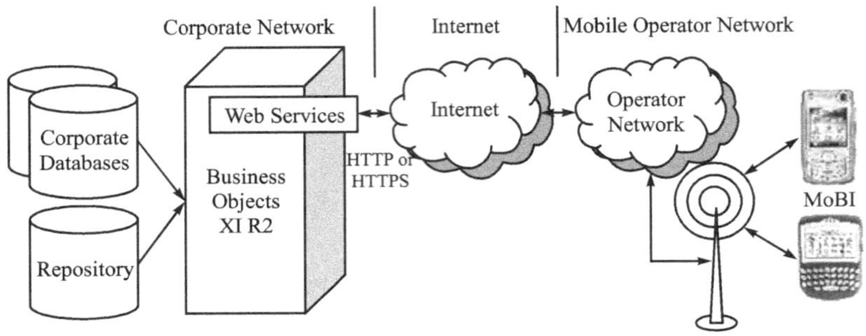

图 18.2　移动电话终端的商务智能应用①

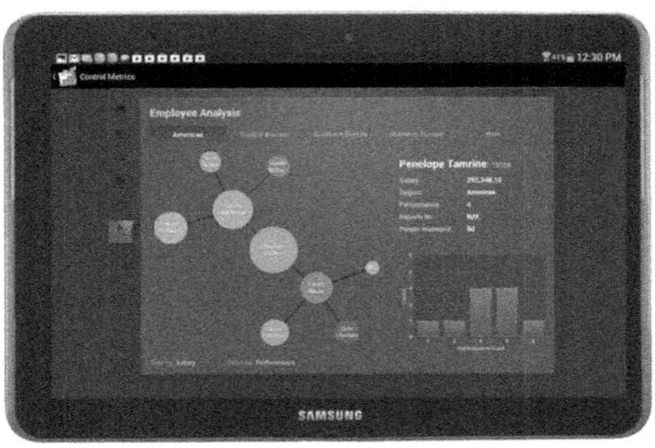

图 18.3　移动商务智能终端②

18.2.2　社会化商务智能

社会化应用是新兴网络环境的一个重要特征。社交网络（如 FaceBook 和人人网）、博客/微博（如 Twitter、新浪微博）、视频共享（如 YouTube、优酷）和音乐社区（如 last.fm）等社会网络应用形式不断冲击着传统商务形式和电子商务观念，并以崭新的方式创造出巨大的商业价值。

在这样的背景下，产品的生产和价值的创造日益走向社会化和普遍参与形态。随着社会信息产生与传播方式的变化，企业与消费者间的关系趋向平等、互动和相互影响。由互联网用户创造的信息和数据（即 UGC）形成了互联网海量数据的重要来源[345]。同时，以往“闭门造车”的管理模式正在被摒弃，企业通过与网民群体的密切互动，主动引导网民群体参与其业务流程管理中的创意、设计、生产、质量保证、市场推广、销售和客户关系管理的关键环节，并根据网民群体的互动反馈完成产品优化与创新，

① 来源：http://labs.businessobjects.com。

② 来源：http://www-03.ibm.com/software/products/en/cognos-mobile/

实现企业与网民群体的协同发展。近年来新兴的“众包”模式就是企业与网民群体协同发展的典型案例，并涌现出诸如中搜众包社区、创意功夫网、猪八戒威客网等众包类网站。例如，加拿大矿产公司 GoldCorp 为解决 RedLake 矿区的矿脉定位问题，在社会媒体上公开了该矿区 1948 年至今的全部地质数据，在短短几周内收到大量网民的积极反馈，并在网民建议的全部 110 个矿点中准确地发现了 80 多处矿藏。

社会化商务智能的一个重要层面，是用户网络行为机理的智能化识别[345]。在社会化网络环境的海量、多源和动态数据中，以全面、集成的视角展开深度分析，将有可能提炼出典型的行为模式，同时准确识别个性化的行为特征。这方面的需求将催生出能够有效分析具有关联性、互动性、模糊性、多源性、多样性、动态性和有偏性等复杂特征的海量信息的相关方法和技术，特别是面向微博等海量新型互动关联文本中的数据挖掘和话题识别。从商务管理的角度来说，行为机理识别的研究将有助于实现建立在对行为规律的理解和对大数据驾驭基础上的竞争智能。

社会化商务智能的第二个重要层面是用户创造的在线大数据（即 UGC）分析。在社会化应用中，用户之间基于互联网的互动、交流和联系变得十分普遍而频繁。这种互动、交流和联系所产生的数据和信息对消费者购买决策、企业经营绩效以及企业与客户的关系产生了深远的影响。针对社会网络环境下的海量用户创造数据展开商务智能分析，可以帮助企业制定更加适合的商务策略和管理方法，从而充分利用 UGC 所蕴含的价值，提高企业竞争力。

社会化商务智能的第三个层面体现为企业舆情计算。基于企业外部大数据（以文本及富媒体为载体）对企业的网络舆情获取、存储、分析与可视化处理，通过计算社会信息的传播规律与影响力，为企业提供网络舆情的实时感知、态势分析、预测预警和管控决策支持。对于企业来说，亿万网民的互动参与已经使得“虚拟网络世界”变得与物理“真实世界”同等重要。因此，充分利用社会媒体中蕴含的丰富信息，研究企业相关网络舆情的实时采集、分析和决策支持，已经成为新形势下确保企业在线声誉安全、提高企业管理与决策效率的重大课题。在这方面，有关企业舆情的定量分析指标体系，企业舆情的实时、精准采集和预处理方法，企业网络舆情的传播规律和影响力分析，基于企业网络舆情的社会态势研判和预警决策，企业网络舆情的主动引导和被动应对方法，以及企业舆情信息的可视化等关键方法和技术，都处于快速的发展之中。

18.2.3　实时商务智能

在竞争日益激烈的当代，及时决策对于企业而言意义重大。及时决策背后必须有及时的优质信息做支撑。在酒店中，及时的优质信息可能指的是每半个小时更新的销售数据登记，以便对服务员进行有效安排；在工厂里，及时的优质信息可能指生产线产品部件的质量监控信息，以预先了解维修需求；在电话网络管理中，及时的优质信息表示知悉每毫秒的网络流量；在物流行业，及时的优质信息则是每分钟更新的交通信息，从而据此调整行车路线[352]；等等。

及时信息的获得直接影响到决策的速度。例如，航空公司在旅客经历航班取消的不快数周后向其致信问候，比不发任何信件的效果肯定要好，若当天就能为旅客提供一张安抚优惠券则更好。最好的办法是在旅客刚开始为乘飞机做准备的时候，就通知他班机取消的情况，并安排他转乘其他班次。就像美国大陆航空公司所经历的那样，只要业务数据过时一天，公司就不能据此在发生问题当天内分析和解决重大情况。因此，大陆航空公司拓展了其 EDW 的实时商务智能功能。该 EDW 的实时数据来源范围广泛，从主机订座系统到通过飞机传送的卫星数据和中央客户数据库。一些数据被从资料源中批量提取，一些数据几秒内就直接进入数据仓库，而另外那些如订座数据和飞行常客计划则被数据源自行按事件归类存入实时信息库[352]。

在《超级运算器——为什么说数字化思维能让你变得更加聪明》一书中[4]，耶鲁大学的伊恩 • 艾尔斯（Ian Ayres）教授深刻地阐明了及时信息对于当代管理层的重要性，并向人们展示了各个行业的龙头企业是如何通过高速商业分析来改革其所在行业的。例如，在预订想看的电影之前，Netflix（美国最大的网络影片出租公司）就已经知道了这位顾客想要看哪部电影；Harrah（娱乐集团）适时把顾客从赌桌旁轰走，以免顾客输得失去重新光顾的兴趣；美国大陆航空公司则会把握时机，就乘客在航行中的不快遭遇，告诫空乘人员在服务时礼貌用语，以此让乘客继续选择乘坐该公司的航班出行[4]。

这种迅速分析、及时决策的要求推动着商务智能从“批处理”向着“实时”的方向发展。“随时随地实现商业智能”的需求日益强烈，现代商务智能系统的实时响应能力也不断提升[1]。在以往的商务智能应用中，企业和 IT 厂商大多专注于数据仓库系统的规划与建设。但是，数据仓库系统的主要使用者却是规划部门的极少数人，而规划部门对决策制定的时效要求最快一天，最慢则可以是一个月甚至是数个月。因此，大部分使用者或许就会认为数据仓库系统只能做批量模式的分析，而面对客户的一线员工并不能享受到数据仓库的好处。随着商务智能技术的实时化和动态化，新一代的商务智能系统将集强大的数据仓库功能和分析功能于一身，其服务对象将扩及一线员工、业务伙伴和用户等各应用层面，企业可加速决策制定进程，最终获得竞争优势。

在实时化的商务智能解决方案中，各种分析、预测及决策支持能力通过一个统一的门户（Portal）被汇总起来。企业中的各种关键绩效指标、运行参数及管理提示和分析支持功能都被集中在这个门户上。对于管理者而言，商务智能门户就像一个互动的“仪表盘”（Dashboard）一样，既可以及时获得各种重要的管理信息，又可以根据需要灵活地查询和进行分析，并获得智能化的决策支持。图 18.4 显示了一个用于监测企业利润状况的“仪表盘”。在此基础上，商务智能系统还能进一步提供实时预测分析功能（见图 18.5）。

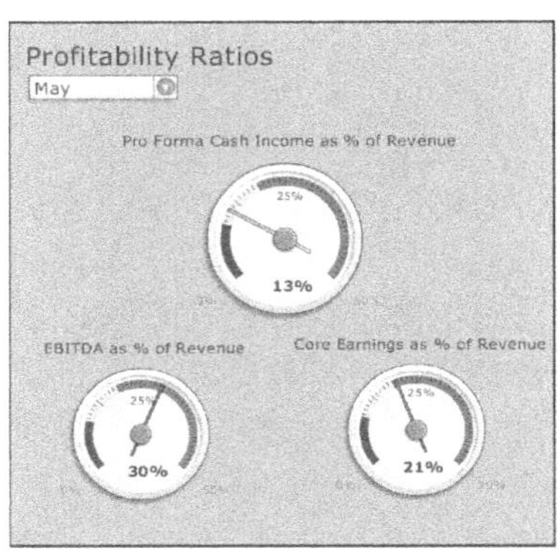

图 18.4　BI“仪表盘”示例（利润比率）①

① 来源：SAP/Business Object 公司。

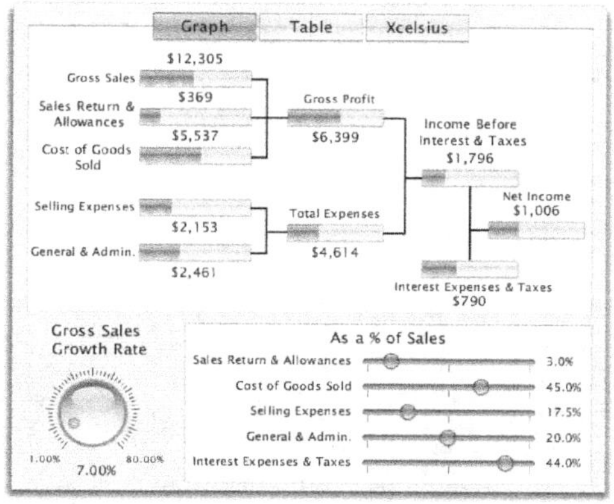

图 18.5　实时分析示例①

在各大厂商的商务智能产品当中，都提供了“仪表盘”的整合方案。图 18.6 显示了 Oracle 的商务智能系统中提供的“仪表盘”界面。

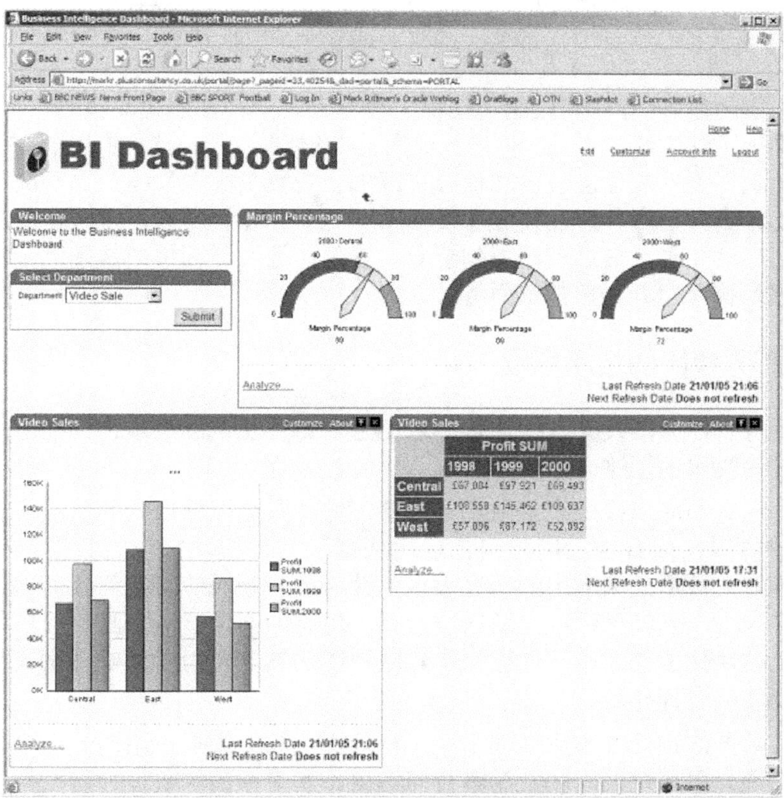

图 18.6　Oracle 的商务智能“仪表盘”②

① 来源：SAP/Business Object 公司。

② 来源：http://www.oracle.com。

更进一步而言，商务智能“仪表盘”还可以被发展为智能化的“管理驾驶舱”（MC，Management Cockpit）。管理驾驶舱中的所有图形显示都对应相关的绩效指标。用户可以在系统中自己定义各种绩效指标，并可以将绩效指标设定层级关系，进行归类和设定彼此之间的计算关系。

如图 18.7 所示，这些指标都以互动仪表的形式被反映在电子化的墙体上，从而形成了一个真正意义上的“管理驾驶舱”环境。

图 18.7　管理驾驶舱①

应当指出的是，“管理驾驶舱”在很大程度上是一种理想化的概念。尽管 SAP 等公司已经推出了这方面的产品，但一直没有能够得到广泛、有效的应用。在中国国内，能够在这种水平上驾驭信息技术和信息资源的企业更是少之又少。这种高度综合、深度开发的信息资源运用，只能建立在信息技术与业务和管理紧密融合，信息系统管理与协调机制高度完善，信息资源得到全面、有效的开发与利用的基础上。从这种意义上说，信息系统管理者仍然任重而道远。

18.2.4　商务智能的技术标准

尽管商务智能方法及其数据挖掘技术已经取得了长足的进步，但在应用中仍然存在着两个较为突出的困难。

首先，现有的应用模式大多缺乏通用性，往往只能根据现实的情况设计、定制针对性的解决方案，而难以由用户自己运用成形的软件模块来设定数据参数以解决问题。学术界有关数据挖掘应用的研究大多是针对某一领域的特定问题而展开的，其成果很难被直接推广到其他领域。而在产业界，现有的商务智能产品尽管多数都采用通用多任务及模块化的思路设计，但在实际应用中仍然需要由厂商的技术人员进行大量的二次开发才能发挥作用。

其次，数据的预处理和后处理工作一直是困扰数据挖掘应用的一个难题。数据结构的复杂性及异质系统之间的数据耦合问题得不到妥善的解决，使得挖掘应用难以顺利展开。

上述问题的主要原因在于标准的缺失。现有的应用模式未能有效地对数据挖掘算

---

① 来源：N.E.T. Research。

法进行有效的封装，因而便无法有效地实现通用的数据表达和接口规范。从这种意义上说，解决上述问题的关键，就是要将数据的表达工作从具体的算法中分离出来，从而实现一种通用的、可扩展的、适合最终用户使用的数据挖掘应用模式。要达到这样的目标，就需要设计出一种能够有效封装和交换挖掘应用数据的机制。在这种机制中，可以充分利用新兴的数据表达和交换技术 XML（可扩展标记语言，Extensible Markup Language）[353]的优势，借助其在数据描述能力、异质系统数据交换能力及可扩展性方面的优越性，建立一种具有通用性的整体框架[354]。基于这一思路建立的商务智能标准将大大简化商务智能系统及其所包含的模型和数据的集成、更新和维护。

近年来，学界和业界都已经注意到了商务智能标准的重要性，并开展了一系列的工作，取得了较为显著的成果。一些主要的商务智能厂商也不断增强其在标准化方面的推动力[355, 356]。已经出现并正在不断成熟的标准覆盖了商务智能应用系统的多个层面，其中包括如下标准[357]。

（1）模型标准：定义数据挖掘及其他商务智能方法所需的数据形式。

（2）属性标准：对数据属性进行清洗、转换和汇总，以及用作模型的输入。

（3）接口及 API 标准：建立与其他语言或系统的联系。

（4）配置标准：建立及使用模型时所需要的内部参数。

（5）过程标准：建立、部署及使用模型的步骤。

（6）远程及分布式数据标准：用于对远程及分布式数据进行分析和挖掘。

为了推动商务智能标准的发展和成熟，一些主要的厂商共同发起成立了一个独立的标准化机构，称为“数据挖掘组织”（DMG，Data Mining Group），专门致力于制定一项基于 XML 的数据挖掘标准语言，即“预测模型标记语言”（PMML，Predictive Model Markup Language）。PMML 以开放文档的形式发布，目前已经发展到 4.2 版本（2014 年 2 月发布）。DMG 得到了包括 IBM、Oracle、SAP、Microsoft、SAS 和 SPSS 在内的大量商务智能厂商的全面支持，其 PMML 标准也已被应用到了这些厂商的最新产品之中，如 IBM DB2 Data Warehouse Edition、IBM DB2 Intelligent Miner、SAS Enterprise Miner 和 SPSS Clementine 等。

PMML 包含了以下几个主要的组件。

（1）数据字典（Data Dictionary）：定义模型的输入属性，包括每个属性的类型和取值范围。

（2）挖掘模式（Mining Schema）：每个模型中有且只有一个挖掘模式，该模式需给出其所涉及的每个属性及其在模型中的作用。这些属性是数据字典中属性的一个子集。挖掘模式中所包含的信息只适用于其所对应的模型，而数据字典中所包含的数据定义则不会随模型而改变。挖掘模式同时也指明了属性的用途类型，包括主动型（作为模型的输入）、预测型（作为模型的输出）和补充型（不在模型运算中使用的描述性信息）。

（3）转换字典（Transformation Dictionary）：可以包含规范化（将连续或离散数值映射为数字）、离散化（将连续数值映射为离散数值）、数值映射（将一组离散数值映射为另一组离散数值）、汇总（对数值进行求和或求平均数等分组计算）等转换形式。

（4）模型统计（Model Statistics）：对模型中的属性进行单变量统计分析。

（5）模型（Models）：以标签（Tag）的形式定义模型参数。PMML v3.2 版本中包括了回归分析（Regression）、关联规则（Association Rules）、聚类（Cluster）、树分析（Trees）、神经网络（Neural Network）、贝叶斯分析（Bayesian）、规则集（Ruleset）、序列分析（Sequence）、向量机（Vector Machine）及文本分析（Text Model）等多种模型。

PMML 以 XML 的形式实现，换句话说，即 PMML 标准以一个 XML Schema 文件的形式发布。该 Schema 文件涵盖了上述各个标准化部件，其开头部分的内容如图 18.8 所示。利用这一标准，各种场合下的各类数据挖掘问题都可以用规范化的 XML 形式来表达，并可用于任何支持 PMML 的软件系统中，从而实现商务智能系统的高度可集成性和互操作性。

```
<xs:schema
 xmlns:xs="http://www.w3.org/2001/XMLSchema"
 targetNamespace="http://www.dmg.org/PMML-3_1"
 xmlns="http://www.dmg.org/PMML-3_1"
 elementFormDefault="unqualified">
    <xs:element name="PMML">
        <xs:complexType>
            <xs:sequence>
                <xs:element ref="Header"/>
                <xs:element ref="MiningBuildTask" minOccurs="0"/>
                <xs:element ref="DataDictionary"/>
                <xs:element ref="TransformationDictionary" minOccurs="0"/>
                <xs:sequence minOccurs="0" maxOccurs="unbounded">
                    <xs:choice>
                        <xs:element ref="AssociationModel"/>
                        <xs:element ref="ClusteringModel"/>
                        <xs:element ref="GeneralRegressionModel"/>
                        <xs:element ref="MiningModel"/>
                        <xs:element ref="NaiveBayesModel"/>
                        <xs:element ref="NeuralNetwork"/>
                        <xs:element ref="RegressionModel"/>
```

图 18.8　PMML 的 Schema 文件（部分）

图 18.9 为一个简单的 PMML 文件示例。该文件包含了对一个关联规则挖掘问题的标准化描述。利用这一文件，任何支持 PMML 的商务智能系统都可以用一致的方式完成数据的提取、转换及分析计算工作，并且以同样标准化的方式输出分析结果。

PMML 主要致力于模型、数据的标准化表达，力图实现具有普遍实用性和高度灵活性的统一规范。其他的一些标准化组织则正在针对数据挖掘中的软件对象规范、流程规范及基于 Web 的远程分布式数据挖掘规范制定并推广标准。

```
<?xml version="1.0" ?>
<PMML version="3.1" >
 <Header copyright="www.dmg.org"
        description="example model for association rules"/>
 <DataDictionary numberOfFields="2" >
   <DataField name="transaction" optype="categorical" />
   <DataField name="item" optype="categorical" />
 </DataDictionary>
 <AssociationModel
        functionName="associationRules"
        numberOfTransactions="4" numberOfItems="3"
        minimumSupport="0.6"      minimumConfidence="0.5"
        numberOfItemsets="3"      numberOfRules="2">
   <MiningSchema>
     <MiningField name="transaction" usageType="group" />
     <MiningField name="item" usageType="predicted"/>
   </MiningSchema>
   <!-- We have three items in our input data -->
   <Item id="1" value="Cracker" />
   <Item id="2" value="Coke" />
   <Item id="3" value="Water" />
   <!-- and two frequent itemsets with a single item -->
   <Itemset id="1" support="1.0" numberOfItems="1">
     <ItemRef itemRef="1" />
   </Itemset>
   <Itemset id="2" support="1.0" numberOfItems="1">
```

图 18.9　PMML 文件示例（关联规则分析）

在软件对象规范方面，“对象管理组织”（OMG，The Object Management Group）制定了基于统一建模语言（UML）的“公用数据仓库元模型”（CWM，Common Warehouse Metamodel）标准。该标准定义了在分布式异质环境下数据仓库与商务智能系统之间交换数据的规范接口。

在流程标准方面，自 1997 年起，ISL 和 NCR 等厂商共同开发了“跨行业数据挖掘标准流程”(CRISP-DM，CRoss Industry Standard Process for Data Mining)。CRISP-DM 致力于设计统一、标准化的数据挖掘应用流程，其总体结构如图 18.10 所示。

在 Web 标准方面，“万维网组织”（W3C，World Wide Web Consortium）制定了基于 XML 的语义网络标准以用于知识的表达和处理，包括资源描述框架（RDF，Resource Description Framework）等。RDF 的基本元素为包含主体、谓词和对象的三元组，用于将数据挖掘系统所提取的知识形式化地组织为语义网络（见图 18.11 的示例）。尽管 RDF 的设计目标尚未完全实现，但其对数据挖掘系统的实用化已经发挥了重要的作用。除此之外，W3C 所制定的 Web 服务标准——简单对象访问协议（SOAP，Simple Object Access Protocol），也被大量地应用到基于 Web 的商务智能系统之中。同时，美国芝加哥伊利诺依大学数据挖掘国家研究中心（National Center for Data Mining at the University of Illinois at Chicago）所开发的数据空间传输协议（DSTP，Data Space Transport Protocol），也被数据挖掘组织 DMG 采纳为商务智能系统的远程分布式数据访问标准。

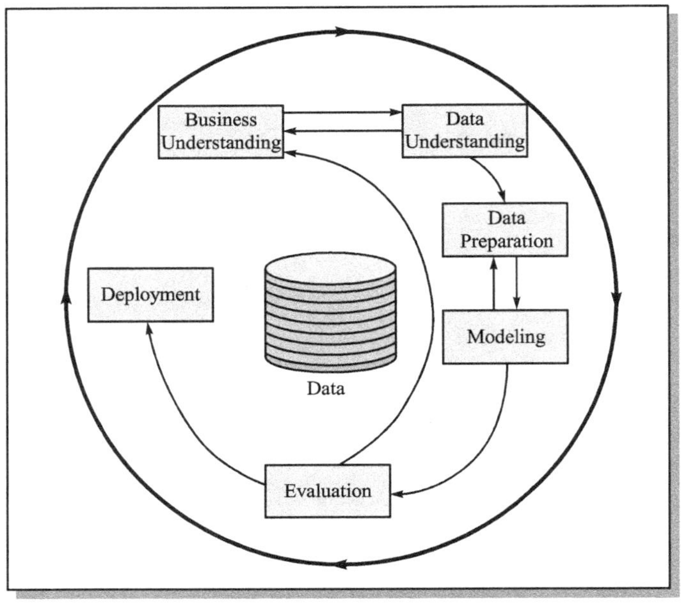

图 18.10　CRISP-DM 流程模型[①]

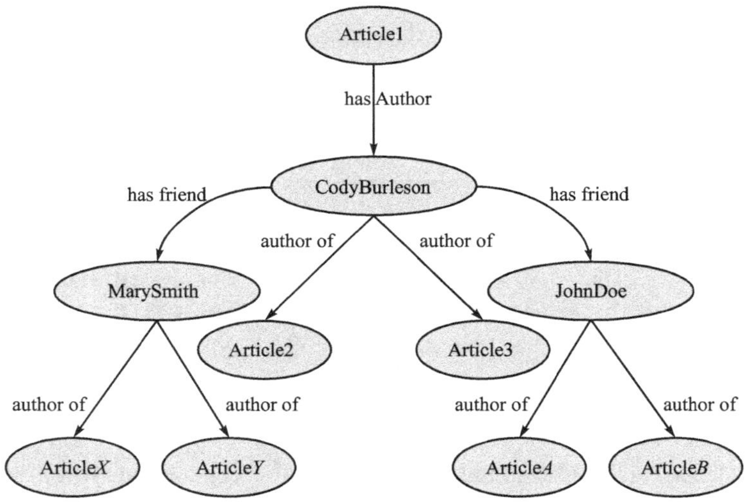

图 18.11　RDF 示例[②]

① 来源：http://www.crisp-dm.org。

② 来源：http://www.semanticfocus.com。

应当指出，商务智能系统的标准化仍然处于变化和发展之中，新的算法和新的应用需求也不断地对商务智能标准化提出新的挑战。然而，标准化的进程代表着一种不可逆转的发展趋势。统一、完善的标准将能有力地推动商务智能的进一步普及和深入应用，创造出不可估量的商业价值。

18.3 小结

本章从经济与社会的视角讨论了商务智能所带来的影响，并对未来的主要发展方向进行了介绍。

（1）商务智能的目标是通过对数据的有效驾驭与深度利用，获取那些能够支持商务决策并创造竞争优势的信息和知识，即借助现代计算机及通信技术，实现从数据到信息、从信息到知识、从知识到决策、从决策到竞争优势的过程和结果。从而，商务智能的应用为企业获取竞争优势提供了新的途径和手段，同时影响了市场环境，使得更为个性化的需求得以被发掘出来，形成了显著不同于传统市场的“长尾”现象，并推动了“大数据”商务环境的迅速兴起。与此同时，商务智能应用也给社会、生活带来了冲击，其中隐私保护及安全问题日益得到人们的关注。

（2）现代经济环境的全球性与动态性特征也不断给商务智能技术和应用创造着新的要求和新的发展空间。目前，商务智能仍然处于日新月异的发展和变化之中，其中移动化、社会化、实时化和标准化已成为四个主要的发展趋势。

思考练习题

18.1　简述“利基”与“长尾”的含义。此外，如果通过给定海量数据的关联规则挖掘，发现某冷门滞销商品的零星购买常常会伴随着对于某热门畅销商品的大宗购买，这具有什么管理决策方面的启示？

18.2　以网络上的“人肉搜索”为例，试讨论如果采用商务智能方法深度挖掘客户的消费偏好等个人特征，可能涉及哪些方面的隐私保护问题。

18.3　试讨论资源描述框架（RDF）的概念及用途。

18.4　简述商务智能在实时和移动决策分析中的作用。

18.5　新兴电子商务具有移动性、虚拟性、个性化、极端数据和社会性等特征。试讨论并举例说明商务智能方法及其数据挖掘技术在新兴电子商务应用中的作用。

参考文献

[1] 陈国青，郭迅华．信息系统管理[M]．北京：中国人民大学出版社，2005．

[2] 薛华成．信息资源管理[M]．北京：高等教育出版社，2002．

[3] 陈国青，雷凯．信息系统的组织、管理与建模[M]．北京：清华大学出版社，2002．

[4] Ayres I. Super Crunchers: Why Thinking-By-Numbers is the New Way to Be Smart[M]. York: Bantam House, 2008.

[5] Power D. J.. A Brief History of Decision Support Systems, version 4.0, http://DSSResources.COM/history/dsshistory.html, 2002-11-12.

[6] http://www-900.ibm.com/cn/smb/solutions/bi/;http://www-03.ibm.com/systems/storage/solutions/business_intelligence/.

[7] Robert Stackowiak, Joseph Rayman, Rick Greenwald. Oracle Data Warehousing and Business Intelligence Solutions: With Business Intelligence Solutions, John Wiley and Sons, 2006.

[8] http://www.information-management.com/channels/business_intelligence.html.

[9] Larissa Terpeluk Moss, S. Atre. Business Intelligence Roadmap: The Complete ProjectLifecycle for Decision-support Applications, Edition: 5, Addison-Wesley, 2003.

[10] Brian Larson. Delivering Business Intelligence with Microsoft SQL Server 2005, McGraw-Hill Professional, 2006.

[11] LYNCH C. Big Data: How Do Your Data Grow?[J]. Nature,2008,455(7209):28-29.

[12] BUGHIN J, CHUI M, MANYIKA J. Clouds, Big Data, and Smart Assets: Ten Tech-enabled Business Trends to Watch[J]. McKinsey Quarterly, 2010: 1-14.

[13] HILBERT M, LOPEZ P. The World's Technological Capacity to Store, Communicate, and Compute Information[J]. Science, 2011, 332(6025): 60-65.

[14] LAVALLE S, LESSER E, SHOCKLEY R, et al. Big Data, Analytics and the Path From Insights to Value[J]. MIT Sloan Management Review, 2011, 52(2).

[15] MANYIKA J, CHUI M, BROWN B, et al. Big Data: The Next Frontier for Innovation, Competition, and Productivity[M]. INSTITUTE M G. McKinsey & Company, 2011.

[16] DAVENPORT T H, BARTH P, BEAN R. How “Big Data” Is Different[J]. MIT Sloan Management Review, 2012, 53(5).

[17] 孟祥茹．第三方物流企业中的商务智能技术应用[J]．商业时代，2005, (32).

[18] Brynjolfsson E, Hitt L M. Beyond Computation: Information Technology, Organizational Transformation and Business Performance[J]. Journal of Economic Perspectives, 2000, 14(4): 23.

[19] Mott J D, Granata G. The Value of Teaching and Learning Technology: Beyond ROI[J]. EDUCAUSE Quarterly, 2006, 29(2).

[20] 朱晓武．商务智能的理论和应用研究综述[J]．计算机系统应用，2007, (1).

[21] Gantz J，Reinsel D. 2011 Digital Universe Study: Extracting Value from Chaos[M]. IDC Go-to-Market Services，2011.

[22] 王茁，顾洁．三位一体的商务智能——管理、技术与应用．北京：电子工业出版社，2003.

[23] Gartner，www.gartner.com.

[24] B Agard, A Kusiak. Computer Integrated Manufacturing: A Data Mining Approach, in the Engineering Handbook, Second Edition, RC Dorf (ed.), CRC - Taylor and Francis, Boca Raton, FL, pp. 192.1-192.11, 2005.

[25] C Gertosio, A Dussauchoy. Knowledge Discovery from Industrial Databases, Journal of Intelligent Manufacturing 2004, 15:29-37.

[26] Jiawei Han, Micheline Kamber. Data Mining: Concepts and Techniques, Morgan Kaufmann.

[27] G Nakhaeizadeh, E Steurer, K Bartma. Banking and Finance, In: W Klosgen, J Zytkow. Handbook of Data Mining and Knowledge Discovery, Oxford Univ. Press, Oxford, 2002.

[28] P Berka. PKDD Discovery Challenge on Financial Data, In: Proceedings of the First International Workshop on Data Mining Lessons Learned, DMLL2002, 8-12 July 2002, Sydney, Australia.

[29] 王长宇. 个股层面的互联网搜索数据与股票价格相关性研究[D]. 北京：清华大学，2014.

[30] Li Zhang, Guoqing Chen, Tom Brijs, Xing Zhang, Discovering During-Temporal Patterns (DTPs) in Large Temporal Databases. Expert Systems with Applications. 34, 2008 1178-1189.

[31] Zhang X, Fuehres H, Gloor P A. Predicting stock market indicators through twitter “I hope it is not as bad as I fear” [J]. Procedia-Social and Behavioral Sciences, 2011, 26: 55-62.

[32] Sprenger T O, Tumasjan A, Sandner P G, et al. Tweets and trades: The information

content of stock microblogs [J]. European Financial Management, 2013.

[33] C Cortes. D Pregibon. Signature-Based Methods for Data Streams, Data Mining and Knowledge Discovery 2001, 5(3): 167-182.

[34] UM Fayyad, G Piatetsky-Shapiro, P Smyth, R Uthurusamy. Advances in Knowledge Discovery and Data Mining, Cambridge, MA: AAAI Press/The MIT Press, 1996.

[35] L Kliensmith, V Kish. Principles of Cell and Molecular Biology, 1995.

[36] B S Gautam. Learning Information Patterns in Biological Databases, in The Data Mining and Knowledge Discovery Handbook, Oded Maimon, Lior Rokach (eds.), Springer, 2005.

[37] 戴艳红．基于数据挖掘技术的交叉销售分析[J]．中国管理信息化，2007，(6).

[38] Michael J. A. Berry, Gordon S. Linoff. Data Mining Techniques: For Marketing, Sales and Customer Relationship Management, Wiley, 2004.

[39] DC Schmittlein, LG Cooper, DG Morrison. Truth in Concentration in the Land of (80/20) Laws, Marketing Sciences, 1993, 12(2): 167-183.

[40] Sylvain Senecal, Jacques Nantel. The Influence of Online Product Recommendations on Consumers' Online Choices, Journal of Retailing, 2004, 80(2): 159-169.

[41] NGAI E W , GUNASEKARAN A. A Review for Mobile Commerce Research and Applications[J]. Decision Support Systems, 2007, 43(1): 3-15.

[42] MA H, CAO H, YANG Q, et al. A habit mining approach for discovering similar mobile users[C]//Proceedings of the 21st international conference on World Wide Web. ACM, 2012: 231-240.

[43] SCHILLER, JOCHEN et al. Location-based services. Elsevier, 2004.

[44] JUNGLAS I A, WATSON R T. Location-based services[J]. Communications of the ACM, 2008, 51(3): 65-69.

[45] Varshney U, Vetter R. Mobile commerce: framework, applications and networking support[J]. Mobile networks and Applications, 2002, 7(3): 185-198.

[46] Zhang J, Chen G, Tang X. Extracting Representative Information to Enhance Flexible Data Queries[J]. Neural Networks and Learning Systems, IEEE Transactions on, 2012, 23(6): 928-941.

[47] Subramani M R, Rajagopalan B. Knowledge-sharing and influence in online social networks via viral marketing[J]. Communications of the ACM, 2003, 46(12): 300-307.

[48] SAS®9.2 Intelligence Platform: Web Application, Administration Guide, http://www.sas.com.

[49] Mark Robinson. Business Intelligence Infrastructure. Information Management Special Reports, May 21, 2002.

[50] Preis T, Moat H S, Stanley H E. Quantifying trading behavior in financial markets using Google Trends [J]. Scientific reports, 2013,(3).

[51] SAS® Enterprise Miner 5.3, http://www.sas.com.

[52] Laudon K C, Laudon J P. Management Information Systems: New Approaches to

Organization and Technology (5th ed). Beijing: Tsinghua University Press, 1998.

[53] 陈国青，李一军．管理信息系统．北京：高等教育出版社，2006.

[54] Brachman R J, Anand T. The process of knowledge discovery in databases: A human-centered approach. In: Advances in knowledge discovery and data mining, AAAI Press/The MIT Press, 1996: 37-58.

[55] Ullman J D, Widom J. A First Course in Database Systems. Upper Saddle River, N.J.: Prentice Hall International. 1997.

[56] Martin J. Strategic Data Planning Methodologies. Lancashire, England: Savant Research Studies for Savant Institute. 1980.

[57] Inmon W H. Building the data warehouse[M]. New York. John Wiley & Sons, Inc. 1996.

[58] Laudon K C, Laudon J P. Management Information Systems: New Approaches to Organization and Technology (5th ed). Beijing: Tsinghua University Press, 1998.

[59] http://www.oracle.com/us/corporate/Acquisitions/hyperion/index.html.

[60] http://www-01.ibm.com/software/cn/analytics/cognos/.

[61] BREUR, TOM. Data analysis across various media: Data fusion, direct marketing, clickstream data and social media.[J]. Journal of Direct, Data and Digital Marketing Practice, 2011, 95(105): 1746-0166.

[62] ASADI N, LIN J. Fast Candidate Generation for Real-time Tweet Search with Bloom Filter Chains. [J]. ACM Transactions on Information Systems (TOIS), 2013, 31(3): 13:1-13:36.

[63] CHELMIS C, PRASANNA V K. Social Link Prediction in Online Social Tagging Systems. [J]. ACM Transactions on Information Systems (TOIS). 2013, 31(4): 20:1-20:27.

[64] GERANI S, Carman M J, Crestani F. Proximity-based Opinion Retrieval. [C]. SIGIR '10, 2010, 403-410.

[65] LABRINIDIS A, Jagadish H V. Challenges and Opportunities with Big Data. [C]. Proc VLDB Endow, 2012, 5(12): 2032-2033.

[66] JANSEN B J, BOOTH D L, SPINK D. Determining the Informational, Navigational, and Transactional Intent of Web Queries. [J]. Information Processing and Management, 2008, 44(3): 1251-1266.

[67] Friedman J H. Data Mining and Statistics: What's the Connection? Nov, 1997.

[68] 彭木根．数据仓库技术与实现．北京：电子工业出版社，2002.

[69] http://www.amteam.org/print.aspx?id=606026.

[70] http://it.hexun.com/2008-06-11/106598105.html.

[71] Adelman S, Moss L. Data Warehouse Goals and Objectives, Part 2: Short-Term Objectives, Information Management Magazine, Oct, 1999.

[72] Firestone J M. Data Warehouses and Data Marts: A Dynamic View, Executive Information System Inc., White Paper 3, March 27, 1997.

[73] 朱德利．SQL Server 2005 数据挖掘与商业智能完全解决方案．北京：电子工业出版社，2007.

[74] 林杰斌，刘明德，陈湘．数据挖掘与 OLAP：理论与实务．北京：清华大学出版社，2003.

[75] 吴应良.管理信息系统的安全问题与对策研究.计算机应用研究，1999(11): 22-25.

[76] 周晓光，朱蓉，聂规划．数据仓库的安全与对策研究．武汉理工大学学报，2002，24(3).

[77] http://www.gov.cn/flfg/2005-08/06/content_20928.htm.

[78] http://www.mps.gov.cn/n16/n1282/n3493/n3778/n492863/493115.html.

[79] http://www.mps.gov.cn/n16/n1282/n3493/n3823/n442104/452202.html.

[80] http://www.gapp.gov.cn/kejishuzi/Technology_old/contents/3738/143301.html.

[81] http://www.mps.gov.cn/n16/n1282/n3493/n3823/n442104/452223.html.

[82] http://www.miit.gov.cn/n11293472/n11294912/n11296542/12094947.html.

[83] http://www.miit.gov.cn/n11293472/n11294912/n11296542/12126363.html.

[84] http://www.mps.gov.cn/n16/n1282/n3493/n3823/n442104/452216.html.

[85] http://www.sap.com/pc/analytics/business-intelligence.html.

[86] www.gartner.com.

[87] Wu J, et al. Cloud storage as the infrastructure of cloud computing. 2010: IEEE.

[88] SNIA (Storage Networking Industry Association), Implementing, Serving, and Using Cloud Storage, White Paper, 2010 https://www.snia.org/forums/csi.

[89] Zeng W, et al. Research on cloud storage architecture and key technologies. 2009: ACM.

[90] http://www.ibm.com/cloud-computing/us/en/.

[91] http://www.birst.com/.

[92] http://www.yonyou.com/product/UAP_BQ.aspx.

[93] KERN T, LACITY M C, WILLCOCK M P. Netsourcing: renting business applications and services over a network, 2002, Prentice Hall, Upper Saddle River (NJ, USA).

[94] V Dhar, R Stein. Seven Methods for Transforming Corporate Data into Business Intelligence. Prentice-Hall, NJ, USA, 1997.

[95] Solomon Negash. Business Intelligence. Communications of the Association for Information Systems [1529-3181], 2004,13:177-195.

[96] 沃伦•麦克法兰，理查德•诺兰，陈国青．IT 战略与竞争优势：信息时代的中国企业管理挑战与案例．北京：高等教育出版社，2003.

[97] 望俊成，王庄，陈远．商务智能环境下的人才管理．科技创业月刊，2005，(9).

[98] R J Thierauf. Effective Business Intelligence Systems. Greenwood Publisher, 2001.

[99] Agrawal R, Imielinski T, Swarmi A. Mining Association Rules between Sets of Items in Large Databases. In: Proceeding of the ACM-SIGMOD 1993 International Conference on Management of Data. Washington D.C., 1993. 207-216.

[100] Park J S, Chen M, Yu P S. An Effective Hash based algorithm for mining association rules. In: proceedings of SIGMOD1995. San Jose, CA: 1995: 175-186.

[101] Srikant R, Agrawal R. Fast Algorithms for Mining Association Rules. In: Proceedings of VLDB Conference. Santiago, Chile, 1994: 487-499.

[102] Agrawal R, Srikant R. Fast Algorithms for Mining Association Rules. In: Proceedings of the 20th International Conference on Very Large Databases. Santiago, Chile, September, 1994.

[103] Fayyad U M, Uthurusamy R. Efficient Algorithms for Discovering Association Rules. In: Proceedings of AAAI Workshop on Knowledge Discovery in Databases. Seattle, Washington, USA, July, 1994: 181-192.

[104] Omiecinski S E, Navathe S. An Efficient Algorithm for Mining Association Rules in Large Databases. In: Proceedings of the VLDB Conference. Zurich, Switzerland, September, 1995.

[105] Mannila H, Toivonen H, Verkamo A I. Efficient Algorithms for Discovering Association Rules. In: Proceedings AAAI Workshop on Knowledge Discovery in Databases. Seattle, Washington, July, 1994: 181-192.

[106] Han J W, Pei J, Yin Y W, et al. Mining Frequent Patterns without Candidate Generation: A Frequent-Pattern Tree Approach. Data Mining and Knowledge Discovery, 2004, 8: 53-87.

[107]Srikant R, Vu Q, Agrawal R. Mining Association Rules with Item Constraints, in Proc. of the 3rd Int'l Conference on Knowledge Discovery in Databases and Data Mining, Newport Beach, California, USA, August 1997.

[108] Klemettinen Mika, Mannila Heikki, Ronkainen Pirjo, et al. Finding Interesting Rules from Large Sets of Discovered Association Rules, Proceedings of Third International Conference on Information and Knowledge Management, Nov. 29-Dec. 2, 1994.

[109] Guoqing Chen, De Liu, Jiexun Li. Influence and Conditional Influence—New Interestingness Measures in Association Rule Mining, The 10th IEEE International Conference on Fuzzy Systems, Melbourne, Australia, Dec. 2nd～5th, 2001.

[110] G Q Chen, Q Wei, D Liu, et al. Simple association rules (SAR) and the SAR-Based Rule Discovery. Computers & Industrial Engineering, 2002, 43: 721-733.

[111] International Business Machines. IBM Intelligent Miner User's Guide. Version 1, Release 1, 1996.

[112] Jiexun Li, Guoqing Chen. A SAR-Based Interesting Rule Mining Algorithm, NAFIPS-FLINT 2002, New Orleans, USA, June, 2002.

[113] Suzuki Einoshin, Kodratoff. Yves: Discovery of Surprising Exception Rules Based on Intensity of Implication. In Procs of PKDD-98, 1998.

[114] Han J, Fu Y. Discovery of Multiple-level Association Rules from Large Databases. In: Proceedings of the 21st International Conference on Very Large Databases. Zurich, Switzerland, 1995: 420-431.

[115] Srikant R, Agrawal R. Mining Generalized Association Rules, in Proceedings of the

21st VLDB Conference. Zurich Swizerland: 1995: 407-419.

[116] Aumann Y, Lindell Y. A Statistical Theory for Quantitative Association Rules. Jouranl of Intelligent Information systems, 2003, 20(3): 255-283.

[117] Rastogi R, Shim K. Mining Optimized Association Rules with Categorical and Numeric Attributes. IEEE Transactions on Knowledge and Data Engineering, 2002, 14(1): 29-50.

[118] Srikant R, Agrawal R. Mining Quantitative Association Rules in Large Relational Tables. In: Proceeding of 1996 ACM-SIGMOD International Conference Management of Data. Montreal, Canada: 1996: 1-12.

[119] Wijsen J, Meersman R. On the complexity of Mining Quantitative Association Rules. Data Mining and Knowledge Discovery, 1998, 2: 263-281.

[120] Yao Y Y, Zhong N. An Analysis of Quantitative Measures Associated with Rules. In proceedings of PAKDD 1999. 1999: 479-488.

[121] Zhang H, Padmanabhan B, Tuzhilin A. On the Discovery of Significant Statistical Quantitative Rules. In: proceeding of the 10th Int'l. Conf. on Knowledge Discovery and Data Mining (KDD04). 2004: 374-383.

[122] Breiman L, Friedman J, Olshen R, et al. Classification and Regression trees. 1984, Monterey,CA: Wadsworth and Brooks.

[123] Mehta M, Agrawal R, Rissanen J. SLIQ: A fast scalable classifier for data mining. In: 5th Conference on Extending Databse Technology (EDBT'96). Avignon, France. 1996.

[124] Quinlan J R. C4.5 programs for machine learning. 1993: Morgan Kaufmann.

[125] Mitchell T M. Machine Learning. 1997: McGraw-Hill.

[126] Pearl J. Probabilistic reasoning in Intelligent Systems:networks for plausible infe rence. 1988: Morgan Kaufmann.

[127]Duda R O, Hart P E. Pattern Classification and Scene Analysis. New York: JohnWiley, 1973.

[128] Friedman N, Geiger D, Goldszmidt M. Bayesian network classifiers. Machine Learning, 1997, 29: 131-163.

[129] Chow C K, Liu C N. Approximating discrete probability distribution with dependence trees. IEEE Transactions on Information Theory, 1968, 14(3): 462-467.

[130] Haykin S. Neural networks: a comprehensive foundation. 2nd ed. Prentice Hall, 1998.

[131] Ripley B D. Pattern Recognition and Neural Networks. Cambridge University Press, 1996.

[132] Zurada J M. Introduction to artificial neural systems. Boston: PWS Publishing Company, 1995.

[133] 边肇祺，张学工．模式识别．北京：清华大学出版社，2000．

[134] Cristianini N, Shawe-Taylor J. An Introduction to Support Vector Machines. Cambridge University Press, 2000.

[135] Scholkopf B, Burges C, Smola A. Advances in Kernel Methods-Support Vector

Learning. Cambridge, MA, US: MIT Press, 1998.

[136] Vapnik V. The nature of statistical learning theory. New York, US: Springer-Verlag, 1995.

[137] Duda R O, Hart P E, Stork D G. Pattern Classification. 2nd ed. John Wiley and Sons, 2001.

[138] Hastie T, Tibshirani R, Friedman J. The Elements of Statistical Learning, Data Mining, Inference, and Prediction. Springer, 2001.

[139] C Riesbeck, R Schank. Inside Case-Based Reasoning. Lawrence Erlbaum, 1989.

[140] Witten I H, Frank E. Data Mining: practical machine learning tools and techniques with Java implementations. Morgan Kaufmann, San Francisco, 2000.

[141] Stone M. Cross-validatory choice and assessment of statistical predictions. Journal of the Royal Statistical Societical, 1974, 36: 111-147.

[142] Swets J A, Pickett R M. Evaluation of Diagnostic Systems: Methods from Signal Detection Theory. New York: Acdemic Press, 1982.

[143] Hanley J A, McNeil B J. A method of comparing the areas under receiver operating characteristic curves derived from the same case. Radiology, 1983, 148: 839-843.

[144] Conover W J. Practical Nonparametric Statistics. 3rd edition. New York : Wiley, 1999.

[145] Dietterich T G. Approximate statistical tests for comparing supervised classification learning algorithms. Neural Computation, 1998, 10(7): 1895-1924.

[146] Hanley J A, McNeil B J. The meaning and use of the area under a receiver operating characteristic(ROC) curve. Radiology, 1982, 143: 29-36.

[147] Long E R D, Long D M D, D L Clarke-Pearson. Comparing the areas under two or more correlated receiver operating characteristic curves: a nonparametric approach. Biometrics, 1988, 44: 837-845.

[148] Breiman L. Bagging predictors. Machine Learning, 1996, 24: 123-140.

[149] Freund Y, E Schapire R. A decision-theoretic generalization of online learning and an application to boosting. Journal of Computer and System Sciences, 1997, 55(1): 119-139.

[150] Bauer E, Kohavi R. An empirical comparison of voting classification algorithms: bagging, boosting and variants. Machine Learning, 1999, 36(1/2): 105-139.

[151] Margaret H. Dunham. Data Mining Introductory and Advanced Topics. Prentice Hall, 2003.

[152] Pang-Ning Tan, Michael Steinbach, Vipin Kumar. Introduction to Data Mining. Addison-Wesley, 2006.

[153] Zhang T, Ramakrishnan R, Livny M. BIRCH: An efficient data clustering method for very large databases. Proceedings of ACM SIGMOD Conference, Montreal, Canada, 1996: 103-114.

[154] J B MacQueen. Some Methods for classification and Analysis of Multivariate

Observations. In Proc. of 5th Berkeley Symposium on Mathematical Statistics and Probability, Berkeley, University of California Press, 1967, 1:281-297.

[155] L Kaufman, P J Rousseeuw. Finding Groups in Data: an Introduction to Cluster Analysis. John Wiley & Sons, 1990.

[156] Ng R T, Han, J. Efficient and effective clustering methods for spatial data mining. Proceedings of the 20th VLDB Conference, Santiago, Chile, 1994: 144-155.

[157] S Guha, R Rastogi, K Shim. CURE: An efficient clustering algorithm for large databases. In Proc. 1998 ACM-SIGMOD Int. Conf. Management of Data, Seattle, Washington, June 1998: 94-105.

[158] M Ankerst, M Breunig, H P Kriegel, et al. Optics: Ordering points to identify the clustering structure. In Proc. 1999 ACM-SIGMOD Int. Conf. Management of Data, Philadelphia, PA, June 1999: 46-60.

[159] M Ester, H P Kriegel, J Sander, et al. A density-based algorithm for discovering clusters in large spatial databases. In Proc. 2nd Int Conf. Knowledge Discovery and Knowledge Discovery (KDD'96), Portland, Oregon, August 1996: 226-231.

[160] W Wang, J Yang, R Muntz. STING: A statistical information grid approach to spatial data mining. In Proc. 1997 Int. Conf. Very Large Data Bases, Athens, Greece, August 1997: 186-195.

[161] R Agrawal, J Gehrke, D Gunopulos, et al. Raghavan. Automatic Subspace Clustering of High Dimensional Data for Data Mining Applications. In Proc. 1998 ACM-SIGMOD Int. Conf. Management of Data, Seattle, Washington, June 1998: 94-105.

[162] G Sheikholeslami, S Chatterjee, A Zhang. WaveCluster: A multi-resolution clustering approach for very large spatial databases. In Proc. 1998 Int. Conf. Very Large Data Bases, New York, NY, August 1998: 428-439.

[163] S Guha, R Rastogi, K Shim. ROCK: A robust clustering algorithm for categorical attributes. In Proc. 1999 Int. Conf. Data Engineering, Sydney, Australia, March 1999: 512-521.

[164] G Karypis, E H Han, V Kumar. CHAMELEON: A hierarchical clustering algorithm using dynamic modeling. COMPUTER, 1999, 32:68-75.

[165] R S Michalski, R E Stepp. Learning from observation: Conceptual clustering. In R. S. Michalski, J. G. Carbonell, and T. M. Mitchell, editors, Machine Learning: An Artificial Intelligence Approach, San Mateo, CA: Morgan Kaufmann, 1983, 1.

[166] Fisher, Douglas H. Knowledge acquisition via incremental conceptual clustering. Machine Learning, 1987, 2: 139-172.

[167] D E Rumelhart, D Zipser. Feature discovery by competitive learning. Cognitive Science, 1985, 9:75-112.

[168] T Kohonen. Self-organized formation of topologically correct feature maps. Biological Cybernetics, 1982, 43:59-69.

[169] 毛国君，段立娟，王实．数据挖掘原理与算法．北京：清华大学出版社，2007.

[170] Z Huang. Extensions to the k-means algorithm for clustering large data sets with

categorical values. Data Mining and Knowledge Discovery, 1998, 2:283-304.

[171] B Liu. Web data mining. Springer-Verlag Berlin Heidelberg, 2007.

[172] A Singhal. Model Information Retrieval: A Brief Overview. IEEE Data Engineering Bulletin 2001, 24(4): 35-43.

[173] C Zhai. Statistical language model for information retrieval. Tutorial Notes at the Annual Intl. ACM SIGIR Conf. on Research and Development in Information Retrieval (SIGIR'06), 2006.

[174] C Zhai, J lafferty. A study of smoothing methods for language models applied to ad hoc information retrieval. In Proc. of the Annual Intl. ACM SIGIR Conf. on Research and Development in Information Retrieval (SIGIR'01), 2001, 334-342.

[175] 陈国青，卫强．商务智能原理与方法[M]．北京：电子工业出版社，2009．

[176] M F Porter. An algorithm for Suffix Stripping. Program, 1980, 14(3): 130-137.

[177] D E Willard. New trie data structures which support very fast search operations. Journal of Computer and System Sciences, 1984, 28(3): 379-394.

[178] S Brin, L Page. The anatomy of a large-scale hypertextual Web search engine. Computer networks and ISDN systems, 1998, 30(1): 107-117.

[179] 刘红岩. 商务智能方法与应用. 北京,清华大学出版社, 2013.

[180] J M Kleinberg. Authoritative sources in a hyperlinked environment. Journal of the ACM (JACM), 1999, 46(5): 604-632.

[181] P S Yu, X Li, B Liu. Adding the Temporal Dimension to Search - A Case Study in Publication Search. In Proceedings of Web Intelligence (WI' 05), 2005, 543-549.

[182] S Chakrabarti. Integrating the Document Object Model with Hyperlinks for Enhanced Topic Distillation and Information Extraction. In Proceedings of the 13th International World Wide Web Conference (WWW'01), 2001, 211-220.

[183] D Cai, S Yu, J R Wen, et al. Ma. Block-Based Web Search. In Proceedings of the ACM SIGIR Research and Development in Information Retrieval (SIGIR'04), 2004, 456-463.

[184] K Bharat, M Henzinger. Improved Algorithms for Topic Distillation in Hyperlinked Environments. In Proceedings of 21st ACM SIGIR Conference on Research and Development in Information Retrieval, 1998, 104-111.

[185] I J　Good. The Estimation of Probabilities: An Essay on Modern Bayesian Methods. MIT Press, 1965.

[186] G W Flake, S Lawrence, C L Giles, et al. Self-Organization of the Web and Identification of Communities. IEEE Computer 2002, 35(3): 66-71.

[187] R Kumar, P Raghavan, S Rajagopalan, et al. Tomkins. Trawling the Web for emerging cyber-communities. Computer networks, 1999, 31(11): 1481-1493.

[188] S Wasserman. Social Network Analysis: Methods and applications. CambridgeUniversity Press, 1994.

[189] Cleveland W. Visualizing data. In AT&T Bell Laboratories, Hobart Press, Summit NJ,

1993.

[190] Devore J L. Probability and Statistics for Engineering and the Science, 4th ed. Duxbury Press, 1995.

[191] Cart C, Hamilton H. Efficient attribute-oriented generalization for knowledge discovery from large databases. IEEE trans. Knowledge and Data Engineering, 1998, 10:193-208.

[192] Chaudhuri S, Dayal U. An overview of data warehousing and OLAP technology. ACM SIGMOD Record, 1997, 26:65-74.

[193] Cai Y, Cercone N, Han J. Attribute-oriented induction in relational databases. In G. Piatetsky-Shapiro and W. J. Frawley, editors, Knowledge Discovery in Databases, AAAI/MIT Press, 1991: 213-228.

[194] Gray J, Bosworth A, Layman A, et al. Data cube: A relational operator generalizing group-by, cross-tab and sub-totals. In Proc. 1996 Int. Conf. Data Engineering, New Orleans, Louisiana, Feb. 1996: 152-159.

[195] Han J, Cai Y, Cercone N. Data-driven discovery of quantitative rules in relational databases. IEEE Trans. Knowledge and Data Engineering, 1993, 5:29-40.

[196] Han J. Fu Y. Exploration of the power of attribute-oriented induction in data mining. In U.M. Fayyad, G. Piatetsky-Shapiro, P. Smyth, and R. Uthurusamy, editors, Advances in Knowledge Discovery and Data Mining, AAAI/MIT Press, 1996: 399-421.

[197] Han J, Ng R T, Fu Y, et al. Generalization-based data mining in object-oriented databases using an object-cube model. Data and Knowledge Engineering, 1998, 25:55-97.

[198] Johnson R A, Wickern D W. Applied Multivariate Statistical Analysis, 3rd ed. Prentice Hall, 1992.

[199] Almuallim H, Dietterich T G. Learning with many irrelevant features. In Proc. 9th National Conf. on Articial Intelligence (AAAI'91), July 1991: 547-552.

[200] Buntine W L, Niblett. Tim A further comparison of splitting rules for decision-tree induction. Machine Learning, 1992, 8:75-85.

[201]Dash M, Liu H. Feature selection methods for classification. Intelligent Data Analysis: An international Journal, 1, 1997.

[202] Liu H, Motoda H. Feature Extraction, Construction, and Selection: A Data Mining Perspective. Boston: Kluwer Academic Publishers, 1998.

[203] Klosgen W, Zytkow J M. Handbook of DATA Mining and Knowledge Discovery, Oxford University Press, 2002.

[204] Pyle D. Data Preparation for Data Mining, Morgan Kaufmann Inc. ISBN 1-55860 -529-0. 1999.

[205] Romano D. Data Mining Leading Edge: Insurance & Banking, in Proceedings of Knowledge Discovery and Data Mining, Unicom, Brunel University, 1997.

[206] Famili A, Shen Wei-Min, Weber R, et al. Data Preprocessing and Intelligent Data

Analysis. Intelligent Data Analysis, 1997, 1 (1).

[207] Motro A, Smets P. Uncertainty Management in Information Systems: from Needs to Solutions, ed., 1997, Kluwer Academic Publishers.

[208] Hernandez M A, Stolfo S J. Real-world Data is Dirty: Data Cleansing and the Merge/Purge Problem. Data. Mining and Knowledge Discovery 2, 1998: 1-31.

[209] Dixon M, Kohoutkova J, Cook S C, et al. Managing Heterogeneity in Medical Information Systems, in Proceedings of the 10th ERCIM database research Group Workshop on Heterogeneous Information Management, Prague 1996, ERCIM-96-W003:7.

[210] Chapman A D, Bennett S, Bossard K, et al. Environment Protection and Biodiversity Conservation Act, 1999 – Information System. Proceedings of the 17th Annual Meeting of the Taxonomic Databases Working Group, Sydney, Australia 9-11 November 2001.

[211] Beaman R S. Automated georeferencing web services for natural history collections in Symposium: Trends and Developments in Biodiversity Informatics, Indaiatuba, Brazil 2002.

[212] Weiss S M, N Inderkhya. Predictive Data Mining. San Francisco: Morgan Kaufmann, 1998.

[213] Maletic J I, Marcus A. Data Cleansing: Beyond Integrity Analysis pp. 200-209 in Proceedings of the Conference on Information Quality (IQ2000). Boston: Massachusetts Institute of Technology, 2000.

[214] Rocke D M, Woodruff D L. Identification of Outliers in Multivariate Data. Journal of the American Statistical Association, 1991: 1047-1061.

[215] Jarke M, Lenzerini M, Vassiliou Y, et al. Fundamentals of Data Warehouses. Springer-Verlag, 2000.

[216] Hua J, Xiong Z, Lowey J, et al. Optimal number of features as a function of sample size for various classification rules. Bioinformatics 21 (2005) 1509-1515.

[217] Kononenko I, Simec E, Robnik-Sikonja M.Overcoming the myopia of inductive learning algorithms with RELIEFF. Applied Intelligence, 1997, 7: 39-55.

[218] Cardie C. Using decision trees to improve cased-based learning. In Proceedings of the First International Conference on Knowledge Discovery and Data Mining. AAAI Press, 1995.

[219] Filters S Das. Wrappers and a boosting-based hybrid for feature selection. Proc. of the 8th International Conference on Machine Learning, 2001.

[220] 中国互联网络信息中心. 第 33 次中国互联网络发展状况调查统计报告，2014, http://www.cnnic.net.cn/hlwfzyj/hlwxzbg/hlwtjbg/201403/t20140305_46240.htm.

[221] D Bawden, L Robinson. The dark side of information: overload, anxiety and other paradoxes and pathologies. Journal of Information Science, 2009, 35 (2) : 180-191.

[222] B J Jansen, A Spink, T Saracevic. Real life, real users, and real needs: a study and analysis of user queries on the web. Information Processing & Management, 2000,

35 (2) : 207-227.

[223] L Page, S Brin, R Motwani, et al. The PageRank citation ranking: bringing order to the web. 1999.

[224] X Lian, L Chen. Top-k dominating queries in uncertain databases. in Proceedings of the 12th International Conference on Extending Database Technology: Advances in Database Technology, Saint Petersburg, Russia, 2009, 660-671.

[225] F Pan, W Wang, A K H Tung, et al. Finding representative set from massive data. in Proceedings of the Fifth IEEE International Conference on Data Mining, 2005: 338-345.

[226] J Han, M Kamber. Data mining: concepts and techniques (2nd Edition): Morgan Kaufmann, 2006.

[227] J Carbonell, J Goldstein. The use of MMR, diversity-based reranking for reordering documents and producing summaries. in Proceedings of the 21st annual international ACM SIGIR conference on Research and development in information retrieval, Melbourne, Australia, 1998: 335-336.

[228] F Radlinski, S Dumais. Improving personalized web search using result diversification. in Proceedings of the 29th annual international ACM SIGIR conference on Research and development in information retrieval, Seattle, Washington, USA, 2006: 691-692.

[229] Y Koren. Collaborative filtering with temporal dynamics. Communications of the ACM, 2010, 53 (4) : 89-97.

[230] Adomavicius G, Tuzhilin A. Toward the next generation of recommender systems: A survey of the state-of-the-art and possible extensions. IEEE Transactions on Knowledge and Data Engineering, 2005, 17(6): 734-749.

[231] Burke R. Hybrid recommender systems: Survey and experiments. User modeling and user-adapted interaction, 2002, 12(4): 331-370.

[232] Kantor P B, Rokach L, Ricci F et al. Recommender systems handbook. Springer, 2011.

[233] Ma B J, Wei Q. Measuring the coverage and redundancy of information search services on e-commerce platforms. Electronic Commerce Research and Applications, 2012, 11 (6) : 560-569.

[234] R Agrawal, S Gollapudi, A Halverson, et al. Diversifying search results. in Proceedings of the Second ACM International Conference on Web Search and Data Mining, Barcelona, Spain, 2009: 5-14.

[235] 马宝君.互联网信息搜索服务的多样性评估测度及提取方法研究[博士学位论文]. 清华大学经济管理学院. 北京：清华大学, 2013.

[236] C E Shannon. A mathematical theory of communication, Bell System Technical Journal, 1948, 27 : 379-423.

[237] Liu B. Web data mining: Exploring hyperlinks, contents, and usage data. Springer Berlin Heidelberg, 2007.

[238] Hastie T, Tibshirani R, Friedman J. The elements of statistical learning: Data mining, inference, and prediction. 2nd ed. New York, NY: Springer-Verlag, 2009.

[239] Han J, Kamber M. Data mining: concepts and techniques. 2nd ed. San Francisco, CA: Morgan Kaufmann Publishers, 2006.

[240] Jain A K, Murty M N, Flynn P J. Data clustering: a review. ACM Computing Surveys, 1999, 31(3): 264-323.

[241] Kural Y, Robertson S, Jones S. Deciphering cluster representations. Information Processing & Management, 2001, 37(4): 593-601.

[242] MacQueen J. Some methods for classification and analysis of multivariate observations. Proceedings of the fifth berkeley symposium on mathematical statistics and probability. 1967: 281-297.

[243] Ng R T, Han J. CLARANS: a method for clustering objects for spatial data mining. IEEE Transactions on Knowledge and Data Engineering, 2002, 14(5): 1003-1016.

[244] Kaufman L, Rousseeuw P J. Finding groups in data: an introduction to cluster analysis. New York: Wiley Online Library, 1990.

[245] Jain A K, Dubes R C. Algorithms for clustering data. Prentice Hall, 1988.

[246] Fung B C M, Wang K, Ester M. Hierarchical document clustering using frequent itemsets. Proceedings of the SIAM international conference on data mining. 2003: 59-70.

[247] Malik H, Kender J, Fradkin D, et al. Hierarchical document clustering using local patterns. Data Mining and Knowledge Discovery, 2010, 21(1): 153-185.

[248] Chehreghani M H, Abolhassani H, Chehreghani M H. Density link-based methods for clustering web pages. Decision Support Systems, 2009, 47(4): 374-382.

[249] Ni X, Quan X, Lu Z, et al. Short text clustering by finding core terms. Knowledge and Information Systems, 2011, 27(3): 345-365.

[250] Shenoi S, Melton A, Fan L. An equivalence classes model of fuzzy relational databases. Fuzzy Sets and Systems, 1990, 38 (2) : 153-170.

[251] Lee H S. An optimal algorithm for computing the max–min transitive closure of a fuzzy similarity matrix. Fuzzy Sets and Systems, 2001, 123 (1) : 129-136.

[252] Zhang J, Wei Q, Chen G Q. Extending Representative Information Extraction based on Fuzzy Classification. in Proceedings of the 9th International FLINS Conference on Foundations and Applications of Computational Intelligence (FLINS'2010), Chengdu, China, 2010: 269-275.

[253] Zhang J, Wei Q, Chen G Q. An efficient incremental method for generating equivalence groups of search results in information retrieval and queries, Knowledge-Based Systems, 2012, 32: 91-100.

[254] Zhang J, Chen G Q, Tang X H. Extracting Representative Information to Enhance Flexible Data Queries. IEEE Transactions on Neural Networks and Learning Systems, 2012, 23 (6) : 928-941.

[255] Chen Y, Xie J. Online Consumer Review: Word-of-Mouth as a New Element of

Marketing Communication Mix. Management Science, 2008, 54(3): 477-491.

[256] Biswas D, Zhao G, Lehmann D R. The Impact of Sequential Data on Consumer Confidence in Relative Judgments. Journal of Consumer Research, 2011, 37(5): 874-887.

[257]Zhang Z Q, Zhang J, Chen G Q. Providing Consistent Opinions from Online Reviews: A Heuristic Stepwise Optimization Approach. 2014, working paper.

[258] Cutrell E, Guan Z. What are you looking for?: an eye-tracking study of information usage in web search. in Proceedings of the SIGCHI Conference on Human Factors in Computing Systems, San Jose, California, USA, ACM, 2007: 407-416.

[259] Hochbaum D S. Approximation algorithms for NP-hard problems. PWS Publishing Company, Boston, 1997.

[260] Tsaparas P, Ntoulas A, Terzi E. Selecting a comprehensive set of reviews. in Proceedings of the 17th ACM SIGKDD international conference on Knowledge discovery and data mining, San Diego, California, USA, 2011, 168-176.

[261] Lappas T, Crovella M, Terzi E. Selecting a characteristic set of reviews. in Proceedings of the 18th ACM SIGKDD international conference on Knowledge discovery and data mining, Beijing, China, 2012: 832-840.

[262] Linden G, Smith B, York J. Amazon. com recommendations: Item-to-item collaborative filtering. IEEE Internet Computing, 2003, 7(1): 76-80.

[263] Koren Y. Factorization meets the neighborhood: a multifaceted collaborative filtering model. in Proceedings of the 14th ACM SIGKDD international conference on Knowledge discovery and data mining. ACM, 2008: 426-434.

[264] D H Kraft, A Bookstein. Evaluation of information retrieval systems: A decision theory approach. Journal of the American Society for Information Science, 1978, 29 (1) : 31-40.

[265] C Buckley, E M Voorhees. Evaluating evaluation measure stability. in Proceedings of the 23rd annual international ACM SIGIR conference on Research and development in information retrieval, Athens, Greece, 2000, 33-40.

[266] K Järvelin, J Kekäläinen. Cumulated gain-based evaluation of IR techniques. ACM Transactions on Information Systems, 2002, 20 (4) : 422-446.

[267] Celma O. Music recommendation and discovery: The long tail, long fail, and long play in the digital music space. Springer, 2010.

[268] Vargas S, Castells P. Rank and relevance in novelty and diversity metrics for recommender systems. in Proceedings of the fifth ACM conference on Recommender systems. ACM, 2011: 109-116.

[269] Murakami T, Mori K, Orihara R. Metrics for evaluating the serendipity of recommendation Lists. in Proceedings of the 2007 Conference on New Frontiers in Artificial Intelligence (JSAI'07). Berlin, Heidelberg: Springer-Verlag, 2008: 40-46.

[270] H Wang, Q Wei, G Chen. From Clicking to Consideration: A Business Intelligence Approach to Estimating Consumers' Consideration Probabilities. Decision Support

Systems, 2013, 56 : 397-405.

[271] H Wang, X Guo, Q Wei, et al. Providing a Service for Interactive Online Decision Aids through Estimating Consumers' Incremental Search Benefits. in Proceedings of the Thirty Second International Conference on Information Systems (ICIS'2011), Shanghai, China, 2011.

[272] T Hofmann. Latent semantic models for collaborative filtering. ACM Transactions on Information Systems, 2004, 22 (1) : 89-115.

[273] J F Roddick, M Spiliopoulou. A survey of temporal knowledge discovery paradigms and methods. IEEE transactions on knowledge an data engineering, 2002, 14(4).

[274] Eamonn Keogh. A Tutorial on Indexing and Mining Time Series Data. The 2001 IEEE International Conference on Data Mining, 2001.

[275] Christian S. Jensen. Introduction to Temporal Database Research. http:// www. cs .aau. dk / ~csj/Thesis/pdf/chapter1.pdf.

[276] Byoung-Kee Yi. Christos Faloutsos. Fast Time Sequence Indexing for Arbitrary L_pNorms.

[277] Keogh E, Pazzani M. Scaling up dynamic time warping to massive datasets. In Proceedings of the 3rd European Conference on Principles and Practice of Knowledge Discovery in Databases, 1999: 1-11.

[278] Chang-Shing Perng, Haixun Wang, Sylvia R Zhang, et al. Scott Parker. Landmarks: A new model for similarity-based pattern querying in time series databases. In Proceedings of the Sixteenth International Conference on Data Engineering, 2000: 33-42.

[279] Donald J Berndt, James Clifford. Finding Patterns in Time Series: A Dynamic Programming Approach. In Advances in Knowledge Discovery and Data Mining, AAAI/MIT Press, 1996: 1-37.

[280] Guoqing Chen, Qiang Wei, Hong Zhang. Discovering Similar Time-Series Patterns with Fuzzy Clustering and DTW Method. IFSA-NAFIPS 2001, Vancouver, Canada, 2001.

[281]R Agrawal, C Faloutsos, A Swami. Efficient Similarity Search in Sequence Databases. Proc. Int'l Conf. Foundations of Database Organisation and Algorithms, (FODO' 93), D. Lomet, ed., 1993: 69-84.

[282] Faloutsos C, Ranganathan M, Manolopoulos Y. Fast subsequence matching in time series databases. In Proc. ACM SIGMOD Conference on the Management of Data, Minneapolis. 1994: 419-429.

[283] J F Allen. Maintaining Knowledge about Temporal Intervals. In Readings in Knowledge Representation, pages 509-521. Morgan-Kaufman Publishers, Inc., 1985.

[284] Li Zhang, Guoqing Chen, Tom Brijs, et al. Discovering During-temporal Patterns (DTPs) in Large Temporal Databases. Expert Systems with Applications, 2008, 34(2): 1178-1189.

[285] Davood Rafiei, Alberto Mendelzon. Similarity-Based Queries for Time Series Data.

In Proc. 15th Int'l Conf.on Data Engineering, 1999: 410-417.

[286] K Chen, W Fu. Efficient Time Series Matching by Wavelets. ICDE(1999): 126-133.

[287] N Beckmann, H P Kriegel, R Schneider, et al. The R*-tree: an efficient and robust access method for points and rectangles. ACM SIGMOD, 1990: 322-331.

[288] A Guttman. R-trees: a dynamic index structure for spatial searching. Proc. ACM SIGMOD, June 1984: 47-57.

[289] H V Jagadish. Spatial search with polyhedra. Proc. 6th IEEE int'l Conf. on Data Engineering, February 1990.

[290] H Samet. The design and Analysis of Spatial Data Structures. Addison-Wesley, 1989.

[291] B Ozden, S Ramaswamy, A Silberschatz. Cyclic association rules. In Proc. of the 14th Int'l Conf. on Data Engineering, 1998: 412-421.

[292] Yingjiu Li, Peng Ning, X Sean Wang, et al. Discovering calendar-based temporal association rules. Data & Knowledge Engineering, February 2003, 44(2): 193-218.

[293] Mannila H, Toivonen H. Discovering generalised episodes using minimal occurences. In: Proc. Second Int'l Conf. Knowledge Discovery and Data Mining (KDD'96). Portland, Oregon: AAAI Press, 1996: 146-151.

[294] Das G, Lin K, Mannila H, et al. Rule Discovery from Time Series. In: Agrawal R, Stolorz PE, Piatetsky-Shapiro G, eds. Proc of the 4th Int'l Conf. on Knowledge Discovery and Data Mining (KDD'98). New York: AAAI Press, 1998: 16-22.

[295] T Pavlidis, S Horowitz. Segmentation of Plane Curves. IEEE Transactions on Computers, August 1974, C-23(8): 860-870.

[296] Ali K, Manganaris S, Srikant R. Partial classification using association rules. KDD-97, 1997: 115-118.

[297] Wenmin Li, Jiawei Han, Jian Pei. CMAR: Accurate and efficient classification based on multiple class-association rules. In IEEE International Conference on Data Mining, 2001.

[298] Bing Liu, Yiming Ma, Ching Kian Wong. Improving an association rule based classifier. Principles of Data Mining and Knowledge Discovery, 2000: 504-509.

[299] Janssens D, et .al. Adapting the CBA-algorithm by means of intensity of implication, in the First International Conference on Fuzzy Information Processing Theories and Applications. Beijing, China, 2003: 397-403.

[300] Yu Lan, Guoqing Chen. Davy Janssens and Geert Wets. Dilated Chi-Square: A Novel Interestingness Measure to Build Accurate and Compact Decision List. Intelligent Information Processing, 2004: 233-237.

[301] Chen Guoqing, Zhang Xing, Yu Lan. An improved GARC algorithm for building accurate and more understandable associative classifiers. Dynamics of Continuous, Discrete and Impulsive Systems – Series B – applications & algorithms, 2006, 13: 161-165,

[302] Xing Zhang, Guoqing Chen, Qiang Wei. Building a Highly-Compact and Accurate Associative Classifier. Submitted to Appied Intelligence, 2009.

[303] Wang K, Zhou S. Growing decision trees on support-less association rules. in KDD'00. 2000: Boston,MA. 265-269.

[304] Muller K-R , Mika S , Ratsch G K, et al. An introduction to kernel-based learning algorithms, IEEE Trans. Neural Network 12, 2001, (1): 181-201.

[305] Gras G, Lahrer A. L'implication statistique: une nouvelle methode d'analysis de donnees. Mathematiques, Informatique et Sciences Humaines n 20. 1993.

[306] Yin X,Han J.CPAR: Classification based on predictive association rules.In:SIAM International Conference on Data Mining(SDM'03),San Francisco,CA,May 2003: 957-965.

[307] Fernando BERZAL, Juan-Carlos CUBERO, Daniel SANCHEZ, José Maria SERRANO, ART: A Hybrid Classification Model, Machine learning 2004, 54:11, 67-92, Kluwer.

[308] D Meretakis, B Wuthrich. Extending naive bayes classifiers using long itemsets. In Proceedings of the Fifth ACM SIGKDD International Conference on Knowledge Discovery and Data Mining, San Diego, 1999: 165-174.

[309] http://www.ics.uci.edu/~mlearn/mlrepository.htm.

[310] D A Freedman. Statistical Models: Theory and Practice. Cambridge University Press, 2005.

[311] 王梓坤．概率论基础及其应用．北京：高等教育出版社，1996.

[312] L A Zadeh. Fuzzy sets. Information Control, 1965, 8: 338-353.

[313] 汪培庄．模糊集合论及其应用．北京：上海科技出版社，1983.

[314] L A Zadeh. Fuzzy logic, neural networks, and soft computing. Communications of The ACM, 1994, 37(3):77-84.

[315] E E Kerre (ed.). Introduction to Basic Principles of Fuzzy Set theory and Some of its Applications. Communication & Cognition (Gent, Belgium), 1993.

[316] Guoqing Chen. Fuzzy Logic in Data Modeling-semantics, constraints and database design. Kluwer Academic Publishers, Boston, 1998.

[317] Guoqing Chen, Qiang Wei. Fuzzy association rules and the extended algorithms. Information Sciences, 2002, 147: 201-228.

[318] Peng Yan, Guoqing Chen. Discovering a cover set of ARsi with hierarchy from quantitative databases. Information Sciences, 2005, 173(4): 319-336.

[319] J C Bezdek, R Ehrlich, W Full. FCM: The fuzzy c-means clustering algorithm. Computers & Geosciences, 1984, 10(2): 191-203.

[320] 萨师煊，王珊．数据库系统概论．第四版．北京：高等教育出版社，2006.

[321] Qiang Wei, Guoqing Chen. Efficient discovery of functional dependencies with degrees of satisfaction FDd. International Journal of Intelligent Systems, 2004, 19: 1089-1110.

[322] Qiang Wei, Guoqing Chen, Xiaocang Zhou. Properties and pre-processing strategies to enhance the discovery of functional dependencies with degrees of satisfaction (FD_d)

Covetrol & Cyberaetics, accepted, 2008.

[323] Ingo Mierswa, Michael Wurst, Ralf Klinkenberg, et al. YALE: Rapid Prototyping for complex data mining tasks. Proceedings of the 12th ACM SIGKDD International Conference on Knowledge Discovery and Data Mining, Philadelphia, PA, USA, 2006: 935-940.

[324] J Han, S Nishio, H Kawano. et al. Generalization-based data Mining in Object-Oriented Databases using an Object Cube Model. Data & Knowledge Engineering, 1998.

[325] MS Chen, J Han, PS Yu. Data Mining: An Overview from a Database Perspective. IEEE Transaction on Knowledge and Data Engineering, 1996.

[326] 李德仁，王树良，李德毅．论空间数据挖掘和知识发现的理论和方法．武汉大学学报（信息科学版），2002，27（3）：221-233．

[327] 刘毅勇，何雄，李金山，等. 空间数据挖掘：变数据为知识．计算机世界报，2005.

[328] Krzysztof Koperski, Junas Adhikary, Jiawei Han. Spatial Data Mining: Progress and Challenges. SIGMOD Workshop on Research Issues on Data Mining and Knowledge Discovery, 1996.

[329] Anthony J T Lee, Ruey-Wen Hong, Wen-Kwang Tsao, et al. Mining Spatial Association Rules in Image Databases. Information Sciences: An International Journal, 2007, 177(7): 1593-1608.

[330] W Ding, C Eick, X Yuan, et al. On Regional Association Rule Scoping. In Proc. of the International workshop on Spatial and Spatio-temporal Data Mining in Cooperation with IEEE ICDM 2007, Omaha, NE, USA, October, 2007.

[331] Gert E. Olsson, Fredrik Dalerum, Birger Hörnfeldt, Fredrik Elgh, Thomas R. Palo, Per Juto, Clas Ahlm. Human Hantavirus Infections. Sweden, Emergence Infection Disscusion, 2003, 9(11).

[332] 胡焕庸，陈述彭．地球系统科学——中国进展，世纪展望．北京：中国科学技术出版社，1998．

[333] 武德峰，李国辉，来旭，等．多媒体数据集中的数据挖掘：系统框架和方法．计算机应用研究，2005．

[334] 蒋良孝，蔡之华．挖掘基于医疗图像的关联规则诊断乳腺癌．计算机工程与应用，2003．

[335] 陈莉，焦李成．Internet/Web 数据挖掘现状及最新进展．西安电子科技大学学报，2001．

[336] AH Tan. Text Mining: The State of the Art of the Challenges. Proceedings of the PAKDD, 1999.

[337] J Srivastava, R Cooley, M Deshpande, et al. Web Usage Mining: Discovery and Applications of Usage Patterns from Web Data. SIGKDD Explorations, 2000, 1(2): 12-23.

[338] T Berners-Lee, J Hendler, O Lassila. The Semantic Web. Scientific American, May 2001.

[339] S Staab, A Maedche. Knowledge Portals-Ontologies at work. AI Magazine, 2001, 21(2): 63-75.

[340] 伏晓，骆斌，陈世福. 基于语义的 Web 挖掘. 计算机科学，2005，32（3）：202-206.

[341] Auderson C. The LougTail, Wired Magazine, October, 2004, http://www.wired.com/wired/archive/12.10/tail.html.

[342] Brynjolfsson E, Hu Y J, Simester D. Goodbye Pareto Principle, Hello Long Tail: The Effect of Search Costs on the Concentration of Product Sales [J]. SSRN eLibrary. 2007.

[343] Kotler P. Marketing Management: Analysis, Planning, Implementation, and Control [M]. Englewood Cliffs, NJ: Prentice Hall, 1988.

[344] Anderson N. eMusic making good money from back catalog [EB/OL].http:// arstechnica.com, 2008.

[345] 冯芷艳, 郭迅华, 曾大军, 等. 大数据背景下商务管理研究若干前沿课题. 管理科学学报. 2013, (16,1): 1 - 18.

[346] Hui S K, Fader P S, Bradlow E T. Path Data in Marketing: An Integrative Framework and Prospectus for Model Building. Marketing Science 2009, (28,2): 320 - 335.

[347] Tavani H T. Informational privacy, data mining, and the Internet [J]. Ethics and Information Technology, 1999, 1(2): 137-145.

[348] 丁楠，潘有能. 数据挖掘中的隐私保护：法律与技术[J]. 情报理论与实践，2007, 31(6): 772-774.

[349] Agrawal R, Srikant R. Privacy-preserving data mining [J]. ACM SIGMOD Record, 2000, 29(2): 439-450.

[350] Vaidya J, Clifton C. Privacy preserving association rule mining in vertically partitioned data [C]. Proceedings of the eighth ACM SIGKDD international conference on Knowledge discovery and data mining, Edmonton, Alberta, Canada, 2002: 639-644.

[351] 黄京华. 电子商务教程 [M]. 北京：清华大学出版社，1999.

[352] 王雅丽. 现在需要的是实时 BI [EB/OL]. 中计在线：http://cio.ciw.com.cn, 2008.

[353] W3C. Extensible Markup Language (XML) 1.0 (Second Edition) W3C Recommendation [M]. 2000.

[354] 郭迅华，陈国青. 基于 XML 的通用关联规则挖掘应用模式[J]. 管理工程学报，2005，19(4): 53-59.

[355] Cognos. Choosing a Standard for Business Intelligence [EB/OL].http://www.cognos.com, 2008.

[356] Businessobjects. Implementing Business Intelligence Standards and Competency Centers [EB/OL].http://www.businessobjects.com, 2008.

[357] Grossman R L, Hornick M F, Meyer G. Data Mining Standards Initiatives [J]. Communications of the ACM, 2002, 45(8): 59-61.

[358] W W Moe. An empirical two-stage choice model with varying decision rules applied to internet clickstream data [J], Journal of Marketing Research, 2006, 43(4): 680–692.

[359] Nolan R. The Exploding Internet: New Business Models and New Strategies. In

Managing in the Internet Age program materials, Harvard Business School and Tsinghua University, Beijing: 2001.

[360] Yen-Liang Chen, Shin-Yi Wu. Mining Temporal Patterns from Sequence Database of Interval-Based Events. FSKD 2006, LNAI 4223, 2006: 586-595.

[361] Po-shan Kam, Wai-chee Fu. Discovering Temporal Patterns for Interval-based Events. Data Warehousing and Knowledge Discovery. Springer Berlin / Heidelberg, 2000: 317-236.

[362] Rainsford C P, Roddick J F. Adding Temporal Semantics to Association Rule. In Zytkow JM, Rauch J, eds. Proc. of the 3rd European Conf. on Principles of Data Mining and Knowledge Discovery (PKDD'99). Prague: Springer-Verlag, 1999: 504-509.

[363] Hoppner F. Discovery of Temporal Patterns-Learning Rules about the Qualitative Behaviour of Time Series. In: L.De Raedt and A.Siebes, eds. Principles of Data Mining and Knowledge Discovery, 5th European Conference (PKDD'01). Freiburg, Germany: 2001: 192-203.

[364] Chakrabarti. Mining the Web: Analysis of Hypertext and Semi Structured Data. Morgan Kaufmann, 2002.

[365] Alain Degenne, Michel Forse. Introduction to Social Networks. Armand Colin, Editeur, 1994.

[366] Amral L A, Ottino J M. Complex networks. The European Physical Journal B-Condensed Matter and Complex Systems, 2004, 38(2): 147-162.

索引词检索目录

反侵权盗版声明

举报电话：（010）88254396；（010）88258888

传　　真：（010）88254397

E-mail：　dbqq@phei.com.cn

通信地址：北京市万寿路 173 信箱

　　　　　电子工业出版社总编办公室

邮　　编：100036